21世纪高等院校旅游管理类创新型应用人才培养规划教材

旅游文化学概论

闫红霞　李玉华 主　编

仝红星 副主编

张　洁　王雅君 参　编

内 容 简 介

本书共分 12 章,内容包括绪论、旅游主体审美文化、旅游消费文化、自然山水旅游文化、建筑园林旅游文化、名城村镇旅游文化、宗教旅游文化、旅游企业文化、中西方旅游文化差异、旅游客源地与旅游目的地文化、旅游跨文化交流和旅游文化的发展趋势。本书包含图片、应用案例、知识链接及习题,以期做到教材科学性与应用性的结合。

本书既可作为高等院校旅游管理相关专业教材,也可作为广大旅游行业从业者、旅游爱好者的参考读物和旅游知识普及读物。

图书在版编目(CIP)数据

旅游文化学概论/闫红霞,李玉华主编. —北京:北京大学出版社,2014.1
(21 世纪高等院校旅游管理类创新型应用人才培养规划教材)
ISBN 978-7-301-23738-0

Ⅰ. ①旅… Ⅱ. ①闫…②李… Ⅲ. ①旅游文化—高等学校—教材 Ⅳ. ①F590

中国版本图书馆 CIP 数据核字(2014)第 011543 号

书　　　　名:	旅游文化学概论
著作责任者:	闫红霞　李玉华　主编
策 划 编 辑:	刘　嚣
责 任 编 辑:	刘　嚣
标 准 书 号:	ISBN 978-7-301-23738-0/C · 0977
出 版 发 行:	北京大学出版社
地　　　　址:	北京市海淀区成府路 205 号　100871
网　　　　址:	http://www.pup.cn　新浪官方微博:@北京大学出版社
电 子 信 箱:	pup_6@163.com
电　　　　话:	邮购部 62752015　发行部 62750672　编辑部 62750667　出版部 62754962
印 刷 者:	北京溢漾印刷有限公司
经 销 者:	新华书店
	787 毫米×1092 毫米　16 开本　18.5 印张　450 千字
	2014 年 1 月第 1 版　2023 年 1 月第 8 次印刷
定　　　　价:	37.00 元

未经许可,不得以任何方式复制或抄袭本书之部分或全部内容。
版权所有,侵权必究
举报电话:010-62752024　电子信箱:fd@pup.pku.edu.cn

前　言

旅游文化学教材的出版需要产业的推动、研究的深化和时间的积淀。20世纪80年代以来，中国旅游文化学从无到有，学科建设一直处在不断的探索之中。世界旅游业不断地发生着变化，中国与世界各国旅游文化的交流不断有新的进展。与注重旅游应用研究的国外旅游文化学相比，国内的旅游文化学研究较注重理论研究，应用性不足，但同时理论的深度也不够。

编者在编写本书的过程中，强调编写科学性的同时，尤其注重其针对性和应用性，使本书更能适合学科教学的要求和时代发展的特点。本书通过应用案例、知识链接、图片等突出直观性，以期更好地服务于本科院校师生。本书强调了一定的研究含量，旨在倡导高校教学的严肃性和研究性，避免教材的简单雷同，体现其规范性和原创性。编者希望本书能够站在学科研究与行业发展的前沿，及时反映旅游文化学发展的动态。

本书紧紧围绕旅游文化展开，共分12章。第1章为绪论，主要讲述旅游文化的含义与构成、功能和特征、形成发展、地位和学科体系，作为本书的导入部分，内容较简约。第2~8章是本书的重点，涵盖了旅游文化的各个方面。其中第6章和第7章也是本书的亮点。第9章从文化差异的角度阐述旅游文化，既是一个全新的视角，也是本书不同于其他同类教材的一项尝试。编者尽量从古今中外的文化中汲取营养，向读者多方位展示中西方旅游文化的差异。第10章和第11章是在第9章的基础上展开的，也是本书的难点。编者主要采取深入浅出的形式使学生灵活地把握这部分内容。第12章是对旅游文化发展的一个展望。

本书由河南科技大学闫红霞、洛阳理工学院李玉华担任主编并明确分工，承担了大量组织协调工作，整理了参考文献，负责统稿定稿。河南科技大学仝红星为副主编，并在起草大纲、参与大纲修改和突出教材特色方面做了许多工作。本书的编写分工如下：第1章由仝红星编写；第2章和第3章由洛阳师范学院张洁编写；第4~7章由李玉华编写；第8章由河南科技大学王雅君编写；第9~12章由闫红霞编写。本书在编写过程中参阅了大量专业书籍和旅游文化学的相关文献，在此一并致谢。

由于编者水平有限，本书难免存在不足之处，恳请读者谅解并批评指正。

编　者
2013年9月

目 录

第1章 绪论 1
1.1 旅游文化的含义与构成 3
1.1.1 文化的含义 3
1.1.2 旅游文化的含义 4
1.1.3 旅游文化的构成 6
1.2 旅游文化的功能和特征 8
1.2.1 旅游文化的主要功能 8
1.2.2 旅游文化的基本特征 10
1.3 旅游文化的形成发展 12
1.3.1 中国旅游文化的发展与特征 12
1.3.2 西方旅游文化的发展与特征 16
1.4 旅游文化的地位 21
1.4.1 旅游文化是构筑旅游产业的核心和灵魂 22
1.4.2 旅游文化是旅游业创名牌、提高竞争力的决定因素 ... 23
1.5 旅游文化学的学科体系 24
1.5.1 中国旅游文化研究的历程 24
1.5.2 旅游文化学的学科性质、研究对象和内容、相关学科 26
1.5.3 旅游文化学的特点 28
1.5.4 研究方法 29

第2章 旅游主体审美文化 32
2.1 旅游审美文化的相关概念 34
2.1.1 旅游审美活动 34
2.1.2 旅游审美文化 35
2.1.3 旅游审美主体 36
2.1.4 旅游审美客体 37
2.1.5 旅游审美关系 38
2.2 旅游审美主体的影响因素 40
2.2.1 时空特征 40
2.2.2 文化修养 41
2.2.3 心理特征 41
2.2.4 审美意识 42
2.2.5 审美方法 43
2.2.6 思维方式 44
2.3 旅游审美客体的类型 45
2.3.1 自然类审美客体 45
2.3.2 社会类审美客体 46
2.3.3 艺术类审美客体 46

第3章 旅游消费文化 54
3.1 旅游消费文化概述 56
3.1.1 旅游消费文化的内涵 56
3.1.2 旅游消费文化的特点 58
3.1.3 旅游消费文化的功能 60
3.2 旅游消费行为文化 62
3.2.1 旅游消费行为及旅游消费行为文化 62
3.2.2 文化对旅游消费行为的影响 ... 62
3.3 旅游消费文化的发展趋势 65
3.3.1 中国旅游主体的消费特征 65
3.3.2 中国旅游消费文化的发展趋势 66
3.4 旅游消费文化建设 68
3.4.1 加强宣传教育,提高全民旅游消费文化意识 68
3.4.2 运用激励约束机制,形成科学的旅游消费文化 69

第4章 自然山水旅游文化 76
4.1 自然山水文化的形成及其本质 77
4.1.1 自然山水文化的形成 77
4.1.2 自然山水的审美与自然山水文化的本质 78
4.2 自然山水文化的特征 80
4.2.1 自然山水的历史意蕴 80
4.2.2 自然山水的文学艺术表现价值 80

4.2.3 自然山水文化的特征 81
4.3 自然山水文化的类型 83
    4.3.1 名山文化 83
    4.3.2 名水文化 90

第5章 建筑园林旅游文化 95

5.1 建筑园林文化概述 96
    5.1.1 建筑园林文化的本质 96
    5.1.2 中国古代建筑园林的发展过程 97
    5.1.3 中国古代建筑园林的主要类别 98
5.2 古代建筑园林的特征与文化审美 103
    5.2.1 中国古代建筑的特征与文化审美 104
    5.2.2 中国古典园林的造园要素与审美文化 107
5.3 中西方建筑园林文化比较 110
    5.3.1 中西方建筑文化的比较 110
    5.3.2 西方园林文化概述及中西方比较 112

第6章 名城村镇旅游文化 118

6.1 名城旅游文化 119
    6.1.1 中国的历史文化名城 119
    6.1.2 中国名城的旅游文化 120
6.2 名镇旅游文化 124
    6.2.1 中国名镇的地域分布 124
    6.2.2 中国名镇的旅游文化 125
6.3 古村落旅游文化 127
    6.3.1 中国古村落的地域分布 127
    6.3.2 中国有代表性的古村落旅游文化 128
6.4 世界名城村镇文化 131
    6.4.1 世界名城文化 131
    6.4.2 外国名镇文化 134
    6.4.3 外国名村文化 135

第7章 宗教旅游文化 139

7.1 宗教文化与旅游业的关系 140
    7.1.1 宗教与旅游联系密切 141
    7.1.2 宗教文化对旅游业的影响 141
    7.1.3 旅游业对宗教文化的影响 142
    7.1.4 宗教旅游文化 142
7.2 宗教旅游文化的类别 143
    7.2.1 宗教建筑艺术 143
    7.2.2 宗教教义 146
    7.2.3 宗教修习 150
    7.2.4 宗教节日 151
    7.2.5 宗教环境 152
7.3 宗教旅游文化的特征与作用及转化方式 152
    7.3.1 宗教旅游文化的特征 152
    7.3.2 宗教旅游文化的作用 153
    7.3.3 中国宗教文化向旅游转化的主要方式 155

第8章 旅游企业文化 159

8.1 企业文化概述 160
    8.1.1 企业文化的起源 160
    8.1.2 企业文化的内涵 161
    8.1.3 企业文化的特征 161
    8.1.4 企业文化的功能 162
8.2 旅游企业文化 164
    8.2.1 旅游企业文化的内涵 164
    8.2.2 旅游企业文化的结构系统 164
    8.2.3 旅游企业文化的特性 168
8.3 旅游企业文化建设 170
    8.3.1 旅游企业文化建设的原则 170
    8.3.2 旅游企业文化塑造的程序 172
    8.3.3 旅游企业文化建设的方法 174

第9章 中西方旅游文化差异 179

9.1 中西方文化差异的原因及表现 181
    9.1.1 地理环境 181
    9.1.2 社会环境 182
9.2 中西方文化差异对旅游消费行为的影响 186

9.2.1 对旅游动机的影响...............186
9.2.2 对旅游需求心理的影响.........186
9.2.3 对旅游目的地选择的影响......187
9.2.4 对旅游消费方式的影响.........187
9.2.5 对旅游审美的影响...............188
9.2.6 对旅游习俗的影响...............189
9.3 中西方文化差异对旅游开发的
影响...190
9.3.1 旅游产品的设计、开发及
营销应有针对性...............190
9.3.2 要确保民族文化特色，
增强旅游吸引力...............192
9.3.3 了解中西方游客的个体差异，
提供个性化服务...............193
9.4 中西方文化差异对旅游饭店管理的
影响...194
9.4.1 行为文化的差异及其对饭店
管理实践的影响...............194
9.4.2 制度文化的差异及其对饭店
管理实践的影响...............194
9.4.3 精神文化的差异及其对饭店
管理实践的影响...............195
9.4.4 人力资源管理方面的差异及
其对饭店管理实践的影响......197
9.5 中西方文化差异对游乐的影响......198
9.5.1 观赏性游乐.......................198
9.5.2 竞技性游乐.......................202
9.5.3 机巧性游乐.......................204
9.5.4 玩耍性游乐.......................208

第10章 旅游客源地与旅游目的地
文化...215

10.1 旅游客源地社会环境文化及其对
旅游业和旅游者的影响...............216
10.1.1 旅游客源地社会环境
文化概述.........................216

10.1.2 旅游客源地社会环境
文化对旅游业的影响.........217
10.1.3 旅游客源地社会环境文化对
旅游者的影响...................218
10.2 旅游目的地文化及其变迁............222
10.2.1 旅游目的地社会环境
文化界定.........................222
10.2.2 旅游目的地社会环境
文化的变迁......................224
10.3 旅游目的地社会环境文化的
调适与保护..................................228
10.3.1 旅游目的地社会环境文化的
可持续发展与文化调适......228
10.3.2 旅游目的地社会生态环境的
保护...............................230
10.3.3 旅游目的地社会本土文化的
保护...............................233

第11章 旅游跨文化交流...............236

11.1 旅游跨文化交流概述..................237
11.1.1 旅游跨文化交流界定......237
11.1.2 旅游文化的相互影响......238
11.1.3 旅游文化的真实性冲突...240
11.2 跨文化交流中的难题..................242
11.2.1 旅游跨文化交流的障碍与
适应...............................242
11.2.2 旅游的文化冲击.............246
11.3 世界遗产旅游文化......................248
11.3.1 世界遗产旅游文化的界定...248
11.3.2 世界遗产经营管理..........255
11.3.3 世界遗产的保护利用及可
持续发展.........................256
11.3.4 世界遗产的真实性和完整性
问题...............................258

第12章 旅游文化的发展趋势...........261

12.1 休闲与体验文化.........................262

  12.1.1 旅游休闲文化......................262
  12.1.2 旅游体验文化......................264
  12.1.3 旅游体验文化的符号学
     研究....................................267
  12.1.4 旅游体验视野下的
     经营理念............................268
 12.2 旅游生态文化与可持续发展..........269
  12.2.1 旅游生态文化的概念..........269

  12.2.2 旅游生态文化的特点..........271
  12.2.3 生态文化旅游资源的保护和
     利用....................................274
 12.3 旅游文化的未来发展......................279
  12.3.1 旅游文化研究的特点..........279
  12.3.2 旅游文化的未来趋势..........279

参考文献..285

第1章 绪　论

教学目标

通过本章学习，学习者应理解旅游文化的含义，把握旅游文化的功能和特征，了解中西方旅游文化的特征，初步把握旅游文化学学科体系的基本问题。

教学要求

知识要点	能力要求	相关知识
旅游文化的含义与构成	能够理解文化和旅游文化的含义 能够把握两种以上旅游文化构成的分类方法	旅游文化的多种定义 旅游文化的多种构成观点
旅游文化的功能和特征	能够联系实际理解旅游文化的功能和特征	旅游文化的五个功能 旅游文化的多种特征
旅游文化的形成发展	了解中国旅游文化发展与特征 了解西方古代旅游文化的特征	谢灵运、徐霞客、马克·波罗和冈察洛夫的游记的特征或价值 中国旅游文化与西方旅游文化特点的比较
旅游文化的地位	能联系实际理解旅游文化的地位	旅游文化与旅游业的关系
旅游文化学的学科体系	能初步了解我国旅游文化研究的历程 理解旅游文化学的学科性质、研究对象和内容、相关学科 把握旅游文化学的学科性质及其分支	旅游文化学的概念、研究内容、分支和研究方法

导入案例

冈察洛夫与《环球航海游记》

为扩张海外市场，俄国政府任命海军中将普提雅廷伯爵为外交使节、考察团团长，派其率领舰队，进行了两年多的海外考察活动。1852年10月7日由彼得堡开始远航，为能获得这次世界旅游的机会，冈察洛夫毅然辞去财政部外贸司的职务，以普提雅廷秘书、八等文官的身份踏上巴拉达号军舰，游览了欧洲、非洲、亚洲三大洲十几个国家与地区。1855年初返回彼得堡。这部《环球航海游记》于1858年成书出版。冈察洛夫生前该书再版6次。

在书中，冈察洛夫说自己置身于两个世界、宛如"两面人"：一方面，他是应付文秘公差、畏畏缩缩的卑微角色，对顶头上司普提雅廷这个老官僚能疏则疏、能躲则躲，对职业抱一个"混"字；另一方面，环球旅游是他热情向往的世界，"在这个世界里，我是远征的歌手。"

他在书中描述了英国人的典型形象："英国人在任何土壤上，在任何气候下，到处生根发芽，繁衍不息，这是为世人所憎恨的；而尤为可憎的是，他们像产卵后的母鸡一样，得意忘形，在世界各地窜来窜去，鼓吹自己的业绩。末了，还有最可憎的一点，这就是为了在异国土地上夺取权利，他们可以不择手段，倚仗英国的工业实力和英国的司法制度，巧取豪夺，为所欲为，每当这一套行不通时，他们就施以中世纪的野蛮行径，凡此种种，无不令人深恶痛绝。"自然，这种对比是指群体意义上的形象对比。例如，在南非开普敦，"英国人，无论他是什么人，都是这里的贵族老爷，他们衣冠楚楚，冷若冰霜，总是以轻蔑的态度对黑人发号施令——而黑人的境遇又如何呢？且请看看这个仪容俊秀的芬戈黑人吧！他正弓腰屈腿，驮起一个大货箱。这就是所谓的苦力。"

书中冈察洛夫不断洋溢着对旅游的热情："我面临的是周游世界"，"这是我企盼已久的远游"，"我将游历我们谁也没有到过的地方，饱览国内梦想不到的奇迹，在我的眼前将展开一部博大无边的书卷……为了读到这部巨著，您得付出多大代价呀！""对于生机盎然的宇宙，我开始怀着一种不避险阻以亲睹其真颜为快的热情，而且愈来愈急切了。我暗自思忖：'我要像孩童敬重长者一样，去叩见圣人，聆听他的教诲。纵然我的接受能力只及孩童理解长辈训示的程度，但是他的启迪也会使我贫乏的头脑充实和丰富起来……'""我的生活将不再无谓地囿于令人厌恶的区区小事。我振作起来了，青春时代的理想和希望，甚至青春本身，全都重归于我了。而今万事俱备，只盼快快启程！""我再次尽兴地兜了一圈，时而驻足观赏奇花异木，时而面对一丛丛粗大如牛角的仙人掌惊叹不已，时而又好奇地凝眸桌山。林间，燕雀翻飞，啾啾而啭，真令我心旷神怡！""我对于出海的向往魂牵梦绕，如痴如醉。""吸引我前进的是，到广大无边的世界里去搜奇探奥。""每当想到我将远涉重洋，去中国，去印度，登上原始野人游猎穴居的岛屿，目睹这异乡奇迹，我就欣喜若狂，不能自制了。""我不急于登山，因为我还留恋着市区的新奇风貌。""我渴求探望其中的奥妙：那璀璨的闪光含着什么意味？那神秘莫测的私语有没有弦外之音。"

"这里谈的是中国对英国开放的五港之一——上海，但仅凭这些记述，你们很难想象到，今日上海所起的作用是多么不同凡响！随着时间的迁流，它还将发挥更大的作用。"冈察洛夫还善意而忧心忡忡地指出中国应限制人口增长，倘若让人口无限制增长，中国一切都会落空。他一方面批评中国政府腐败无能、国民的劣根性，同时又肯定这是个优秀的民族。他还指出：中国政治不改革，人民不觉悟，则亡国灭种！他断言："日本必将向欧洲人开放，不是今天就是明天。""只要体制一变，日本人立即能飞速发展和完善自己的个性。"他在"琉球群岛"一章曾记："日本人怀有鲸吞琉球(今冲绳)的野心。"此时琉球仍是中国藩属，冈察洛夫所见琉球屋宇为中国式门楼、镌汉字。尽管日本对琉球施压，但"他们现在拒绝向日本人纳贡，而且宣布琉球是中国的藩属。"

冈察洛夫写马尼拉的斗鸡，犹如欧洲斗牛，绘声绘色，波澜起伏，使出了小说家的浑身解数。在印度洋上，"面对卷舰吞人的龙卷风，水兵准备开炮迎击，原来炮弹能击垮龙卷风。"

问题：
1. 冈察洛夫为何能周游世界？
2. 以上文字片段给你哪些启示？
3. 旅游文学有何作用？

1.1 旅游文化的含义与构成

旅游业现已成为一个具有高文化品位和综合经济效益的产业，被认为是20世纪世界上经济增长最快的产业。旅游是传递文化的过程，文化是旅游业的灵魂。旅游作为一种自由、主动、积极的文化活动，是一种高层次的精神享受。旅游文化作为一种全新的文化形态，揭示了旅游活动本质上是一种文化活动，是研究旅游文化活动现象、本质及规律的一门学科。

1.1.1 文化的含义

在甲骨文中，"文"字就像一个人正面站着，这个人的胸口有一个交错的图案，这个图案可能是纹身，也可能是衣服上的花纹。《论语》中说："文质彬彬，然后君子。"这句话的本意是说一个人的美好的言行举止、外在体态，要和他的内在精神相协调、相呼应，表里如一，这样才称得上君子。《易传》上说："黄裳元吉，文在中也。"这是说"文"不仅是衣服上的美好彩饰，也是内在精神的一种反映。正因为如此，才能称得上吉祥。显然，古文中的"文"是外在的美好的东西，又指某种内在之美，是美好的精神的表现，也就是道德的象征，后来干脆就专门指美德。郑玄注《礼记》："文，犹美，善也。"古人把"道德"和"文章"并称，文章的编写如同多彩锦绣的织造，不仅要优美，还要有美好的思想境界。

甲骨文的"化"字，为一正一反两人正倒相对，其意义是转化、变化。《周易》中有这么一句："刚柔交错，天文也；文明以止，人文也。观乎天文，以察时变；观乎人文，以化成天下。"第一句话是说，自然界的各种错综复杂的现象，可以叫做"天文"，而人类中间的各种言行举止、外表体态要有分寸，知道什么该做什么不应该做，这是"人文"。第二句的意思是，观察自然界的各种现象，才能知道季节变化，便于在生产和生活中做出相应的调整；而细察人类的各种美好的风尚和精神，用以教化天下人民，也就是用人的美德去影响人，感化人，让人的境界得到提升。这就是"化"字的本义。

在中国，"文"与"化"并用的"文化"一词由来已久。汉代许慎《说文解字》中说："圣人之治天下也，先文德而后武力。凡武之兴，为不服也；文化不改，然后加诛"。南齐王融《曲水诗序》中写道："设神理以景俗，敷文化而柔远。"这里说的"文化"均指文德教化，含有修养、教养、德行等含义，与现在人们所讲的"文化"有一定差距。文化在汉语中实际是"人文教化"的简称。前提是有"人"才有文化，意即文化是人类社会的专属语；"教化"是"文化"这个词的真正重心所在。

国外最早给"文化"下定义的是英国人类学家泰勒。他在1871年出版的《原始文化》一书中说："文化或文明，就其广泛的民族学意义来说，乃是包括知识信仰、艺术、道德、法律、习俗和任何人作为一名社会成员而获得的能力和习惯在内的复杂整体。"苏联学者对"文化"的定义进行了广泛的讨论，认为"文化是社会和人在历史上一定发展水平的标志，它表现为人们进行生活和活动的种种类型和形式，以及人们所创造的物质和精神财富。"(《苏联大百科全书》，1973年版)这个定义对中国的影响较大。我们现在所说的"文化"一词是舶来品，是从日本传译而来的，相当于英文的 culture 和德文的 kultur，它们均源于拉丁文 cultura。其原意为耕种、栽培、教育、教养、修养、祭拜等。

现代意义的"文化"概念争论颇多，不同的学者从不同的角度解释文化，据统计，关于文化的概念有 260 多种说法，可谓众说纷纭。但相对一致的看法认为，广义的文化是指人类在社会历史发展过程中所创造的物质财富和精神财富的总和。狭义的文化特指精神财富，如文学、艺术、教育、科学等。文化是人类智慧和劳动的创造，其存在和发展与人和人类社会的存在与发展紧密相连。作为人类认识和实践活动的产物，文化的本质是一种精神性的东西，它既体现在人们的精神活动和行为活动中，也体现在人们创造的各种物质产品和精神产品中。多元的文化成就了丰富多彩的人类文明。

文化是人参与创造的产物，凡是文化，都与人的参与有关。饮食文化、服装文化、花鸟文化、建筑文化，还有企业文化、官场文化、家庭文化、网络文化等，上述种种都离不开人的活动。自然界中有人的活动，才会有文化的诞生；反过来，文化也对人的生活产生影响，这是文化与人互动关系的两个方面。

1.1.2 旅游文化的含义

西方的旅游文化研究严格地说始于 20 世纪 70 年代美国威斯康星大学加法利教授主编的《旅游研究年报》(*Annals of Tourism Research*)的创刊。这是西方第一份有意识地以旅游文化现象为主要研究客体的旅游刊物。在西方，"旅游文化"一般不作为一个单独的研究学科(领域)，找不到一个关于"旅游文化"的具体定义。英语国家用来指称"旅游文化"的词，一般是"tourist culture"，而极少使用"tourism culture"。不难看出，西方对"旅游文化"概念的表述，明显偏重于"旅游者的文化"。在西方的旅游文化研究中，旅游文化多指旅游过程中主客"碰撞"而产生的各种文化现象，从而突出了这个概念的动态特征。

中国国内最早正式使用"旅游文化"一词者，是 1984 年出版的《中国大百科全书·地理学·人文地理学》。该书对旅游文化做出如下的阐释："旅游与文化有着不可分割的关系，而旅游本身就是一种大的文化交流，从原始文化到现代文化都可以成为吸引的因素。游客不仅吸取游览地的文化，同时也把所在国的文化带到了游览地，使地区间的文化差别日益缩小。绘画、雕刻、摄影、工艺作品是游人观赏的项目。戏剧、舞蹈、音乐、电影又是为旅游者夜生活的节目。诗词、散文、游记、神话、传说、故事，又可将旅游景物描绘得栩栩如生。"可见，旅游文化的内涵十分丰富，外延也相当宽泛，既涉及历史、地理、民族宗教、饮食服务、园林建筑、民俗娱乐与自然景观等旅游客体文化领域，又涉及旅游者自身文化素质、兴趣爱好、行为方式、思想信仰等文化主体领域，更涉及旅游业的服务文化、商品文化、管理文化、导游文化、政策法规等旅游介体文化。此外，旅游文化还涉及旅游学、旅游心理学、旅游市场营销学、旅游管理学、旅游社会学、旅游美学等对旅游活动进行研究的综合领域。

目前，中国关于旅游文化的定义主要有以下几种。

(1) 旅游文化是人类过去和现在所创造的与旅游有关的物质财富和精神财富的总和。该说把与旅游有关的物质财富和精神财富都看成旅游文化，可称为"相关精神、物质文化总和说"。

(2) 旅游文化"是通过对异国异地的文化消费而成的现代特殊生活方式"。该定义缘于于光远的旅游定义,使旅游文化与旅游直接等同起来,可称为"特殊生活方式说"。

(3) 旅游文化是旅游的人化,也即旅游者的文化。该定义虽然也谈到了旅游媒体与客体在旅游文化形成中的作用,但特别强调旅游主体——旅游者的文化,可称为"旅游主体文化说"。

(4) 旅游文化是指与自然风光、古迹遗址有关的历史掌故、民俗文化、文学艺术、传说故事及百科知识等。该定义源于1984年《中国大百科全书》中的旅游文化的定义,把旅游文化等同于人文旅游资源,可称为"旅游客体文化说"。

(5) 旅游文化主要是指旅游组织者为满足旅游者精神文化需要所采取的各种文化措施,以及接待人员在接待工作中表现出的精神风貌和文化素养。定义中,旅游组织者所采取的文化措施和接待者表现出来的风貌修养均属旅游介体范畴,论者以此为旅游文化。该定义可称为"旅游介体文化说"。

(6) 旅游文化指的是旅游主体和旅游客体之间各种关系的总和。此定义认为旅游主客体的关系为旅游文化,可称为"旅游主客体关系说"。

(7) 旅游文化"是旅游者和旅游经营者在旅游消费或旅游经营服务过程中所反映、创造出来的观念形态及其外在表现的总和"。该定义以旅游主、介体的观念形态及其外在表现为旅游文化,可称为"旅游主、介体文化说"。

(8) 旅游文化是旅游主体、旅游客体、旅游媒体相互作用所产生的物质和精神成果,旅游三要素中任何一项都不能单独构成或形成旅游文化。该定义强调旅游文化是旅游三体碰撞的结果,一般称为"三体碰撞说"。

(9) 旅游文化是基于人类追求自由、完善人格而要求拓展和转换生活空间的内在冲动,其实质是文化交流与对话的一种方式。该定义强调旅游文化的实质是文化交流与对话的一种方式,可称为"文化交流与对话说"。

邹本涛、谢春山等学者认为,对旅游文化的定义界定,都应坚持以下几点原则。第一,定义应揭示旅游文化的基本特征,且不得出现同语反复。第二,定义应与概念相一致。定义的外延与概念的外延不一致,会犯定义过宽或定义过窄的错误。"相关物质、精神文化总和说"无疑外延过大。第三,作为旅游学科的研究对象之一,旅游文化不能等同于旅游"三体"文化之一,旅游文化中的"文化"也不能做广义理解。因为从广义的文化定义角度看,旅游现象是人类创造的,为人类所特有,其本身即文化。如果旅游文化中的"文化"取广义文化的定义,"旅游"与"旅游文化"便名异而实同。同样也不能把旅游文化等同于旅游"三体"文化之一,那样旅游文化与旅游"三体"文化之一的区分便没有了意义。"旅游主体文化说"、"旅游介体文化说"、"旅游客体文化说"恰恰忽略了这一点。第四,旅游主、客体与旅游文化主、客体应有区别。旅游主、客体一般认为是旅游者和旅游资源,这是正确的,但旅游文化的主、客体不应局限于此。作为一种文化产品,旅游文学、旅游思想被公认为是旅游文化的组成部分,而其创造者即主体却并不全是旅游者:有的旅游文学是在作者结束旅游者身份之后才完成的,有的旅游思想家甚至是旅游的反对者。同时,旅游文学、旅游思想这种旅游文化产品也并不是全以旅游资源为客体产生出来的,有的旅游文学、旅游思想是人们以整个旅游为客体创造出来的。显然,旅游文化的主、客体范围远远大于旅游主、客体的范围，旅游主、客体并不是旅游文化的唯一主、客体。"旅游主客体关系说"、"三体碰撞说"、"文化交流与对话说"等似乎没有看到这一点。

因此，结合旅游文化的界定原则，唯"旅游主、介体文化说"较可取。该说认为旅游文化的主体是旅游者和旅游经营服务者，同时，该说认为旅游文化是一种"观念形态及其外在表现"，明显侧重于精神文化。但该说的最大不足有两点。其一，把旅游文化的主体局限于旅游者和旅游经营服务者，失之太窄。旅游经营服务者的经营服务活动是指向旅游的，是对旅游的一种介入；政府的旅游规范活动、学界的旅游研究活动、旅游地居民的旅游交往活动等，也是指向旅游的，也是对旅游的一种介入。其二，旅游者或旅游服务者的观念形态及其外在表现并不都是旅游文化。不管是旅游者还是旅游经营服务者，他们都是社会中的一员，在成为旅游者或旅游经营服务者之前，头脑中就已经存在着大量非旅游观念。例如，本地区、本民族固有的价值观、审美观、人生观、世界观等。另外，旅游者对旅游文化的创造也并不局限于旅游消费特别是旅游观赏环节，而是贯穿于整个旅游活动之中(旅游不仅仅是旅游消费或旅游观赏)，因而将其概括为旅游体验过程更为恰当。

邹本涛、谢春山博采众长，将旅游文化表述为"是人们的旅游体验与介入过程及其精神产品的总和"。这个定义主要包含以下四层含义。①旅游文化既包括其创造过程——"旅游体验与介入"，也包括这个过程的结果——"精神产品"。文化是主体与客体在人类社会实践中的对立统一物，有过程，有结果，旅游文化也是如此。②旅游文化是一种精神现象。定义中的"体验"与"介入"固然包含行为因素，但按精神物质两分法，行为仍属精神范畴；"体验"与"介入"的结果固然也会产生物质产品，但这些产品大多以观念为核心、以物质为载体，基本属于精神文化。③旅游文化的主体——"人"，除旅游者外，还包括旅游从业人员、旅游地居民、旅游研究者等。凡参与旅游文化创造的人，都是旅游文化的主体。这是旅游文化与非旅游文化的重要区别之一。④旅游文化的客体——"旅游"，既包括旅游要素，也包括旅游整体。人们对旅游整体(食、住、行、游、购、娱综合体)的体验或介入，形成综合性旅游文化，如旅游体验文化、旅游介入文化；人们对旅游要素(如旅游景观)的体验或介入，形成单项性旅游文化，如旅游景观体验文化、旅游景观开发文化。

1.1.3 旅游文化的构成

旅游文化是一种综合的文化现象，是由不同形态文化构成的一个复杂的系统。旅游文化的形成是旅游活动发展的结果，是旅游者、旅游资源和旅游介体相互作用的结果。从不同角度来划分，旅游文化的系统构成则不同。正确而深刻地理解旅游文化的内涵，并对其进行科学的分类，是我们加强旅游文化建设的前提条件，它将使旅游文化建设更具有针对性、目的性和实际操作性。

1. 按照旅游要素分类

按照构成旅游的三大要素涉及的内容分类，这种分类方法将旅游文化分为旅游主体文化、旅游客体文化和旅游媒体文化三个部分。

(1) 旅游主体文化，是与旅游者的思想观念、心理特征、行为方式等有关的文化。它包括旅游者的政治主张、思想和信仰，旅游者的文化素质，旅游者的职业，旅游者的心理、性格与爱好，旅游者的生活方式等。具体地说，在旅游主体方面要研究旅游者所追求的是什么和如何增强对旅游者的吸引力。

(2) 旅游客体文化，是与旅游资源有密切关系的文化。它包括旅游接待地的文化形态和文化传统、旅游历史文化、旅游建筑文化、旅游园林文化、旅游宗教文化、旅游民俗文化、旅游娱乐文化、旅游文学艺术、旅游自然景观等。具体地说，在旅游客体方面要研究应该向旅游者展示哪些文化、如何展示这些文化和如何通过旅游来促进文化发展。

(3) 旅游媒体文化，是与旅游供给、旅游产品关系密切的文化。它包括旅游餐饮文化、旅游商品文化、旅游服务文化、旅游管理文化、旅游文化教育、旅游导游文化、旅游政策和法规等。具体地说，在旅游媒体方面要研究如何提高旅游企业和从业人员的文化素质和服务质量，以使旅游者获得满意的审美享受。

2．按照文化结构层次分类的划分方法分类

按照对文化结构层次的划分方法分类，这种分类方法将旅游文化分为物质文化、制度行为文化和观念(心态)文化三层。

(1) 旅游物质文化，指旅游者视觉可辨识的文化物质实体，如建筑、园林、古人类文化遗址，碑刻、雕塑等景观景物，还有旅游商品、旅游服务设施等，它们是旅游活动得以进行的必备物质条件。

(2) 旅游制度行为文化，指旅游活动中的各种社会规范和约定俗成的习惯性定势，包括旅游行政管理部门、行业协会和旅游企业制定的有关旅游活动的各种法规、制度和约定俗成的规则。

(3) 旅游观念文化，指引导、影响人们旅游实践的直接或间接地在旅游实践中抽象出来的价值观，如审美情趣、思维方式等，包括旅游主体和旅游媒体在旅游实践活动中存在的价值观念、思维方式和特定的文化心理。

3．其他分类

有的认为旅游文化除了包括主体、媒体、客体三个方面的文化外，还应包括人们对旅游的研究成果。

有的按旅游文化的主体把旅游文化分为两大块：旅游消费文化和旅游经营文化。

有的按旅游过程把旅游文化分成旅游出发(客源地)社会文化环境、旅游主体文化、旅游客体文化、旅游中介体文化、旅游目的地社会文化环境等五个部分。

有的学者，如邹本涛、谢春山认为，旅游体验文化是旅游者在旅游活动中创造的，当然属于旅游文化；旅游者携带的所属客源地区域的民族原有文化产生于旅游之前，不属于旅游文化。旅游业内部管理文化以企业内部管理为基础，文化指向是企业内部的员工，没有直接介入旅游者的旅游活动，属于一般的管理文化，不宜划入旅游文化范围。旅游客体在成为旅游资源之前固有的文化和旅游客体成为旅游资源之后因旅游而产生并附加其上的文化。前者，如古人类遗址固有的文化遗迹；后者，如附加在古人类遗址上的旅游者题词、旅游业创意。"固有文化"形成于旅游客体成为旅游资源之前，亦即旅游活动之前，由非旅游文化主体所创造，属于一般的民族文化和地域文化，不能称为旅游文化。"附加文化"发

生在旅游客体成为旅游资源之后，是旅游者、旅游业等旅游文化主体创造的，它因旅游而产生并附加在旅游客体之上，当然属于旅游文化。显然，三体文化并不全都属于旅游文化。

1.2 旅游文化的功能和特征

旅游文化并不是文化和旅游的简单相加，而是文化和旅游相互融合而产生的一种全新的文化形态。分析把握旅游文化的功能和特征，有助于进一步揭示旅游文化的本质，充分发挥旅游文化的作用。

1.2.1 旅游文化的主要功能

旅游文化的功能是多方面、全方位的。一般来说，旅游文化主要有以下五个方面的功能。

1. 保存与传承(认知)功能

旅游文化是旅游主体、旅游客体和旅游介体创造的物质文化和精神文化成果的总和，是对各种旅游文化事象的记录和储存，是各种旅游文化成果的凝聚和沉淀，记录和保存的方式各种各样，主要以物化形式和符号形式为主。例如，长城、天安门城楼、苏州园林、凤凰古城是物化形式保存的旅游文化，而思维方式、价值规范、情感模式和行为规范等则是以文字符号或音节符号的形式保存的旅游文化。

人类的发展是一个承上启下的过程，人类的文明进步是一个渐进的过程。没有昨天的积累，就没有今天的发展。旅游文化作为人类物质文化和精神文化的一部分，无疑具有极其重要的了解和认知功能。通过蒙古族的帐篷，我们可以了解到北方游牧文化的特点；通过兵马俑，我们可以感受到秦王朝的繁荣和帝王生活的奢侈。所有这些都是旅游文化认知功能的具体体现。

2. 教育与启智功能

文化有积极的一面，也有消极的一面，旅游文化则以积极的一面为主。这种积极性就包括教化的功能。以旅游主体而言，既可以从物化的旅游文化资源中得到教育，又可以从精神的旅游文化资源中受到启示。看到长城，人们为古代中国人民的伟大智慧和团结力量所折服，油然而生一种深沉的爱国主义精神和集体主义精神；看到宏村的村庄布局和排水系统，人们无不为古代劳动人民高超的规划水平而深深折服；从佛教的"八戒"教规中，我们感受到人类对和平的渴望和对动物的保护意识。由此可见，旅游文化的教化功能是无处不在、无时不有的。

旅游文化不仅具有教化功能，而且还具有启智功能，能启发人的思维、智力，有助于人类的不断创新。孔子通过对商周文化的考察，编选了《诗经》；司马迁通过"读万卷书，行万里路"，写出了《史记》；李白、杜甫在吸收前人文化成果的基础上，创作了流传千古的诗篇；王羲之、怀素、张旭、张择端也是在吸收前辈书法、绘画精髓的基础上，成为名垂青史的书法大师和绘画大师的。

3．愉悦与审美功能

由于旅游文化具有民族性、地域性和多样性的特征，又由于人类具有社会属性，对文化的渴求是人类较高层次的需求，因而人类对异国他乡的文化自有一种特别的新奇感，对高层次的文化消费具有特别的满足感，对优秀的文化自有强烈的愉悦感。旅游文化的这种功能，是有别于其他文化的本质性功能。

从某种意义上说，旅游活动就是一种审美活动，旅游文化的功能之一就是审美功能。面对雄伟的泰山和秦始皇陵兵马俑，我们会产生壮美的美感；面对碧波荡漾的桂林和江南的小桥流水，我们会产生秀美之感；而面对茫茫戈壁和风蚀城堡，我们会产生苍凉的美感；面对江南园林和椰风海韵，我们会产生诗意盎然的美感。旅游文化的这种审美功能能极大地满足人们对美的渴求，能陶冶人们的思想情操，提高人们的文化素养。

4．规范与凝聚功能

旅游文化特别是一些传统习惯和民间禁忌具有规范人们行为的功能。例如，土家族人禁食蛇肉就可以保护动物；苗族人禁砍村中风景林就可以保护古树；回族禁止在井边洗手和洗衣服就可以保护水源。这些良好的风俗习惯和禁忌不仅对本地居民具有规范作用，而且对异国他乡的游客也会产生良好的规范功能。

同文化的凝聚功能一样，旅游文化同样具有凝聚功能。古人说："物以类聚，人以群分。"文化是人类联结和凝聚的纽带及黏合剂，价值观念、思维方式、宗教信仰是影响人类"聚"或"分"的深层次的东西，生产方式、生活方式、传统习惯是影响人类"聚"或"分"的浅层次的东西。

5．交流与经济功能

交流功能是指旅游文化和旅游文化之间的沟通，沟通的媒介就是旅游介体，即旅行社、旅游交通和导游等。就旅游主体而言，它可以将客源地的文化传播给目的地，也可以将目的地的文化传播给客源地；就旅游客体而言，可以通过目的地文化影响旅游主体，也可以吸收旅游主体带来的客源地文化；就旅游介体而言，它既可以将企业文化带给旅游主体和旅游客体，又可以吸收旅游主体和旅游客体的文化。当然，文化的这种交流功能具有两面性，既有积极的一面，又有消极的一面。我们要想方设法传播、吸收先进的旅游文化，克服、排除落后的旅游文化，从而促进旅游文化的健康持续发展。

旅游既是一种社会现象、文化现象，又是一种经济现象。旅游文化作为一种高层次的旅游资源，通过合理的开发和利用，无疑具有经济功能。这种经济功能表现在，不仅可以拉动内需解决就业、脱贫致富，还可以获取外汇，平衡国际收支，购买国外的先进技术、先进设备，推动经济的不断发展。国家旅游局曾对入境旅客做了一个抽样调查，调查显示：80%的境外游客是奔着文化景观而来的，只有20%的境外游客是奔着自然景观而来的。由此可见，五千年的华夏文明对国际游客有很大的吸引力。另外，旅游文化的经济功能是非常强大的。不过，我们在注意开发旅游文化经济功能的同时，一定要切实保护好旅游文化景观资源，绝不能吃祖宗饭，断子孙粮，从而确保文化和旅游的健康持续发展。

1.2.2 旅游文化的基本特征

作为文化的一个分支，旅游文化通常具有一般文化形态所具有的共同属性；而作为一种有别于其他类型文化而独立存在的文化类型，旅游文化又有其自身特点。不同的学者的看法各异，理论界对旅游文化的特征也没有一个统一的认识。冯乃康认为，旅游文化的特征有综合性、地域性、继承性、新奇性、服务性、多样性等方面。王立、刘卫英将旅游文化的特征概括为综合性、民族性、大众性、地域性、直观性、传承性、自娱自教性和季节性八个特征。晏性枝将旅游文化的特征概括为系统性、人文性、开放性、交流性、文化性、经济性、综合性、相关性、服务性、创汇性十大特征。贾祥春认为，作为一种独立的文化形态，旅游文化具有继承性、创造性、服务性及空间、时间差异性。

一般来说，旅游文化主要有以下几个方面的特征。

1. 地域性

文化的地域性也就是文化的地域差异性，或称文化的地方性。文化的地域性不仅表现在东西方文化之间存在极大的差异，不同的国家具有不同的文化背景、不同的风土人情与生活习俗。就是在一个国家内部，也有文化差异存在。不同地域的同一民族具有某些不同的旅游文化特征。所谓"十里不同风，百里不同俗"，就是对旅游文化地域特色的最精辟概括。

中国的地域文化丰富多彩，有以江苏、浙江和上海为代表的吴越文化，以湖南、湖北为代表的荆楚文化，以四川、重庆为代表的巴蜀文化，以河南为代表的中原文化。此外，还有三晋文化、齐鲁文化、关陇文化、岭南文化等。例如，饮食上的"南甜北咸，东辣西酸"，大致反映了饮食上的地方特色；标志着我国饮食特色的八大菜系：鲁菜、川菜、粤菜、苏菜、浙菜、湘菜、闽菜、徽菜，各有其特点，都是从地方特色饮食中发展起来的。又如，东北汉族人喜欢睡炕，陕北汉族人喜欢住窑洞，南方汉族人喜欢住人字坡木屋。旅游文化的这种民族性与地域性相统一的特征，铸造了旅游文化异彩纷呈、多姿多彩的特点。

2. 民族性

民族是特指具有共同语言、共同地域、共同经济生活，以及表现于共同文化上的共同素质的人的共同体。世界上有许许多多的不同民族，每个民族都有自己独具的文化传统，以区别于其他民族，这就是文化的民族性。每个民族都生活在特定的自然和社会环境中，不同的环境造就了不同的生产和生活方式，形成了不同的语言、文字、艺术、道德、风俗习惯及物质成果等，构成了不同的民族文化。不同的民族具有不同的旅游文化传统，旅游文化具有全方位的民族性特征。从微观上看，每一个国家还有旅游亚文化，每一个民族也有旅游亚文化，细分下去，每一种亚文化下面也许还有亚文化。文化的民族性影响着人类行为活动的各个方面，也是旅游活动产生的直接诱因。

世界是丰富多彩的，旅游文化也是丰富多彩的。从宏观上来说，世界有500多个民族就有500多种旅游文化。每个民族都有自己独特的旅游文化特征。如汉民族喜欢喝米酒、高度酒，而德意志民族则喜欢喝啤酒、低度酒；中国人喜欢喝绿茶，而英国人则喝红茶。又如，从游记可以看出，中西方古代的旅游文化是有显著差异的：古代中国人注重审美感受和道德修养，重视审美主体与客体的交融，而不像当时西方那样注重对外部世界的科学考察；中国古人注重对祖国山河的歌颂，对故土家园的怀恋，表达"安土重迁"、"故土难离"的情感，而不像当时西方那样，渴求走向外部世界，走向海外世界；中国人有着"重义轻利"的节操和"修身、齐家、治国、平天下"的理想，而不像当时西方那样致力于对外扩张、掠夺甚至屠杀以牟取暴利。

作为一个多民族国家，中国的56个民族都有自己特色鲜明的历史文化、服饰装饰、民风习俗、乡土文化、喜庆节日和衣食住行的特点。中国文化在其长期的历史发展过程中，不仅创造了辉煌灿烂的物质文化，还创造出了能够指导中华民族不断前进的精神文化。这种精神文化体现了中华民族特有的思想观念、价值体系、审美意识和民族性格。

3．历史性

旅游活动是人类历史渊源久远的一项文化活动，旅游文化的积淀具有历史性和时代性。这不仅是因为包括各类文物和人类活动遗留物等旅游文化资源组成的人文景观的价值与魅力在其时间的积久性，也在于"思古之幽情"是人类独有的文化情结，这一情结是人类普遍具有的，而且随着人类自身文化修养的不断提高和社会文明的日益进步而愈趋厚重。中华民族的历史文化绵延五千年垂续至今，从不间断，这是人类文化史上绝无仅有的。中华大地历史文物的数量之多和价值之高，都是举世罕见的；同时，人文景观与自然景观的交融也是中国旅游资源的一大特色。美国科技文明虽然遥领时代之先，但美国历史很短，美国人尤其是第二次世界大战以后的主体群国民属于一心向前看的群体。但他们仍看重人类文化的历史，甚至比历史悠久国度的人更倾心历史。美国人在与中国人的交往中，往往流露出对中国久远和丰厚历史文化的由衷敬重和羡慕。

在中国，随着时代的变迁和城市化进程的快速发展，八大古都，即西安、洛阳、开封、南京、北京、安阳、杭州、郑州的许多古老建筑和文物古迹都被拆除，以至于逐渐失去了古都风貌，很难再有旧城和新城之分。与此形成鲜明对照的一个例子是，在意大利罗马的旧城区，几乎看不到一座新建筑，每一座矗立的千年古建筑或废墟遗址都留存着深远的历史刻痕，都是艺术巨匠的大手笔。在这里，宏伟的古代宫殿、教堂、博物馆等比比皆是，整个城市就像一座巨大的露天博物馆，记录着古罗马的悠久历史。罗马新城区在面积上比旧城区要大许多，街道宽阔整洁，摩天大楼拔地而起，商店鳞次栉比，极具现代感。但是这里的游人却是寥寥无几，与旧城区游人如织的情景形成强烈的反差。欧洲的许多城市都有新城与旧城之分，目的就是为了保护旧城的历史文物、名胜古迹和原有风貌。

4．传承性

旅游文化的传承性是指其在历史时间序列上代代相传、承续不绝的特征。当然，旅游文化的传承性也如同人类任何其他门类文化的传承性一样，是一个充满着变化因素累进发展的演变过程，并非是量的单纯层积和质的直线上升运动。一方面，是在层层积淀基础之上不断地丰厚进化；另一方面，在漫长的历史过程中，旅游文化又表现为各种文化因素不间断地碰撞冲突和整合运动。例如，人群生息地的徙出和迁入；自然力对生态环境的巨大作用；异文化的渗入；建筑物的兴废；科技与工具的进步及其后果；生产与生活方式的变

化;人们观念、习惯、风俗的改变等,这一切都构成了一个民族或地域旅游文化生存发展中的变数。同化、异化、生息、更新,旅游文化的传承是在不断的运动状态中实现的。

1.3 旅游文化的形成发展

人类的生存迁徙以不同形态存在于整个既往的文明史上。随着生产力的发展,出现了第一次社会大分工,即畜牧业同农业分离开。人类种植业开始以来的最后一万年,被称作"耕种者的大迁徙"。在迁徙过程中,人们通过对自然的观察和认识,不断积累审美经验,其审美意识也在不断沉淀和发展,这无疑为旅游的出现做了心理上的准备。因此,可以说迁徙是孕育旅游活动的温床。但旅游从本质上说是人们生存需要之上的一种有钱、有闲的远足活动。人们离家远足一旦超出了生存与谋生计需要的层面之上而变成娱乐休闲的活动,严格意义的旅游活动便随之出现了。

古代旅游文化始于原始社会后期,形成于奴隶社会中期,兴盛于封建社会中后期,它奠定了近现代旅游文化的基础。古代旅游文化的特点,一是以物质需求、异域经商探险为主;二是求知猎异的倾向比较增强;三是宗教旅行占有远行游历的较大比重;四是政治失意促使主体的畅游山水娱情冶性,如我国以士大夫文人为主的隐逸文化传统。

近代旅游文化的兴盛,除了传统的继承和人类本能驱动外,很大程度上归功于欧洲工业革命对交通工具的改进,以及地理新发现对海外旅游的吸引。旅游文化的许多实质性建树是在这一时期完成确立的。近代旅游主体队伍日益扩大,打破了古代限于少数人奢侈活动的局面;旅游文化的制度层面得以全面建构起来,近代旅游文化正式形成。20 世纪 50 年代初兴起了世界性的旅游文化热,旅游业已成为目前世界上庞大的产业。现代旅游表明,旅游活动在各国经济中所占的比重不断增加,经济的因素越来越多地介入其中;科技因素的比重大增,科学技术与旅游的关系是彼此制约的互动关系;旅游大众消遣娱乐需求空前高涨;旅游活动的负面价值暴露出来并引起较多重视。

中国旅游文化在长期历史进程中逐渐形成了以观物修身为主旨、以稳健内敛为性格的独树一帜的中国旅游文化体系。西方旅游文化的核心是欧洲,古希腊、古罗马是欧洲旅游文化之源,并以其主体求知冒险取向而形成了求真求新的基本特征。

1.3.1 中国旅游文化的发展与特征

1. 中国旅游文化的发展

中国是一个有着五千年悠久历史的文明古国,博大精深的中国历史文化造就了独具特色的中国旅游文化。这些文化主要表现在旅游文学中。

作为中国第一部诗歌总集,《诗经》是中国旅游文学的源头。在《诗经》中,反映宗教祭祀、商贸往来、采集花草、狩猎等今天看来属于专项旅游活动的作品,以及反映天子巡幸、将战等与旅游相关活动的作品,可视为中国上古时代的旅游文学。有的以爱情为主题,但充分体现了中国春秋时代中原地区民间旅游文化的民歌写得十分精彩。这些民歌反映了中原地区游春祈福的风俗,展现了美丽的河川风光,再现了民间旅游的热闹场面和旅游者的愉快心情。此外,《周易》记载"先王巡狩四方,观风问俗",《楚辞》、《汉赋》中一些有关旅游的章节和片段,也可视为我国旅游文学或旅游文化的水源头。

魏晋南北朝时期,士人厌恶政治纷争和尘世喧嚣而以空前的热情投身于大自然的怀抱。这一时期,由于士人游历活动的增多,旅游文学进入了第一个丰收的季节。早期的旅游文学主要是山水文学,其中以谢灵运的山水诗和吴均的山水小品最有成就。郦道元的《水经注》虽为科学著作,亦不乏旅游名章秀句;杨衡之的《洛阳伽蓝记》更属写景散文上乘。另外,晋代法显述其求经印度,游历三十余国行旅见闻的《佛国记》,梁代宗懔所撰描绘荆楚岁时节令、风土人情的《荆楚岁时记》等,也颇有价值。显而易见,早在魏晋南北朝时期,旅游文学就得到了比较全面的发展,出现了旅游文化史上的第一个高峰。

隋代、唐代、两宋时期,旅游活动更趋发展,旅游文学亦因之而大大发展。这个时期旅游作品之多的确是前所未有的。专著就有裴矩的《西域图记》、玄奘的《大唐西域记》、义净的《南海寄归传》、孙棨的《北里志》、欧阳修的《风俗记》、孟元老的《东京梦华录》、吴自牧的《梦粱录》、周密的《武林旧事》、耐得翁的《都城纪胜》等。而代表这个时期旅游文学成就的,则是大量的游记和纪游诗词。这些作品不论是内容还是形式,都日臻完美,达到了一个新的艺术高峰,其主要表现在记游写景的文字,不再只是客观地记述,而是描写、抒情、议论交融在一起,李白、柳宗元、苏东坡堪称这一时期旅游文学的大家。李白对于旅游文学的贡献,不仅仅在于将谢灵运的五言山水诗发展为七言,更重要的是他完全挣脱了谢灵运小山河的精致。山水诗在他手里由精致走向宏大,由池塘春草的清新秀丽走向锦绣山川的壮丽雄阔。

柳宗元因参与"永贞革新"而受牵连,遭谪江南,被迫开始了无可奈何的旅行,兼之妻子亡故,心情更为恶劣,他把大自然当做知心朋友,以整个的心灵与之倾谈,于自然美中寻求精神寄托,他以大量的记游作品、独具的艺术风格,为游记文学的发展奠定了稳固的基础。苏轼入仕后很不得志,历遭贬谪,他一方面向往问政入世,而另一面又酷爱陶渊明取法佛道的旷达出世,追求老庄的隐逸。他官越做越小,文章却越写越好。和前人相比,苏轼不再满足和停留于只发点宦情羁思的小牢骚。在例行写景之余,他更关心的是有关宇宙和人生的关系等所谓终极关怀的问题。他的《念奴娇·赤壁怀古》、《记承天寺夜游》、《石钟山记》等,都是充满了哲学思辨和科学精神的旅游美文。

南宋以后,南宋的紧张局势使南宋士人无暇像唐人那样专心致志地纵情山水,他们常常只能于公务途中,在马上草草地浏览支离破碎的河山。肇始于唐的山水游记散文到了南宋逐渐发展成为一种成熟的日记体游记,体裁更加灵活,更侧重于写实,在发扬文学传统的同时增加了科学性,既记游踪,又写风景民俗。其中,陆游是一位具有多方面创作才能的文学家,他的作品既有大量的充满爱国主义精神的诗篇,亦不乏记游的佳作。他所做的记游诗为我们描绘了一幅幅色彩明丽的图画,不但笔墨生动,诗意盎然,而且感情真挚。他第一次创作了《入蜀记》那样的日记体游记专著。

此外,孟浩然、杜甫、韦应物、白居易、刘禹锡、杜牧、梅尧臣、苏舜钦、柳永、黄庭坚、秦观、杨万里、范成大、姜夔等都为后人留下了传诵之作,从而使唐宋的旅游文学进入极盛期,它标志了旅游文学趋于成熟。

宋代后,旅游题材不但出现在诗、词、赋、文中,而且也步入了小令、小品及小说的领域。元代文坛出现了韵文的新样式——散曲，其中小令短小精悍，灵活多变，怀古、记游、写景诸项逐渐成为其表现的一个主要内容。当时的代表作家有马致远、张养浩、张可久等。马致远《天净沙·秋思》一曲传诵千古，整篇一气呵成，选取几个富有特征的景物让读者看到了一幅绝妙的秋郊夕照图。全曲以物点"秋"，以"秋"表现天涯游子凄清苍凉的情怀，仅仅28字，却写得情景交融、浑然一体。除小令外，元代的旅游诗文亦并非空白。刘因、赵孟頫、虞集、揭傒斯、杨维祯等都有这方面的成功之作。他们各以自身的经历，从各个不同的角度借记游咏物而抒发处于异族压迫下的故国之思、黍离之悲，从而寄托了生活的理想。

明代文学思想的主流为拟古主义，但山水小品形式短小、内容不拘、文字活泼、风格清新。明代最值得详述的旅行家当然是徐霞客，他是我国第一个以旅游为平生事业的学者、第一位民间职业旅行家，一生从未担任过任何官方职务。徐霞客自22岁起别妻离子，游览名山大川。在此后的三十多年里，他陆陆续续游历了华东、中原、西南许多人迹罕至的地方。徐霞客在旅途中所作的日记被后人整理成书，为《徐霞客游记》。《徐霞客游记》以亲身见闻纠正了前人的谬误，提出了许多有开创意义的见解。《徐霞客游记》文采优美，是地理学上的经典，也是游记文学的经典。明代万历(1573—1620)以后，宦官擅权，政治十分腐败，文人、学士为避是非，往往退隐归田，忘情山水，情景相生，写出流丽清新的山水小品。张岱出身仕宦家庭，却落拓不羁，早年为纨绔子弟，50岁后，因国破家亡而避迹山居，以著书为乐，其游记在晚明散文中是第一流的。

清代由于文网森严，文人学士中避迹山水的人越来越多，旅游亦因此而活跃，不少文人踏遍全国，记游、咏物、写景、抒怀的诗文佳作大量涌现。清代的游记文学以钱谦益、袁枚、姚鼐为代表。清初文学家钱谦益的游记散文颇负盛名，其代表作《游黄山记》对云海、异松等黄山奇观有生动细致的描绘，至今仍受到人们的赞誉。袁枚首倡"性灵说"，《浙西三瀑布记》文学成就最高，是写瀑布的奇文。姚鼐善用史笔记其所游，其《登泰山记》是历代泰山游记中的佳作。方苞的《游雁荡山记》、刘大櫆的《游三游洞记》，以及恽敬的《游庐山记》、郑日奎的《游钓台记》、查慎行的《西湖游一记》等都是旅游文学中的上品。

通过以上回顾，可知中国古代旅游文化主要表现为旅游文学的产生与发展并不是孤立的、偶然的，它以社会生活为客观基础，并与各时代的文学主流紧密相关。中国古代旅游文学不但是整个古代文学不可分割的一部分，而且在文学发展史上占据着相当重要的地位。

2．中国旅游文化的特征

中国旅游文化的特征从旅游文学中突出地表现出来，概括起来，就是重游传统、重人传统、政治传统和与民同乐传统。

1) 重游传统

从本质而言，重游是古代旅行或旅游者对于旅行、游历的一种深层次的心理恐惧。重游传统的思想基础是行路难，即对旅行和旅游的一种恐惧。中国古代社会重农抑商，人们出行受限，加之道路不畅，荆棘丛生，虎豹出没，盗匪猖獗，出行时有生命之虞。古代著名旅行指南《山海经·海外北经》神话中夸父逐日的故事，就是古代徒步旅行艰难的写照。战国时苏秦游历求学，饱尝旅游艰辛。李白的《行路难》也表现了旅游之艰辛。旅游的艰辛导致旅游者对旅游的态度非常审慎，旅游文学中多有表现慎游的作品。古诗十九首《行行重行行》："行行重行行，与君生别离。相去万余里，各在天一涯。道路阻且长，会面安可知……弃捐无复道，努力加餐饭。"这是妇女对即将远行的丈夫在旅途中要万万保重身体的叮嘱。同时，为了防止造成统治者恣意游乐，妨碍江山的巩固和社会的稳定，于是社会相应出现了有关的伦理规范和礼乐制度，"君子所其无逸"，就是远古产生的一种游乐规范和观念。君子的行为不是为了安逸玩乐，而是为了勤于政事。同时，统治者为了政权的稳固，制定了限制下层群众旅游和旅行的制度。具体来说，就是实行通行证制度和宵禁制度。同时，中国古代礼教有一条不成文规定："父母在，不远游，游必有方"，即外出旅行和旅游需有正当理由，有一定时间、地域或距离限制。古代认为外出旅行或旅游的正当理由是经商、游学、游宦、游方、镇戍和游豫等。

重游观念在长期发展演变中，约定俗成为一系列行旅程式或礼俗，旅游文学作品中广泛地表现了这一传统：卜行——古人出游前，要先行占卜择日，以示吉凶，吉则行，凶则避；祖道——行旅之人上路要进行祭祀；送行——旅游文学中描写送行的作品数量极多；离筵——亲人外出，家人和好友为之设宴，以表达依依惜别之情；折柳——亲朋好友与外出游子道别分手，往往要折柳相赠，以寄托依依之情；唱离散曲——汉代出现专写离别之情的曲，成为习俗和传统。"李白乘舟将欲行，忽闻岸上踏歌声"是这一传统的写照；赠物——睹物思人，旅游程式中又有赠物道别的习俗，所赠之物，则不外乎钱、扇、衣服或随身携带物品；赠诗——这种习俗和传统在文人骚客中风靡，书报平安——旅游在外，要写家书以报平安；洗尘和接风——游子远归，家人、友人要设宴为之洗尘和接风。这样的描写甚多，兹不赘述。这些旅游程式和习俗，被广泛地呈现于古代旅游文学作品中，形成旅游文学的重游传统。

2) 重人传统

早期旅游文学人文资源较少，旅游文学作品中神话传说较多，如从《诗经》、《楚辞》到汉魏诗歌，大量援用神话传说，而少写人文胜迹。旅游文学发展越到后朝，人文资源积淀越加丰厚，旅游文学作品中对人文资源的使用往往是左右逢源、信手拈来。儒道两家思想都是旅游文学重人传统的基础。旅游文学作品中对名人历史、名人故里、名人贡献地、名人游历地、帝王陵寝、名人墓地、名人纪念地等名胜高度重视，只要可能，都会加以援引使用。翻检古代旅游文学作品可以看到，旅游文学作品中重视对名人资源的利用，往往能使作品产生文以人传、人以文传的良好效应。旅游文学作品因表现名人故地而成为经典的例子也比比皆是。

3) 政治传统

古代旅游文学产生的历史社会背景，造成了其与政治关联的传统。首先，旅游文学表现的内容常与政治关联。以天子及诸侯为首的封禅、游猎、会盟、巡游、娱游，各国间政治、外交、军事活动频繁而萌生的公务旅行、外交盟会，百家争鸣时各派学者周游列国的讲学游说活动，都成为表现对象。徐福东渡、张骞通西域、郑和下西洋，都是典型的政治旅游，体现了政治家强烈的政治情结。其次，旅游—政治—旅游，成为古代政治家理想的人生通途和从政模式：古代一些文人士子将旅游与政治的关系视为曲径通幽、出世入世的关系。孔子曰："有道则见，无道则隐"，旅游(求仕)—政治(入仕)—旅游(归隐)，成了部分文人士子追求和实践的人生模式。这在旅游文学中有较多的曲折表现。大量的归隐文学都与这种传统相关。

4) 与民同乐传统

古代旅游文学贯穿着与民同乐传统。与民同乐思想源于春秋战国时期的民本思想，影响着旅游文学。《诗经》中有表现周文王与民同乐的诗句，孟子劝谏梁惠王"台池鸟兽"、"田猎"等要与民同乐说"乐以天下，忧以天下，然而不王者，未之有也。"范仲淹的《岳阳楼记》中"先天下之忧而忧，后天下之乐而乐"，将与民同乐演进到让民先乐，使旅游文学作品更增添了人文关怀的内涵。

旅游文学中反映游览集会或节庆吉日普天同庆、官民同乐，以及民风民俗的作品众多，种类众多，内容丰富，影响深远。

1.3.2 西方旅游文化的发展与特征

1. 西方旅游文化的发展

在欧亚大陆的西端地中海文化圈，形成了另一种旅游文化体系。地中海文化圈包括古埃及、腓尼基、古希腊和古罗马及其他欧洲地区。这些地区的旅游事象共同构成西方旅游文化，欧洲则为这一地区旅游文化的核心。西方旅游文化以其主体求知冒险的取向而形成了求真的基本特征。

西方旅游文化的核心是欧洲，而古希腊、古罗马又是欧洲旅游文化之源。由于环绕着地中海，无论是古埃及人还是古代腓尼基人，或是古希腊人和古罗马人，都形成了征服海洋、冒险求知的旅游精神及旅游文化。古希腊人的宇宙观和崇尚理性及自由思考的思维方式的特点，使他们对外部世界怀有浓厚的探索兴趣，许多学者养成了旅游考察的习惯。古罗马时期，地中海变成"内湖"，使环地中海各地间更加畅通无阻，"条条道路通罗马"遂成为世界名谚。基于发达的商业、交通和旅游，西方的世界地理观念开始形成，不少学者撰著地理学著作和旅游指南，为人们求知和探险旅游服务。其中一些专论，最早提出了地球大陆划分、地球圆周、海洋整体相通、地球季节带划分及南部大陆设想等理论，反映了当时尚局限于地中海一隅的西方人对走向更广阔世界的无限向往。

西方的旅游文化首先表现在游记文学中，一些游记在文化交流史上占有重要地位。

1) 《马可·波罗游记》

13世纪，蒙古版图的扩大和蒙古军的三次西征，震动了欧洲。茫然不知所措的欧洲人急需了解蒙古帝国的内幕与国情、民情。有幸来中国的欧洲传教士、外交使者、商人，看到和了解到中国的许多情况后，他们就此撰写了一批游记类书籍在欧洲出版，由此，有关中国的情况开始向欧洲传播，为欧洲人了解中国提供了有益的情报。元代由来华欧洲人写作出版的有关中国情况的游记，主要有意大利传教士柏朗嘉宾(1245—1247年在华)的《柏朗嘉宾蒙古行记》、法国使节卢白鲁克(1253—1254年在华)的《卢白鲁克东行记》)、意大利商人马可·波罗的《马可·波罗游记》(以下简称《游记》)。这批书籍开了欧洲人专门用文献介绍中国古代文明的先河，其中以《游记》最为著名。

《游记》由马可·波罗口述、比萨人鲁斯蒂谦笔录而成。马可·波罗因他的《游记》而闻名。《游记》系统介绍了马可·波罗在中国的所见所闻和沿途经历,在欧洲被誉为"世界一大奇书"。此书问世后,在欧洲被翻译成多种文字。1921 年就有多种版本流传,包括各种手抄本则达上百种之多。

《游记》对欧洲的影响主要有以下三个方面。

(1) 为欧洲人了解中国提供了大量欲知而又未知的信息。欧洲人很早就知道东方有个丝国。但并不知道它就是中国。在欧洲人心目中,中国只是一部朦胧的传奇。《游记》的出版,无疑为欧洲了解中国、为西方了解东方打开了一扇天窗。《游记》几乎成了当时西方了解中国最方便、最明晰、信息量最大的文献。《游记》总是试图把最新奇的事物及其他方面全部告诉西方人。对中国古代社会的许多文明进步之处,《游记》都做了详细介绍,如元代制瓷技术、造币工艺、用煤知识等,当元代普遍使用瓷器时,欧人还将其当做古玩进行收藏。《游记》传播中国制瓷技术的 200 年后,威尼斯人才开始学会制造瓷器。《游记》提供的关于中国社会生活方面的知识信息是非常细微具体的。例如,中国用"黑色石块","一经点燃,效力和木炭一样。火焰比木炭更旺"(指煤炭);"在皇帝陛下左右伺候和办理饮食的许多人,都必须用美丽的面纱和绸巾遮住鼻子和嘴,防止他们呼出的气息触及他的食物"(元代宫廷里使用口罩)。《游记》所描述的中国情况远不止这些,还有对中国各地风俗民情的描述,对忽必烈的业绩、治国方针、宗教信仰、军事征战、宫廷生活及行猎场面,对蒙古人的游牧生活和婚姻风俗等都有绝妙和精彩的描述。

(2) 《游记》对欧洲学术界的影响是深刻的。16 世纪欧洲汉学的兴起,就是以《游记》为出发点。16 世纪前后研究中国的汉学家,他们心目中的中国最初就是《游记》所描述的中国。1582 年来华的欧洲汉学鼻祖利玛窦,就是根据《游记》来辨认中国的。1585 年法国汉学家门多萨在罗马用西班牙文发表的《大中华帝国史》一书中,把中国政体描绘得完美无缺,赛似天堂:没有贫穷,没有乞丐,是一个沉静和有才智的民族。这与马可·波罗《游记》的影响是分不开的。

(3) 《游记》对欧洲冒险家、航海家的影响。《游记》从一个侧面宣扬了东方财富,向西方通报了关于东方的黄金珠宝。正是这一点,唤起了西方一批冒险家、航海家的热情,成为新航路开辟的精神动力和其后所谓"地理大发现"的重要契机。例如,《游记》中的日本:"黄金极为丰富,是取之不尽的。王宫富丽堂皇,蔚为大观。王宫的整个屋顶用金色的外皮覆盖着——宫殿的天花板也是用同样贵重的金属做成的;许多房间内有很厚的纯金小桌;窗户也用黄金装饰。这种宫殿富丽的程度实在难以用语言来表达。"正是这些精彩而夸张的描绘吸引着欧洲人的东来,引起了西欧的国王、僧侣、贵族、骑士和冒险家、航海家对东方的向往。哥伦布青年时代就阅读过《游记》。因此《游记》对东西新航路的开辟,起了巨大的促进作用,推动了残酷的殖民掠夺和殖民侵略,为欧洲的资本原始积累提供了来源,给美洲、非洲、亚洲带来了无穷的灾难,但是客观上使中西双方的往来和接触及交流更加频繁了。

2)《曼德维尔游记》和《天路历程》

《曼德维尔游记》是欧洲中世纪后期影响最大的朝圣文本,该书据称是英国爵士曼德维尔所著,出版后影响了包括哥伦布在内的文艺复兴后几代欧洲冒险家,并激发了莎士比亚、斯威夫特、笛福和柯勒律治等近代英国作家的灵感。据统计,《曼德维尔游记》自写成并出版以来，先后出现了 10 种不同的欧洲文字版本，现存的各种抄本和译本共有 275 种之多。它曾被 15 世纪的航海家哥伦布引为环球旅行的证据，20 世纪中后期，又重新被定位为"幻想文学"。但是曼德维尔的东方朝圣既是一次寻根之旅，也是一次异域探险。从该书的序言来看，作者的意图主要是去耶路撒冷朝圣，全书差不多有一半的篇幅追踪了从欧洲到耶路撒冷这个东方圣城不同的朝圣路线，同时描述了一路上见到的名胜古迹，为后世的读者展现了当时欧洲人眼中的世界图景和想象的地理学。

曼德维尔讲述了(应说杜撰了)不少关于远方异域一个无比奇妙、令人惊叹的未知世界。曼德维尔讲述的奇迹令人惊叹。他说他见识了身高 30 英尺、不吃面食只吃生肉的巨人；眼睛长在肩膀上的无头人；脸孔扁平、没有鼻子和嘴巴的怪人；不会说话，只会通过手势互相交流思想感情的侏儒族；靠闻苹果的气味生活的人群。有些岛屿上居住着一些脚上长着马蹄的人们，还有一些岛屿被眼中有宝石的邪恶女人所占据，她们像古希腊神话中的美杜莎一样，只要望一眼就能要了男人的性命等，书中充满神秘，令人遐想。由于这些描述超越了《圣经·旧约》中所描述的东方的地理范围，对于那些渴望通过朝圣见证神迹的欧洲读者来说，无疑具有很大的吸引力和诱惑力。这也是《曼德维尔游记》出版后如此受欢迎的主要原因。

此外，值得一提的还有《天路历程》，与其说是游记，不如说是一部小说。该书描写了一位名叫"基督徒"的人做的梦，表现了他对自己的灵魂感到的深切焦虑。在梦中，他离开家人和朋友踏上了去天国的旅程。他从故乡"毁灭城"逃出，一路上历尽艰险：从"灰心沼"脱身，摆脱了"名利场"的诱惑，爬过"困难山"，跨过"安逸平原"，来到流着黑水的"死亡河"畔，最后终于到达"天国的城市"。这是一个从堕落的自然自我逐渐转化为无罪的基督人格的过程。该小说的出版标志着欧洲朝圣文学发展的新向度，即从实地的朝圣转向内心的朝圣。

3) 《环球航海游记》

1952 年，俄国人冈察洛夫旅游了欧洲、非洲、亚洲三大洲十几个国家与地区，他的《环球航海游记》(见"导入案列")于 1858 年成书出版。此书具有以下几方面的价值。

(1) 文学意义。

第一，在于其全球化语境中的文学视野。冈察洛夫在其旅游文学中建构了全球化语境。冈察洛夫以文学的笔法写道："而我呢，面临的是周游世界"，"这是我企盼已久的远游"。就主观而言，他一直向往"那蓦然展开的世界画卷"。作者起笔前，立意就高远，就站在世界制高点，俯瞰寰球，他是文学领域全球化意识的先驱之一。

第二，提出游记创作论。没有前车之鉴，作者可以自由驰骋，他在书中提供了几种游记文笔：科学型、学者化；诗化、美文化；社会调查研究型；随笔型。

第三，结构匠心。长篇巨制的游记最难把握的是结构。他环球航海旅游历时两年多，空间是三大洲、三大洋。冈察洛夫谋篇的成功，在于以所游之处重大事件与历史、重要社会现象为贯串全书的主线；以人文景观(包括民俗风情、饮食男女)为经，以自然风光为纬，经纬交织，从而织就一个全景式的大千世界。

第四，独特的形象。例如，最鲜明、最典型的形象是当代英国人形象，即富于进取、精明强干而又四处侵略、贪得无厌的英国资产阶级形象。当然，这种形象是通过对比展示的。

第五，充满诗情画意。一般来说，大型的、考察类的游记，其内容虽然重要，但是往往缺乏文学性。然而冈察洛夫的《环球航海游记》重"游",有艺术美,是诗化的游记。

第六,作者采用书信体,故予人亲切、自然之感。

(2) 旅游学意义。

冈察洛夫在《环球航海游记》开篇不久指出"世上还没有研究旅游的科学",而此书却已从旅游原理、旅游动机、旅游方法及旅游史诸多方面涉猎旅游学。他边旅游边揭示着旅游的原理、本质、目的、功能、意义。这部游记反映出他相当科学的旅游方法论。他认为,旅游最重实践,一定要亲临,而且要深入体验,最忌走马观花;倡导比较法;提倡一个"悟"字;旅游要有想象力;慢游;漫游。冈察洛夫的《环球航海游记》的旅游史意义主要表现在三个方面:关注旅游饭店业、导游队伍和旅游交通业。《环球航海游记》从头至尾全面体现了六要素,即吃、住、行、游、购、娱。

(3) 历史与文化意义。

该书具有政治洞察力、历史判断力、文化穿透力、思想震撼力。整整150年前的1853年,冈察洛夫一行游上海,他在《环球航海游记》中这样评论和预言:"上海随着时间的迁流,它还将发挥更大的作用",足见冈察洛夫的先见之明。

该书也是一部历史文献。它真实地记录了作者亲历的历史:英国首相威灵顿的葬礼、琉球王后的丧仪、战舰上的霍乱、上海的鸦片买卖、-40℃横穿西伯利亚、马尼拉绳厂童工、成年工、美国技师的工资表、土壤成分分析、林木资源、人口与分布、当地教育情况调查等。凡此种种,莫不具有文献价值,是一部集殖民史、移民史、变迁史、开发史、外交史、战争史、种植史、通商史多学科的文献,具有地理学、社会学、政治学、人类学、生物学、民族学、民俗学、建筑学、宗教学、生态学、海洋学、天文学、气象学等诸多学科文献意义。

(4) 审美意义。

冈察洛夫架构了旅游美学,他重点审美的观赏对象有园林、民居、美食、民俗风情、特种工艺等。此书最有个性的、对旅游美学有独特贡献的是营造"大美"。这里的"大美"有两个含义:其一是崇高之美——对大自然而言;其二是世界之美。他最喜欢标举大海的美、星空的美,那既是一种辽阔、壮伟的美,也有由恐惧、惊骇转化来的审美快感。经历狂风暴雨、惊涛骇浪及至转危为安,才使大海的审美者欣赏到顶尖级的崇高之美。所谓世界之美,是冈察洛夫的《环球航海游记》予人以世界意识。他每每由对大海的审美而把地球视为一个整体,由对星空日月的审美而把宇宙视为一个整体,由对一餐一饮一人一事的审美而思及社会的本质、人类的追求与去向,隐然有四海之内皆兄弟、"天人合一"的思想底蕴。对于游程中亲历的人类社会,他喜欢在审美中审丑,在审丑中审美,从而使丑者更丑、美者更美、可悲者更可悲、滑稽者更滑稽,增强了审美效果。

因此,冈察洛夫不仅是小说大家,亦是世界旅游文学大师。

2. 西方旅游文化的特征

1) 早期旅游的宗教性

古希腊人对奥林匹斯诸神的崇拜构成了西方原始宗教的主要源头,也构成了西方古代旅游隐含的精神资源。奥德赛式的英雄史诗、酒神节和奥林匹克运动会的祭祀仪式则塑造了西方古代旅游的运思方法与行动路径。而古罗马人则不但具有多神崇拜思想，还笃信母亲节的洗浴仪式能促进生殖。公元前2世纪，古罗马人开始在矿泉附近修建公共浴室，这些公共浴室把浴池、健身房和社交活动中心等令人愉快的事物综合在一起。夏季，古罗马的贵族纷纷外出，利用其良好的道路网和驿站、旅店网，前往各个休假地去享受闲暇、佳肴、美酒、娱乐和社交。一些人甚至远程旅游到埃及等地去体验远古史诗。

进入中世纪以后，基督教的一元神取代了多神教的统治，根据《圣经》记载：亚当和夏娃吃了神禁止他们食的善恶果，被逐出了伊甸园。后来，亚当和夏娃的儿子该隐杀死了自己的兄弟亚伯，耶和华说：你必流离飘荡在地上。"失乐园"与"流离飘荡"把人类行旅的起因解释为神的惩罚，为旅游打上了原罪的色彩。从罗马帝国衰落，直到19世纪中叶为止，这段时期内，是没有多少人外出旅游的，而这不多的外出旅游者又主要是赤足敝衣，一路苦行的朝圣旅游者。因为罗马帝国的危机导致普世性宗教复苏，用旅行来象征精神探索的观念更加流行，这种观念也被同时期兴起的基督教采用。基督教成为罗马帝国国教后，强调宗教地点和朝圣行为的重要性，灵魂的获救需要外在的圣地、圣物的作用，需要巴勒斯坦，因而巴勒斯坦成为朝圣的中心。此外，教会还在西欧建立了大量以圣人遗迹、墓地、圣人遗物为基础的宗教场所。

宗教与封建文化结合的象征是十字军东征，自1095年开始并持续了200年的十字军东征激活了公元2世纪之前就已存在的朝圣苦行活动，形成了西方中世纪最重要的旅游事件。作为西方中世纪唯一一个为各国公认的权力机构，教会编写了大量被称为"神圣地理学"的导游手册，还组织了专为朝圣者和托钵僧服务的修士会，教堂和修道院也为旅人开放食宿，成为朝圣旅游的重要支撑。可见，西方中世纪旅游文化的主体就是要从旅游中去追求一种形而上的人神沟通。当然，东征之后去圣地的目的越来越世俗化，传教士旅行家越来越突出，传教模式与海外殖民扩张模式更为一致。12世纪出现的骑士文学中，各种寻找"圣杯"的骑士之旅内容驳杂，有神秘主义的宗教之旅，有爱情之旅，也有征服之旅，既为了盈利，也为了宗教。

2）近现代的以冒险、掠夺、功利主义、人本主义与科学理性为基础的旅游文化

有些学者认为，地理大发现源于中世纪的骑士精神，而不是文艺复兴的科学。地理大发现是"中世纪游侠崇拜的自然发展"，探险者视自己为"新一轮传奇的主角"，骑士传奇才是近代地理大发现的真正来源。关于东方的传奇文学则将东方景象与西方想象结合，展示东方的离奇古怪，它提供了一个异样文化传统的豪华无比的东方。《游记》的笔录者鲁斯蒂谦擅长于写骑士传奇，该书反映的同样是骑士精神，是写给皇帝、王子、骑士及商人和传教士们读的未来探险的旅游指南。

1492年哥伦布发现了新大陆，美洲的发现使西方传统的时空观念和文明观念受到冲击。为了重建世界的真实性，大量地理学、人类学和民族志著作涌现出来。西方的地理学、人类学和民族志不再只是一种内在的话语，更成为一种对外的权力。15~16世纪的"大航海"所张扬的是探险与征服的功利主义。哥伦布在游记中写道："我写不清从这里（美洲）可以获得多少利益，但是，君主陛下，在这样的土地上，必然有数不尽的有价值的东西，这是无疑的。"尽管如此，在哥伦布的叙述中，虽然掩饰不住对黄金、宝石和香料的渴望，但在行动上和思想上仍然是保持着贸易和交换的经济方式。到其后的200年，疯狂的殖民时代上演，西方国家开始了先是对美洲大陆继而是对全世界的经济掠夺，欧洲的道德力量也已日

薄西山，这是西方世界最不光彩的历史之一。即使是抱有一颗同情心和怜悯心的达尔文也在游记中写道："此地每一个人都认为这是一场最公道的战争，因为对方是野蛮人。在今天的时代，有谁会对一个基督教文明的国家里发生如此残暴的行为认定是犯罪呢？""我毫不怀疑，黑奴们对生活是满意的，他们是快乐的。"他还记录下很多南美土著居民惨遭屠杀的事实，并为西方世界对南美大陆的改造深感自豪。

1326 年，一位名叫洛普的比利时人在比利时斯帕地方的含铁矿泉边建立了一个简易的接待设施。在此后的三四百年里，矿泉疗养风靡整个欧洲。而在矿泉疗养地快乐轻松的罗曼蒂克之旅背后隐藏着的，是西方文艺复兴的深刻背景。14~16 世纪的文艺复兴改变了中世纪以神为本的意识形态，代之以人本主义。人本主义颠覆了宗教的人生图景，反对禁欲主义、张扬世俗快乐的资产阶级人生观得以启蒙。延至 18 世纪，海滩旅游兴起，并逐步替代了矿泉疗养的主流地位。海滩旅游揭去了矿泉医疗功能的遮掩，直接追求阳光、沙滩和性(3S)，标志着西方旅游现代化的开始。

到了 17~18 世纪，"大旅游"所标榜的见识与教育的功利主义，标志着现代西方旅游现代化已经完成，已从与神沟通转为与科学、理性沟通，其经验结果表现出旅游标准化的趋势与要求。

3）西方旅游后现代倾向：反传统，尝试重建想象力与创造性

所谓"后现代旅游"主要是对现代旅游在休闲、交往和审美中表现出来的工具理性和功利主义的嘲弄。它的实质是以一种开放的、随心所欲的、游戏的心态对待旅游中的多元文明、多种选择和多条路径，消解现代旅游文化的公共性，将旅游转化为当下的私人事件，重建休闲、交往与审美的经验论本质，在对他种人生不可预知的尝试中体验全新生命的摆荡，最终重建旅游的想象力和创造性。文本方面，最具划时代意义和文本研究价值的是杰克·凯鲁亚克于 1957 年正式出版的小说《在路上》。《在路上》抛弃所有文学、语法和章法的限制，以内心独白的写作手法叙述了主人公萨尔·帕拉迪斯的四次旅行经历。在旅途中，萨尔参与了几乎所有为主流文化所不齿的行为，特别重要的是，旅途中的萨尔自然而感性地与他所遭遇的来自下层阶级的人进行平等交往，对偷车贼、骗子、流浪汉、妓女等都进行了经验化与个性化的描述。《在路上》宣示了人对他者的直观体验，对西方现代化的知识权力表现出极大的愤怒与蔑视，一时间成为无数西方青少年的行动指南与模仿对象，在 20 世纪 50~70 年代引发了席卷全美的"背包革命"。

1.4 旅游文化的地位

近年来，在旅游文化的地位方面，不少学者进行了探讨。例如，贾祥春、赵文红认为，旅游文化是旅游活动的内涵，旅游文化的载体是旅游资源，而旅游资源又是旅游可持续发展的基础，因此旅游文化是旅游可持续发展的源泉。谢春山认为，旅游文化是中国旅游业不可缺少的文化底蕴和灵魂，是中国旅游业保持中国特色、提高国际竞争力的关键。唐建军认为，旅游文化是旅游者旅游的内在动机，是旅游资源的主要内涵，也是旅游业的灵魂和支柱，旅游文化在旅游经济、旅游管理和社会主义精神文明建设中具有重要作用。一般来说，旅游文化的地位表现在如下两个方面。

1.4.1 旅游文化是构筑旅游产业的核心和灵魂

旅游作为一种特别的生活方式，主要是满足游客高层次的精神需求和文化享受。旅游是赏心悦目、愉悦身心的过程，在其带给人们美好视觉效果的同时，也是一种心灵互动的过程。失去了这种功效，旅游就会变成徒劳无益的活动。毫无疑问，旅游文化是构筑旅游产业的核心和灵魂，旅游文化在旅游产业发展中具有特别重要的地位和作用。

1. 旅游是一种文化性很强的经济活动

旅游经济从经营理念到管理方式、消费服务的各个方面，无不渗透着文化的影响，人们公认旅游是一种文化性很强的经济活动。对此可以从旅游构成的三大要素——旅游主体(旅游者)、旅游客体(旅游资源)和旅游媒介(旅游服务及其设施)的特征中得到证明。

第一，旅游主体的文化特征。旅游者作为旅游消费主体，具有一定的文化特征，旅游使他们产生"求新、求知、求乐"的心理和精神状态，促使他们去掌握有关知识，从而丰富、充实自己的精神才智。有关统计资料表明，一个人的旅游倾向与其文化程度紧密相关，文化素质越高，旅游倾向就越强烈。抽样调查表明，在我国旅游者的文化构成中受过高等教育的占41%，受过中高等教育的占58%，受过初等教育的占5.59%，文盲只占0.41%。同时，外出旅游的次数越多，获得的知识就越多，又会更进一步激发旅游的欲望。中国古代的名言"读万卷书，行万里路"，指明了旅游在增进学识方面的地位与作用。

第二，旅游客体的文化特征。旅游资源作为旅游客体，其文化特征尤为明显。人文旅游资源是人类文化的结晶，是民族风貌的反映。它包括古人类文化遗址、古代伟大工程、皇家宫殿和陵墓、宗教活动中心、古战场遗址、历史纪念地等。文化像一条神奇而绚丽的彩带，使名山大川闪烁着无比的神奇光辉，造就出动人的艺术形象。自然资源与文化的关系密不可分，阿诗玛的传说使云南石林增添了震撼人心的艺术效果；黄山、长江三峡等地的古老传说，诱发人们奇异的暇思；而壮丽的自然风光孕育出一代又一代名流贤士和文人墨客，丰富了山河的内涵，名山和名人相互增辉。

世界各国民族众多，不同民族有不同的风情，这就使旅游资源带有不同的区域文化特征，如慕尼黑啤酒节、缅甸的泼水节、印度的耍蛇艺人及中国内蒙古的那达慕等。除此以外，书法、雕塑、杂技、武术、戏剧等文化艺术及工艺美术品、土特产品、美味佳肴等，能满足旅客的视、听、味觉等方面的需求，使旅客获得美好的文化享受。这些也都属于旅游资源中的文化特征。

第三，旅游媒介的文化特征。为旅游者提供的服务及设施，不仅起着沟通旅游主体与客体的作用，而且其本身就是一种可供旅游者欣赏的文化成果。吃、住、行、游、购、娱是旅游业的基本构成，有本身的文化特点。就"吃"来说，中国八大菜系讲究色香味形，选料独特，烹调技术高超，是中国历史文化宝库的一部分。再说旅游纪念品，不同地方的纪念品有不同的文化特点。例如，中国的刺绣、编织、陶瓷及文房四宝、书画等，材料各异，手法独特，生动地反映了中国各族人民的生活方式和文化传统。旅游饭店是重要的旅游服务设施，世界各地的旅游饭店建筑无一不体现着该国民族的文化特征，受当地政治、宗教、哲学、伦理及审美习俗的影响，表现出一定的风格。

2．旅游文化是旅游产业形成的前提条件

旅游产业的魅力在于旅游产品的特色，而旅游产品的特色又与民俗风情、文化积淀、科学普及密不可分。旅游产品只有借助历史和文化的传统不断塑造和美化自己，才会体现自我的价值与真正的力。

首先，旅游者的旅游行为是一种文化消费行为，其外出旅游的动机和目的在于获得精神上的享受和心理上的满足；而旅游经营者要达到盈利的目的就必须提供一种能满足旅游者文化享受的旅游产品。无论是自然旅游资源还是人文旅游资源，其要吸引和激发起旅游者的旅游动机，就必须具有魅力无穷、独具特色的民族地方文化内涵，满足人们对科学、史学、文学、艺术和社会学等方面的不同需求。因此，旅游的文化本质特征必然要求在发展旅游业的过程中优先发展旅游文化。

其次，旅游文化是提高人的素质，提高管理水平的关键。旅游文化大量地体现在旅游业的管理者及其从业人员身上，其文化素质的优劣和经营管理水平的高低，直接影响旅游者能否获得良好的审美享受和精神满足，直接关系到旅游资源能否得到合理的开发和利用，进而影响到旅游业的发展。以导游为例，导游的传统文化素养高低决定了其导游过程的文化品位。一个传统文化素养低的导游往往只会用简单的神话传说、鬼怪传奇、低级庸俗的"笑话"打发游客，不能满足游客对旅游资源文化的充分享受；而优秀的导游往往在讲解中，通过揭示旅游资源中各种文化内涵，使游客在文化上产生共鸣、在精神上得到享受，不仅可以帮助游客了解旅游景点的现状，而且可以从更深的层次欣赏旅游景点的自然美、社会美和艺术美。未来旅游业的竞争主要是旅游文化方面的竞争，人们对旅游资源、旅游服务的需求更趋向于文化性强、科技水平高、富于参与性的项目。因此，旅游业管理者和从业人员的文化素质和经营管理水平必须相应地提高，才能与国际接轨，适应时代的各种要求，使中国的旅游业立于不败之地。

1.4.2 旅游文化是旅游业创名牌、提高竞争力的决定因素

旅游产品是否具有竞争力，最重要的是看它的文化资源、文化氛围、文化品位。从旅游产品在市场运作的角度而言，第一个层次的竞争是价格的竞争，进一步上升到质量竞争，达到最高层就是文化竞争。旅游者进行旅游，其本质上是购买文化、消费文化、享受文化。在这个过程中，如果缺少文化的东西，游人势必产生尽兴而来、败兴而归之感，缺乏文化品位的旅游产品就谈不上具有竞争力。

在旅游活动中，旅游者物质方面的需求是较低级的需求，易于满足；而精神文化方面的需求，是一种高级而复杂的需求，很难得到满足，但又影响全局。旅游企业若不能满足旅游者精神文化的需要，便失去了存在的价值。同时由于文化具有地域性、民族性、传承性等特点，往往为一个国家和地区所独有，很难模仿和复制。因此，在竞争中就减少了可比性，具有垄断的地位，易形成强有力的竞争能力，也易于创出自己的特色和名牌效应。名牌是旅游业竞争中的一种无形力量，更是促使旅游业走上可持续发展道路的一种宝贵的文化资源。

旅游文化是一个国家旅游业保持自身特色的决定因素。人们常说："民族的东西是独特

的，文化的流传是久远的。"一个国家的旅游业若缺少了自己本民族传统文化的底蕴，便失去了特色，不能反映出本民族独有的精神内涵，也便失去了强大的吸引力。实践表明，大凡旅游业昌盛之国，莫不以旅游文化取胜。

1.5 旅游文化学的学科体系

1.5.1 中国旅游文化研究的历程

在西方，"旅游文化"一般不作为一个单独的研究学科(领域)来对待，更多的是被当做一种旅游研究视角——文化视角。西方既没有以旅游文化学为题的专著、教材，也没有以旅游文化学为题的报告、文章。

中国对旅游文化的研究可以追溯到 1935 年江绍原的《中国古代旅行之研究》，但真正的旅游文化研究是从 20 世纪 80 年代开始的。此时，伴随着改革开放的发展，中国的旅游文化研究开始起步，但体现出很明显的早期基础研究特征——学者对旅游文化的研究还很零散，处于一种自发的状态。研究的内容主要针对旅游文化概念的界定、旅游文化研究的必要性分析、中国旅游文化传统的挖掘、旅游文化学科结构体系的研究，没有形成统一的认识。

1984 年，旅游文化作为一个专业概念出现之后，不少专家学者从不同角度对旅游文化概念进行定义，形成了"百家争鸣，百花齐放"的局面。魏小安、郁龙余、喻学才、贾祥春、章海荣的定义具有代表性，虽然没有形成一个统一的定义，但对旅游文化的概念有一些共同的认识：首先，旅游文化是产生在旅游活动之中或之后的；其次，旅游文化的文化源和文化汇载是不断变化的；最后，旅游文化是一种跨文化交流。在此基础上，有的人认为旅游文化是旅游主体与旅游客体在旅游活动过程之中或旅游活动之后，相互交流形成的各种关系的总和。

关于开展旅游文化研究的必要性，上海旅游学会率先开展了旅游文化的研讨活动。1987 年 9 月，由湖北省青年旅游研究会组织召开的首届中国旅游学学术讨论会也进行了这方面的研讨活动。同年 10 月，在佛教圣地九华山召开的首届中国山水旅游文学讨论会上，与会代表也讨论了这个问题。

关于旅游文化学科地位的研究，早在 20 世纪 80 年代，学者如毛桃青、喻学才就呼吁要重视旅游文化建设，谢春山、唐建军对旅游文化在旅游业中的作用进行初步研究，多数学者都认为旅游文化应确立自己的学科地位，应从学术外围走向学术中心。

旅游文化作为一种独立的学科体系尚未成型，但因其涉及面十分广泛，所以它的许多分支已引人注目。喻学才对儒家思想与中国旅游文化传统对中国旅游文化的影响，覃兆刿对档案的旅游文化价值，蒋洲、赵勇在中国旅游贸易突出本国特色方面进行了研究。另外，张海燕提出把文化教学寓于旅游英语教学中，林永匡、王熹的《中国旅游文化史的研究》提出旅游文化史的作用。以隗芾、王力平、臧维熙为代表的学者对旅游文学进行了研究，并举行了四届旅游文学研讨会，何学威、莫高对旅游民俗学进行了初步探讨，王遵近、沈松勤对旅游美学进行了研究，喻学才在《关于建设中国旅游学的构想》中提出对中国旅游文化传统的挖掘问题。1987年9月，在武汉举行的首届旅游学学术讨论会上，与会代表对具有中国特色的旅游文化传统进行了认真的研讨，晏亚仙的探讨颇有代表性。

对旅游文化建设及应用的研究在这个时期占有相当份额，杨文棋、秦永红、朱桂凤、王亚欣、马晓京、唐留雄、刘瑞新、甘锦英、张文祥、刘雷、张军对民俗文化资源的利用方面进行了探讨。此外，一些学者对"南方长城"(王亚力)、天坛的旅游价值(姚安)、陵墓文化(梁安和)、藏式建筑(杨环)、古民居建筑(蔡锡泽、贺为才)、孔子旅游活动的影响(许宗元)、魏晋南北朝隐风的价值(方燕)、旅游文化氛围(彭惠群)、诗经旅游文化的美学价值(张来芳)、舞台影视艺术与旅游(资民筠)、民族体育旅游(黄咏)等方面了进行了初步研究。

20世纪90年代的研究则显示出与旅游产业结合、与旅游教育结合的鲜明特征。例如，从旅游文化的角度对80年代中国旅游业进行了反思，对90年代中国旅游文化研究的前景描绘，对区域旅游文化、域外旅游文化的研究，都初步显示出旅游文化研究的应用趋势。

20世纪90年代前期，伴随着我国旅游事业的蓬勃发展，旅游文化研究的角度越来越广，研究的层次越来越丰富。旅游文化研究开始出现新的特点：特点之一是对20世纪80年代中国旅游业规划的反思，最集中体现在对国家"八五"旅游规划重旅游经济、轻旅游文化的战略偏差提出批评；特点之二是学者对20世纪90年代中国旅游文化发展的蓝图进行了勾画，对20世纪90年代中国旅游文化的走势进行了预测；特点之三是对模拟景观给予了空前的注视；特点之四是对域外旅游文化和国内地域旅游文化给予了重视；特点之五是在对旅游文化的特征认识上，这一阶段对旅游文化的美学特征特别关注。

20世纪90年代后期，学术界开始重视旅游与经济、社会、宗教等方面的关系研究，开始出现为旅游文化呼吁学科地位的研究文章，开始出现对旅游开发过程中假冒伪劣的旅游文化进行批评的文章，开始出现从企业文化建设角度、旅游接待地的地域形象塑造、市场营销角度来重视旅游文化的新现象。这说明旅游文化的应用性特征得到了学术界的重视。

20世纪90年代，邓祝仁、贾祥春、王德刚、卫英、王立、谢春山等对旅游文化概述与特征进行了进一步研究；不少学者，如费振家、黄佛君、金海龙、许豫东、赵文红、毛桃青、陈荣富、郭宽、汤国辉、秦永红等对旅游文化的重要地位和作用做了进一步论述。

北京旅游学会曾于1990年6月和8月先后两次组织召开了以旅游文化为中心议题的学术座谈会，同年10月又与另外两个单位联合召开了"首届中国旅游文化学术研讨会"，该会以"旅游文化"概念为重点展开讨论，出版了《旅游文化论文集》。冯乃康的《会议纪要》将研讨会上对旅游文化的定义进行了概括。学者林洪贷、于英士粗略地描绘出了20世纪80年代的缺憾和90年代的努力方向。在北京回龙观饭店召开的"首届中国旅游文化学术研讨会"上，文化在旅游业中的作用是与会代表的共识。1994年8月在南戴河召开的"第二届旅游文化学术研讨会"上，与会代表针对20世纪90年代国内旅游高潮涌起、模拟景观成为投资热点而文化准备普遍不足的情况，提出中国旅游业已到了非要重视旅游文化的研究与运用不可的关键时刻。两次座谈会和"首届中国旅游文化学术研讨会"的召开，再加上中国旅游文化学会的成立，标志着我国旅游文化研究开始由自发、零散的状态向自觉、有组织的状态转化。随后，专门研究旅游文化的机构或团体组织大量涌现，全国性的或地区性的旅游文化研讨会不断召开，旅游文化成为中国旅游研究中最活跃的领域之一。

期间，旅游文化作为一门学科的探索取得了一些重要成果。1995年，喻学才的《中国旅游文化传统》出版后即被多家高校旅游专业用做教材，随后，郝长海、曹振华等著的《旅游文化学概论》，谢贵安、华国梁编著的《旅游文化学》，王淑良编著的《中国旅游史》，沈祖祥主编的《旅游文化概论》和《旅游与中国文化》，马波著的《现代旅游文化学》，喻学才主编的《旅游文化》，何佳梅、潘宝明和程遂营各自均著有《中国旅游文化》，谢春山的《旅游文化论》相继问世，旅游文化研究呈现一派繁荣景象。

学者对各个层面的旅游文化现象进行探讨，冯乃康著的《中国旅游文学论稿》、刘德谦著的《中国旅游文学新论》对中国旅游文学进行了探讨。张来芳对《诗经》中的旅游文化进行了分析，束有春、焦正安对佛教旅游文化进行了分析，周思琴、方燕都对魏晋南北朝的旅游文化进行了分析，魏宏灿提出庄学精神是山水旅游文化的源泉。王柳云的《森林旅游文化简论》则是森林旅游方面的较有代表性的专著。一些融学术性和文化休闲性的图书也开始出现。例如，高建新著的《山水风景审美》从审美的角度全面考察山水风景的美。崔进编著的《旅游文化纵览》、喻学才主编的《中国旅游名胜诗话》丛书也相继出版。

21世纪，旅游文化研究向更深、更广泛的角度发展，2001年后也出版了几种关于旅游文化的著述。2004年，章海荣的《旅游文化学》一书的出版，给旅游文化的研究又注入了新的活力。该书从文化人类学、跨文化交流学的角度切入，主要研究了旅游主体的文化身份、区域(旅游目的地)的文化生态系统及旅游的跨文化交流。而2005年，陈敏华秉承旅游文化二元性的思想，对现代旅游与传统文化的对接进行了系统研究，可谓独辟蹊径。

邹本涛、谢春山在《北京第二外国语学院学报》(2009年第11期)发表了《旅游文化新论》，对学术界对旅游文化的理解普遍存在误区进行了分析，认为学界常常把旅游文化同旅游、旅游资源等相关现象混为一谈，并反对把物质文化纳入旅游文化之中。这种观点颇有创见。无独有偶，2007年2月，晏鲤波、庄兴成的论文《旅游文化研究述评》对旅游研究者关于旅游文化的学科探索做了一个简要评述，并分析了旅游文化的概念模式及其相关研究进展，指出了研究旅游文化应注意避免的几种倾向：旅游文化等同于历史文化；旅游文化等同于旅游资源或者人文旅游资源及其开发；旅游文化等同于旅游活动所涉及的文化或进入旅游活动范围的文化。

1.5.2 旅游文化学的学科性质、研究对象和内容、相关学科

1. 旅游文化学的学科性质

要确立旅游文化学的学科性质，首先必须明确旅游的本质特征。旅游本质是指旅游行业区别于其他行业所表现出来的内在根据。由于研究者的视角不同，对旅游本质的认识也不相同，但大体上主要有两种：一种是经济本质说，认为旅游是旅游者的经济行为，是一种经济活动；一种是文化本质论，认为旅游不是一种经济现象，而是一种精神活动，这种精神享受是通过美感享受而获得的。应该说，旅游行为所表现出来的首先是其经济属性，特别是现代旅游的发展离开经济寸步难行。但经济也不是旅游的唯一本质，许多旅游者的行为是无法用经济学理论来解释的，特别是观光旅游、宗教朝圣、文物鉴赏等文化特性很突出的旅游活动。显然，从审美的角度来看，旅游更多的还是表现在心理上的愉悦体验。同样，旅游除了精神需求之外，也存在生理需求，如康体旅游、经贸旅游、购物旅游等。

事实上，由于旅游者行为的多样性和复杂性，使得旅游本质也变得复杂，只不过是在不同的旅游方式中，有的以心理审美为主，有的更多地表现为经济活动。正是由于旅游的经济和文化二重性，因此，从经济学角度看，旅游文化学的内容主要分为旅游消费行为文化(以旅游者为载体)和旅游接待地经营文化(以旅游六大要素为载体)。

2. 旅游文化学的研究对象

任何一门学科都具有自身特定的研究对象，因此，要揭示旅游文化学的研究对象，就要了解它有哪些特殊本质，以辨明旅游文化学与其他学科之间的关系。显然，旅游文化学的研究对象不是简单地将旅游学和文化学所研究的对象加以拼凑，而是从多方位、多角度探索它们之间的关系，乃至它与其他相近学科的联系，确定其特定的研究对象及自身发展规律。

在中国，多数学者认为旅游文化是一门独立的学科。仅以旅游文化学为题的教材就达10余种。但是，旅游文化学的含义是什么，迄今尚无定论。定义是揭示概念对象特征的，一门学科与另一门学科的区别，关键在于有无独特的研究对象。

王玉成概括了前人研究成果，认为"旅游文化学研究是旅游活动中的人或人化物。而不是自然物，尽管它也研究旅游资源。但是所研究的是旅游资源的文化内涵及其表现形式；旅游文化学研究的是活动着、变化着的社会现象，而不是自然现象。"

阳国亮提出：旅游文化学是研究旅游活动中旅游与文化的相互结合、相互渗透、相互转化的内在规律的科学；是研究旅游活动中各种文化要素组合、集聚、提升的内在规律的科学；是研究旅游文化相互融合的转化机制及制度规范的科学。简言之，旅游文化学是研究旅游活动中的文化现象及其内在规律的科学。

在各种定义中，我们认同邹本涛的看法，即旅游文化学是关于旅游文化系统及旅游文化研究的学问。这个定义包含以下两层意思。

其一，旅游文化学是关于旅游文化系统的学问。旅游文化系统包括以旅游文化为核心的内系统和以影响因素为外围的外系统。这个系统十分庞大。旅游文化学的任务之一就是要以观念的形式反映旅游文化系统，使之由实体抽象为知识，以便于理解和把握。当然，这种知识应是系统的而不是零散的，应是正确的而不是错误的；否则，既谈不上学问，更称不上科学。

其二，旅游文化学是关于旅游文化研究的学问。旅游文化学是研究旅游文化系统的，要想深入研究旅游文化系统，必须不断地反思以往的研究过程，分析已有的研究成果，总结经验，吸取教训。一言以蔽之，就是要对旅游文化研究本身(不是旅游文化系统)进行再研究。旅游文化研究本身也是一个复杂系统，比旅游文化系统更难把握。如果说，旅游文化系统的某些表象尚可以通过感官直接把握，那么作为一种对象，旅游文化研究非思维形式不能把握。毕竟，旅游文化研究本身就是一种专深的学问。旅游文化学不但要以观念的形式反映旅游文化系统，更要以观念的形式反映旅游文化研究。只有这样，作为认识对象的旅游文化研究才能被人理解，被人掌握，并应用于研究旅游文化系统。旅游文化学反映旅游文化研究所形成的知识，同样应是系统的而不是零散的，应是正确的而不是错误的；否则，旅游文化学作为一门学问或一门科学是名不副实的。

3. 旅游文化学的研究内容

从学科体系建设和发展的规律来看，一门学科的研究体系在逻辑上应由其研究内容所决定，而研究内容取决于该学科的研究对象和研究目的。对于旅游文化学这样的交叉学科来说，由于它是在几门相关学科基础之上建立起来的，则其研究对象和研究目的相对于一般学科来说有其特殊复杂性，旅游文化学的研究对象是人类社会的旅游文化及其运动规律，研究旅游文化活动的基本规律、普遍原理和通用方法。旅游文化活动的复杂性和广泛性决定了旅游文化学研究内容的综合性。

阳国亮认为，旅游与文化的关系及其基本范畴是旅游文化学的基本问题；旅游文化消费主体及其行为规律是旅游文化学的核心问题；旅游文化客体及其供给形式是旅游文化学研究的关键问题；旅游文化介体及其服务形式是旅游文化消费品的实现问题；旅游文化资源及其策划规则是旅游文化学的基本问题。

有的学者认为，旅游文化学的任务如下：第一，要界定旅游文化学基本概念的内涵和外延；第二，揭示旅游文化的基本运行规律，如旅游文化产生的规律、文化旅游市场供求规律、旅游文化扩散规律、旅游文化开发规律、文化旅游营销规律等；第三，探索旅游文化学的理论体系问题。旅游的影响远远超出了经济领域，不能简单地把经济学研究的理论和方法搬到旅游文化学来。

4. 相关学科

与旅游文化学相关的学科中，支撑学科主要有旅游学、文化学、社会学和管理学；主要涉及学科有历史学、地理学、美学、心理学、哲学及各类文化知识。显然，旅游文化是一门边缘学科、交叉学科。旅游文化作为一个独立的学科体系，尽管尚未成形，但因其涉及面十分广泛，所以它的许多分支已引人注目，如旅游文化史、旅游文学、旅游民俗学、旅游美学等。

旅游文化学是对旅游活动中文化现象的综合性、总体性的考察，在旅游学科体系中有着特殊的位置，它着重考察体现在旅游活动中各个方面、各个领域的文化现象之间的相互联系和关系，以及旅游文化与旅游经济之间的相互联系和关系，从而提示这些文化现象背后包含的共同的普遍的本质，揭示旅游发展的一般规律和特殊规律。旅游文化学的研究代替不了那些具体的各门旅游学科的研究，各门具体的旅游学科也代替不了旅游文化学的研究。

1.5.3 旅游文化学的特点

旅游文化学既是文化学的一个分支，也是旅游学这一学科群的组成部分。旅游文化学的特点表现在以下两个方面。

首先，以旅游文化系统及旅游文化研究为自己的独特研究对象。旅游文化学是"关于旅游文化系统及旅游文化研究的科学"，着重考察旅游文化整体、要素、影响、建设等，涉及旅游文化的各个方面、各个领域，它对旅游文化现象的考察是综合性的、总体性的。某些相关科学虽然也研究旅游文化，但仅仅涉及旅游文化的某一方面、某一领域。例如，旅游地理学、旅游资源学涉及旅游景观开发文化,旅游经济学、旅游心理学涉及旅游消费文化、旅游服务文化,旅游美学、旅游文学涉及旅游审美文化。而且,这些学科只对涉及的部分旅游文化从各自的角度进行个别研究。

其次,具有揭示旅游文化的发展规律,构建旅游文化学的科学体系等特殊研究意义。同研究方法一样,研究意义也是一门学科不可或缺的重要内容。旅游文化学具有独特的研究意义,如揭示旅游文化的发展规律,构建旅游文化学的科学体系。另外,在解释人类的旅游行为,揭示旅游活动的发展机理,认识和了解旅游业发展的规律,促进旅游经济效益的提高,正确认识和理解人类文化,推动旅游科学的发展方面,旅游文化学都发挥着不可替代的作用。

1.5.4 研究方法

旅游文化学作为一门新兴学科,也应有一套适合自己的研究方法,主要的研究方法有以下四种。

1. 模式分析法

模式分析法是指通过对一些典型地区旅游文化发展的经验分析,寻找建立旅游文化发展的某种模式。旅游文化学的研究更多地是依靠观察、记录和描述,通过统计分析,以建立简单的假设和模式,这种方法把定性分析与定量分析结合起来,把静态与动态结合起来。

2. 区域比较法

区域比较法除了表现在名城开发和省、市、县范围的旅游开发上外,还有一种更趋于向微观发展的态势,即对名山大川旅游文化的研究成为热点。特别是进入20世纪90年代以来,旅游文化研究还开始出现了重视区域特色的研究趋势。

3. 演绎法和归纳法

旅游文化学不同于自然科学,不能在实验室里通过进行实验逐步逼近客观真实的目标。许多学者就是使用这种方法从文化学角度对各个层面的旅游现象进行探析的。例如,对各类名城的探析和归类:以北京和西安为代表、以充满中国和地方浓厚的旅游政治历史文化色彩的人文景观著称于世的名城;以经济浪潮威震世人、以旅游商品使旅游者流连忘返的名城;以宗教文化、民俗风情吸引国内外旅游者的名城;以名人和文化遗址使旅游者纷至沓来的名城;以美不胜收的园林艺术使中外旅游者留连忘返、赞叹叫绝的名城;以自然山水风光蜚声全球的名城。

4. 社会调查与统计法

社会调查与统计法即通过抽样调查或收集旅游统计资料,分析旅游文化现象和旅游产品生命周期的变化规律。

本章小结

旅游文化学作为一门新兴的学科，它几乎涉及绝大部分学科门类和相关具体学科，这种学科所表现出来的极强综合性，使得旅游文化学的研究必须借助，甚至依赖这些相关学科的研究方法。例如，心理学有关动机的理论对旅游文化行为的分析，美学原理在人文景观设计中的运用和对旅游主体愉悦动机的满足；又如，文献学科或考古技术在旅游文化研究中的应用，如档案的旅游资源价值、档案的文化介质作用、档案在旅游中的导游素材与审美价值等，就是多学科理论和方法聚汇的重要表现形式之一。

关键术语

文化、旅游文化、旅游文化学

习题

一、填空题

1. 中国历史上著名的旅行家有_____。
2. 西方历史上著名的旅行家有_____。
3. 旅游文化研究方法包括_____。

二、简答题

1. 旅游文化的功能是什么？
2. 旅游文化的特征是什么？
3. 中国旅游文化的特征是什么？
4. 西方古代旅游文化的特征是什么？
5. 旅游文化的地位是什么？
6. 旅游文化的研究内容有哪些？

三、名词解释

文化、旅游文化、旅游文化学

四、案例分析

旅游产品及其创新

如今，旅游产品琳琅满目，既有传统经典，又有时代创新，这已成为当代旅游文化研究的一个重要内容。现概述如下。

(1) 传统观光旅游产品：自然风光观光、城市风光观光游憩、名胜古迹观光；升级的观光旅游产品有微缩景观、"外国村"或"外国城"、"仿古村"或"时代村"、主题公园、野生动物园、海洋观光和水族馆、城市旅游和都市旅游。

(2) 传统文化旅游产品：一般文化旅游、遗产旅游、博物馆与美术馆旅游、艺术欣赏旅游、民俗旅游与民族风情旅游、怀旧旅游与历史人物遗迹旅游、祭祖旅游、宗教旅游、文学旅游。

(3) 传统商务旅游产品：一般商务旅游、政务旅游、会议旅游、奖励旅游、大型活动与节事旅游、购物旅游。

(4) 传统度假旅游产品：海滨旅游度假、山地度假和温泉度假、乡村旅游、度假村和旅游度假区、环城游憩带度假旅游(周末一夜游度假)、休闲旅游、水库旅游和水利旅游、野营旅游。

(5) 传统旅游产品：社会旅游。

(6) 新兴旅游产品：军体健康旅游产品、一般体育旅游、高尔夫运动和高尔夫旅游、体育观战旅游、滑雪旅游、漂流、汽车旅游、军事旅游、医疗保健旅游、疗养保健旅游。

(7) 新兴业务旅游产品：修学旅游、教育旅游和校园旅游、工业旅游、观光农业和农业旅游、学艺旅游、科学考察旅游与地质旅游、边境旅游。

(8) 新兴享受旅游产品：休闲娱乐旅游、豪华列车旅游、豪华游船旅游、美食旅游、超豪华旅游。

(9) 新兴刺激旅游产品：特种旅游、探险旅游、赛车旅游、秘境旅游、海岛和海底旅游、沙漠旅游、斗兽旅游、狩猎旅游。

(10) 新兴替代性旅游产品：生态旅游、国家公园与自然旅游、自然保护区、森林公园与森林旅游、摄影旅游、社区旅游。

(11) 新兴活化旅游产品：运动、业余爱好、娱乐活动、制造经历、郊游、指导游客享受特殊时间、促进交流。

(资料来源：吴必虎．旅游规划的理论与方法．北京：中国旅游出版社，2005．)

问题：联系当地旅游实际，谈谈如何增加旅游产品的文化含量和文化品位。

第 2 章　旅游主体审美文化

❧教学目标❧

通过本章学习，学习者能够掌握旅游审美文化的概念及影响旅游审美主体审美的各个因素，理解旅游审美主体的规定性及旅游审美中审美主体和审美客体之间的关系，了解旅游审美客体的范畴。

❧教学要求❧

知识要点	能力要求	相关知识
旅游审美文化	掌握旅游审美文化的概念 理解旅游审美文化的组成部分	审美文化 旅游审美活动
旅游审美主体	理解旅游审美主体形成的前提条件 理解旅游审美主体的规定性	美的属性
旅游审美客体	理解旅游审美客体的规定性 明确旅游审美客体的范畴 理解旅游主体与旅游客体的关系	旅游资源、一般客体
旅游审美关系	了解旅游审美关系的特征 了解格式塔心理学派和发生学角度的旅游审美关系	感知、想象、情感、理解 "同构"关系 认识关系、价值关系
影响旅游审美的因素	掌握各因素对旅游审美的影响 能够在实际的旅游活动中利用审美主体的影响因素来引导其旅游审美	审美思维、审美层次、性格、气质、审美观念、审美趣味、审美理想、审美直觉和审美情感
自然类审美客体	了解物态审美的特点 了解自然类审美客体的发展	地质地貌景观、水域风光、天气气象等成为自然类审美客体的条件
社会类审美客体	能够区别社会类审美客体与自然类和艺术类审美客体 了解社会类审美客体的范畴	人类社会、社会文化
艺术类审美客体	了解艺术类审美客体的范畴 了解艺术审美的独特性	艺术品、艺术 艺术审美

❧导入案例❧

"中国最美的地方"评选活动

《中国国家地理》为庆祝创刊 55 周年发起了"中国最美的地方"的评选活动，其中，专家学会组的评选结果在全国范围内引起了广泛的关注和热议。

专家学会组"中国最美的地方"榜单分为山、湖泊、森林、草原、沙漠、雅丹地貌、海岛、海岸等15个类型。《中国国家地理》将该评选结果表述为"颠覆传统：名山名湖纷纷落马；推进审美：冰川雅丹进入视野；关注西部：边缘文化大放异彩"。

以下是专家学会组评选出的"中国最美的地方"榜单。

中国最美十大名山：南迦巴瓦(西藏)、贡嘎山(四川)、珠穆朗玛峰(西藏)、梅里雪山(云南)、黄山(安徽)、稻城三神山(四川)、乔戈里峰(新疆)、冈仁波齐峰(西藏)、泰山(山东)、峨眉山(四川)。

中国最美六大冰川：绒布冰川(西藏)、托木尔冰川(新疆)、海螺沟冰川(四川)、米堆冰川(西藏)、特拉木坎力冰川(新疆)、透明梦柯冰川(甘肃)。

中国最美五大湖：青海湖(青海)、喀纳斯湖(新疆)、纳木错(西藏)、长白山天池(吉林)、西湖(浙江)。

中国最美六大沼泽湿地：甘南若尔盖(川北)、巴音布鲁克(新疆)、三江平原(黑龙江)、黄河三角洲(山东)、扎龙保护区(黑龙江)、辽河三角洲(辽宁)。

中国最美六大瀑布：藏布巴东瀑布群(西藏)、德天瀑布(广西)、黄河壶口瀑布(晋陕交界)、九龙瀑布(云南罗平)、诺日朗瀑布(四川九寨沟)、黄果树瀑布(贵州)。

中国最美十大森林：天山雪岭云杉林(新疆)、长白山红松阔叶混交林(吉林)、尖峰岭热带雨林(海南)、白马雪山高山杜鹃林(云南)、波密岗乡林芝云杉林(西藏)、西双版纳热带雨林(云南)、轮台胡杨林(新疆)、荔波喀斯特森林(贵州)、大兴安岭北部兴安落叶松林(黑龙江、内蒙古)、蜀南竹海(四川)。

中国最美六大草原：呼伦贝尔东部草原(内蒙古)、伊犁草原(新疆)、锡林郭勒草原(内蒙古)、川西高寒草原(四川)、那曲高寒草原(西藏)、祁连山草原(青海、甘肃)。

中国最美十大峡谷：雅鲁藏布大峡谷(西藏)、金沙江虎跳峡(云南)、长江三峡(重庆、湖北)、怒江大峡谷(西藏、云南)、澜沧江梅里大峡谷(云南)、太鲁阁大峡谷(台湾)、黄河晋陕大峡谷(内蒙古、山西、陕西)、大渡河金口大峡谷(四川)、太行山大峡谷(北京、河北、河南、山西)、天山库车大峡谷(新疆)。

中国最美六大旅游洞穴：织金洞(贵州毕节)、芙蓉洞(重庆武隆)、黄龙洞(湖南张家界)、腾龙洞(湖北利川)、雪玉洞(重庆丰都)、本溪水洞(辽宁)。

中国最美十大海岛：西沙群岛以永兴岛东岛等为代表(南海)，涠洲岛(广西北海)，南沙群岛以永暑礁太平岛等为代表(南海)，澎湖列岛以澎湖岛为代表(台湾海峡)，南麂岛(浙江温州)，庙岛列岛(山东长岛)，普陀山岛(浙江)，大嵛山(福建福鼎)，林进屿、南碇岛(福建漳州)，海陵岛(广东阳江)。

中国最美五大沙漠：巴丹吉林沙漠腹地(内蒙古)，塔克拉玛干沙漠腹地(新疆)，古尔班通古特沙漠腹地(新疆)，鸣沙山、月牙泉(甘肃)，沙坡头(宁夏)。

中国最美三大雅丹地貌：乌尔禾(新疆)、白龙堆(新疆)、三垄沙(新疆)

中国最美五大城区：厦门鼓浪屿(福建)、苏州老城(江苏)、澳门历史城区、青岛八大关(山东)、北京什刹海地区。

中国最美六大古镇古村：丹巴藏寨(四川)、红河大羊街乡哈尼村落(云南)、喀纳斯湖畔图瓦村(新疆)、黎平肇兴侗寨(贵州)、婺源古村落群(江西)、丽江大研镇(云南)。

中国最美八大海岸：亚龙湾(海南三亚)、野柳(台湾基隆)、成山头(山东荣成)、东寨港红树林(海南琼山)、昌黎黄金海岸(河北)、维多利亚海湾(香港)、崇武海岸(福建惠安)、大鹏半岛海滩(广东深圳)。

(资料来源：旅游好去处："中国最美的地方"——《中国国家地理》权威评选
http://haifeng70.banzhu.net/article/haifeng70-10-1269395.html)

问题：

1. 结合评选结果，尝试分析《中国国家地理》举办的"中国最美的地方"评选中使用的审美标准。

2. 结合案例，尝试分析《中国国家地理》举办的"中国最美的地方"评选中对审美主体产生影响的因素。

著名学者叶朗先生说："旅游，从本质上说，就是一种审美活动。离开了审美，还谈什么旅游？旅游涉及审美的一切领域，又涉及审美的一切形态。旅游活动就是审美活动。"由此可见旅游审美在旅游活动中的重要地位。它是旅游者的主要活动，贯穿旅游活动的始终；也是旅游者旅游的主要目的，而且决定了旅游者旅游质量的高低。

审美能力是当代人重要的文化素质之一。文化在旅游活动，特别是旅游审美活动的过程中起着重要的作用。旅游审美文化主要是研究旅游审美主体、审美客体和审美关系及文化对它们的影响。在旅游审美活动中，旅游审美主体是审美活动的实施者，客体因为主体的关注而纳入其审美视野。审美主客体之间具有相互依赖、相互推动的辩证关系。值得关注的是，不同时空、不同文化修养、不同审美意识和思维方法的旅游者在旅游审美活动中表现出不同的审美感受。

2.1 旅游审美文化的相关概念

2.1.1 旅游审美活动

旅游审美活动是伴随着旅游活动的产生而发展起来的。因此，可以说旅游审美活动是自古就有的。例如，中国古代的皇帝巡游、宗教之旅、学术考察之旅甚至商旅都能看到审美活动的记载。最典型的为中国古代的士人之旅，如竹林七贤、陶渊明、谢灵运、王维、孟浩然、宋之问等在山水间的漫游，已经属于真正意义上的旅游审美活动。初唐的王绩就喜欢欣赏春天的泉水、溪流及两岸的盘石，登高望远、欣赏秋色满林，还喜欢拄着拐杖进山寻找野趣和刺激，"青溪归路直，乘月夜歌还。"

旅游审美活动涉及旅游审美主体、客体和审美关系，是由旅游审美主体进行的，以其对审美客体的直接审视为条件的活动。它是审美主体依据自身的条件，以情感、想象为中介，以形象为载体，对审美客体的一种理解和把握，是一种较为高级的生存本能和适应性行为。简单地说，旅游审美活动是旅游者在现实而具体的观光游览活动中所进行的一种价值判断过程。该过程通常伴随复杂微妙而愉悦自由的心理活动。在旅游审美活动中，审美主体即旅游者居于主导和核心的地位，客体是在主体的关注之下纳入审美文化的研究，与主体产生"同构"的关系。

知识链接 2-1

旅游审美活动的心理要素

旅游审美活动的心理要素是美感心理过程的基本构成成分，审美感受就是这些心理要素复杂交错的动力综合，是它们相互诱发、相互渗透、相互推动的合规律的自由运动而产生的一种非概念认识所能表达或穷尽的自由感受。它包括感知因素、想象因素、情感因素和理解因素。其中，感知是审美的出发点，情感是审美的动力，理解是审美的认识因素，想象是审美感受的枢纽。

1. 感知因素

感知泛指审美对象刺激人的感官而引起的各种感觉和与之俱来的知觉综合活动。感知因素在审美过程中通常起到一种先导作用，审美感知的功能是审美主体进入审美体验的门户和基础，审美感知能力的高低在很大程度上是由审美对象的感性形象决定的，直接影响具体审美感知质量的高低。

人的五官和大脑神经系统专门组成了听、视、嗅、味、触等感觉分析器官。在这几种感官中，实验心理学家赤瑞特拉以大量实验证明：人类获取的信息83%来自视觉，11%来自听觉，3.5%来自触觉，1%来自味觉。在旅游审美活动中，听觉、视觉、嗅觉、味觉、触觉在感知过程中均扮演各自角色，发挥不同效用。

2. 想象因素

想象有不同形式，如接近联想、类比联想、知觉联想、创造性联想等。在旅游审美活动中，通常使用的是接近联想和类比联想；而相对高级别的知觉联想和创造性联想却能创造更高层次的审美体验。接近联想是想到在时空上相近的事物，对观光游览中的审美主体而言，接近联想在丰富其审美感受方面起着积极作用；类比联想是想到具有相似特点的事物，如绿色象征生命、玫瑰表示爱情等，可以赋予其人性化。

3. 情感因素

情感是人类特有的高级而复杂的体验，它与人的社会性需要有关，与人的立场观点有关，具有较大的稳定性和深刻性的特点。情感因素常常表现为审美主体在社会实践，特别是审美活动中对客观事物的一种主观情绪反应，是伴随着直觉活动直接产生的。审美情感贯穿于审美活动的始终，是人类的高级情感，是审美活动的条件和动力。

4. 理解因素

理解有层次深浅的不同，浅层次的理解是深层次理解的前提和基础。首先要理解现实状态和虚幻状态的不同，并对审美对象的内容进行理解，才能对融合在形式中的意味进行把握。

(资料来源：http://www.doc88.com/p-319626242489.html.)

2.1.2 旅游审美文化

审美文化的概念最早可以追溯到18世纪末期。之后，欧美各国的学者对审美文化的概念各有看法，甚至分歧很大。在我国，"审美文化"一词最早出现在20世纪80年代中期对苏联美学的介绍中。而"旅游审美文化"是在20世纪80年代旅游业繁荣发展之后才出现的,在中国引起旅游学术界的关注时间较晚,其受到重视则是在 21 世纪。

旅游审美文化主要研究文化对旅游审美活动的影响及人们在旅游审美活动中所表现出的文化内容。通常,可以将旅游审美文化分为两个部分,与旅游审美主体对应的是旅游审美主体文化,与旅游审美客体相对应的是旅游审美客体文化。旅游审美主体文化主要研究旅游者的审美意识、审美行为和影响审美的因素等,旅游审美客体文化主要研究具有美的价值的资源和产品。这两者中,旅游审美主体文化居于主导地位。本章中讲的旅游审美文化主要是旅游审美主体文化。

因此,本书中认为旅游审美文化是以旅游者的精神体验和审美的形式观照为主导的感性文化,是研究旅游审美的文化特征和基本类型,以及不同文化时空下旅游审美活动的演变和差异等的文化。旅游审美文化研究内容涉及旅游者审美活动的物化产品、观念体系和行为方式文化等方面。

2.1.3 旅游审美主体

旅游审美主体是旅游审美行为的承担者,是有着内在审美需求和审美知觉,具有审美结构和功能,并与旅游产品(资源)结成一定审美关系的旅游者。因此,旅游审美主体必须具备以下两个条件:一是必须具备一定的审美能力;二是必须从事旅游审美的实践活动。

旅游者作为审美主体,具有一般审美主体的规定性。首先,旅游审美主体是精神活动的主体。在具体的审美活动中,旅游者作为主体追求的主要是精神享受而非物质享受,是旅游产品的精神价值而非使用价值;旅游者运用的本质力量主要是精神感觉力量。当然,旅游审美主体不可能只是某种精神实体,也有物质方面的需求,但其精神活动是主要的,物质活动是次要的。其次,旅游审美主体是情感活动的主体。人的精神活动有多种状态,如科学认识活动中的理智状态、社会伦理活动中的抑制状态和宗教活动中的信仰状态。在旅游审美活动中,人作为主体,不能排斥上述状态的出现,但主要是处于一种情感状态,否则就不可能进入审美境界,获得旅游的真正乐趣。最后,旅游审美主体是自由的生命活动的主体。旅游审美活动是脱离了对"物"的绝对依赖性的活动,旅游审美主体也不是低级的实用主义者或物质主义者,而是能对对象凝神观照、不旁及日常功利,以及不为物质欲望所纠缠的享有高度生命自由的人。

在旅游审美活动中,旅游审美主体非常重要,它决定了美的特点。由于审美主体的不同,"美"也呈现出个体性、民族性、阶级性等多重属性。

(1) 美具有个体性。不同的人看同一个景物得到的美感都是不同的,这与旅游者的心理、年龄、教育背景等都有很大的关系,因此,美具有极强的个性特点。

(2) 美具有民族性。同一个民族对同一个审美客体的认识是类似的,而不同民族则具有不同的审美文化。例如,目前很多国家和民族都流行以瘦为美,女孩都在想尽办法减肥;而在毛里求斯,人们仍然持以胖为美的观点,女孩从小就要想尽办法增肥,特别是在结婚前还要被送到专门的"增肥营"以达到增肥的目的。

(3) 美具有阶级性。在阶级社会中,美不可能脱离其阶级而独立存在。例如,"耻食周粟"在封建社会中被认为是歌颂了"一臣不事二主"的崇高气节;而在鲁迅看来,伯夷、叔齐就成了阻挡历史潮流的角色,对他们采取了嘲笑的态度。

2.1.4 旅游审美客体

旅游审美客体是旅游者或者旅游从业者按照美的规律塑造的各种物体和具有审美价值的各种对象性存在,是旅游审美行为所及的客体。旅游审美客体并不能简单地等同于旅游资源或旅游产品。具体地说,旅游审美客体就是能够刺激旅游者产生美感,并具有审美价值属性,与旅游审美主体结成一定审美关系的自然资源、人文资源和相关产品。

旅游审美客体具有一般客体的规定性。首先,它是相对于主体而言的,不能离开旅游者的审美感觉而存在,只能是旅游者所感觉到的、所意识到的对象。其次,它是一种具有肯定性价值的对象性存在,能够满足旅游者的审美需要。

除此之外,旅游审美客体又具有自身特殊的规定性。第一是广泛性,也是指旅游审美客体的多样性。各种各样的自然景象,如山岳、江河、大海、泉瀑、花木、鸟兽虫鱼,以及丰富多彩的人文景观,如文物古迹、建筑园林、城乡聚落、书画雕塑、音乐舞蹈、民俗风情、社会风尚乃至工农业生产景观,都可以成为旅游者审美的对象。第二是规模性,指旅游审美客体一般由各种自然资源、人文资源和旅游产品等组合而成,审美客体在品种和数量上较丰富,可以是较大规模的同一种旅游资源的集合,也可以是不同种旅游资源和旅游产品之间的合理搭配。第三是协调性,不论旅游审美客体是自然资源还是人文资源或是其他,都要体现人与人、人与自然之间的协调关系,也只有与旅游审美主体相协调的客体才能纳入主体的视野之内。

旅游审美主体与审美客体之间存在着相互依存、相互推动的辩证关系。首先,没有审美客体的存在,就没有审美主体的存在;没有审美主体的存在,也同样没有审美客体的存在。没有优美的景色,旅游者不会青睐于某个景物;没有旅游者发现美的眼睛,很多审美客体是不可能被发现的。其次,各种审美客体培养和提高着审美主体的旅游审美能力,而旅游审美主体不断提高的审美能力又促进审美客体的拓展和丰富。我们在观赏自然景物的时候领略到形状的均衡美、色彩的和谐美等美的规律,这对旅游审美主体审美观念的形成具有促进作用,同时,这些领悟又可以应用于审美客体的开发。例如,王羲之钟情于会稽的青山绿水,一边旅行,一边练字,借助山水旅游来拓宽和完美其书法艺术,从他的书法中既可以看到山的沉重又可以看到水的轻灵,既有虎踞龙盘之势又有云舒霞卷之神。中国古典园林则是人们为求舒心悦意而惜方寸土地,巧移山水于庭院之内而建成的。古典园林中的设计和布局都效法自然,景物布置小巧精致,格局多利用天然地形、物品,集结山林的野趣,又将自然人性化。

应用案例 2-1

重庆游客桂林发现人头像奇观

九马画山(图 2.1)是漓江两岸最著名的景点之一,位于阳朔县兴坪镇西北 4 公里,距桂林 60 公里。九马画山高 400 余米,宽 200 米,临江而立,石壁如削,壁上五彩斑斓,远望如一幅巨大的画屏,石壁上有白、黄、灰、黑等色,色彩斑斓,呈现出马的画像,马图最多可见九匹,故得名九马画山。自宋代起,已经有关于九马画山的诗词出现;明清间,九马画山更是吸引了很多的名人雅士留下墨宝;如今,每年都有上百万的中外游客到此地游览,游客们对辨识马的数量和形态兴趣盎然。

重庆游客龚长生和其家人在游漓江时,无意中发现九马画山很像一个人头——若将该景点照片逆时针旋转90°,可以看到一个清晰的人头像:额头、眼睛、鼻子、嘴巴、下巴、喉结均能看到。龚长生因自己这一重大发现激动不已。回渝后,他给人头像取名为"画马隐士",随即给桂林市政府写了一封信并寄去所拍摄的"九马画山"照片,以及他创作的"画马隐士"传说故事。

桂林市政府收到龚长生的信后立即组织16位专家乘坐专船前往漓江九马画山现场勘察,发现当游船靠漓江左航道航行时,九马画山侧卧人头像显得格外逼真。有关部门给重庆游客龚长生颁发了"首发现桂林漓江九马画山'人头像'新景观"荣誉证书和一笔奖励。

桂林人头像现身后,不少专家和旅游爱好者拍手叫绝,无不惊叹。海内外媒体备加关注:美国国际日报、澳门日报、香港文汇报、新华社、新华网、中国新闻社、中新网、人民网、中国广播网、国家知识产权报、中国财经信息网、中国台湾网、中国环境网、中国园林网、上海新报、TOM新闻网、重庆日报、重庆晚报等海内外上百家媒体先后进行了报道。每天前往九马画山山脚下观赏人头像的游客更是络绎不绝,每年吸引着全世界几百万人前往漓江一睹"画马隐士"的风采并聆听"画马隐士"的传说。

图2.1 九马画山

(资料来源: http://www.167ok.com/shop/Normal/news_view.asp?CompanyMemberID=&ID=2384.)

问题:
1. 从图片中你能够看到几匹马?你是否能从中看到"画马隐士"?
2. 该案例中的旅游审美客体是什么?
3. 该案例揭示了旅游审美主体和旅游审美客体之间存在着怎样的关系?

2.1.5 旅游审美关系

旅游审美活动是审美关系产生的基础,或者说旅游审美关系是在旅游审美主体对审美客体进行感知、想象、情感、理解的过程中形成的。

旅游审美关系是旅游审美活动中审美主体和审美客体之间的一种超越功利的关系。它是旅游活动中，主体的审美需要、审美结构与客体的审美属性之间构成的一种"同构"关系。这种"同构"关系使得主体结构功能的发挥和客体价值属性的显示成为一个统一的过程，使得外在世界与旅游者的心灵合拍，达到主客协调、物我统一，由此构成旅游审美关系及其运动。换言之，旅游审美关系就是具有审美需求的旅游者在旅游审美实践活动中对审美客体的感性形象的关照和感应中实现自我肯定和自由体验，获得身心整体的愉悦和满足。

按照格式塔心理学派的分析，外在物理世界和内在心理世界在形式结构上存在"同形同构"或"异形同构"关系，使得事物的形式结构和人的心理结构在大脑中引起相同的电脉冲，从而使外在世界与内在心理合拍，达到主客协调、物我统一，由此产生相互应答的直觉感受和审美愉悦。从发生学的角度看，审美关系的出现有赖于人类的社会实践活动。人类在改造自然界使之成为"人化"自然界的同时，逐渐使自身的身心结构、活动方式具有合规律性的可能，事物的属性规律才有可能与主体的审美需要发生"同构"关系而进入审美领域。

旅游审美关系既是一种认识关系，又表现为一种价值关系。具体而言，认识关系表现在它是旅游者在对旅游活动中看到的景物的那些"满足需要"的属性的把握或占有过程中建立起来的；价值关系表现在它要求在对对象的感性形象的关照和感应中达到自我肯定和自由体验，获得身心整体的愉悦和满足。但是，旅游审美关系又不同于认识关系，而是以认识关系为前提和基础的。明理和经过概念的逻辑判断并不导致审美；但广博的认识有助于扩大审美范围，提高主体的美感能力。

知识链接 2-2

从审美主体的觉醒看景点设计的趋向

我国旅游业发展多年，旅游者旅游经验的丰富、审美意识的觉醒使得很多常规旅游景点已无法满足旅游者的需求。审美主体的喜好作为一种潜在的因素开始左右着旅游业的发展。

常规的旅游活动是一种直接的审美活动。作为一种客观存在，旅游审美实实在在地存在于普通游人的视觉感受中。故宫的对称格局所造成的端庄美，庐山的云遮雾罩所形成的朦胧美，张家界诸峰的擎天气势所显示的直线美，桂林山水的蜿蜒秀丽所产生的曲线美，这些美的形式感都能使原以为缺乏审美素养的普通游客接受并为之激动。游客在众多景点中的最后选择，本身就反映了一种明显的审美倾向。近年来一些不重视游客心理、粗制滥造的景点频现"短命"现象，也从反面说明了旅游主体对审美客体的挑剔与期待是否被尊重，在一定程度上决定了景点设计乃至整个旅游业的发展趋势。

审美主体的渴求和热望迫使欲待拓宽疆域的旅游业做出这样的思考：如何顺应这股蛰伏于普通游人心底的审美需求，怎样把握契机、挖掘潜力，使审美客体也循入主体需求的同步轨道。数年来有关方面在景点的选择和项目的设计中已经进行的大量探索，其新奇性、独特性就颇值得玩味。例如，太湖的"月夜泛舟游"和苏州寒山寺的"夜半听钟声"已将普通的视觉审美转为特殊的听觉审美，无疑，在静谧的月夜中聆听世间万籁，游客的心头会产生一种异乎寻常的美感体验。

随着旅游业的发展，现代文明的介入与自然风采保护之间的矛盾正在加剧。不少名胜景点的开发成了对原有风景的破坏；某些旅游点仍未放弃建造多条索道的计划；不少新景点已悄悄地被个体户的饭馆、旅店所包围；承德避暑山庄与外八庙之间的农田里盖起的工厂不但破坏了原有的田园风光，还直接影响了两地间互为对景、借景的造园格局。

无疑，美感精灵的悄然消遁，必然会使旅游业失去某种吸引力。主体审美意识的觉醒及被尊重，必将为旅游业带来美好而广阔的前景。美学专家否定了在名胜之地的多项盲目建造计划；海南为整顿某景点炸毁了庞大的违章酒楼。这不正是令人鼓舞的良好开端吗？

(资料来源：倪亚东. 从审美主体的觉醒看景点设计的趋向[J]. 地理教育, 1997, 3: 33.)

2.2 旅游审美主体的影响因素

旅游审美活动从表面看是旅游审美主体(旅游者)对审美客体(旅游资源或产品)的一种感性把握，实质是通过对客体的理解和把握来间接地审美旅游者自己。因此，旅游审美的结果常常因审美主体的不同而有相当大的差异。

影响旅游审美主体在审美活动中的因素大致可以归纳为宏观因素和个人因素两类。其中宏观因素主要是审美主体所处的时空特征，个人因素包括审美主体的文化修养、心理特征、思维方式等。

2.2.1 时空特征

旅游主体是生活在特定时空状态之下的群体，他们的意识、观念、习惯和时尚受周围环境的影响很大，而且有些影响已在审美主体意识中深深地打下烙印，成为审美过程中的定势思维。

一定时期的审美标准是随着当时的条件和时尚而定的，因而也就出现了旅游者审美的差异。过去认为美的东西，现在不一定是美的，将来还需要时间来验证。例如，不同时代的人对自然山川的感受有很大差异。上古时期，人们认为自然山川是凶恶的、恐怖的。愚公时代，太行、王屋二山，不但没有气势磅礴的审美效果，反而给愚公的出行带来不便，"惩山北之塞，出入之迂也"。至曹操时，对山就有赞美："东临碣石，以观沧海。水何澹澹，山岛竦峙。树木丛生，百草丰茂。秋风萧瑟，洪波涌起。日月之行，若出其中；星汉灿烂，若出其里。幸甚至哉，歌以咏志"。而目前，旅游者大多会汲汲于山水旅游，领略山的磅礴气势，获得愉悦感和征服感。

从空间位置来看，旅游者总是在一定的地理范围中活动，地理环境中的各种因素造就了旅游主体思考问题的固有方式。不同的历史文化背景、国情和气候特征，造就了各个旅游主体群不同的审美方式、审美标准、审美思维和审美联想。例如，日本是岛国，大多数景物规模较小，日本人具有"国土狭小、资源匮乏、地震频繁所带来的隐忧和恐惧"，日本式审美的特征就是平安朝(794—1185年)的优雅、秀丽、纤巧，典型的就是日本版画浮世绘，表面装饰得十分优美风雅，内里却蕴藏着更多更大的悲伤哀叹，带着深沉而纤细的悲哀性格。

此外，时空特征除了简单地理解为旅游审美主体所处的时间和空间之外，其深层次还要考虑由于时间和空间的不同而带来的旅游者所处的政治、经济、文化、科技、交通等宏观环境的不同，这些也都会影响旅游者的审美。

2.2.2 文化修养

文化修养是影响旅游者旅游审美的深层次因素。文化修养的高低从一个侧面反映了旅游主体的教育程度、知识储备和知识结构，这是旅游者投入审美的知识基础，是审美主体审美的必备条件。文化修养决定了旅游者旅游过程中的鉴赏能力，也决定了旅游主体获得精神享受的愉悦程度。

文化修养决定了审美主体所能达到的审美层次。李泽厚曾提出："审美有不同的层次，最普遍的是悦耳悦目，其上是悦心悦意，最上是悦志悦神。""悦耳悦目"包括视听之乐、味觉和嗅觉等的快感，属于感官的、初级的审美判断范畴，而审美活动是基于感性而不滞于感性的体验活动，否则就是庸俗化，与美毫不相关；"悦心悦意"是一种基于对审美客体形式美的初级反应而升华了的较高审美层次，"悦心悦意"就必须在一定的文化修养的基础上实现，才能与审美的本质相通；"悦志悦神"是美感的最高层次，此时，审美主体已经忘了人间的那些物欲、名利、烦恼，身心全部融入景物，进入物我两忘、与自然合二为一的境界。只有文化艺术修养比较高的旅游者才能领悟到审美对象某些较为深刻、丰富的意蕴，达到"心旷神怡，宠辱皆忘"的境地。因此，旅游者的文化艺术修养水平对审美效果的获得有着重要的影响。

举例来说，东西方人具有不同的文化背景和文化修养，因此，对京剧的审美就存在很大的差距。在不具有东方审美文化的西方人眼里，京剧是艰涩的、难以看得懂的无趣的东西，服装浮夸、道具和布景简单；在大多数普通中国人眼里，京剧没有太大吸引力，感受到的只是宏大的场面和漂亮的戏服；而在对京剧有较深研究的票友眼里，京剧是他们无与伦比的享受，每一场京剧都能令他们如痴如醉，并津津乐道于演员的"四功五法"与戏服文化。这就像西方交响乐一样，对其认识不多的人或许认为那只是一些噪声的组合；但对那些痴迷于西方交响乐的人来说，却能从中获得丰富的感受和深刻的体验，并得到极大的审美享受。

2.2.3 心理特征

旅游者是旅游活动的主角，旅游者的性格和气质对旅游主体的审美文化影响很大。研究富于个性的游客心理特征，是旅游审美主体文化研究的主要内容。

1. 性格

性格是人们在对现实较稳定的态度，以及与之相适应的习惯了的行为方式中所表现出来的个性心理特征。人的性格差异很大，有的人活泼开朗、热情奔放，而有的人内向、深沉；有的人性情暴躁，而有的人性情温顺。

不同性格的旅游者在旅游审美活动中所选择的审美对象不同。古人就有"智者乐水，仁者乐山"的说法。同样是到鼓浪屿旅游，有的人对波澜壮阔的大海感兴趣，有的人痴迷于岛上的老建筑并汲汲于挖掘隐藏在老建筑背后的家族故事，有的人则对菽庄花园的各式钢琴流连忘返，另外一些人则感慨于岛上随处可见的几百年树龄的古树。内向型旅游者喜欢清风垂柳、清泉幽涧，曲折和缓、淡雅轻柔等阴柔性特征的审美对象能够使其内心充盈温柔闲适、幽雅和谐的审美情感。外向型旅游者喜欢寻找刺激、寻找新奇的东西，愿意接触不熟悉的人和事，对外来文化感兴趣，喜欢新奇、险峻、壮阔等特征的阳刚式的审美对象，内心迸发的是宏伟、奔放、高亢、兴奋、"大江东流去"的壮美的审美情感。

即使对同一审美对象，不同性格的旅游者的审美感受差别也很大。同样是观赏天上的月亮，不同性格的人对它的感受却大相径庭。有人喜欢它的清冷幽静，有人欣赏它的晶莹灿烂，有人则感慨它的哀伤凄凉，有的人慨叹它的遥不可及，有的人则乐见其高洁圆满。

2. 气质

气质是一种比较稳定的、受先天的生物学因素影响较大的心理特征。它具体是指人的心理活动的动力方面的特性，即表现在心理活动的强度、速度、稳定性、灵活性和指向性等方面。

人的气质有四种典型类型：多血质、黏液质、胆汁质、抑郁质。旅游者由于气质的不同，在审美行为及对审美对象的选择倾向上会有所不同。

(1) 多血质类型的旅游者表现为活泼型。具有这种气质的游客活泼好动，很热爱旅游。他们希望旅游项目丰富多彩以满足他们容易转移的注意力和兴趣。他们不喜欢长时间地沉浸于某种单一的旅游项目之中，所以观赏审美时易抓住宏观的对象，而忽略微观的景致。

(2) 黏液质类型的旅游者表现为安静型。具有这种气质的游客有比较稳定的兴趣，一般不容易转移。他们的旅游计划制订得比较周密，对旅游路线、就餐的饭店、住宿的旅店都考虑得十分详细，比较挑剔。在审美方面，黏液质类型的旅游者欣赏景物时易抓住局部而忽略全局。

(3) 胆汁质类型的旅游者表现为急躁型。这类游客精力充沛，但情绪不稳定、容易激动。在旅游过程中，这类旅游者表现得极易急躁，缺乏足够的耐心。他们喜欢参加富有刺激性和挑战性的项目，也爱直率地公开表露自己的情绪。在观赏活动期间，胆汁质类型的旅游者大多不能细致耐心地游玩，易形成走马观花之势。

(4) 抑郁质类型的旅游者表现为胆小型。具有这类气质的游客胆小畏缩，他们通常只喜爱自己比较熟悉的、比较安全平稳的旅游项目；对于新开辟的旅游场所、新的旅游项目不大感兴趣；对那些刺激性强、有危险的项目则十分讨厌，有强烈的自我保护意识。在旅游中，他们十分重视内心的体验，对于外部世界的认识兴趣很浓，不但认真观察，而且仔细体会。

2.2.4 审美意识

审美意识是客观存在的审美对象在人们头脑中的反射和能动的反映。从基本内容上看，审美意识一般包括审美观念、审美趣味、审美理想、审美直觉和审美情感。

审美观念泛指人在各种社会实践活动(主要是审美活动)中形成的对审美对象和美的创造等问题所持的一种基本看法或观点。审美观念一经形成就具有相对的稳定性和独立性。每个人的审美观念均是社会实践和审美实践的产物，既有一般社会性，又有个别性；既受时代、民族、社会生活的影响和制约，也受社会文化氛围、政治哲学、道德观念、宗教信仰，以及年龄、职业、经历和心理素质等因素的影响及制约。在漫长的历史过程中，中国人形成一种独特的特别关注山水景观的人化、物化、诗化甚至是史化的景观审美观念，而西方则不同。中国古人在对待人与自然的关系上通常有"比德"之说，即将自然物视为人格道德的象征物。例如，"岁寒，然后知松柏之后凋也"等。而西方虽出现过类似"比德"的思想，但是更多地将自然界作为独立的审美客体。中国的旅游审美集中于抒情的印象再现，西方人的旅游审美集中于风景的对象描写。

审美趣味是人们在审美活动中对审美对象的一种带有倾向性和富有情感的直接评价，如喜欢和不喜欢。这种审美评价的特点往往表现为非道德性和非实用性，在评价过程中情感因素往往渗透在理性之中。审美理想作为审美意识形成的动力，是对审美最高境界的一种追求，是审美的至上标准，一般表现为完美的感性意向或生动具体的美好图景，它指导和激励着主体在审美活动中奔向个性的完善。审美直觉是指感觉认知审美对象内含价值的一种特殊能力。它发端于感性知觉，在审美理想的推动下，辨别、构造和把握审美对象，使人从中获得审美享受。审美情感可谓审美意识的结果，是审美欲望得到满足后的一种高度兴奋的精神状态。它贯穿于审美活动的始终，是审美活动中不可缺少的心理活动要素，是人类的一种高级情感，是审美活动的条件和动力。审美情感以日常情感为基础，但具有更深刻的社会内容和意义。

2.2.5 审美方法

审美方法是旅游主体正确获得精神享受的手段。观赏同一景物，有的旅游者获得最大的美的享受，有的人则感到不过如此。究其原因，观赏美的方式与方法也起着重要作用。展开旅游审美活动的时候需要注意动态和静态观赏相结合、观赏距离和位置相结合、观赏时机的把握等，具体有定点—散点相结合法、分离欣赏法等观赏方法及联想—想象法、情景交融法、移情—理解法等理性方法。这些方法掌握得到位与否都直接影响到旅游主体对美的感受。获得审美方法的来源主要有两个：一个是旅游者从自身的实际经历里面获得的直接旅游经验，另一个是以导游员为代表的旅游从业人员的引导或者是审美相关书籍中讲的方法。

审美方法与审美客体直接相关。旅游审美主体在审美的过程中要用到感性和理性思维，但对于不同的审美客体，感性思维和理性思维作用的比例有很大差别。通常来说，山石、水流、动植物、天象等自然类的审美客体，容易对审美主体的感观产生作用，迅速引起审美主体的情绪变化，产生感性认识，这时主要考虑的是客体是否和谐、是否有对比等，而社会习俗、地方文化、艺术作品等社会类审美客体更容易激发审美主体的理性思维，重在思想内容，这时主要考虑的是客体是否符合主体的价值判断。

审美效果与空间距离直接相关。没有恰当的实体之间的距离，审美主体就无法领略审美客体的美。有些客体适合远观，"侬家家住两湖东，十二珠帘夕照红；今日忽从江上望，始知家在画图中。"正因为隔江相望，有了适当的空间距离，并且是透过江上烟波相望，平常的景物就变得格外美丽了。而有些客体的欣赏则需要近距离审视。例如，赏牡丹就需要一枝一叶一花地近观，才能体会其中的美丽。

审美效果与观赏角度和观赏时机密切相关。观赏角度对审美主体来说非常重要。同样是一座大山，站在山脚下，旅游审美主体会感慨于山的壮观巍峨，激发其拼搏进取、勇于登攀的激情；而登到山顶上，旅游者则会收获山的全景，产生"一览众山小"的豪情。而审美时机对一些有特殊要求的景观来说尤其重要。例如，北极极光、黄山雾凇、峨眉金顶佛光、昙花一现等都是需要在特定的时间和天气条件下才能看到。

东西方旅游者在审美方法上的差异很大。中国人审美会加入虚幻的想象和传说，特别是在山水游中会欣赏空灵、神奇而又虚幻、玄秘的景色，如崂山仙境、峨眉佛光、女娲补天石、望夫石、巨型睡佛等，都具有处于似与不似间的朦胧美、飘逸美和含蓄美。西方人不喜欢中国人审美联想的方法，而喜欢实实在在的美丽山水，他们会用雕塑将崇拜和敬仰的神和人的形象再现。

2.2.6 思维方式

思维方式是人们大脑活动的内在程序，是思维主体在实践活动基础上借助于思维形式认识和把握对象本质的某种手段、途径和思路，并以较为固定的、习惯的形式表现出来。思维方式是一个复杂的系统，对旅游审美主体的影响很大。中国人的思维方式在于求同，西方人的思维方式在于求异；中国人注重整体感悟，西方人注重分割思索；中国人的思维具有综合性、整体性和模糊性、感觉性的特征，西方则具有分割性、孤立性和清晰性、思辨性的特征。因此，中国人和西方人对旅游审美客体的选择和体验差别很大。作家冯骥才很幽默地谈过东西方人在园艺审美中截然不同的感受。他说，一个美国人在西湖看盆景(图 2.2)，面对一株盘根错节扭曲万状的古柏，忽然大哭，叫着："痛苦死了"。可是我们的园艺家却从东方的思维方式对盆景所体现的园艺美讲得头头是道，讲神讲气讲势、讲高讲低讲繁简、讲刚讲柔讲枯荣、讲苍润、讲动静、讲争让、讲虚实、讲抑扬、讲吞吐、讲险夷、讲阴阳，照样鉴赏。这就是中西方旅游者思维方式的不同在欣赏园林中所产生的不同审美效果。

图 2.2 盆景

应用案例 2-2

"龙凤呈祥"与"爱神祝福"

——谈中西宴会布台风格差异

上海锦江汤臣大酒店的宴会大厅弥漫着柔和浪漫的异国情调。为了凸显西式喜宴的诗情画意，上海某酒店用品制造有限公司与该酒店携手合作，用写意手法设计了一款题为"爱神祝福"的布台作品。此款设计充分融合国际时尚元素——柔软与刚毅、东方与西方的对比组合，洁白如雪的锦丝缎桌布，下衬一块立体感很强的面料，突出质感；桌布下沿镶一圈丝绸质地的奥地利式台裙，风雅而不失华丽；椅套的装饰更是极尽百态，或状似蝴蝶翩翩起舞，或形同瀑布飞流直下……此种搭配弥补了同色面料的单调感，与现代人外柔内刚的性情合拍，符合经典时尚多元组合的世界潮流，并将西方风情演绎得淋漓尽致。

如果说"爱神祝福宴"的表述语言是西方的、现代的，那么下列这款"龙凤呈祥宴"则饱含浓浓的中国风情。上海国际会议中心(东方滨江大酒店)与某酒店用品制造有限公司联袂推出以中国传统文化为主题的、取材于华夏民族传统图腾的"龙凤呈祥"布草组合。此款设计仿真模拟古代婚典礼仪，有签到台、主桌、副桌等系列，色彩上运用大红、金黄等暖色调，加以精湛的绣花点缀，浓烈地传递着鲜明的层次感。此款豪华布台气氛热烈，雍容大气，寓意吉祥，适合新婚庆典、寿宴，以及各类银婚、金婚、钻石婚等纪念婚宴。此外，此款设计采用现代手法表现传统题材，作为"秦晋之盟"的见证物，还具有一定收藏价值。

当然，东西方审美取向也并非一成不变，在21世纪的今天，审美理想也会互相渗透、交融，"中国元素"正悄然流行于全球时尚圈并波及艺术布台领域。

(资料来源：http://www.ctnews.com.cn/lybgb/2009-11/18/content_688388.htm.)

问题：
1. 结合案例，尝试分析对旅游审美主体产生影响的因素。
2. 结合案例，尝试分析这种审美差异在台布设计中主要体现的方面。

2.3 旅游审美客体的类型

旅游审美客体是指旅游者从自身的审美心理、旅游动机出发而确立的具体的旅游审美对象。由于旅游者的审美心理、旅游动机的复杂性和多样性，不同的游客或者不同时期的游客必然选择不同的审美客体。经济的发展、科技的进步和文化的丰富也使旅游者的审美客体更加丰富，更趋多样性。

从不同角度，旅游审美客体有不同的划分方法。我们将其划分为自然类、社会类和艺术类审美客体。

2.3.1 自然类审美客体

自然类审美客体是指可供旅游者审美之用，在宇宙时空中自然形成与客观存在着的地理与生态环境的物质总和。自然类审美客体主要包括地质地貌景观、水域风光、天气气象和生物景观等，它们多以复合形态存在，甚至与社会类审美客体不可分割，但每种客体却可展示出独自的魅力。对自然类审美客体，我们通常对其形象、色彩、动感等进行欣赏。

对自然类审美客体的认识是受人与自然关系制约的。在生产力水平极为低下的时代，人屈从于自然，依赖于自然，因无力控制自然，人便把自然同超自然和超凡的东西联系在一起，臆造出各种无限美好或无限凶恶的自然之神。尽管山河大川、原始森林和流泉飞瀑充满生命力,但是那时的人类都没有也不会产生自然审美的意识。人类与自然之间的敌对性和疏远性,随着人类自身的发展逐渐被克服,自然事物大量进入人类的生活圈中,推进了自然审美文化的萌芽。但是,自然作为审美客体的出现,还有赖于人类将自然由使用的对象转化为纯粹审美的对象。这种转变,在中国大地始于先秦,成于魏晋南北朝时期;在西方,始于文艺复兴时期。工业革命以后,特别是第二次世界大战结束以后,随着工业化、城市化的进程,越来越多的人渴望获得"久在樊笼里,复得返自然"的乐趣,物态审美文化有了快速的发展。走出喧嚣的城市,投身于大自然的怀抱,既是一种解脱,又是一种人性的回归。无论哪个阶层、民族,还是哪种性别、年龄、文化程度、宗教信仰和职业的旅游者,都会乐此不疲。

2.3.2 社会类审美客体

社会类审美客体是把社会文化作为旅游和审美的对象。它包括对风土人情的了解,对政治、经济生活现象的观察,对文化、艺术和科学的考察,对历史、考古的研究,以及与特定人群的交往等。

旅游者出于满足自身认知和社会发展的需要而确立社会类审美客体。人类的社会交往、社会活动过程也是美的创造过程。这些美普遍存在于人类的道德伦理、习俗礼仪、婚姻家庭、经济政治、宗教信仰、社会劳动和社会产品之中,并以人类自身的存在状态和活动状态显示出来,这些都是社会类审美客体。

社会类审美客体与人的社会性、资源范畴的拓展性、旅游需求的多样性高度契合,是最具活力和潜力的审美客体类型;同时,它也是生命周期最长的审美客体。在自然类审美客体进入旅游活动领域之前,社会类审美客体就已经进入了旅游主体的视野。我国先秦典籍《周易》中有"观国之光,利用宾于王"之句,这里的"观国之光"指观看、考察一地的礼乐文物、风俗民情等,显然是一种社会审美活动。同样,在当代,社会审美动机也是主要的旅游动机之一。对社会类审美客体的审美要考虑其历史性、文化性、现实性等。

社会审美与社会制度、社会功利意识直接相关。旅游活动中的社会审美文化,可以说是客源地和接待地的两种社会制度、社会功利意识碰撞的火花。旅游者从这类文化中得到的,应该说既有一般心理官能上的赏心悦目、掠奇揽胜,又有伦理道德层次上的震动和启迪。

2.3.3 艺术类审美客体

艺术是反映当地社会生活,满足人们精神需求的意识形态,也是人的一种生存状态和生活活动。因此,严格地说,艺术类审美客体也属于社会类审美客体的范畴,只是因其具有典型性、特殊性而将艺术类审美客体从社会类审美客体中分离出来加以单独探讨。

艺术品是人们按照一定的意图、遵循美的法则创造出来的有意味的形象。是否具有审美价值是区分艺术品和非艺术品的一个基本标准。只有那些能够给人以精神上的愉悦和快感,也就是具有审美性的人类创造物,才能称为艺术品。也正因为艺术品具有审美价值,能给人审美享受,它才能进入旅游领域,成为旅游审美文化的载体。

艺术品具有鲜明的主体性特点。与天然风景之美不同,艺术美是人所创造的,凝聚着人类劳动和智慧的结晶。有人说"艺术品是你的灵魂外借一种形式的自我展示"。艺术品的另一特点是其形象性。任何艺术品的形象都是客观与主观的统一、形式与内容的统一。对于建筑、园林、雕塑及书画等实用艺术和造型艺术来说，往往是在再现生活形象中渗透了艺术家的思想感情，主观因素消融在客观形象之中；另一些艺术门类，如音乐，则更善于直接表现艺术家的思想情感，间接地和曲折地反映社会生活，客观因素消融在主观因素之中。

艺术品的特点决定了旅游活动中的艺术审美文化。首先，这种审美文化具有主导性和强制性。与自然审美不同，艺术审美与其说是艺术品与旅游者之间的"同构"关系的发生、深化，不如说是旅游者与艺术创造者通过艺术作品这个"媒体"进行的相互沟通和交流。尽管艺术欣赏中的个体差异及主体性特点普遍存在于艺术的史实中，但在艺术作品的形成过程中，创造者总是力图表现某些理想志趣和价值取向，艺术品的观赏者肯定会不自觉地受到艺术作品创造者主观意图的影响。从另一个角度而论，只有当欣赏者把握住了创作者的真正意图，艺术品的魅力和价值才能得到最大限度的发挥。

其次，由于艺术是一种特殊的社会意识形态，艺术生产是一种特殊的精神生产，艺术品的审美价值主要不在于它的存在本身，而在于它的内在意蕴。这种内在意蕴是社会文化的历史积淀，与人类的哲学、宗教、道德和科学有密切的复杂关系。所以，虽然艺术鉴赏本身是一种审美再创造活动，但这种消费与物质消费有很大的不同。艺术鉴赏是人类特有的一种高级的、特殊的、复杂的精神活动，这对鉴赏主体提出了较高的要求。也就是说，艺术作品的旅游吸引力与旅游者的文化艺术修养和审美鉴赏能力成正比，旅游者只有具备了相应的主体条件，才能真正进入艺术审美活动之门，获得审美的愉悦。

最后，艺术审美对旅游者的反馈影响独特而深远。艺术审美不仅具有娱乐作用，还具有审美认识和审美教育作用。艺术活动由于具有反映和创造统一、再现与表现统一及主体与客体统一等特点，往往能够更加深刻地揭示社会、历史、人生的真谛和内涵，具有反映社会生活深度和广度的优势，并且常常是通过生动感人的艺术形象给观赏者带来难以忘却的社会生活知识。艺术品之所以具有审美教育功能，是因为它不仅可以展示生活的外观，而且能够表现生活的本质特征和规律。渗透于艺术品中的艺术家的社会理想和审美理想，可以使观赏者受到真善美的熏陶和感染，思想上受到启迪，潜移默化中引起旅游者思想、感情、理想追求的深刻变化，使其树立正确的人生观和世界观。

应用案例 2-3

三峡人家风景区

三峡人家风景区是国家 5A 级风景区，位于长江三峡中最为奇幻壮丽的西陵峡境内，三峡大坝和葛洲坝之间跨越秀丽的灯影峡两岸，面积 14 平方公里。整个景区呈现出白墙青瓦石板路、小桥流水吊脚楼、枯藤老树喜鹊窝、机枪碉堡旧战壕、奇石溶洞古城堡的景色，弥漫着如仙境般的梦幻景致(图 2.3，图 2.4)。

图 2.3　三峡人家风景区(一)

图 2.4　三峡人家风景区(二)

三峡人家风景区由多种景观元素巧妙组合。其旅游内涵可以用"一二三四"来概括，即一个馆(石牌抗战纪念馆)、两个特别项目(三峡人家风情项目和杨家溪军事漂流项目)、三个第一(中华第一神牌——石令牌、长江第一石——灯影石、三峡第一湾——明月湾)，天下第四泉——蛤蟆泉。其中，石牌抗战纪念馆是为了纪念抗日战争时期中国军队和日军在此地发生的一场以弱胜强的成功惨烈战役。三峡人家风情项目又分为水上人家、溪边人家、山上人家和今日人家：水上人家可以看到三峡渔民撒网捕鱼，体验其世代延续的渔文化；溪边人家和山上人家可以观赏当地特色的吊脚楼，领略其独特的民居文化。石令牌是江中横一形似牌筏的巨石，重达 4 300 吨。灯影石是四块兀立山巅的奇石，酷似《西游记》中唐僧师徒西天取经的形象，每当夕阳西照，晚霞映衬峰顶时，远远望去，它们仿佛灯影戏幕上的人物造型，惟妙惟肖，"灯影石"即由此得名。明月湾是长江在石牌河段向左急转弯110°形成的一个巨大的月牙形。蛤蟆泉是一般在一好似张口吐舌、睁眼鼓腮的蛤蟆石后的泉水，四季长流不息，水清味甘，是烹茶、酿酒的尚好水源，"茶圣"陆羽誉之为"天下第四"。不论是明月湾、灯影石，还是蛤蟆泉等，都流传着美丽的传说，或者有名家留下经典诗篇。例如，唐代李白，北宋欧阳修、苏辙、黄庭坚，南宋陆游，清代张之洞，还有现代诗人郭沫若等，他们用灵性之笔或写三峡人家，或写橹声帆影，或写蛤蟆甘泉，或写青山飞瀑，或写秀峰奇石……

三峡人家风景区极具大自然之天工造化，"一肩挑两坝，一江携两溪"，这里有洪荒之美、这里有苍凉之美、这里有阴柔之美、这里更有雄浑之美。三峡人家融合三峡文化之精髓，巴风楚韵、峡江今昔一览无余。壮伟的长江哺育了三峡文化，它是巴楚民族传统艺术的精华，巴楚文化在这里交融、繁衍、发展。

(资料来源：http://baike.baidu.com/link?url=opxXhdg5FdW6gV20R6-6JMZSOpOO9OOQ9rgHgwz5pFyeurT7elaqwKJ87UB4Kc8g-tVjjD472D4MLVGbWruW8_.)

问题：
1. 三峡人家风景区有哪些旅游审美客体的类型？
2. 列举各种不同的旅游审美客体的在三峡人家风景区的代表景点。

本章小结

本章首先界定了旅游审美文化的概念，并介绍了与旅游审美文化概念相关的旅游审美主体、旅游审美客体、旅游审美关系等；其次讲解了影响旅游审美主体的因素，可以从宏观和个人等方面来看，宏观方面包括旅游审美主体所处的时空特征，个人方面包括旅游审美主体的文化修养、心理特征、审美意识、审美方法、思维方式等；最后介绍了旅游审美客体的类型，主要包括自然类、社会类和艺术类审美客体。

关键术语

旅游审美文化、旅游审美主体、审美意识、审美方法、自然类审美客体、社会类审美客体、艺术类审美客体

知识链接

消费时代的旅游审美文化

随着消费时代的来临，旅游审美观念也在发生着深刻的变化。审美目的世俗化、审美标准模糊化、审美趣味符号化、审美意识多元化已成为旅游审美活动中的重要特征，并迅速演化为一种与旅游消费行为相适应的审美文化。这是旅游审美的解放，也是旅游审美的异化，其最终应回归到人与自然和谐统一的生态审美上来。

1. 旅游审美的解放：从高雅的静观者到世俗化的体验者

按照传统的美学理论，美来自于主体对客体的"心理距离"。所谓"心理距离"是指介于我们自身与对我们发生影响的事物之间的距离，它强调的是主体对于客体的"非功利"的"静观"。旅游者就是这样一种典型的"非功利者"和"静观者"。简单地说，旅游者追求的是"出世"的快乐，拥有的是"虚静"的心态。正是因为旅游审美的这些特点，历朝

历代的人们都把"游山玩水"推崇至高雅并化成神圣,很多具有较高文化修养的中上层社会人士力图通过旅游使自然之物成为人的精神营养,从而赋予简单的游山玩水以深厚的文化意味,使审美活动成为旅游的灵魂和本质。

然而,随着消费文化在当代中国各社会领域不同程度的扩散,休闲主义与实用美学广为流行,人们的旅游审美需求也趋向于以休闲为中心的体验和参与。旅游审美也由一种距离的美学,变为一种消除距离走向生活的美学。在消费时代的旅游审美范式里,旅游者首先感知的是旅游过程中的闲适与放松,赏心悦目的温馨关怀,或别开生面的奇特刺激,至于是否能够陶情冶性、净化心灵,则要另当别论。

由此可见,在消费时代,旅游已经由少数人高层次的精神享受,逐渐变为大众参与和体验的一种以物质需求为基础的活动。旅游审美不再强调是精神空间的开拓,也不再强调心灵空间的净化,而是首先把它当做一个休闲消费过程、一个参与和体验的过程。

2. 旅游审美的异化:审美标准的模糊化与审美趣味的符号化

传统美学观念企图建立永恒的审美准则,然而,正如著名美学家王朝闻的观点:"审美意识既具有客观的社会标准,又具有丰富的社会差异。这两个方面的复杂关系是审美意识的一个重要问题。"传统美学只能代表某个时代的审美标准,并不能因其经典而成为审美的宪法。审美标准在不同的时代、不同的社会环境下有其自身的标准,但是,审美标准也随着时空和社会环境的变化而变化。

目前,"客观的社会标准"开始变得难以客观,"丰富的社会差异"却得到了尽情的展现,审美维度的多元化造就了审美标准的模糊和不确定。

审美标准的模糊和不确定主要表现在旅游者对审美对象感知和体验的独特性、个性化上。以自然观光旅游为例,按照台湾著名学者汉宝德的说法,人类最早都是以"'气候温和、山明水秀、鸟语花香'为判断大自然美丑的首要原则",然而,这种观念正在悄然发生改变,"美"开始变得更加多样和捉摸不定。旅游中的自然审美收获除了传统意义上的视觉审美愉悦以外,还与人的环境伦理立场、自然审美经验、情境、心理、欣赏途径等许多维度相关。新潮的旅游者们并非一味地游山玩水,而是在旅游中加入了更多不同寻常的"美"的元素,如力量美、技巧美等。

旅游者的审美趣味由"观光"向"游憩"转变、由"游览"向"体验"转变。体验型的消费可以为人们带来更多、更强烈的激动、喜悦、失望、悲痛、憧憬的机会,让人们的情感和心灵受到强烈冲击和震撼,从而获得深刻的审美体验。这一转变使旅游审美的内涵、意义更加丰富了。体验型的旅游消费文化建立起一个"超现实"的"仿真世界",各种主题公园、度假村、"农家乐"及游客们参加的一些文化和节庆活动,就是这种仿真体验的具体表现。

消费时代,旅游消费在审美的同时追求一种欲望的满足,需要从审美对象那里获得一种象征符号,从而形成以符号消费为主要特征的现代趣味。例如,人们在"农家乐"里所进行的消费,一幅带有乡土气息的年画,一件积满尘土废弃不用的农具,都可能唤起人们某些特殊的生活记忆或想象,"农家乐"成了一个充满符号和象征意味的文化过程。

3. 旅游审美的回归:人与自然和谐共生是生态审美的终极目标

在消费社会,自然景物、社会习俗、价值观念等自然和人文的客体都难逃被消费的命运,从而导致了自然和人文两种生态危机的同时出现。

自然生态危机是由人类过度开发、过度消费所引起的环境污染，表现为严峻的环境压力甚至环境灾难。一些地方的游客接待量已经接近或超过环境承载极限值，导致生态环境严重恶化；有的地方为了物质利益而对旅游资源进行掠夺性的开发、毁坏性的消费，例如，在自然保护区、风景名胜区大量修建宾馆、饭店、别墅，增加索道、缆车等旅游服务设施。人文生态危机主要是文化和审美的危机，其突出表现就是"媚俗"文化泛滥、庸俗美学急剧膨胀。例如，在旅游产品的开发过程中，人们随心所欲地凑拢和拼贴、缺少创意地克隆景点和照抄照搬，华而不实地粉饰和伪造。

在自然危机和人文危机的双重作用下，人类不得不重视与自然的关系是否和谐，追求淳朴、回归自然、享受自然的旅游动机在全世界范围内得到强化。生态旅游成为世界旅游发展的一种潮流，生态审美观也日益受到重视。

生态旅游包含了两个层次：基本层次以不干扰、不破坏、不污染环境为原则，追求回归自然，体验"天人合一"的高尚享受，讲求自我参与。更高的层次是主动地去保护自然，其目标是实现经济、社会、文化和环境高度协调，生态良性循环，人与自然和谐发展。

生态审美观是一种生态伦理观。在这种审美观和伦理观指导下的生态旅游，是对消费时代迅速崛起的大众旅游的道德修复，或者说是对旅游资源过度开发和过度消费的道德反省和责任补偿。因此，必须积极倡导适度、合理、健康的旅游消费方式，通过培育人们的环保意识，加大社会的环保力度，提高人们回归自然、体验自然、欣赏自然的能力和水平，强化其生态意识，特别是社会责任意识。要对旅游者的消费行为和习惯进行引导，并要求旅游者有一定限度的自我约束，提倡适度消费，既强调旅游需求的满足，又要以不破坏生态为前提。特别是要更新旅游者的审美观念，把生态审美观、生态伦理观及自然观、人生观、文化态度和生活方式统一在"和谐共生"的大背景下，以"诗意地栖居"为旅游审美的终极理想，并以此来对待自然，对待人生，对待整个社会，从而使整个社会真正走上和谐发展之路。

习题

一、单项选择题

1. 在旅游审美活动中，（　　）是居于主要地位的。
   A．旅游审美主体　　　　B．旅游审美客体　　　　C．旅游审美关系
2. 下列选项中不属于旅游审美客体规定性的是（　　）。
   A．规模性　　　　　　　B．广泛性　　　　　　　C．文化性

二、多项选择题

1. 审美客体的主要类型有（　　）。
   A．自然类审美客体　　　B．社会类审美客体
   C．艺术类审美客体　　　D．人文类审美客体
2. 审美意识一般包括（　　）。
   A．审美观念　　　　　　B．审美趣味
   C．审美标准　　　　　　D．审美直觉

三、简答题

1. 旅游审美主体的影响因素有哪些?
2. 人的气质有哪些基本类型?
3. 在旅游审美活动中,不同气质类型的旅游者审美活动有哪些差别?

四、论述题

1. 试论述旅游审美主体的影响因素都是如何影响旅游者的审美活动的。
2. 试论述导游在审美活动中的作用。

五、案例分析

案例1

红色旅游

红色旅游是指以1921年中国共产党建立以后的革命纪念地、纪念物及其所承载的革命精神为吸引物,组织接待旅游者进行参观游览,实现学习革命精神,接受革命传统教育和振奋精神、放松身心、增加阅历的旅游活动。

2004年12月,中央办公厅、国务院办公厅印发了《2004—2010年全国红色旅游发展规划纲要》,红色旅游这种把红色人文景观和绿色自然景观结合起来,把革命传统教育与促进旅游产业发展结合起来的新型主题旅游形式开始在国内蓬勃发展。6年来,全国红色旅游共接待游客13.5亿人次,到2010年,红色旅游直接就业人数达到91.2万人,间接就业人数达到371.1万人,综合收入接近4 000亿元,红色旅游在我国取得了良好的政治效益、社会效益和经济效益。2011年,国家旅游局会同国家发改委、中宣部、财政部等部门完成第二期全国红色旅游规划纲要和第二期全国红色旅游经典景区名录编制工作。

经过6年的发展,我国已经完成了培育形成以上海为中心的"沪浙红色旅游区",以韶山、井冈山和瑞金为中心的"湘赣闽红色旅游区",以百色地区为中心的"左右江红色旅游区",以遵义为中心的"黔北黔西红色旅游区"等12个"重点红色旅游区",配套完善北京—遵化—乐亭—天津线、北京—保定—西柏坡线、上海—嘉兴—平阳线、南京—镇江—句容—常熟线、泰州—盐城—淮安—徐州线、南昌—吉安—井冈山线、赣州—瑞金—于都—会昌—长汀—上杭—古田等30条"红色旅游精品线路",建立了湘潭市韶山市毛泽东故居和纪念馆、张家界市桑植县贺龙故居和纪念馆、衡阳市衡东县罗荣桓故居、湘潭市湘潭县彭德怀故居和纪念馆、郴州市宜章县湘南暴动指挥部旧址等100个左右的"红色旅游经典景区"。景区游也由过去主要是学校、机关、企事业单位、党团工会组织进行爱国主义教育逐渐转变为单位组织和游客自主出游并重。

(资料来源: http://baike.baidu.com/link?url=KoltSHj0gQmmhLAjUesOhKL3pyLhNsqbvo5p5ry HDY0fPyzxBmpwUTWNEkYSGe1Q.)

问题:

1. 分析红色旅游中旅游审美主体、审美客体各是什么?
2. 思考如何拓宽实现红色旅游审美价值的途径。

案例 2

庐山文化

庐山因其秀丽的风景和便利的交通成为我国四大名山之一。在旅游者眼里,庐山是休闲避暑、观光度假和科学考察的圣地,但是,很多旅游者不知道,庐山是历史文化名山,是因其丰富的历史文化资源而以"世界文化景观"列入《世界遗产名录》的。

历史上,大量的文人墨客、达官显贵都喜欢到庐山来。南宋以后,中国的经济文化中心转移到江南,庐山便进一步凸现出来。辛亥革命后,具有各国风情的别墅在庐山蜂起。新中国成立后,庐山风云激荡。这一切都给庐山以深沉的历史文化内蕴。庐山文化以一种独特的方式,融汇在自然之中,充实和强化了庐山的自然美,并产生画龙点睛的妙趣。

庐山是我国著名的佛教圣地。东汉明帝时,庐山就是中国佛教中心之一,当时山上寺庙多达三百处,其中号称庐山"三大名寺"的西林寺、东林寺、大林寺和"五大丛林"的海会、秀峰、万杉、栖贤、归宗等最为著名。庐山更是一座教育名山,白鹿洞书院是宋代四大书院之一,是我国古代延续漫长、影响深远、体制完备的千年学府,"代表了中国近世七百年宋学,即理学的大趋势"。然而,目前人们,尤其是旅游者,对于庐山文化认知的境况却令人有些尴尬。

(资料来源:郑艳萍,胡海胜. 庐山历史文化景点的旅游审美探析[J]. 九江学院学报,2006(1).)

问题:

试分析如何提升庐山历史文化资源的旅游审美。

第3章　旅游消费文化

教学目标

通过本章学习，学习者应能够掌握旅游消费文化的内涵，理解旅游消费文化的特点，了解旅游消费文化的功能，并知道我国旅游消费文化的发展趋势及旅游消费文化的建设途径。

教学要求

知识要点	能力要求	相关知识
旅游消费文化的内涵	理解旅游消费文化的各个层次，掌握各层次的内容 能够对各种旅游消费文化现象进行分类，确定其属于旅游消费文化的哪个组成部分	物态、物质 文化冲突 消费行为 旅游业法律及制定、旅游业潜规则
旅游消费文化的特点	理解旅游消费文化的特点 能辨识不同的旅游消费现象体现的是哪些消费文化的特点	消费文化的特点
旅游消费文化的功能	了解旅游消费文化的功能 能够辨识旅游消费文化的功能 正确认识旅游消费文化并发挥其功能	路径依赖
旅游消费行为文化	辨识影响旅游者消费的因素 适当引导旅游者的消费行为	消费行为文化
旅游消费文化的发展趋势	了解我国旅游主体的消费特征 了解我国旅游消费文化的发展趋势 能够顺应旅游消费文化发展趋势的发展	传统消费文化 多元融合的消费文化
旅游消费文化建设	了解旅游消费文化建设的途径 能够有意识地运用这些旅游消费文化建设的途径引导建立正确的消费文化	家庭教育 自我教育 舆论监督 政策的伦理导向

导入案例

高校教师旅游消费行为研究

高校教师作为文化素质较高的一个特殊群体，有着强烈的出游愿望，是一个巨大的旅游市场。首先，高校教师市场基数很大。截至2012年，全国高等学校共有1 908所，教职员工多达215万。其次，高校教师有充裕的余暇时间。寒暑假有70天的时间，周末有60

天的时间,加上"十一"黄金周等,高校教师与其他人群相比有充裕的余暇时间。再次,高校教师有相对较高的经济收入。目前国内从事高等教育的教师,与国内其他行业相比,工资收入较高且较稳定。最后,高校教师有较高的文化层次。

广州大学城位于广州市番禺区小谷围岛,可容纳大学生 18 万～20 万,总人口(包括村镇人口)达 35 万～40 万,相当于一个中等规模的城市。大学城目前已入驻中山大学、华南理工大学、华南师范大学、广东外语外贸大学、广州大学、星海音乐学院等十所高校。本调查以广州大学城十所高校为基础,选取 100 位年龄在 25 岁以上的教师,采用随机抽样调查方法进行问卷调查。得出高校旅游者具有以下行为特征。

1. 在旅游目的地的选择方面

在旅游目的地选择上,高校教师倾向于选择自然风景区,人数占了总人数的 54.6%,表明高校教师希望与大自然接触,欣赏自然景色,享受大自然;也有相当一部分人选择人文历史古迹和民族风情区,分别占总人数的 17.89%和 12.15%,表明部分高校教师希望能了解异地的民俗民风。在休闲放松方面,有 9.2%的教师希望摆脱日常工作和科研压力,放松自己。

2. 在旅游信息的获得方面

关于旅游信息的获取,42.23%的高校教师认为获取旅游信息最佳途径为媒体,因为这样的信息可靠、准确;13.21%的高校教师认为获取旅游信息的途径是相关书籍;而通过旅行社了解旅游地点的占 11.84%;经朋友推荐而了解旅游地点的占 7.36%。

3. 在旅游消费方式选择方面

在旅游消费方式上,更多的高校教师选择自助游(结伴同行),占 61.27%;其次是选择个人游的,占 14.21%;只有 8.36%的高校教师选择旅游团。在旅伴的选择上,大部分人选择与家人一起去旅游(占 60%)。

(资料来源: http://www.11665.com/manage/scyx/201103/3526.html.)

问题:

1. 这一案例主要涉及了旅游消费文化的哪些层次?
2. 这一案例体现了旅游消费文化的哪些特点?

旅游审美文化是一种意识形态,而旅游消费文化则研究在这种意识形态作用下的消费行为、消费偏好及其影响因素等。因此,从旅游审美文化和旅游消费文化的关系来讲,前者对后者有一定的支配和影响作用。

与旅游审美文化类似,旅游消费文化也可分为旅游消费主体文化和旅游消费客体文化。旅游消费主体文化研究的是旅游者(或旅游消费市场)在旅游消费中所表现的某种文化特性,这种特性通常表现为一定的消费心理和消费行为;旅游消费客体文化主要研究旅游主体消费的指向物,是一种"物态文化",主要表现在旅游产品和服务的文化层次及文化趋向上。显而易见,在旅游消费主体文化和客体文化的研究中,主体文化处于主导和核心的地位;客体文化可以包含在主体文化中,是主体文化的一部分。

旅游消费文化主要研究文化在旅游者旅游消费过程中的影响,以及旅游者在旅游消费过程中形成的文化现象等。因此,其研究的主要内容包括旅游者在旅游过程中的消费对象、消费行为、影响其旅游消费的制度，以及隐藏在旅游者消费行为之后的消费观念。旅游消费文化对旅游者的消费行为有规范和指导作用，因此，旅游企业研究旅游者的消费文化对其有一定的经济作用。旅游消费文化在不断地发展变化，人们应当关注其发展趋势，并注重引导建立正确的有益的旅游消费文化。

3.1 旅游消费文化概述

3.1.1 旅游消费文化的内涵

作为旅游主体文化的一部分，旅游消费文化和其他旅游主体文化一样，目前还没有得到足够的重视，缺乏系统性研究，对旅游消费文化的概念也没有形成统一的看法，对其内涵和外延的认识还很不清楚。

本书认为，旅游消费文化是渗透到旅游消费过程中的整体化的观念，是研究旅游者旅游态度、旅游动机、旅游观念、旅游决策模式，以及具体消费行为的影响因素、作用机理和具体表现形式的科学。它表现在旅游活动中的食、住、行、游、购、娱等环节，是游客从离开常住地开始到回到常住地这一过程中在异地旅游消费中表现出来的消费观念与传统。因此，旅游消费文化既受游客常住地的区域文化背景影响，同时也受旅游活动异地性的影响。研究旅游消费文化时必须注意要放在具体的时空环境中进行分析。

从构成上看，旅游消费文化包括四个结构层面，即旅游消费物态文化、旅游消费行为文化、旅游消费制度文化和旅游消费观念文化。旅游消费文化的层次如图3.1所示。

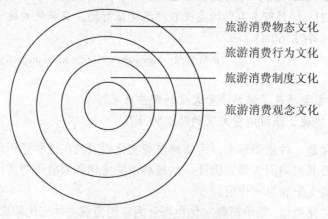

图 3.1 旅游消费文化的层次

应用案例 3-1

各国游客行为差异大 英国人自认是"最差劲游客"

据英国广播公司报道，一项由机票比价网站"Skyscanner"进行的网上调查结果显示，英国人在票选"最差游客"时，给自己投了不少票，自认为是"最差劲游客"。

英国人在海外的表现经常让当地人不敢恭维，但这项却发现，英国人也自认是"最差劲游客"。在几乎所有类别当中,包括"不愿意说当地语言"、"喜爱酒醉闹事"、"不愿尝试当地特产"、"不给小费"等,英国游客都是"最差劲游客"。

但这一结果并不是其他国家联合起来"攻击"英国游客的声誉,这项调查收到的来自英国的选票超过1 000张。

英国游客唯一比其他国家游客好的地方是"比较有礼貌、有秩序",这可能和英国人民族性里的含蓄和绅士风度有关。

报道指出,和"最差劲游客"相比,全球"最佳游客"的分布比较平均,北欧游客最愿意说当地语言,日本游客最有礼貌和最守秩序,澳大利亚人最愿意尝试当地特产,而美国人则被认为给小费最大方和慷慨。

(资料来源：http://www.itravelqq.com/2011/0331/124360.html.)

问题：

1. 结合案例分析文化对旅游消费行为产生什么影响？
2. 本案例中是否体现了旅游消费观念文化？如果有，在哪里？

旅游消费物态文化属于旅游消费文化的最表层文化,是由林林总总、复杂多样的旅游产品和服务组成的。这里的"物态"不是哲学意义上的、独立与主体意识之外,并不以人的意志为转移的物质,而是指具体的物质。它是文化的载体或者文化的承担者,在旅游消费文化中就是旅游者在旅游过程中所消费的以物质形态和非物质形态存在的食、住、行、游、购、娱产品及其服务。

旅游消费行为文化属于旅游消费文化的次外层文化。旅游消费行为文化应该包含两层意思：一是指文化对旅游者消费行为的影响；二是指旅游者在消费过程中的各种文化表现。首先,在考虑文化对旅游消费行为的影响时,需要考虑两种文化的冲击和影响,一种是旅游消费者原有的已形成的消费文化观,另一种是旅游者未知的旅游目的地文化。其次,对于旅游消费行为的理解,不能将其简单理解为旅游者在旅游过程中的各种购买行为,而应当从居民旅游消费决策过程、居民旅游行为过程和居民旅游后行为过程三个旅游消费阶段来分析研究,研究内容包括旅游消费行为的购买动机、决策过程、消费行为模式等。广义的旅游消费行为的大部分环节都与文化有着密切的关系。因此,旅游消费行为文化也就是研究旅游者旅游决策及消费全过程中的行为表现和影响因素、作用机理的文化。

旅游消费制度文化属于旅游消费文化的中间层文化,是研究与旅游消费相关的各种官方的规章制度、官方的规范习俗等组织制度文化,包括旅游消费环境、旅游消费的组织架构、旅游消费的具体方式和旅游消费行为的规范力量等。旅游行业中的官方硬性制度,如旅游社质量保证金制度、导游人员管理制度、旅行社管理条例等,对旅游消费者的消费行为势必产生一定的影响。近年来,国家对公款出国旅游行为进行严厉打击,对于风靡一时的公款出境旅游产生了阻滞作用。同时,对于商务旅游人士而言,单位或公司对外出商务旅行费用的最高限制,也会对商务旅游行为产生影响。在此需要尤其点明的是,旅游行业中的一些潜规则,如导游、司机收取回扣,旅行社拒付导游服务费用,旅游商店、旅游景区回返导游、司机购物和门票提成等,都会对旅游消费文化产生深刻影响。

旅游消费观念文化是旅游消费文化的最核心层次,是旅游消费文化中的精神文化。旅游消费观念文化指旅游消费过程中所反映的旅游消费价值观念、旅游消费时尚、旅游符号消费等。作为内因,旅游消费观念文化决定着旅游消费物态文化、旅游消费行为文化和旅游消费制度文化等,是旅游消费的指导思想、价值观念、基本的消费观念、消费目标和道德观念等。其中,旅游消费价值观念就是旅游消费者对旅游消费对象整体性的价值评价,是旅游消费者对旅游消费对象有无价值或价值大小的评价原则,决定了旅游者进行旅游消费的大体方向。例如,同样有10 000元,有人决定将钱全部花在法国深度十日游上;有人决定部分用于国内游,部分用于储蓄;有人决定全部存银行,这就是旅游消费价值观念的不同。又如,在选择去海南旅游的交通工具上,有人选择飞机,注重快速;有人选择轮船,注重安全;有人选择邮轮,注重享受,这也是价值观念的不同。

知识链接3-1

中美消费观念的对比

美国人信奉的是为自己而活,喜欢超前消费。他们挣钱的动力是为了享受生活,追求更高品质的生活质量,至于父母或孩子,则不是自己关心的问题。父母有自己的养老金和社会福利,孩子18岁就独立生活了,所以他们挣的钱尽可以放心大胆地花在自己身上。在他们的收入分配中,银行存款少得可怜,许多人几乎没有;而消费部分,生活必需品的支出比例很小,花费主要在购置住宅,购买游艇、汽车这些奢华生活用品及海外旅行方面。每年的年假,他们都会绞尽脑汁地想点子玩。例如,开着自家车,有的车后还拖着一辆水上摩托艇或小游艇,从洛杉矶出发,冒着加利福尼亚州的炎炎烈日,驱车行驶四五百公里,到科罗拉多州的拉福林去度周末。

中国人是为他人而活,自古就奉行勤俭节约的传统美德。大多数中国人注重储蓄,克勤克俭,劳碌一生,很可能一辈子什么都没享受到,只留下一堆储蓄。中国属于典型的超储蓄国家,当然这与中国的教育、医疗和社会保障体系还比较落后,仍无法与发达国家相比,无法获得养老、医疗和子女教育保障有关,绝大多数中国人需要依靠自身的经济能力来养老和得到保障。有关于"居民收入的消费和储蓄情况"的调查显示,居民收入在各方面的消费排序依次如下:吃喝(21%)、储蓄(17%)、住房(12%)、日常支出(10%)、服装(8%)、娱乐(8%)、孝敬父母(7%)、子女教育(6%)、交通(4%)、旅游(3%)、其他(4%)。而在储蓄的原因中排序依次如下:备不时之需(60%)、养老(48%)、子女教育(30%)、购房(30%)、医疗(13%)、其他。

(资料来源:http://report.searchina.net.cn/art/report388_4.htm,
http://wenda.tianya.cn/wenda/thread?tid=67388bff53bd657a。)

3.1.2 旅游消费文化的特点

作为旅游主体文化的一部分,旅游消费文化有旅游主体文化的共性,同时旅游者在消费过程中也体现出了一些个性。

1. 旅游消费文化的普遍性

随着全球科技生产力的发展,经济的进一步繁荣,人民日益增长的收入中可自由支配收入比率的不断提高，以及可自由支配的余暇时间的增多，旅游越来越成为人们高质量生活内容的组成部分。旅游业不但是朝阳产业，世界上最大的经济产业之一，而且将保持强劲、持久的增长势头。越来越多的人接触旅游活动，选择什么样的旅游产品及对旅游活动做出怎样的评价，都要受到旅游消费指导思想、旅游价值观和旅游消费心理的影响。旅游消费文化表现在旅游活动的各个环节，对旅游活动具有重要影响。

2．旅游消费文化的多样性

旅游消费文化受到时间、空间，经济、科技发展水平等诸多因素的影响，因此，表现出多样性。研究某种旅游消费文化必须放在一定的时空背景下。处于不同社会历史发展阶段的人们，有不同的旅游消费文化。同一历史发展阶段下的不同地区，由于自然地理环境、物产和民族等因素的不同，也会形成不同的旅游消费文化。例如，目前发达国家与地区和不发达国家与地区的旅游消费文化有较大差异。

3．旅游消费文化的无形性

旅游消费文化的无形性是指它作为精神财富而言的。对人类来说，在其日常生活中很难清楚地感知到旅游消费文化的存在，只有当他与其他类型的旅游消费文化接触时，在不同的社会价值或习俗影响下，他才会意识到旅游消费文化差异的存在，以及旅游消费文化是怎样对一个人的旅游行为产生影响的。旅游消费文化通常凭借外界客观的存在——有形具体之物和无形的行为准则，如制度、风俗、时尚之类为社会所认识。

4．旅游消费文化的稳定性

在一定的环境下，旅游消费文化表现出稳定性。一定的旅游消费文化总是由特定的自然地理环境、物产、社会历史发展状况、民族，以及与此相适应的创造能力和适应能力而形成的，它是经过长期的历史发展过程沉淀下来的，渗透在人们的灵魂深处。旅游消费文化一经形成，便以风俗习惯、思想观念、行为方式等形式表现出来，并以特有的稳定性保持相当长的时间，甚至百年、千年不变。所以，旅游消费文化具有稳定性。例如，纪律严明、讲究守时、认真履行契约、注重环保，这是大多数德国人共有的、稳定的观念和传统。

5．旅游消费文化的动态性

虽然具有稳定性，但旅游消费文化并不是一成不变的，而是具有鲜明的时代特征的。某种旅游消费文化是在一定的环境和条件下产生的，它的形成和变化受多种因素的影响。在这些因素中，除了自然地理环境变化十分缓慢以外，其他环境和条件都在不断地变化，尤其是社会生产、科学技术、经济基础、社会政治制度等因素。这些变化必然促使旅游消费文化不断变革，使人们的旅游消费观念、价值取向、消费习惯、消费知识等不断变化，进而导致旅游消费文化具有动态性。

6．旅游消费文化的规范性

从社会学的角度讲，旅游者是一个社会角色。一旦个人成为旅游者，他的行为在一定程度上就会有别于其在日常生活中的行为,必须遵从一定的行为规范。旅游消费文化的规范性主要表现在以下两个方面。

(1) 旅游消费主体会受到来自所属团体内部规范的制约。例如,教师群体和农民群体在旅游目的地的选择上就会产生较大的差异,他们的消费观念、行为模式受制于一定的亚文化群体的观念、行为模式。

(2) 旅游消费主体要遵从接待地的一般性的行为规范。例如,朝鲜族有吃狗肉的传统,而瑶族部分地区以吃狗肉为耻,朝鲜族旅游者到瑶族就要注意尊重和理解瑶族习俗。

3.1.3 旅游消费文化的功能

旅游消费文化对旅游生产和消费的全过程都具有重要影响,主要表现为其对旅游生产和消费过程中的经济功能和约束功能。

1. 旅游消费文化的经济功能

旅游消费文化能够指导旅游生产和消费。旅游企业生产的最终目的是市场的消费,因此,旅游企业在生产过程中离不开对旅游者的关注,研究其旅游消费文化就非常必要。旅游企业要根据旅游消费文化的特点组织生产,生产旅游者真正需要的旅游产品,因而旅游消费文化引导旅游生产。同样,旅游者的购买行为是旅游消费文化的直接体现,旅游行为都要受到旅游消费文化的影响。

旅游消费文化约束旅游交易各方行为,降低交易费用。正确的旅游消费文化的内在的道德约束力能减少可能带来负面外部性的旅游消费行为,减少"丑"与"恶"的旅游消费行为,减少第三方监督、法律强制执行等正式制度实行带来的交易费用。

2. 旅游消费文化的约束功能

旅游消费文化是人们在长期交往中形成的,具有强大的、持久的生命力和约束力,有什么样的旅游消费文化,就会产生什么样的旅游消费。旅游消费文化从消费哲学、消费道德、消费价值取向、消费行为、消费心理、消费品味等方面制约或引导旅游消费。

(1) 旅游消费文化制约旅游消费主体消费目标选择的可能性空间。

消费文化往往是消费习俗演进的结果,这种消费习俗常常会对人们产生"路径依赖"的作用,从而控制人们消费的选择范围。例如,很多家长出于各种考虑会在暑假为中小学生选择修学旅游产品,而不会考虑探险游等产品。

(2) 旅游消费文化制约旅游消费主体的行为选择方式。

人们以何种旅游消费方式来满足自己的旅游消费欲望与旅游需求也要受旅游消费文化的制约。20世纪80年代,我国刚开始兴起旅游热潮之时,广大旅游者大多采取跟团游的形式,很少旅游者会采取自助游,这也是由当时的旅游消费文化制约的。

(3) 旅游消费文化制约旅游消费活动结果的评价。

旅游消费是一种与人类高层次需要相联系的消费行为,人们心理效应的取得往往要依靠社会评价体系与受社会文化影响的自我评价体系,所以,旅游消费活动结果的评价也要受到旅游消费文化的制约。

第3章 旅游消费文化

珠穆朗玛峰有点挤

珠穆朗玛峰(以下简称珠峰)海拔8 844.43米,是喜马拉雅山脉的主峰,也是世界上最高的山峰。珠穆朗玛峰位于中国和尼泊尔两国边界上,它的北坡在中国西藏境内,南坡在尼泊尔境内。珠峰脚下发育了许多规模巨大的现代冰川、刀脊、刀峰、冰斗等冰川地貌,珠峰的冰川融水是印度、尼泊尔和其他东南亚国家的重要水源。

珠穆朗玛峰一直是登山者渴望征服的目标。1953年5月,新西兰人埃德蒙顿·希拉里和夏尔巴人丹增·诺尔盖登顶珠峰,开启了人类迈向世界之巅的大门。之后的几十年里,登顶珠峰的人数寥寥无几。如今,技术进步拉近了登山者与世界最高峰的距离,攀登珠峰不再是职业登山家的"专利",越来越多业余爱好者慕名而来。自从1953年至今,超过6 000人登顶,多的时候一天有234人登顶珠峰,期间也有230多人因此丧生。仅2012年春天就有500多人成功登顶,这严重威胁当地生态和登山者生命安全。

2013年5月是首位美国人登顶珠峰50周年,为予以纪念,美国《国家地理》杂志作者马克·詹金斯进行纪念攀登。在登顶珠峰的旅程中,马克·詹金斯发现通往世界最高峰的道路拥挤不堪,1953年首次攀登珠峰的路线已经完全商业化,"像去麦当劳一样"。特别是在海拔8 000米以上的高度,他们在这里遇到严重的人流拥堵。"希拉里台阶"是从东南山脊路线攀登珠峰登顶的路线上登顶珠峰的最后冲刺路段。它是一段位于海拔8 790米处,高12米、近乎垂直的裸露山体岩面。马克·詹金斯攀登当天,这里的拥堵造成众多登山者在此地滞留两个多小时,损失热量严重。当天有234人成功登顶,4人遇难。

而在这些向着珠峰前进的登山者队伍中,90%缺乏基本的登山技能。他们都是商业登顶旅行社的顾客,为登上世界最高峰支付了3万~12万美元。因此,这些登山者又比以往的登山者有更高的物质要求,他们甚至可以在海拔5 270米的"雪地村落"中享受"桶装"热水澡、浏览互联网,还能品尝新鲜出炉的糕点。

珠峰旅游业是尼泊尔政府的主要收入来源之一,由尼泊尔旅游、文化和民航部监管。面对巨大的市场,尼泊尔政府对攀登珠峰和其他3 000米以上的雪山执行许可证制度,攀登珠峰的许可证每人收取至少1万美元(8~12人团体),最高2.5万美元(单人)。尼泊尔政府每年仅此项收入就相当可观,2012年春季,这一项收入就为尼泊尔政府带来了将近300万美元的收入,而据在当地经营旅行社的昂·策林估算,2012年春天珠峰旅游业收入为1 200万美元左右。这些外国登山者通常需要雇佣当地夏尔巴人做向导。他们为登山者做向导,选择最佳路线,帮助背负沉重的行李,在每年两个月的登山季节,一个熟练的夏尔巴向导可以赚2 000美元,这个数字是尼泊尔年人均国民收入的8倍。

蜂拥而至的游客对珠峰构成前所未有的环境威胁。登山者乱丢垃圾,会使珠峰简单而脆弱的生态系统受到致命打击。在裸露的岩石上,到处都是废弃的塑料瓶、罐头、帐篷,使用完的氧气瓶和绳子,这还不包括其他垃圾。据不完全统计,每年超过50吨的垃圾会被旅游者丢弃在那里,随着旅游人数增加,这些垃圾将越来越多。据英国《卫报》报道,这些上吨重的垃圾几乎蔓延至整个登山线路。登山者的排泄物令各个登山营地的空气污浊不堪。四处散布的遇难者尸体更是触目惊心。

现有的研究数据显示,包括过于频繁的登山在内的人类活动已经对这些冰川造成了巨大威胁。喜马拉雅山区的气温每年上升 0.06℃,幅度惊人。有一批志愿者推行"拯救珠峰"的环境保护计划,与尼泊尔政府合作,计划要求登山者把携带的装备全数带回,否则罚款 2 500 英镑。

(资料来源:http://news.sina.com.cn/w/2013-05-30/110327266027.shtml,
http://www.china.com.cn/travel/txt/2013-06-19/content_29167275.htm)

问题:
结合案例,分析案例中体现了哪些旅游消费文化的功能?

3.2 旅游消费行为文化

3.2.1 旅游消费行为及旅游消费行为文化

从前面对旅游消费行为的介绍中可以看出,我们研究的主要是广义的旅游消费行为,即不仅要研究旅游者的购买过程中的情况,还要研究旅游者购买前和购买后的行为:旅游消费行为的购买动机、决策过程、消费行为模式等。因此,可以看出,旅游消费行为文化研究的是旅游者的旅游态度、旅游动机、旅游决策模式、具体消费行为及旅游后行为的影响因素、作用机理和表现形式的文化。

其中,消费行为模式是一定时期内人们在消费活动中所表现出来的经常的、相对固定的消费方式,包括购前准备、购买行动、对消费对象(商品和劳务)的占有和消费效果等。旅游消费行为模式指旅游者采取什么样的方式、途径和形式进行旅游消费,从而满足精神和物质上的需求。旅游消费行为模式不仅受自然、经济、文化因素制约,还受到社会因素的影响和制约,特别是社会价值观念等所决定的消费观念的影响。旅游业处于不同的发展阶段,就会有不同的旅游消费行为模式,同时,因受到政治制度、经济发展水平、社会价值观念、大众媒体及传统的文化等因素的影响,旅游消费行为模式也会有相异的表现形式。另外,旅游者的素质不同,其所表现出的旅游消费行为模式也是不同的,正如马克思说的那样,"要多方面享受,他就必须有享受的能力,因此他必须是具有高度文明的人。"

3.2.2 文化对旅游消费行为的影响

菲利普·科特勒的市场营销原理中,将影响消费者行为的因素分为四大类,即文化因素、社会因素、个人因素、心理因素(图3.2),并认为"文化是引发人们愿望和行为的最根本原因","文化因素对消费者的行为有着最为广泛而深远的影响。"

在这四种因素中,社会、个人和心理诸因素都受文化因素的制约,因此,可以说文化因素是对消费者行为产生根本性影响的因素。文化作为一系列信仰、价值观念、态度、习惯、风俗、传统及行为方式,必然影响旅游者的具体行为。影响旅游消费者心理的、个人的、社会的因素,都不可避免地要打上文化的烙印。例如,旅游动机属于心理的因素,但它反映了社会经济文化发展的水平。在不同社会里,由于世界观、价值观和生活方式等的不同,旅游动机的内容和构成会有很大差别。年龄、性别属于个人因素,如果简单从基本生理差异来看待不同的旅游行为特点是极为狭隘的,它们在很大程度上是文化和社会现象。旅游营销学家特别重视家庭、社会阶层和参照群体等影响旅游消费的社会因素,这些社会因素与文化因素也是密不可分的。从家庭角度来看,一般认为家庭对消费行为起重大影响并且带有普遍意义的因素是家庭文化,家庭文化表现为家庭的基本消费价值观、家庭的生活目标、家庭行为准则。

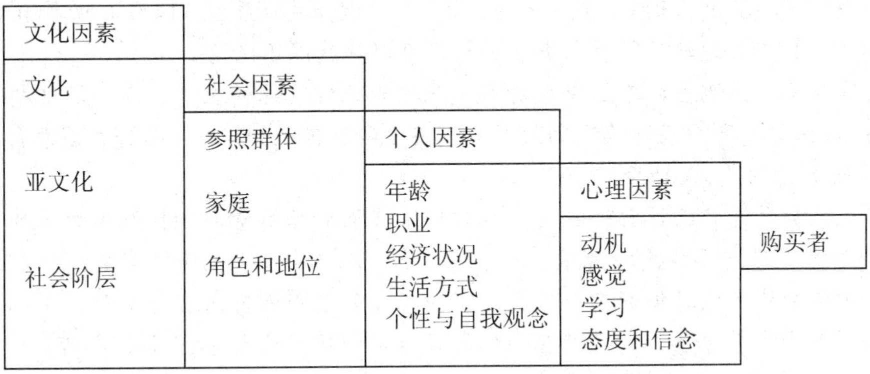

文化因素				
文化	社会因素			
亚文化	参照群体	个人因素		
	家庭	年龄	心理因素	
社会阶层	角色和地位	职业	动机	购买者
		经济状况	感觉	
		生活方式	学习	
		个性与自我观念	态度和信念	

图 3.2　消费者行为的影响因素

总之,文化是旅游消费的统治者,它对旅游者消费的影响是客观存在的,并从根本上制约旅游者的活动和行为。它对旅游消费行为的影响主要体现在以下两个方面。

(1) 文化决定个体的旅游消费观念和旅游行为标准。

每个人都生活在一定的文化环境中,从小受到周围文化的熏陶,并建立与该文化相一致的价值观念和行为准则。不同国家、不同地域和不同民族,其文化传统和价值观念有很大差异,因此在消费行为上也不尽相同。

每个民族、每个国家和每个社会都有自己的价值观念和审美标准。美的和丑的、对的和错的都是相对而言的,它必须符合一定的规则;不同社会、不同民族有自己的选择。深受周围文化影响的旅游者,也有与本民族、本社会一致的行为准则来要求、规范自己;不符合本社会、本民族旅游者的旅游动机势必遭到排斥和禁止,反之亦然。

(2) 文化通过社会风气、参照群体等支配旅游消费需求满足的发展方向。

社会风气在现实生活中往往表现为时尚和流行,时尚是流行的重要原因,而流行是时尚形成的重要手段。旅游消费与时尚有着天然的密切联系。这是因为,旅游消费活动本身就是时尚行为;旅游消费的活动场所是传播时尚的重要场所和媒介;旅游企业是引导、培育消费时尚的一个重要因素。经营时尚的商品、提供时尚的服务是旅游企业提高经济效益强有力的手段。曾经出现的"三国"旅游热、三峡旅游热、民俗旅游热都可以从文化上找到根本原因。

应用案例 3—3

深圳市入境游客旅游偏好调查

张意华曾于 2012 年对深圳市入境游客的旅游偏好进行调查,定量测量了旅游深圳市的入境游客对各项旅游因素的偏好程度,包括旅游方式、信息渠道、旅游资源、旅游景点等,

以期发现深圳市入境游客旅游偏好的规律性,对深圳市发展入境旅游提出一些建议。

调查人员于 2012 年 4 月 1 日～2012 年 5 月 1 日在深圳市客流比较集中的世界之窗、东部华侨城、福永码头、罗湖口岸、深圳湾公园、海岸城、华强北、蛇口沃尔玛等场所对入境游客进行了实地问卷调查。此次调查共发放问卷 98 份,回收 91 份,有效问卷 86 份。同时,在 2012 年 5 月 4 日～16 日,调查人员给前来深圳市航空参加面试的外籍飞行员发送电子邮件问卷 16 份,回收有效问卷 10 份。两次调查共计发放 114 份,回收有效问卷 96 份,有效率 84.2%。通过对问卷数据的分析,可以得到以下结论。

(1) 从入境客源地看,中国香港游客是深圳市入境客源的主体。香港游客所占比例达到 36.46%,来自中国台湾和澳门的游客分别占 2.08%和 1.04%,外国游客多来自亚洲和欧洲,所占比例分别是 26.0%和 22.92%。

(2) 从旅游资源的选择看,欧美游客对体育探险类旅游资源的提及率和选择倾向明显高于亚洲游客,这与西方民族强烈的探索意识和个人自由主义的影响有关。

(3) 从旅游消费预算偏好看,入境游客人均每天消费预算与客源地和来深圳市的停留天数的关系密切。具体各类入境游客人均每日消费预算可见表 3-1。总体而言,外国游客消费预算最高,香港游客消费预算最低。

表 3-1　入境游客人均每日消费预算

游客分类	人均每天消费预算/(元/人)	
	一日游游客	过夜游游客
香港同胞	600～800	800～1 000
澳门同胞	800～1 000	1 400～1 600
台湾同胞	600～800	1 000～1 200
外国人	1 200～1 400	1 800～2 000

(4) 从旅游住宿偏好方面看,外国人、香港同胞、澳门同胞和台湾同胞在住宿设施方面的选择差异十分大(表 3-2)。外国人主要选择宾馆酒店,入住比率高达 80.3%,选择亲友家庭和私人住所的只占到 18.3%;而香港同胞则因许多人在深圳市有物业或有企业,仅有 8.6%的人选择宾馆和饭店,高达 85.7%的人选择亲友家庭或私人住所。

表 3-2　入境游客旅游住宿偏好

游客分类	旅游住宿偏好		
	宾馆/酒店	亲友家庭私人住所	其他
香港同胞	8.6%	85.7%	5.7%
澳门同胞	50%	50%	0%
台湾同胞	100%	0%	0%
外国人	80.3%	18.3%	1.4%

(5) 从购买商品类别偏好看,绝大多数入境游客都购买旅游商品,但是不同地区的游客在商品类别的选择上还是有较大差异的。调查显示,92.7%的入境游客在深圳市购买了商品。在购买商品的受访游客中,购买茶叶/食品的提及率最高,为 38.3%,其次是手工艺品/

纪念品和丝绸/服装，所占比率分别为 32.3%、24.6%。其中，香港游客主要偏好于购买食品和服装，外国游客则主要偏好于手工艺品/纪念品，这与目前国内其他城市入境游客购物偏好的调查结果基本一致。

(资料来源：深圳市入境游客旅游偏好调查 http://www.docin.com/p-478988608.html.)

问题：
1. 在哪些项目的对比中可以看出文化对旅游消费行为产生的影响？
2. 文化对不同国家和地区的旅游消费者的消费行为产生什么影响？

3.3 旅游消费文化的发展趋势

旅游消费是由旅游主体在一定的时空中展开的，因此研究旅游消费文化的发展趋势首先要研究旅游主体的消费特征。

3.3.1 中国旅游主体的消费特征

1．旅游者年龄结构趋于年轻化

现代科学技术的进步，世界经济的繁荣，人们可自由支配收入和带薪假期的增加，使得旅游活动不再只是少数有钱人才能享受的奢侈活动。同时，物质生活的富裕，又使得人们的价值观念和消费模式发生了变化。越来越多的人把旅游看作生活的一部分，是人生的权利，因此，旅游变成了一种大众的社会活动。

在旅游大众化的过程中，旅游消费主体的年龄结构发生了变化，中青年所占比例逐渐增加。这是因为，不论在东方还是西方，中青年的消费观念都发生了极大的变化，不再强调年轻时的勤奋工作和储备财富，而开始关注紧张工作之余的放松和休闲度假，并将其看作成功的标志和拓展知识及见闻的重要方式之一。

2．旅游需求多样化、细分化，参与意识增强

当今社会不再强调一致性、标准化，而是突出多样化、灵活性。世界旅游组织宣告全球正在步入的旅游新时代就具有旅游市场进一步细分、供给与分配灵活的特征。旅游市场细分不再是理论上的一个词汇，类型众多的较小规模的专门市场，如商务客人、度假者、老年人、蜜月旅行者、特殊兴趣爱好者等，在分割、取代原来的大众市场。每一个细分市场都有一定的特点和与众不同的需求，从而构成总体需求的多样性和每个小市场的特殊化。

当代旅游另一个鲜明的特征就是旅游者渴望参与的意识越来越强烈，旅游者更希望自己是表演者而非一般的旁观者。因此，如何增强项目的可参与度，成为旅游开发工作中的关键内容之一。

3．文化动机、回归自然动机的强化

尽管现代旅游者的需求趋于多样化，但文化旅游动机正得到明显强化。出于求知的欲望，希望学习和探索异国他乡的文化、历史、艺术、风俗、语言、宗教的旅游者日趋增多，文化旅游成为一种颇受青睐、生机盎然的旅游形式。出现这一动向的原因主要有以下三个。

(1) 构成旅游市场主体的中青年旅游者大多受过良好的教育，他们求知欲强，乐于了解异文化和接受新思想，能把旅游和学习合二为一，从中开拓思路、拓展视野，获得高层次的精神享受。

(2) 世界经济出现一体化倾向，国家之间、地区之间、人民之间的交流和联系越来越密切，这进一步刺激了文化旅游动机的强化，而新技术成果在交通、通信等行业的应用又为跨地区文化旅游动机的实现创造了条件。

(3) 由工业化向后工业化转变的时期，人们的自然价值观发生了明显的改变，人与自然的和谐关系真正得到重视，许多人希望返璞归真，逃离都市的喧嚣，走向清静、优美、开阔、洁净的大自然，由对自然的把握而赋予自然以生命，也通过接触自然扩大自己的生命，使主体与客体在融合中同时得到升华。于是，追求淳朴、回归自然、享受自然的旅游动机在全世界范围内得到强化，生态旅游、乡村旅游、海洋旅游等成为世界旅游发展的一种潮流。

4. 旅游的可持续发展和消费在全球范围内得到重视和提倡

随着世界旅游需求日益膨胀，旅游业赖以发展的资源和环境正面临巨大的危机，这样下去不仅会危及自己和其他人的利益，而且还可能严重损害后代的利益。旅游可持续消费是旅游可持续发展的延伸和深化，可将其定义为：既符合代际公平原则又符合代内公平原则，保证人类旅游产品和旅游服务需求能得到满足并不断由低层次向高层次演进，是促进人类旅游生活质量水平不断提高的旅游消费方式。

时至今日，旅游可持续发展和消费的观念已经深入人心，并对旅游企业的经营管理实践和消费者的旅游消费行为产生了实质性的影响。近年来，"绿色旅游"、"绿色营销"和"绿色酒店"等经营理念的提出，以及对旅游消费者"绿色消费"行为的引导和提倡，无疑都是上述观念的具体体现和落实。可以预见，随着全球经济的发展，随着人类文明的发展和人类理性的增强，人与自然长期对立的关系必将会得到根本改善。作为人类亲近自然、体验自然的一种精神性消费方式的旅游活动，也必然在"天人合一"的崇高境界中真正实现可持续发展。

3.3.2 中国旅游消费文化的发展趋势

研究旅游消费文化是为了认识文化与消费在旅游这个行业中的关系，促进社会消费文明水平的提高。旅游企业只有把握消费文化的变动趋向，才能增强企业在市场的应变能力和竞争能力。

1. 从传统消费文化向现代消费文化的变迁

中国的传统消费文化注重物质消费，国人大多秉承勤俭节约、精打细算的消费习惯，这与当时的经济、科技等的发展水平也有直接的关系，旅游需求较少，少数的旅游活动也比较简单；旅游产品粗放，旅游花费较少。改革开放以来，中国逐步建立了市场经济体制，人们的物质生活水平得到极大的提高，传统的消费观念也发生了改变。现代消费文化中更注重精神满足和精神享受，旅游和各种娱乐休闲活动得到了更多的关注，特别是年轻人追求新、奇、美、名，愿意尝试各种娱乐和休闲活动。在现代消费文化的影响下，旅游需求迅速增加，而且呈现多样化、细分化的趋势，旅游消费和旅游业得到重视。

2. 从单一消费文化向多元融合的消费文化变迁

中国人们的旅游消费一直在传统消费文化的统治下,受中国传统消费文化的影响很深。随着全球经济一体化进程的加快,跨国界的贸易、旅游、文化交流等活动日趋增多,特别是国际上跨国公司大量涌入中国,其独特的管理模式和新颖的企业文化等无不通过其消费文化渗透并影响中国的消费者群体。有中国特色的消费文化在新时期出现了新的景观,主要表现在:异域消费文化在中国登陆,并被追求时尚的新一代所追捧,而异域消费文化与中国的传统消费文化正在融合逐渐形成新的消费文化,追求高效率、高享受的消费文化伴随着跨国品牌文化、产品文化逐步融合到中国的消费者群体中。在旅游消费文化方面也体现出了这种特点,越来越多的中国旅游者接受新鲜的旅游消费理念,表现出各具特色的旅游消费行为,并实现与其他旅游消费文化的融合。

3. 从大众旅游消费文化向个性化旅游消费文化的变迁

大众旅游消费有其自身的优势。例如,大多数旅游者对旅游产品都有性价比高、安全、舒适等大众化的旅游消费需求,大众化旅游产品能够满足爆发性的旅游需求增长。但旅游发展到一定阶段以后,大众化的旅游消费就不能满足旅游者日益增长和变化的需求,寻求特殊旅游经历的自助旅游者越来越多,个性化的消费需求也越来越突出。旅游者需要特殊的、专项的旅游产品和服务,个性化的旅游消费成为一种享受和自我实现的需要。大众旅游消费文化也就开始向个性化旅游消费文化变迁。

应用案例 3-4

中国兴起"个性化旅游"

随着全民旅行时代的到来,旅游市场进入差异化竞争时代,旅行社纷纷改变战略。除了传统的观光旅游和度假旅游外,纷纷推出个性化的旅行产品,包括富有特色的相亲游、亲子游、定制游、深度游等,以便满足不同消费群体的需求。

每逢假期,旅行社会推出以家庭为单位的"亲子游"旅游产品,如果家长选择前往欧洲、韩国、日本、新马泰等长途线路,旅行社会提供来往包机服务。"暑期、寒假都是旅游旺季,这段时间里,亲子游已经成为出境游游客中的主力军。"长沙一位旅游业资深人士说。

与亲子游一样,近年来兴起的"相亲游"也备受国人推崇。一位旅行社负责人说,相亲游以短途旅游为主,在中国的一线城市十分火爆。据调查,自2011年"五一"至今,郑州、长沙、济南、上海、北京等一线大城市举办的单身交友旅游活动已达百余次。

随着中国老龄化社会的加速发展,中国已经成为世界上老龄化速度最快的国家之一。老年人旅游消费需求在不断扩大,有钱有闲的"银发族"逐渐成为各大旅行社关注的目标。市场上针对老年人的高端旅游产品也正在不断丰富。例如,孤独老人也参加相亲游,"夕阳红交友旅游"等特色旅游产品。

有旅行社负责人说,现在更多游客开始"点菜吃饭",如在旅途中增加景点,或变更交通工具等。人们出游选择日渐个性化,旅行社也推出了针对不同消费群体的"个性化旅游"。

很多旅行社针对有需要的客人提供个性化及私密性的私人定制旅行服务，为旅客定制专属旅游行程，选择适合的交通工具，还会安排提供 24 小时服务的资深旅行专家。

(资料来源：http://news.163.com/12/1021/11/8EB8ROGV00014JB5.html。)

问题：
1. 本案例反映了旅游消费主体的哪些消费特征？
2. 本案例反映了旅游消费文化的哪些发展趋势？

3.4 旅游消费文化建设

文化的变迁是一个漫长过程，而且学者们在其形成机理与演化路径方面尚没有达成共识，所以想要通过人类的理性，有意识地主导文化变迁，使其朝人们预期的方向发展是有困难的。但这也不是绝对的，文化这种非正式规则是有可能朝人们所预想的方向变迁的。因此，旅游消费文化的建设也是可能的。构建旅游消费文化的途径主要有以下两个方面。

3.4.1 加强宣传教育，提高全民旅游消费文化意识

加强宣传教育，提高全民旅游消费文化是发展社会主义旅游消费文化的出发点和落脚点。发展先进的旅游消费文化也就是要发展面向现代化的、未来的、科学的旅游消费文化，反对带有封建思想的、狭隘的、不科学的旅游消费文化。考虑到我国人口多，人民生活水平刚刚进入小康阶段，因此必须要反对照搬发达国家的旅游消费文化和模式，应该建立具有中国特色的旅游消费文化。而教育的目的就是要形成科学的旅游消费观，提高生态旅游消费在旅游消费中的比例，鼓励人们进行寻求"本真"、强调精神升华的旅游活动。

加强旅游消费文化的宣传教育，需要全社会共同努力，全方位进行。具体说，主要有社会教育、学校教育、家庭教育和自我教育四个途径。

1. **社会教育**

社会教育就是动员全社会的力量，运用社会教育的途径帮助人们了解、认识并关心旅游消费文化。例如，环境教育，通过举行绿色夏令营、科普活动周等寓教于乐，出版教科书和其他读物，并利用广播、电视、报纸、杂志等媒体，调动新闻宣传等多方面的社会力量，采取生动活泼的形式，造成强大的社会舆论，把旅游伦理观念上升为全民意识，使旅游伦理原则和规范成为旅游者的共识。

2. **学校教育**

学校教育要把旅游伦理教育渗透到学校的课程教学中。例如，通过生态环境教育，培养学生的"自然道德"、"生态良心"，放弃"人类中心主义"观念，形成新的生态思想。

3. **家庭教育**

家庭教育要发挥家庭旅游生活中父母对子女言传身教的教育功能，使子女在耳濡目染中养成尊重自然、保护生态、关心他人、乐于助人、奉公守法、洁身自爱的旅游道德习惯。

4．自我教育

自我教育就是依靠自身旅游实践和对旅游消费文化知识的学习，树立自尊自重、自律自爱的意识，提高审美水平及对环境、资源、生态的权利和责任意识。

3.4.2 运用激励约束机制，形成科学的旅游消费文化

首先，在约束机制方面，现代学者更多强调"内在的约束力"和"外在的强制力"的有机统一。内在的约束力主要就是靠道德良知来支配人们的行为；而外在的强制力主要强调用法律的、经济的、舆论的手段，使人们从其不好行为的后果当中感受到制裁带来的痛苦，而且要使惩罚和谴责所带来的痛苦大于其所获得的利益和快乐。

其次，在激励机制方面，人不仅是社会人、道德人，同时也是经济人。因此，仅凭内、外在的约束力是不够的，必须有足够的精神特别是物质方面的激励，使大家认识到科学的旅游消费文化的净收益大于其损失，人的行为才可能与社会期望一致，才可能进行科学的旅游消费。

1．加强法律监督

旅游伦理观的外在表现是行为方式，而一种新的行为方式的确立，一靠教育、二靠法制，两者是相辅相成的。尤其是当前，当旅游活动中所面临的伦理问题十分严重的时候，法律监督显得尤为重要。近几年，我国已制定与修订的重要旅游行业法规就达十几个，涵盖旅游行业岗位规范、旅游安全等各个方面，特别是《中华人民共和国旅游法》(以下简称《旅游法》)的推出，应当说，从法律方面对旅游市场的管理已是有法可依。

2．强化旅游管理机制

旅游企业的规范运行、旅游行业的正常发展不仅要有开发商、经营商和旅游者的共同努力，更为重要的是，需要有健全的旅游管理机制，包括有完善的管理机构与人员，进行各个环节的监督和检查。当然，前提是建立比较完善的条例、法规体系来规范企业和个人行为。

3．加强舆论监督和群众监督

加强舆论监督和群众监督就是要对无视旅游道德法规、不遵守旅游规定的行为，发动媒体曝光、群众举报等进行公开讨伐，以示警告。

4．加强旅游政策的伦理导向

旅游相关企业不仅仅作为一个经济部门，而且作为一个精神产品输出部门。因此，旅游业在长期发展过程中要兼顾社会和文化的发展，要通过旅游政策引导正确的旅游消费模式，引导旅游企业主动承担文化发展、环境保护和伦理教育的责任。

总之，文化是制约和决定旅游者消费行为的根本因素，文化对旅游者消费行为的影响是全方位的。文化总是处于发展变化之中，当今世界社会文化的变迁更是迅猛。受其影响，人们的旅游消费行为表现出新的发展趋势。从文化角度分析，旅游消费行为无疑是一项复杂的工作。

应用案例 3—5

《旅游法》对旅行社行业的影响

《中华人民共和国旅游法》(以下简称《旅游法》)经 2013 年 4 月 25 日十二届全国人大常委会第 2 次会议通过，2013 年 4 月 25 日中华人民共和国主席令第 3 号公布，自 2013 年 10 月 1 日起施行。《旅游法》分总则、旅游者、旅游规划和促进、旅游经营、旅游服务合同、旅游安全、旅游监督管理、旅游纠纷处理、法律责任、附则共 10 章 112 条。

目前，我国的旅游市场尚不规范。《旅游法》针对目前人民群众反映较多的社会热点问题，如市场恶性竞争、旅游资源屡遭破坏、旅游景区和活动管理混乱、"零负团费"、黑导回扣、强迫购物、景区门票大幅涨价、景区超载、旅游公共服务不足等以立法的形式进行约束。因此，《旅游法》的推出是非常及时和必要的。

就旅行社行业来说，《旅游法》的推出将"改变行业游戏规则"，引起行业"大地震"。下面是《旅游法》中一些引起热议的条款：

第三十五条 旅行社不得以不合理的低价组织旅游活动，诱骗旅游者，并通过安排购物或者另行付费旅游项目获取回扣等不正当利益。

旅行社组织、接待旅游者，不得指定具体购物场所，不得安排另行付费旅游项目。但是，经双方协商一致或者旅游者要求，且不影响其他旅游者行程安排的除外。

发生违反前两款规定情形的，旅游者有权在旅游行程结束后三十日内，要求旅行社为其办理退货并先行垫付退货货款，或者退还另行付费旅游项目的费用。

第四十一条 导游和领队从事业务活动，应当佩戴导游证、领队证，遵守职业道德，尊重旅游者的风俗习惯和宗教信仰，应当向旅游者告知和解释旅游文明行为规范，引导旅游者健康、文明旅游，劝阻旅游者违反社会公德的行为。

导游和领队应当严格执行旅游行程安排，不得擅自变更旅游行程或者中止服务活动，不得向旅游者索取小费，不得诱导、欺骗、强迫或者变相强迫旅游者购物或者参加另行付费旅游项目。

第四十三条 利用公共资源建设的景区的门票，以及景区内的游览场所、交通工具等另行收费项目，实行政府定价或者政府指导价，严格控制价格上涨。拟收费或者提高价格的，应当举行听证会，征求旅游者、经营者和有关方面的意见，论证其必要性、可行性。

利用公共资源建设的景区，不得通过增加另行收费项目等方式变相涨价；另行收费项目已收回投资成本的，应当相应降低价格或者取消收费。

公益性的城市公园、博物馆、纪念馆等，除重点文物保护单位和珍贵文物收藏单位外，应当逐步免费开放。

第四十四条 景区应当在醒目位置公示门票价格、另行收费项目的价格及团体收费价格。景区提高门票价格应当提前六个月公布。

将不同景区的门票或者同一景区内不同游览场所的门票合并出售的，合并后的价格不得高于各单项门票的价格之和，且旅游者有权选择购买其中的单项票。

景区内的核心游览项目因故暂停向旅游者开放或者停止提供服务的，应当公示并相应减少收费。

第3章 旅游消费文化

第四十五条 景区接待旅游者不得超过景区主管部门核定的最大承载量。景区应当公布景区主管部门核定的最大承载量，制定和实施旅游者流量控制方案，并可以采取门票预约等方式，对景区接待旅游者的数量进行控制。

旅游者数量可能达到最大承载量时，景区应当提前公告并同时向当地人民政府报告，景区和当地人民政府应当及时采取疏导、分流等措施。

第四十八条 通过网络经营旅行社业务的，应当依法取得旅行社业务经营许可，并在其网站主页的显著位置标明其业务经营许可证信息。

发布旅游经营信息的网站，应当保证其信息真实、准确。

第四十九条 为旅游者提供交通、住宿、餐饮、娱乐等服务的经营者，应当符合法律、法规规定的要求，按照合同约定履行义务。

第五十条 旅游经营者应当保证其提供的商品和服务符合保障人身、财产安全的要求。

旅游经营者取得相关质量标准等级的，其设施和服务不得低于相应标准；未取得质量标准等级的，不得使用相关质量等级的称谓和标识。

(资料来源：http://www.cnta.gov.cn/html/2013-4/2013-4-26-8-21-88078.html.)

问题：
1. 这些条款的制定对旅行社的经营会产生哪些作用？
2. 具体就上述所列条款对旅行社的影响进行分析。

本章小结

本章首先让大家对旅游消费文化有一个大致的了解，介绍了旅游消费文化的内涵、特点及功能；其次，介绍了旅游消费文化形成的动因，即旅游动机刺激了旅游消费行为的产生；再次，介绍了旅游消费文化中最直观的表现形式——旅游消费行为文化，文化对旅游消费行为有直接的影响；最后，讲了旅游消费文化的发展趋势及旅游消费文化的建设。

关键术语

旅游消费行为、旅游动机、旅游消费文化建设、旅游消费文化的发展趋势、旅游消费行为文化

知识链接 3-2

消费行为相关知识

1. 不同学派的消费行为理论

旅游消费行为和其他消费行为有某些统一性。关于消费行为的研究起始较早，社会学家和经济学家从不同的角度研究、探讨消费者的行为活动规律，提出了一些旨在揭示消费行为的理论，包括习惯行为理论、减少风险行为理论、解决问题行为理论、选择决定行为理论、象征性社会行为理论和学习过程理论等。

每一种理论都有一定的合理性，但也存在问题，目前的理论都是适宜于解释某一类消费活动或消费活动的某一阶段的。例如，习惯行为理论适合解释习惯性、重复性的购买行为；减少风险行为理论对于分析实际消费行为有相当高的价值，但其本身并没有解释消费产生的动机。

2．关于消费行为模式的研究

经济学家和心理学家为了形象地表现消费行为的运动规律，揭示其本身特征及影响因素，建立了许多有关消费行为的模式。

最早研究消费行为模式的是英国经济学家马歇尔。他提出的马歇尔模式强调影响消费者决策的经济因素，即消费者的决策是基于理性判断和经济计算的，而忽视了其他因素对消费者决策的影响，无法解释消费偏好的形成原因、消费动机差异等问题。心理学家巴甫洛夫提出了"刺激-反应"模式，它强调了决定消费行为的心理机制和心理过程，但对消费活动的其他方面没有涉及。之后，有学者提出了EBK模式、维布雷宁模式、塔尔德模式等。这些模式都从不同的角度解释了消费行为，但消费行为是受多种因素影响的，包括刺激、心理活动等，因此，一个理论是很难解释消费者行为模式的。

(整理自：旅游消费行为的理论与模式 http://wenku.baidu.com/link?url=flJeFc0wl9pxgWZrcqtTL4VKjVO0KQ254OemZ-SPMLWJVRMdlEfCeLUEJM9Nxpv4QwiJC cw-1WynhsRzZZhgaB3RHWTsG9_NbuhoWAoHieq.)

习题

一、单项选择题

1．下列(　　)不属于旅游消费文化的研究内容。
    A．旅游者态度　　　　　　B．旅游者审美观念
    C．旅游动机　　　　　　　D．旅游决策模式

2．下列陈述不属于旅游消费制度文化的是(　　)。
    A．国家颁布的关于旅游的法律条文
    B．旅游行业协会的相关规定
    C．旅游行业中的一些潜规则
    D．旅游消费价值观念

3．旅游消费观念文化属于旅游消费文化的(　　)。
    A．核心层文化　　　　　　B．次外层文化
    C．中间层文化　　　　　　D．最外层文化

二、多项选择题

1．现代旅游消费文化主要体现在(　　)。
    A．从物质消费向精神消费的转变
    B．从传统消费观向现代消费观的转变
    C．从大众消费向个性化消费的转变
    D．从温饱消费向小康消费的转变

2. (　　)是形成科学的旅游消费文化的手段。
   A．加强法律监督
   B．加强旅游管理机制
   C．加强舆论监督和群众监督
   D．加强旅游政策的伦理导向

三、简答题

1. 什么是广义的旅游消费行为文化？
2. 旅游消费文化具有哪些特点？
3. 如何理解旅游消费文化的经济功能？
4. 文化是如何影响旅游消费行为的？

四、论述题

1. 旅游消费文化包括哪几个层次，试论述各层次的具体内容。
2. 试论述如何提高全民旅游消费文化意识。

五、案例分析

案例1

背包客

背包客，又称"驴友"，在英文中为 backpacker，是由 backpacking 一词演变而来的，泛指三五成群或者单枪匹马四处游逛的人，也就是背着背包做长途自助旅行的人，现主要是以一群好登山、徒步、探险等寻找刺激的人为主，目的在于通过游历认识世界、认识自我、挑战极限等。

20世纪六七十年代，欧美国家的年轻人在享受和平生活带来的宁静之余，开始思考自我价值和精神归宿。很多年轻人在朋友的建议下纷纷背起简单的私人行囊，带着问题独自上路。背包客旅行的目的不是沿路的风景，而是尝试体会自己从来没有经历过的生活环境。最近几年，越来越多的中国人也开始尝试独立旅游，成为这项风靡全球活动中的一份子。背包客在中国的构成主要是年轻一代，其中不乏学生、白领，以及具有时代特征的80后、90后。

作为一种与大众旅游模式相异的新模式，背包客旅行具有以下一些行为特征：自己制订旅行计划，包括线路的设计、食宿的安排等，完全脱离了旅行社所提供的服务；多选择游客比较少的景点或还没有开发的景区作为旅游目的地，在景区喜欢走比较困难的线路，体验不同的经历；很少选择交通工具，一般都是徒步；很少选择旅店或选择廉价旅店住宿，喜欢露营。

中西方背包客在旅游行为上也有一些差别。对于国外背包客而言，其消费行为是自己旅行或与新朋友相伴旅行，在旅行的时间上普遍要长于我国背包客所花费的时间，他们把背包旅行作为一种自由的生活方式，有可能出门旅行一走就是几年或者更长的时间。对于我国的背包客而言，在出游上，更多的是选择与相互熟知的朋友、同学等结伴出游；在时间上，很少会出现几年不回家，而把旅游作为一种生活、置家庭责任于不顾的现象。

(资料来源：孙小龙. 文化与背包客旅游消费行为分析[J]. 四川烹饪高等专科学校学报，2010，2.)

问题：
通过案例，简要分析背包客的旅游消费态度及文化对背包客旅游行为的影响。

案例 2

台湾旅游业潜规则

大陆旅客在台湾的消费能力惊人，从商家、旅行社到导游都奉为上宾，除了提供服务之外，三者之间还订下"潜规则"：导游带团购物，可得消费总额一成的回扣。一位杨姓女导游就因为不满旅行社未依约付给她10%佣金而提告，台北地方法院21日认定导游抽佣应是业界习惯，判旅行社败诉。

据判决书透露，杨姓导游在去年5月接下百昱旅行社交付的工作，12～19日带领一个大陆客观光团在台湾旅游，8天内团员共消费617万多元(新台币，下同)，其中仅是在台东买珊瑚就花了232万多元。杨女士称，当时与旅行社约定，若旅客在商家消费，可抽10%的佣金，但事后旅行社却没有给她佣金，只给付每天1 500元的导游费，她因而提出民事诉讼，请求旅行社给付61万余元佣金。

法官审理时，杨女士提出旅行社当时传真给她的数据，包括工作内容、注意事项等，其中有明确的佣金，而在接待大陆旅客消费的店家同步给旅行社与杨女士回传的资料上，也注明要杨女士向公司申领回扣。加上传唤其他旅游业者作证，法官认定这是业界习惯，因此除了每天固定的导游费之外，判定百昱旅行社必须给付61万多元佣金给杨姓女导游。

(资料来源：http://www.chinanews.com/tw/2011/07-22/3201173.shtml.)

问题：
分析案例中叙述的是旅游消费文化的哪个层次，怎么理解？

案例 3

SOHO 旅游消费行为

SOHO 是 small office home office 的缩写，其中文音译为"苏活"。SOHO 是对新时期自由职业者的另一种称谓，亦代表一种自由、弹性且新型的工作方式。SOHO 人群是指基于国际互联网上的、能够按照自己的兴趣和爱好自由选择工作、不受时间和地点制约、不受发展空间限制的白领一族。

我国的 SOHO 人群已经悄然崛起，主要集中于文学、艺术、教育、网店、网站设计和程序编制等领域。其特征是平均每天工作至少 5 小时，出游动机高，70%的被访者至少每年出游两次，收入相对较高，90%的被访者满意现在的收入水平。

西南财经大学冯钊于 2008 年 6 月 15 日到 2008 年 9 月 30 日在全球最大的华人网络社

区天涯论坛上做过一个关于 SOHO 人群的旅游消费行为偏好调查，整个调查过程共收回问卷 241 份，其中有效问卷 218 份，有效率为 90%。调查结果通过采用 SPSS 统计软件对数据进行处理和分析，得到以下结论。

(1) 对于 SOHO 人群来说，他们的出游动机最主要的是文化审美动机、游玩和享乐动机。其分支排序依次是文化审美动机(4.78)、游玩和享乐动机(4.86)、高于情感交流动机(3.12)、实践动机(2.387)和逃避动机(2.75)。

(2) 不同人口统计因素特征的 SOHO 旅游者的目的地偏好和旅游消费决策、结构偏好具有一定的差异性。在目的地选择上，SOHO 旅游者对自然风光(4.27)、休闲度假(4.02)的旅游目的地有着明显的偏好。但 25 岁以下的 SOHO 旅游者更偏好自然风光(4.36)，25 岁以上的 SOHO 旅游者更偏好休闲度假(4.42)。也就是 SOHO 旅游者的出游仍然是观光占主体地位，度假旅游仅处于发展阶段。从年收入看，年收入 5 万以下的 SOHO 旅游者对自然风光目的地的偏好更强烈(4.46)，年收入 5 万以上的 SOHO 旅游者对休闲度假地区地区的偏好更强(4.25)。从性别看，男性 SOHO 旅游者对娱乐的偏好更高(4.79)，对购物消费的偏好较低(2.31)；女性消费者对娱乐(4.64)和购物(4.1)都有强烈的偏好。

(3) SOHO 旅游者更偏重中长线旅游。从交通工具的选择方面，SOHO 旅游者主要选择飞机和火车，这也显示其对中长线旅游的偏好。

(4) 在出游形式上，SOHO 旅游者对"自助游"兴趣最浓厚，对"与亲结伴"也非常喜欢，说明其青睐自由化的旅游形式，个人游、阖家游、结伴游越来越被其所青睐。

(5) SOHO 旅游者消费理智化。大多数 SOHO 旅游者在出行前都会为自己制订详细的出游计划(4.849)，而且在住宿方式上倾向于选择相对便宜的经济型酒店或旅馆(4.216)。说明 SOHO 旅游者的消费理智化，不属于冲动型消费者。

(资料来源：冯钊. 我国 SOHO 人群旅游消费行为偏好初探[D]. 成都：西南财经大学，2008.)

问题：
该案例主要体现了旅游消费文化中的哪个层次？从那些地方看出？

第4章 自然山水旅游文化

教学目标

通过本章的学习，学习者应了解自然山水文化的形成及其本质；理解自然山水文化的主要特征；掌握自然山水文化的类型。

教学要求

知识要点	能力要求	相关知识
自然山水的认知审美	能正确认识人类对自然山水的认知过程及山水文化的本质	自然山水文化的形成过程 自然山水文化的本质
自然山水的文化特征	能全面理解和把握自然山水文化的特征	自然山水的历史意蕴与文学艺术表现价值 自然山水文化的特征
自然山水文化的类型	能了解和掌握我国五岳名山、佛教道教名山文化和我国的江河湖泊文化	五岳文化、佛教和道教名山 我国的江河湖泊代表

导入案例

世界自然与文化双遗产——黄山的魅力

"五岳归来不看山，黄山归来不看岳。"自古以来，黄山就以其神奇的自然之美在中国享有盛誉。

黄山位于中国华东腹地的皖南山区。漫长的造山运动和地壳抬升，冰川的洗礼和自然的风化，使黄山形成了集名山之大成的美景：泰山之雄伟、华山之峻峭、峨眉之清凉、衡山之烟云。被称为黄山"四绝"的"奇松、怪石、云海、温泉"，又共同编织了黄山奇、伟、幻、险的巨幅画卷。正因为此，明代大旅行家徐霞客曾说"登黄山天下无山，观止矣"。

黄山松是黄山"四绝"之首，全山百年以上的黄山松数以万计。虽然最负盛名的迎客松已成为黄山的象征，但黄山之美历来见仁见智，也有人称，黄山的极致在于云水做天然画师，使得山无定势、石无定形、松无定相。

自然造化的黄山美景，古往今来也吸引了无数文人墨客。据统计，从盛唐到晚清，描写黄山的散文有数百篇，歌咏黄山的诗词有2万多首。正因为无与伦比的自然风光和丰富的文化内涵，使得黄山于1990年被联合国教科文组织列为世界自然与文化双重遗产。世界遗产委员会评价说："黄山，在中国历史上文学艺术的鼎盛时期(16世纪中叶的"山水"风格)曾受到广泛的赞誉，以'震旦国中第一奇山'而闻名。今天，黄山以其壮丽的景色——

生长在花岗岩石上的奇松和浮现在云海中的怪石而著称。对于从四面八方来到这个风景胜地的游客、诗人、画家和摄影家而言，黄山具有永恒的魅力。"

问题：
1. 黄山的山水魅力体现在哪里？
2. 黄山为何成为世界自然与文化双重遗产？

中国是一个幅员辽阔、历史悠久、文化灿烂的文明古国，在历史长河中形成了由深远的历史积淀与广博的文化内容相结合的山水文化。山水与文化有着天然的不解之源。山水养育了文化，文化增添了山水的灵性。没有山水的养育，文化便缺少了根基与源泉；没有文化的滋润，山水便缺少了精神和韵味。山水与文化相得益彰，相映生辉。诗文使山水变得灵气飞动，绘画使山水变得形象传神，宗教使山水变得深沉含蓄，传说使山水变得温馨浪漫。文化与山水，带给了我们幽远的思索，留给了我们无尽的话题。

4.1 自然山水文化的形成及其本质

山水文化作为人类特有的创造，是人与自然环境交互作用的结晶。山水美是一种精神价值，是人与自然之间所建立起来的亲善而又和谐的关系的特殊体现。中国山水文化，是我们的先人在长期实践中逐步形成的，是中华民族的宝贵精神财富。

4.1.1 自然山水文化的形成

"天人合一"，人类就是在山山水水中孕育出来的，自始就与山水相依存。山水，是人类的安身立命之所，构成生态环境的基础，为人们提供了生活资源，好像母亲的乳汁养育着她的儿女；山水，又是人们实践的主要对象，人们在这个广阔的舞台上，从事着多方面的形形色色的活动。人有生存、发展、享受等多种多样的需求，适应这些需求而与山水结成各种对象性关系，在利用和改造山水的过程中，使自身的需求、智慧、能力凝聚于山水之中，也就是使自身的本质力量对象化，从而在悠悠历史长河中积累起丰富的山水文化。自然环境本身不是山水文化，而是它赖以生成的客观条件；山水文化作为人类特有的创造，是人与自然环境交互作用的结晶。山水文化的形成是一个长期的不断创造的过程，随着时代和社会的发展，人类的各个方面的进步，人对山水的需求和关系自然也在演变。山水文化的形成和发展，注入了丰富的历史文化内容，体现出人类文明的演进过程。

人与山水的关系发端于人类生存与发展的最原始、最基本的需要，在这种对象关系中实用性具有至上的意义，人类的文化就是从这里起步的。在中国山山水水中，留下了中华民族利用、改造自然的许许多多遗迹和传说。这些遗迹和传说，反映了我们的先人开发锦绣江山的丰功伟绩，使山水闪耀着中华民族智慧和力量的光辉，渲染上古老而神奇的色彩。

宗教活动和山水的开发有着密切关系，中国山水文化中包含着非常丰富的宗教内容。在文明发展的初期，人们由于对自然的敬畏，相信山川有传播风雨的神力，从而开始了最初的山川祭祀。此后，随着农业生产方式和思维能力的发展，这种自然崇拜被归纳为对天地的崇拜。当皇帝出现后，与天地相沟通的职权也随之为最高统治者所掌握，天子祭祀天地的场所逐渐神圣起来，显示出从自然崇拜走向神道设教的政教结合。所谓"五岳"、"四渎"，就是在这种文化背景基础上形成的。

4.1.2 自然山水的审美与自然山水文化的本质

随着社会的发展，人们在利用和改造自然的过程中也改善自身，使自身的感觉和思维能力不断提高。在这个基础上，我们的先人逐渐对自然界产生了审美需求，以审美态度对待山水，与之建立起审美关系。山水美是一种精神价值，是人与自然之间所建立起来的亲善而又和谐的关系的特殊体现。人与山水之间审美关系的建立和发展，本质上是人类文明发展的表征。在中国文化发展史上，我们的先人超越实用观点和宗教观点而以审美观点看待自然，把山水作为审美对象，是一个长期的逐步发展的历史过程。《周易》的一个基本观念就是天与人是相通的，认为山川等自然现象的"象"昭示着人事，人们可以从中得到启示。这种思想包含着原始宗教的自然崇拜的性质，但已注意到了人与自然精神上的感应，显示出向审美关系的过渡。儒家和道家的创始人把对山水的崇拜升华为一种审美境界。孔子强调道德品质的修养，认为山水的某些特点和人的道德属性有类似之处，人们在山水的观赏中可以获得对自身人格力量的一种审美体验。老子厌恶黑暗的社会，他主张返归自然，以保持纯真的天性。庄子向往和追求自由，认为山水正是返归自然的理想场所，《庄子》中说："天地有大，美而不言。"到了魏晋南北朝，人对自然美的观赏进入了自觉的时代。

人们的审美意识逐渐觉醒，对山水的审美需求随之发展，这在中国山水文化形成过程中的意义是不可估量的，渗透在山水文化的各个方面。在这样的基础上，游览山水之风日渐兴起，许多奇山胜景吸引着游客，庐山、黄山、雁荡山、武夷山、长江三峡、桂林山水、杭州西湖等，逐渐成为著名的风景区。与此同时，以山水为表现对象的文学艺术应运而生，五彩缤纷的山水审美文化蔚为大观，表现出中华民族的审美意识和创造才能的发展。中国以山水之美著称，又以诗国名世，山水引发出无数诗篇。山水诗形成于东晋，谢灵运是"第一个在诗里全力刻画山水的人"。到了唐代，中国山水诗的发展进入了成熟期，涌现出一座座高峰，取得了辉煌的成就。此后，经久不衰，历代山水诗异彩纷呈。与山水诗并驾齐驱，描摹山水的游记也渐渐发展起来，这类作品可以更自由、更充分地绘写锦绣山河，多方面展示作者的审美体验，各具时代特色和鲜明个性的名篇佳作层出不穷。

中国的名胜之地随处都可见到楹联，它熔语言艺术和书法艺术于一炉，可说是中华民族特有的一种艺术形式。历代才识之士置身大好河山之中，往往触景生情，抚今怀古，题词兴联，留下自己的观感和情思。这些楹联佳构，有的描绘景色，有的借景抒情，有的寓蕴哲理，有的借题发挥。虽然寥寥数语，但往往洞幽烛微，收到画龙点睛的效果。这种以山水为表现对象的审美创造的结晶，又都为山水增辉添彩，使描写对象名扬四海，而又从多方面沟通人们与山水之间的关系。在世界上，中国又是山水画出现最早和最发达的国家。《黄宾虹画语录》指出："中华大地，无山不美，无水不秀"，"山水画乃写自然之性，亦写吾人之心。"历代著名画家的山水杰作，为中国山水文化作出了极其可贵的贡献。中国的山水园林也很有特色，它是从欣赏山水发展来的。一些著名的山水园林，以假山、池水、花木、建筑为主要因素，善于在造景中运用各种手法，以咫尺山林显示大自然的风光，使人们身处堂筵而能坐赏山水林泉之乐。这一切显示出中国山水文化日益丰富的内容，也反映出审美需求和审美能力的发展在山水文化形成中的意义。

中国历史上的山林文化，是中国山水文化形成过程中的又一动因。山林文化也可称为隐逸文化、闲情文化，是相对庙堂文化、载道文化而言的。一般来说，儒家文化属于庙堂文化，道家文化属于山林文化。两者在思想体系上具有不相容性，但又有相成的方面。儒家是主张积极入世的，儒生"慨然以天下为己任。"然而，儒家又主张"士志于道"，《论语》中说："邦有道，则仕；邦无道，则可卷而怀之"，"天下有道则见，无道则隐。"所以，在儒家人生哲学里又有"达则兼济天下，穷则独善其身。"在中国历史上，读书人凭征聘和科举进入仕途，宦海浮沉，升迁不定，进退莫测。他们不仅需要积极有为的精神，又得有消极恬退的思想准备。一些读书人，或仕途失意，或不满时政，既要坚持"志于道"，又希求自由和解脱，山水之间就是最好的去处。儒道两家的传统在他们的心灵中交融，他们又适应对山水的审美需求，因而他们往往隐居林泉，寄情山水，读书著述，随性所致，从而留下他们的种种遗迹。同时，当隐士有时也是一种入仕之路，一旦名气大了，可以平步青云，所以有"终南捷径"之说。从魏晋南北朝到唐代，逐渐形成习业山林的风气，深山幽谷出现了一些私人隐居读书治学之处。宋初，经连年战乱之后，官办的学校遭到了破坏，学者们择名山胜地建立书院，作为聚徒讲学和研究学术的场所。这种书院在当时是一种新型的教育体制，它们的诞生是中国文化教育史上的一件大事。

长期以来，古人从认识、利用、改造山水出发，对山水采取科学态度，遵循自然规律使之为人类服务。这里不说都江堰、大运河等的科学文化意义，单说千岛湖，它是为拦截新安江而建成的大型水库，"湖在山中，湖中有山"，一千多座山峰成了岛屿，因而获得这样的美名。千岛湖总面积约 600 平方公里，湖水清澈，群山叠翠，山青、水秀、洞奇、石怪被誉为这里的"四绝"。龙山位居湖心，满山为葱茏的林木所覆盖，宛若苍龙出水。山上有海瑞祠，还有龙山书院和观音洞等遗迹。许多岛上还放养着多种动物，其中有鹿岛、猴岛、鸟岛、蛇岛等。风光迷人的千岛湖，成为富春江-新安江国家重点风景名胜区的重要组成部分。为了适应环境保护和科学发展的需要，中国先后建立了众多的自然保护区、高山植物园等，为科学研究开辟了广阔的天地。

从中国山水文化的形成，可以清楚地看到它的本质。简而言之，山水文化就是蕴涵在山水中的文化沉积，以及由此引发出来的文化现象，也可以说是以山水为载体或表现对象的文化。从哲学意义上说，山水文化就是人化的山水，是人的本质力量的对象化的结晶，其中包括实用的、认知的、宗教的、审美的层面，它们之间相互联系，彼此制约，或使山水改变面貌，或使山水人情化，孕育出多种多样的山水文化现象。作为主体的人的本质力量，他的感知能力和掌握对象的能力，制约着他的需求和目的。他只能按照自己现实的需求和目的，选择对象不同的局部、方面、层次作为开展对象活动的客体。由于主体本身的需求、目的和对象化能力不同，指向同一客体的对象性活动就有不同的意义，建构起不同性质的对象关系。随着社会的发展，人类文明不断推进，人们掌握自然的能力逐步提高，人与山水的关系也越来越丰富多彩，因此山水文化总是处于继往开来发展之中。中国山水文化，就是我们的先人在长期实践中与山水形成各种对象性关系的产物，凝聚着一代代炎黄子孙的意向、智慧、力量和情感，展示出对于真、善、美的不断追求，这宝贵的财富是自然和历史对中华民族的厚赐。

4.2 自然山水文化的特征

自然山水的背后隐藏着丰富多彩的"故事",这是我国山水的主要特色。自然山水作为人类生存的物质依托,长期以来影响着人们的社会生活,并形成种种文化现象,进而影响了人们的生活习俗和思维方式。古人把山水审美分为三个境界:应目、会心、畅神。畅神是一种欣赏者与山水物我相亲、游心物外的审美境界,要达到这种境界,自然山水本身应具备丰富的文化含量。

4.2.1 自然山水的历史意蕴

秀丽的山水养育了一方黎民,也留下了人类利用和改造山水的种种遗迹和传说,这些遗迹和传说反映了人类开发锦绣山河的丰功伟绩,使山水闪耀着历史厚重的光辉,也为山水渲染上了神奇的色彩。例如,张家界是个多山地区,即所谓"山无大小,皆有神灵"。千百年来,山水为人们提供生存场所和生活资料,人们也在利用和改造着山水,这使得张家界几乎每座山峰、每条水流都有悠久的历史传说,这些传说因山水之名而得以流传,又使得山水更加令人神往。最典型的是张家界名称的来历。张家界原名青岩山,《澧州府志》、《永定县志》载:"赤松子,隐赤松山,有丹灶列天门十六峰之一。张良从赤松子游,天门、青岩诸山多存遗迹",并指出"良得黄石公书后,从赤松子游。邑中天门,青岩各山,多存遗迹。"后留侯张良为躲避汉高祖的追杀隐居于此地,赶走了恶霸,并称此地乃"人间仙境张家界",因为是张良赐名,人们便改称青岩山为张家界。人们创作了众多的山水传说,积累了丰富而独具特色的崇拜山水的文化,这些传说使张家界的山水蒙上了一层神秘的面纱,也增添了张家界山水的神韵。例如,金鞭岩关于"秦始皇赶山填海"的故事,劈山救母中关于"沉香救母"的传说,黄石寨关于"黄石公"的故事,水绕四门向王天子的传说等。

4.2.2 自然山水的文学艺术表现价值

明末著名诗人钟惺对于山水名胜的区别有一段议论,他说:"凡高者皆可以为山,深者皆可以为水也……一切高深,可以为山水,而山水反不能自为胜;一切山水,可以高深,而山水之胜反不能为名;山水者,有待而名胜者也。"然则山水何所待而"名胜"?他的结论是:"曰事、曰诗、曰文,此三者,山水之眼也。"有"眼"才有魂魄,才有神韵。

山水田园诗的兴起。盛唐山水田园诗派在艺术上,能综合陶渊明和谢灵运所长,熔陶诗浑成与谢诗工巧于一炉,不仅模山容,范水态,而且力求表现山水的个性;不仅表现山水个性,而且力求表象与意象的合一、内情与外景的交融。在继承传统的基础上,山水田园诗派大大提高了对山水田园的审美能力,把山水田园诗推向高峰。

山水画形成于魏晋南北朝时期,独立于隋唐,五代、北宋时趋于成熟,成为中国画的重要画科。中国山水画是中国人情思中最为厚重的沉淀。游山玩水的大陆文化意识,以山为德、水为性的内在修为意识,咫尺天涯的视错觉意识,一直成为山水画演绎的中轴主线。从山水画中,我们可以集中体味中国画的意境、格调、气韵和色调。再没有哪一个画科能像山水画那样给国人以更多的情感。若说与他人谈经辩道，山水画便是民族的底蕴、古典的底气、自己的图像、人的性情。

总之，以"山水文化"为点，从总体布置到项目设计，从内容到形式上都将其充分表现出来，层层展开，开发挖掘与文化相关的最传统、最富有的风土人情，进而有机地整合，最终突出有地域文化特色和内涵的山水景致。

4.2.3 自然山水文化的特征

1. 形象美

形象是指自然景观在空间上所显示的感性形式。形象美主要是自然形象的审美特征，是自然山水的基础和核心。形象美可归纳为"雄"、"奇"、"险"、"秀"、"幽"、"奥"、"旷"、"野"等多种特征。这里以"雄"、"奇"为例说明。

1) 雄伟

雄伟、雄奇、雄浑，这是大自然的一种壮观、壮美、崇高的现象。其巨大的空间形象，给人以崇高之感；在时间上，它给人一种亘古难移的永恒之感。其雄浑的气势，又似乎孕育着一种力量。雄伟的自然山水景观，高大壮阔，为崇高之境，是阳刚之美，给人以奋发向上的激情，令人心生敬畏。中国许多名山高峻壮观，显示出一种雄伟、崇高的形象。五岳之首的泰山，被誉为"泰山天下雄"，矗立在齐鲁大地，以磅礴的气势凌驾于山东的丘陵之上，"平畴突起三千米"，拔地通天，重峦叠嶂，格外雄伟。诗圣杜甫发出"会当凌绝顶，一览众山小"的惊叹。

如果说泰山是山之"雄"者，那么钱塘江(图 4.1)就是水之"伟"者。钱塘江是浙江省最大的河流，它的入海口呈喇叭形，江口大而身小，潮水来时，"远若素练横江，声如金鼓；近则亘如山岳，奋如雷霆"，瞬间，漫江沸腾，波涛汹涌，如万马奔腾，势不可当。

图 4.1　钱塘江

为什么会发生这样壮观的涌潮呢？首先，这与钱塘江入海的杭州湾的形状，以及它特殊的地形有关。杭州湾呈喇叭形，口大肚小。出海口江面宽达 100 千米；往西到澉浦，江面骤缩到 20 千米；到海宁盐官镇一带时，江面只有 3 千米宽。起潮时，宽深的湾口一下子吞进大量海水,由于江面迅速收缩变窄变浅,夺路上涌的潮水来不及均匀上升,便都后浪推前浪,一浪更比一浪高。但是,河流入海口很多都是喇叭形的,但能形成涌潮的河口却只是少数,钱塘潮能荣幸地列入这少数之中,又是为什么?科学家经过研究认为,涌潮的产生还与河流里水流的速度及潮波的速度比值有关,如果两者的速度相同或相近,势均力敌,就有利于涌潮的产生,如果两者的速度相差很远,虽有喇叭形河口,也不能形成涌潮。还有,河口能形成涌潮,与它处的位置的潮差大小有关。由于杭州湾在东海的西岸,而东海的潮差,西岸比东岸大。太平洋的潮波由东北进入东海之后,在南下的过程中,受到地转偏向力的作用,向右偏移,使两岸潮差大于东岸。杭州湾处在太平洋潮波东来直冲的地方,又是东海西岸潮差最大的方位,得天独厚。所以,各种原因凑在一起,促成了钱塘江涌潮。

2) 奇特

奇特是指某些景观因其数量稀少难觅,或因其特色突出、形态特异,给人出人意料的美感。黄山以它峰奇、石奇、松奇、云奇及它们之间的有机结合,构成了天下奇山。黄山的山峰高峻宏大,石峰纤细挺拔,巨细对比,景观生动而富有变化;石浑厚而简洁;松苍劲而洒脱,松得石而刚,石得松而灵。例如,"喜鹊登梅"(图 4.2),"鹊"为石,松为"梅",相映成趣。黄山自然景观有着无穷无尽的审美价值。奇特之美的景观能愉悦人的情感,启迪人们去思索,去探求,激励人们勇于创新和超越。

图 4.2 黄山"喜鹊登梅"(仙人指路)

2. 色彩美

山岳景观最常见的是绿色,最艳丽的色彩来自花朵,不少名山都有自己独特的花卉,如云南苍山的山茶花、峨眉山的杜鹃花、八达岭的杏花等。姹紫嫣红的鲜花把山野打扮得分外娇娆。而绿野之巅的雪峰,银装素裹,洁白无瑕,别具魅力。水是自然的一面大镜子,它反映着周围的一切景象,使山色更加明快、丰富。有的水质含有某种矿物,本身就是绚丽色彩的。例如,九寨沟、黄龙寺梦幻般晶莹明澈的湖水。"江作青罗带,山如碧玉簪",山水相依的景色更使人们的胸襟开阔,宠辱皆忘。

3. 音响美

山水间有着各种美不胜收的声响,如鸟鸣深壑、蝉噪幽林、风起松涛、雨打芭蕉、泉泻清池、溪流山涧等。音响也参与着山水美的营造,山水美因此而别具韵致。例如,峨眉山万年寺声如琴瑟的山蛙和鸣,大连老虎滩上老虎洞中清晰洪亮的海哮声,敦煌鸣沙山那宛如管弦乐队合奏的沙鸣声。山水与其特有的音响造就出风格独具的意境,置身其中,听觉帮助人们获得奇妙的美感。

4. 动态美

山水美是动态的美,这体现了自然美的变易性。同样的山川景物随着季节时令及天气的变化,会呈现出不同形态的美。如同一座山在不同季节就有不同的状貌,给人以不同的感受:"春山烟云连绵人欣欣,夏山嘉木繁阴人坦坦,秋山明净摇落人肃肃,冬山昏霾翳塞人寂寂。"同是在岳阳楼上观洞庭湖,有时"阴风怒号,浊浪排空",有时却"春和景明,波澜不惊。"另外,山水本身也是动态的,流水、飞瀑和浮云飘烟随时都在奔涌、变化,它们给山水增添了活力。山水美作为人们的审美对象由来已久。中国在魏晋南北朝时期,山水画的兴起就标志着山水开始成为独立的审美对象。对于山水美的推崇,人们有着超越时代、种族、文化素养等几乎各种限制的一致性。山水美具有丰富的美育功能。第一,它能够丰富人们的精神生活。忘情于山水,有助于人们松弛神经,消除疲劳,愉悦精神,热爱生活。第二,能够陶冶人的性格、情操。山水美对人的性格气质具有熏陶作用,并有利于培养人们高尚的情操、健全的人格。第三,能够增长人的知识才干。对山水美的欣赏,有益于人们丰富知识,启迪思维,发展智力,增长才干。第四,能够激发人们的爱国热情。欣赏祖国美的山水是培养人们的民族自豪感,以及保卫祖国、建设祖国的崇高责任感的重要途径。

4.3 自然山水文化的类型

中国五岳名山有泰山、华山、衡山、恒山、嵩山,佛教名山有五台山、峨眉山、九华山、普陀山,道教名山有湖北武当山、江西龙虎山、安徽齐云山、四川青城山;名水有黄河、长江,湖泊有杭州西湖等。

4.3.1 名山文化

山本是自然之物,但古人对其信赖、崇拜甚至神话有加。秦汉以来,帝王对山的祭祀,使山人格化;历代文人也赋予了山更多的灵性。文人士大夫将山岳融入他们的现实生活方式和精神情调之中。因此,现代我们所认知的山基本都不仅仅是自然的山岳了,而变成了渗透着深厚中国传统文化底蕴的名山。

1. 五岳名山

五岳是远古山神崇敬拜、五行观念和帝王巡猎封禅相结合的产物,包括东岳泰山、西岳华山、南岳衡山、北岳恒山、中岳嵩山。

1) 东岳泰山

泰山(图4.3)位于山东省的中部。泰山主峰海拔1 545米,名为"玉皇顶",又称"天柱峰",其相对高度为1 391米,是我国东部沿海地带大陆口的第一高山。它山势峻拔高挺,素有"泰山天下雄"之誉。泰山从东平湖东岸向东北延伸至淄博市,南和鲁山相接,它的主要山峰都在泰安境内,外围的低山丘陵一直延伸到历城、长清、肥城和济南等地,起伏绵延达200多千米,总面积为426平方千米。自汉代中国确立"五岳"以来,泰山就居于"五岳独尊"的地位。中国历代的封建帝王在这里举行隆重的封禅典礼,文人墨客在这里流连观赏,吟咏赞叹。唐代诗人李白有诗曰:"天门一长啸,万里清风来。"回首俯视,"天梯"高悬,云涛汹涌,凉风徐徐,游人似觉悠悠欲飘,进入"仙界"。岱顶景色雄奇壮丽,有碧霞祠、唐代摩崖石刻、玉皇庙、日观峰、瞻鲁台、探海石和月观峰名胜古迹。登泰山极顶,可尽赏"旭日东升""晚霞夕照""黄河金带""云海玉盘"四大奇观。当年孔子游泰山时,曾有"登泰山而小天下"的赞誉。我国唐代诗人杜甫"会当凌绝顶,一览众山小"的著名诗句更是脍炙人口。到泰山,既可以饱览历史文化的精品,又可以领略大自然的神奇之美。异峰突起在华北平原大地上的泰山,山势突兀挺拔,气势磅礴,颇有"擎天捧日"之势,通常被人们看作崇高、伟大的象征,成为中华民族的骄傲。

图4.3 五岳之首——泰山

2) 西岳华山

华山位于陕西省华阴县境内,为五岳中的西岳。华山之险居五岳之首,有"华山自古一条路"的说法。华山名字的来源有很多说法,一般来说,同华山山峰像一朵莲花是分不开的,古时候"华"与"花"通用,正如《水经注》所说:"远而望之若花状",故名。

华山有东、西、南、北、中五峰。东峰是华山的奇峰之一,因峰顶有朝台可以观看日出、美景,故又名朝阳峰。北峰也叫云台峰,山势峥嵘,三面绝壁,只有一条山道通往南面山岭,电影《智取华山》即取材于此。西峰叫莲花峰,峰顶有一块"斧劈石",相传神话传说故事《宝莲灯》中的沉香劈山救母就发生在这里。南峰即落雁峰，是华山主峰，海拔2 083米，也是华山最险峰，峰上苍松翠柏，林木葱郁，峰东有凌空飞架的长空栈道。中峰亦名玉女峰，依附于东峰西壁，是通往东、西、南三峰的咽喉。

华山山路奇险，景色秀丽，沿山路从玉泉院到苍龙岭(图4.4)可以看到许多胜景，从华山脚下经青坷坪再经回心石、千尺幢等险关逐级登至峰顶。一路上风光幽静，山谷青翠，鸟语花香，流泉垂挂，令人心旷神怡；危崖峭壁、突兀凌空，怪石峭壁，令人终身难忘。只有勇于攀登的人才有机会领略到华山险峰上更美的风光。

图4.4　苍龙岭

华山脚下西岳庙是历代帝王祭祀的神庙，创建于西汉，至今保留着明清以来的古建筑群。因其形制与北京故宫相似，有"陕西故宫"之称。

3) 南岳衡山

南岳衡山位于湖南省衡阳市境内，是中国著名的五岳名山之一，被国务院于1982年批准为国家级重点风景名胜区。南岳衡山自然风光秀丽多姿，人文景观丰富多彩，素有"五岳独秀"和"文明奥区"之称。祝融峰之高、藏经殿之秀、方广寺之深、水帘洞之奇，古称南岳"四绝"。春看花，夏观云，秋望日，冬赏雪，为南岳四季奇观；飞瀑流泉，茂林修竹，奇峰异石，古树名木，亦是南岳佳景。风景区内有24岩、12洞、7潭、8溪、20泉、3瀑布。自晋以来南岳佛道共存，历代不衰，为宗教史上所罕见。南岳山高林密，环境宜人，气候独特，是著名的避暑和观冰赏雪胜地。

古代，这里曾有108所庙宇，现还存有26所。南岳镇上，有占地9.8万平方米的江南最大的寺庙——南岳大庙，庙前书有"天下南岳"的花岗石大牌坊。南岳大庙规模宏伟，集宋元以来古建筑之大成，庙由南至北共分九进，中间是祭祀祝融神殿堂，东西两厢分别是道教八观和佛教八寺，以示南岳佛道并存。祝圣寺为南岳最大的丛林佛寺，由五进八群院落组成，内有五百罗汉石刻。山上有晋代被封为"南岳夫人"的女道士魏华存修道成仙的黄庭观和飞仙石；有规模宏大的玄都观；有"六朝古刹，七祖道场"的福严寺；有日本佛门曹洞宗视为祖庭的南台寺；有祝融峰上先"道"后"佛"的上封寺。

4) 北岳恒山

北岳恒山位于山西省大同市浑源县境内。恒山又名玄岳，融"雄、奇、幽、奥"特色为一体，素以"奇"而著称。恒山风景名胜区总面积147.51平方千米，所辖功能各异、景色纷呈的旅游小区 15 个，由东北向西南绵延 500 里，锦绣 108 峰，主峰天峰岭海拔 2 017 米，为北国万山宗主。中华五千年的文明追溯，使恒山历史悠久，文化灿烂，气候凉爽，民俗独特，自然和人文景观兼胜，素有"人天北柱"、"绝塞名山"、"道教第五洞天"之美誉。

恒山由于绵延五百里，气势壮观，因此古有"恒山如行"、"泰山如坐"、"华山如立"、"嵩山如卧"、"衡山如飞"之说。登上恒山，苍松翠柏、庙观楼阁、奇花异草、怪石幽洞构成了著名的恒山十八景。十八胜景各有千秋，犹如十八幅美丽画卷，展现在游客面前。十八景有磁峡烟雨、云阁虹桥、云路春晓、虎口悬松、果老仙迹、断崖啼鸟、危岩夕照、龙泉甘苦、幽窟飞石、石洞流云、茅窟烟火、金鸡报晓、玉羊游云、紫峪云花、脂图文锦、仙府醉月、弈台鸣琴、岳顶松风。再加上世界一绝的天下奇观悬空寺，整个恒山风景如诗如画，令游客如身处世外桃源，流连驻足。

5) 中岳嵩山

嵩山属伏牛山脉，其主体在河南省登封县境内，东邻省会郑州，西邻九朝古都洛阳。嵩山古称外方山，周平王东迁洛阳后，以左岱(泰山)，右华(华山)，嵩山位于中央，是为天地之中，故定嵩山为中岳。武则天天册万岁元年(695 年)封禅嵩山时，改中岳为神岳。北宋以后，又称之为中岳嵩山。嵩山主要由太室、少室二山组成，山体从东至西横卧，蜿蜒 70 千米，故有"华山如立，中岳如卧"之说。嵩山之顶名曰峻极，海拔 1 491.7 米，古有"嵩高峻极"和"峻极于天"之说，站在峰顶远眺，北可望黄河之雄，南可及山川之秀。

在这里，不仅能看到"五世同堂"的奇特地质风貌，且能领略中华民族五千年历史进程。佛教、道教、儒教三教荟萃，少林寺、中岳庙、嵩阳书院鼎足而立，少林寺千佛殿的西侧是地藏殿，殿内南北两面供十大阎罗王神位，是道教的。后壁绘制二十四孝画图则又是儒家的，并承认释迦牟尼、孔子、老子都是"至圣"，强调三教九流"为善殊途"，"各有所施"，钟楼前开元碑阴刻："混元三教九流图赞"，图面是释迦牟尼、孔子、老子三圣合体像，赞语是"三教一体，九流一源。百家争理，万法一统"。"佛教见性，道教保命，儒教明伦，纲常是正。农流务本，墨流备世，名流责实，法流辅制……各有所施……一以贯之。"一些禅宗大师既通佛理，又懂儒学，到明清以后，道教便吸收更多的儒家思想。少室山的安阳宫主殿洞是三皇洞，内祀释迦牟尼、孔子、老子，门上大书"才分天地人总属一理，教有儒释道终归一途"。由此可以窥见，三教在中岳嵩山已熔铸于一炉，使其具有中国四大佛教名山难以具备的魅力。特别是地处嵩山西部北麓的少林寺，不但是声名显赫的佛教胜地，禅宗祖庭，而且是闻名中外的少林武术(图 4.5)发源地。

2．佛教名山

四大名山，即五台山、峨眉山、九华山、普陀山，为中国佛教圣地，分别供奉文殊菩萨、普贤菩萨、地藏菩萨、观音菩萨。四大名山随着佛教的传入，自汉代开始建寺庙，修道场，延续至清末。新中国成立后，四大名山受到国家的保护，并对寺院进行了修葺，目前已成为蜚声中外的宗教、旅游胜地。

1) 五台山

五台山为中国佛教第一圣地。位于山西省五台县境内，方圆五百余里，由五座山峰环抱而成，五峰高耸，峰顶平坦宽阔，如垒土之台，故称五台。

图 4.5 少林武术

自汉唐以来，五台山一直是中国的佛教中心，此后历朝不衰，屡经修建，鼎盛时期寺院达 300 余座，规模之大可见一斑。目前，大部分寺院都已不存在，仅剩下台内寺庙 39 座，台外寺庙 8 座。现在，五台山是国家级重点风景名胜旅游区之一。寺院经过不断修整，更加富丽堂皇，雄伟庄严，文化遗产极为丰富，举世称绝，其中最著名的五大禅寺有显通寺、塔院寺、文殊寺、殊像寺、罗睺寺。

五台分别为东台望海峰、西台挂月峰、南台锦绣峰、北台叶斗峰、中台翠岩峰。五台之中北台叶斗峰最高，海拔 3 061.1 米，素称"华北屋脊"。因山中盛夏时气候凉爽宜人，故别名"清凉山"。相传是文殊菩萨的应化道场，成为举世瞩目的佛教圣地之一。五台山白塔如图 4.6 所示。

图 4.6 五台山白塔

2) 峨眉山

峨眉山位于中国四川省峨眉山市境内，景区面积 154 平方千米，最高峰万佛顶海拔 3 099

米，是著名的旅游胜地和佛教名山，是一处融自然风光与佛教文化为一体的中国国家级山岳型风景名胜。1996年12月6日被列入《世界遗产名录》。

峨眉山平畴突起，巍峨、秀丽、古老、神奇。它以优美的自然风光、悠久的佛教文化、丰富的动植物资源、独特的地质地貌而著称于世，被人们称之为"仙山佛国"、"植物王国"、"动物乐园"、"地质博物馆"等，素有"峨眉天下秀"之美誉。唐代诗人李白诗曰："蜀国多仙山，峨眉邈难匹"；明代诗人周洪谟赞道："三峨之秀甲天下，何须涉海寻蓬莱"；当代文豪郭沫若题书峨眉山为"天下名山"。古往今来，峨眉山就是人们礼佛朝拜、游览观光、科学考察和休闲疗养的胜地。峨眉山千百年来香火旺盛，游人不绝，永葆魅力。

峨眉山相传为普贤菩萨道场，是中国四大佛教圣地之一。相传佛教于1世纪即传入峨眉山。近2000年的佛教发展历程，给峨眉山留下了丰富的佛教文化遗产，造就了许多高僧大德，使峨眉山逐步成为中国乃至世界影响甚深的佛教圣地。目前，全山共有僧尼约300人，寺庙近30座，其中著名的有报国寺、伏虎寺、清音阁、洪椿坪、仙峰寺、洗象池、金顶华藏寺、万年寺等。

寺庙中的佛教造像有泥塑、木雕、玉刻、铜铁铸、瓷制、脱纱等，造型生动，工艺精湛。例如，万年寺的铜铸"普贤骑象"，堪称山中一绝，为国家一级保护文物；另外，阿弥陀佛铜像、三身佛铜像、报国寺内的脱纱七佛等，均为珍贵的佛教造像；还有贝叶经、华严铜塔、圣积晚钟、金顶铜碑、普贤金印，均为珍贵的佛教文物。峨眉山佛教音乐丰富多彩，独树一帜。峨眉山武术作为中国武术三大流派之一享誉海内外。这些丰富的佛教文化遗产是中华民族文化宝库中的瑰宝。

图4.7　峨眉山金顶

3）九华山

九华山位于安徽省青阳县城西南20千米处，距长江南岸贵池区约60千米。方圆120平方千米，主峰十王峰1 342米，为黄山支脉，是国家级风景名胜区。九华山共有99座山峰，以天台、十王、莲华、天柱等九峰最雄伟，群山众壑、溪流飞瀑、怪石古洞、苍松翠竹、奇丽清幽，相映成趣。名胜古迹，错落其间。九华山原名九子山，唐代诗人李白三次游历九华山，见此山秀异、九峰如莲花，写下了"昔在九江上，遥望九华峰，天江挂绿水，秀出九芙蓉。"的美妙诗句。后人便削其旧号，易九子山为九华山。

九华山古刹林立，香烟缭绕，是善男信女朝拜的圣地。相传朝鲜半岛新罗国高僧金乔觉，渡海来九华修行，传说他是地藏菩萨的化身，普度众生，功德无量，"远近焚香者，日以千计。"九华山现有寺庙99座，僧尼300余人，已逐渐成为具有佛教特色的风景旅游区。在中国佛教四大名山中，九华山独领风骚，以"香火甲天下"、"东南第一山"的双重桂冠而闻名于海内外。

九华山不仅以佛教人文景观著称，而且山水雄奇、灵秀，胜迹众多。在全山120平方千米范围内，奇峰叠起，怪石嶙峋，涌泉飞瀑，溪水潺潺。鸟语伴钟鼓，云雾现奇松。自然风光十分迷人。

4) 普陀山

普陀山位于浙江省杭洲湾以东约100海里处，是中国四大佛教名山之一，相传是观音菩萨的道场。风景宜人，又有如此众多文物古迹的小岛，在中国可以说是绝无仅有，素有"海天佛国"之称。

普陀山的海天景色，不论在哪一个景区、景点，都使人感到海阔天空。虽有海风怒号，浊浪排空，却并不使人有惊涛骇浪之感，只觉得这些异景奇观使人振奋。作为佛教胜地，普陀山最盛时有82座寺庵，128处茅篷，僧尼达4 000余人。来此旅游的人，在岛上的小径间漫步，经常可以遇到身穿袈裟的僧人。美丽的自然风景和浓郁的佛教气氛，使普陀山蒙上一层神秘的色彩，而这种色彩，也正是它对游人有较强吸引力的所在。

普陀山的风景名胜、游览点很多，主要有普济、法雨、慧济三大寺，这是现今保存的二十多所寺庵中最大的。普济禅寺始建于宋代，为山中供奉观音的主刹，建筑总面积约11 000多平方米。法雨禅寺始建于明代，依山凭险，层层叠建，周围古木参天，极为幽静。慧济禅寺建于佛顶山上，又名佛顶山寺。奇岩怪石很多，著名的有盘陀石、二龟听法石、海天佛国石等20余处。在山海相接之处有许多石洞胜景，最著名的是潮音洞和梵音洞。

3．道教名山

相传道教有三十六洞天、七十二福地，皆仙人居住游憩之地。世人以为通天之境，祥瑞多福，感怀仰慕。道教潜隐默修之士，喜遍居幽静之山林，故多择有仙迹传说之处，兴建宫观，期荫仙风而功道园融。历代以来，道侣栖止，香客游人络绎不绝，故洞天福地已成为中国绵绣河山之胜境。著名的有四大道教名山，即湖北武当山、四川青城山、江西龙虎山、安徽齐云山。

1) 武当山

武当山又名太和山，位于鄂西北的丹江口市境内，是中国的道教名山，列中国"四大道教名山"之首，又是武当武术的发源地。主峰天柱峰海拔1 612米。武当山山势奇特，雄浑壮阔。有72峰、36岩、24涧、3潭、9泉，构成了"七十二峰朝大顶，二十四涧水长流"的秀丽画境。山间道观总数达2万余间，其规模宏大、建筑考究、文物丰富的道观建筑群已被列入《世界遗产名录》。山间主要景点有金殿、紫霄宫、遇真宫、复真观、天乙真庆宫等近百处。

北宋书画家米芾曾赞武当为"天下第一山"。这里既是道教名山之一，又是武当拳的发源地。丹江口水库之滨的玄武门(石雕牌坊)，坊额刻有明代嘉靖皇帝御笔"治世玄岳"四字。玄岳门西1千米处，有明成祖永乐十五年(1417年)敕建的遇真宫，是为纪念武当拳的创始者张三丰的。天柱峰顶端有建于1416年的金殿，是武当山最突出、最有代表性的道教建筑群，也是中国现存最大的铜建筑群。殿高5.54米，宽5.8米，深4.2米，重80余吨，英姿魁伟。还有铜铸金童、玉女及水火二将侍立两侧，十分壮观。鉴于此，武当山的古建筑群在1994年被评为世界文化遗产。

2) 青城山

青城山古称丈人山，又名赤城山，位于都江堰市西南15千米处。青城山主峰老霄顶海拔1 260米(2007年)。全山林木青翠，四季常青，诸峰环峙，状若城郭，故名青城山。丹梯千级，曲径通幽，以幽洁取胜，自古就有"青城天下幽"的美誉。与剑门之险、峨眉之秀、夔门之雄齐名。素有"拜水都江堰，问道青城山"之说。

青城山是中国著名的道教名山，中国道教的发源地之一，自东汉以来历经两千多年。东汉顺帝汉安二年(143年)，天师张陵来到青城山，选中青城山的深幽涵碧，结茅传道，创立五斗米教，青城山遂成为道教的发祥地，成为天师道的祖山，全国各地历代天师均来青城山朝拜祖庭。历代宫观林立，至今尚存38处。全山的道教宫观以天师洞为核心，包括建福宫、上清宫、祖师殿、圆明宫、老君阁、玉清宫、朝阳洞等至今完好地保存有数十座道教宫观，并有经雨亭、天然阁、凝翠桥等胜景。

3) 龙虎山

龙虎山位于江西鹰潭市西南郊20千米处，为国家级风景名胜区。源远流传的道教文化，独具特色的碧水丹山，以及现今所知历史最悠久、规模最大、出土文物最多的崖墓群，构成了这里自然、人文景观的"三绝"。龙虎山的著名景点有天师府、上清宫、龙虎山、悬棺遗址和仙水岩等。

龙虎山原名云绵山，由酷似龙虎的二山组成，是中国典型的丹霞地貌区。相传因第一代天师在此炼丹，丹成而龙虎见，故改名龙虎山。张陵第四代传人——张盛，由鹤鸣山转到这里，至新中国成立前已承袭63代，历经1 900年，为道教"第三十二福地"和张天师子孙世居之地。贵溪县上清镇东面的上清宫，是历代天师祀奉太上老君和朝会之处，也是中国最古老、最大的道宫之一。现存福地门、钟楼、玉门殿、东隐院、九曲巷、下马亭及明代石刻等古迹。上清宫附近的天师府，占地400公顷，房屋100余间，是历代天师的住处，也是中国规模最大的道教建筑之一，是现今保存较完好的封建时代大府邸之一。龙虎山风景名胜区的主要风景点除龙虎山之外，还有象鼻山、张家山、尘湖山、马祖岩、仙岩、排衙石、上清河等。

4) 齐云山

齐云山又称白岳，位于徽州盆地，黄山脚下，距屯溪33千米，皖赣铁路在齐云山脚经过，因其"一石插天，与云并齐"，故名齐云山。它是一处以道教文化和丹霞地貌为特色的山岳风景名胜区，历史上有"黄山白岳甲江南"之称，为国家重点风景名胜区。齐云山海拔为585米，有36奇峰、72怪崖、24飞洞，加之境内河、湖、泉、潭、瀑构成了一幅山清水秀、峭拔明丽的自然图画。白岳的特点是峰峦怪谲，且多为圆锥体，远远望去，一个个形状各异的圆丘，自成一格。主要景观有洞天福地、真仙洞府、月华街、太素宫、香炉峰、小壶天、玄天太素宫、玉虚宫、方腊寨、五青峰、云岩湖等。齐云山碑铭石刻星罗棋布，素有"江南第一名山"之誉。该山道教始于唐代乾元年间(758—760年)，至明代道教盛行，香火旺盛，成为中国四大道教名山之一。

4.3.2 名水文化

中国江河众多，许多大河源远流长，大小河流数以千计。水者，地之血气，如筋脉之通流者。山的厚重与水的灵动构成最佳的风景组合。水除了赋予中国人人生之悟、天地之念、宇宙之思外，更有一种诗意情怀和浪漫气质。在地理上，根据水所处的形式、面积等的不同，可分为泉、溪、瀑、潭、河、江、湖、海、洋等名目。

1．江河文化

1) 母亲河——黄河

黄河是中国第二长河，世界第五长河，源于青海巴颜喀拉山，干流流经青海、四川、甘肃、宁夏、内蒙古、陕西、山西、河南、山东九省区，最后注入渤海，全长 5 464 千米。黄河是中华民族文化的发祥地，被誉为中华民族的母亲河，自北宋以来，一直是中国政治、经济和文化的中心地带。黄河流域古人类遗址、寺庙宫观、石窟壁画等古迹众多，是中华民族悠久历史的见证和珍贵的旅游资源。

2) 黄金水道——长江

长江居世界第三位，是亚洲、中国第一长河，全长 6 300 千米。长江发源于青藏高原唐古拉山脉，是世界第三长河，仅次于尼罗河与亚马孙河。水量也居世界第三位。长江干流所经省级行政区总共有 11 个，从西至东依次为青海省、四川省、西藏自治区、云南省、重庆市、湖北省、湖南省、江西省、安徽省、江苏省和上海市；其干流通航里程达 2 800 多千米，素有"黄金水道"之称。长江沿江景点星罗棋布，风光秀丽，更有不胜枚举的历代名胜古迹，巴蜀文化、楚文化、吴越文化、三国文化等犹如历史画廊，令人神往而自豪。

3) 桂林漓江

漓江是中国锦绣河山的一颗明珠，是桂林风光的精华、灵魂、精髓，早已闻名遐迩，著称于世。漓江位于华南广西壮族自治区东部，属珠江水系。漓江发源于"华南第一峰"桂北越城岭猫儿山，此地林丰木秀，空气清新，生态环境极佳。漓江上游主流称六峒河；南流至兴安县司门前附近，东纳黄柏江，西受川江，合流称溶江；由溶江镇汇灵渠水，流经灵川、桂林、阳朔，至平乐，汇入西江，全长 437 千米。从桂林到阳朔约 83 千米的水程称漓江。漓江风景区是世界上规模最大、风景最美的岩溶山水游览区，千百年来它不知令多少文人墨客陶醉。河流依山而转，形成峡谷，景致也最迷人，尤以草坪、杨堤、兴坪为胜，有浪石起奇景、九马画山、黄布倒影、半边渡等美景。倒影是漓江一大奇观。江水赋予凝重的山以动态、灵性、生命，同时把人带进神话的世界。漓江兼有"山青、水秀、洞奇、石美"四绝，还有"洲绿、滩险、潭深、瀑飞"之胜。桂林风光如图 4.8 所示。

图 4.8　桂林风光

2. 湖泊文化

1) 杭州西湖

杭州西湖位于浙江省杭州市西部，杭州市市中心，旧称武林水、钱塘湖、西子湖，宋代始称西湖。它以其秀丽的湖光山色和众多的名胜古迹而闻名中外，是中国著名的旅游胜地，也被誉为"人间天堂"。杭州西湖风景区以西湖为中心，分为湖滨区、湖心区、北山区、南山区和钱塘区，总面积达 49 平方千米。西湖的美在于晴中见潋滟，雨中显空蒙。无论雨雪还是晴阴，在落霞、烟雾下都能成景，在春花、秋月、夏荷、冬雪四季中各具美态。湖区以苏堤和白堤的优美风光著称。西湖处处有胜景，历史上除有"钱塘十景"、"西湖十八景"之外，最著名的是南宋定名的"西湖十景"和 1985 年评出的"新西湖十景"。在以西湖为中心的 60 平方千米的园林风景区内，分布着主要风景名胜 40 多处，重点文物古迹 30 多处。概括起来西湖风景主要以一湖、二峰、三泉、四寺、五山、六园、七洞、八墓、九溪、十景为胜。1982 年西湖被确定为国家风景名胜区，1985 年被评为"中国十大风景名胜"之一。2007 年 5 月 8 日，杭州市西湖风景名胜区经国家旅游局正式批准为国家 5A 级旅游景区。苏轼的"水光潋滟晴方好，山色空蒙雨亦奇。欲把西湖比西子，淡妆浓抹总相宜。"成为杭州西湖的千古绝唱。杭州西湖三潭印月如图 4.9 所示。

图 4.9　杭州西湖三潭印月

2) 洞庭湖

洞庭湖是中国五大淡水湖之一，长江中游重要吞吐湖泊。湖区位于荆江南岸，跨湘、鄂两省，号称"八百里洞庭"。滨湖的风光极为秀丽，许多景点都是国家级风景区，如岳阳楼、君山、杜甫墓、杨幺寨、铁经幢、屈子祠、跃龙塔、文庙、龙州书院等名胜古迹。在东洞庭湖与长江的接界处城陵矶，有一块名为三江口的地方。从三江口远眺洞庭湖，但见湘江滔滔北去，长江滚滚东逝，水鸟翱翔，百舸争流，水天一色，甚是雄伟壮观。刘海戏金蟾、东方朔盗饮仙酒、舜帝二妃万里寻夫的民间传说正是源于此地。

第4章 自然山水旅游文化

本章小结

智者乐水，仁者乐山，山水与文化有着天然的不解之源，中国在历史长河中形成了由深远的历史积淀与广博的文化内容相结合的山水文化。中国山水文化的典型代表有五岳名山泰山、华山、衡山、恒山、嵩山，佛教名山五台山、峨眉山、九华山、普陀山，道教名山湖北武当山、江西龙虎山、安徽齐云山、四川青城山，还有黄河、长江、杭州西湖等。

关键术语

自然山水、山水文化、名山、名水

习题

一、填空题

1．中国五岳名山是指_____、华山、衡山、恒山、嵩山。
2．中国四大佛教名山是指_____、峨眉山、九华山、普陀山。
3．中国道教名山有湖北_____、江西龙虎山、安徽齐云山、四川青城山。

二、简答题

1．如何理解山水景观的文化内涵？
2．中国的五岳名山有什么特色？
3．如何理解山水文化的特征？

三、实际操作训练

结合自己的经历对一处名山(或名水)做一讲解。

四、案例分析

世界自然与文化遗产——泰山

泰山以泰山主峰为中心，泰山主峰海拔1 545米，气势雄伟磅礴，享有"五岳之首"、"天下第一山"的称号。泰山呈放射状分布，由自然景观与人文景观融合而成。泰山山体高大，形象雄伟。庄严神圣的泰山，两千年来一直是帝王朝拜的对象，其山中的人文杰作与自然景观完美和谐地融合在一起。泰山一直是中国艺术家和学者的精神源泉，是古代中国文明和信仰的象征。

泰山是黄河流域古代文化的发祥地之一。很早以前，泰山周围就被我们祖先所开发，泰山南麓的大汶口文化、北麓的龙山文化遗存，便是佐证。再早还有5万年前的新泰人化石遗存和40万年前的沂源人化石遗存。战国时期，沿泰山山脉直达黄海边修筑了长约500千米的长城，今遗址犹存。泰山与孔子活动有关的景点有孔子登临处坊、望吴圣迹坊、孔子小天下处、孔子庙、瞻鲁台、猛虎沟等。泰山有"五岳之首"、"五岳独尊"的称誉。泰山是政权的象征，是一座神圣的山。古代帝王登基之初，太平之岁，帝王多来泰山举行封禅大典，祭告天地。先秦时期有72代君主到泰山封禅；自秦汉至明清，历代皇帝到泰山封禅27次。皇帝的封禅活动和雄伟多姿的壮丽景色，使历代文化名人纷至泰山著述诗文，留下了数以千计的诗文刻石。例如，孔子的《丘陵歌》、司马迁的《史记·封禅书》、曹植的《飞龙篇》、李白的《泰山吟》、杜甫的《望岳》等诗文，成为中国的传世名篇；天贶殿的宋代壁画、灵岩寺的宋代彩塑罗汉像是稀世珍品；泰山的石刻、碑碣集中国书法艺术之大成，真草隶篆各体俱全，颜柳欧赵各派毕至，是中国历代书法及石刻艺术的博物馆。泰山文化遗产极为丰富，现存古遗址97处、古建筑群22处，对研究中国古代建筑史提供了实物资料。

问题：

泰山的独特文化价值主要表现在哪里？

第5章 建筑园林旅游文化

教学目标

通过本章的学习，学习者应了解中国古代建筑园林旅游文化的发展过程及类别；理解中国古代建筑园林旅游文化的特征和文化审美；比较中西方古代建筑园林旅游文化的区别。

教学要求

知识要点	能力要求	相关知识
建筑园林文化概述	能重点了解古代建筑园林旅游文化的发展过程和类别	古代建筑园林文化的发展过程 古代建筑园林文化的主要类别
古代建筑园林的特征与文化审美	能理解和掌握古代建筑园林旅游文化的特征和审美	古代建筑园林旅游文化的特征 古代建筑园林旅游文化的审美
中西方建筑园林文化比较	能正确分析比较东西方古代建筑和园林旅游文化的区别	西方建筑旅游文化的特色 西方园林旅游文化的风格

导入案例

北京紫禁城

紫禁城是中国明清两代24个皇帝的皇宫。其名称系借喻紫微垣而来。中国古代天文学家曾把天上的恒星分为三垣、二十八宿和其他星座。三垣包括太微垣、紫微垣和天市垣。紫微垣在三垣中央，因此成了代表天帝的星座。天帝住的地方叫紫宫。

中国古代的建筑大师和工匠们以其非凡的技艺和丰富的想象力，设计建造了人间皇帝富丽堂皇的居处。建设者们为了推崇皇帝的至圣至尊，运用了多种多样的建筑手法，突出了人王地主的特殊地位。紫禁城就是他们的一大杰作。

北京的紫禁城是从明永乐五年(1407年)开始筹备，永乐十八年(1420年)完工的。施工中征集全国著名工匠10多万，民夫100万。所用的建筑材料来自全国各地：木料来自湖广、江西、山西等省；汉白玉石料来自北京房山；五色虎皮石来自蓟县的盘山；花岗石采自曲阳县。宫殿内的方砖在苏州烧制；砌墙用砖是山东临清所烧。宫殿墙壁所用的红色，原料产自山东鲁山，在博山加工；室内墙壁上的杏黄色颜料产自河北宣化的烟筒山。

紫禁城为中国现存最大最完整的古建筑群。无与伦比的古代建筑杰作——紫禁城占地72万多平方米，共有宫殿9 000多间，都是木结构、黄琉璃瓦顶、青白石底座，饰以金碧辉煌的彩画。这些宫殿是沿着一条南北向中轴线排列，并向两旁展开，南北取直，左右对称。这条中轴线不仅贯穿在紫禁城内，而且南达永定门，北到鼓楼、钟楼，贯穿了整个城市，气魄宏伟，规划严整，极为壮观。建筑学家们认为故宫的设计与建筑，实在是一个无与伦比的杰作,它的平面布局、立体效果,以及形式上的雄伟、堂皇、庄严、和谐,都可以说是历史上罕见的。紫禁城标志着中国悠久的文化传统,显示着五百多年前匠师们在建筑上的卓越成就。紫禁城现称北京故宫,是中国著名的旅游胜地,每年吸引着成千上万名海内外游客参观访问。

问题:
1. 北京紫禁城的布局有何特色?
2. 如何理解紫禁城的文化内涵?

建筑园林以其所具有的物质实体和多种多样的建造风格体现着人类社会生活的历史变迁、审美取向、艺术追求等诸多方面的内容,被称为"无言的史诗"。它是科学技术和文化艺术的综合体,是构成人文旅游资源的重要组成部分,也是人类文明发展的重要标志。特别是华夏五千年的文明为中国乃至世界留下了为数众多的古建筑园林,它们不仅是古代劳动人民智慧的结晶,集中反映了中国古代建筑园林的最高成就,同时还展现了中国传统文化的发展轨迹,也为世界文化遗产宝库增添了一颗璀璨夺目的东方文明之珠。

5.1 建筑园林文化概述

建筑园林是空间的"人化",是空间化了的社会人生,文化是建筑园林的灵魂。中国古代建筑园林的历史几乎是与中国古代文明的历史同步发展的,始终渗透着"天人合一"的思想、敬天祭祖的观念,形成了固有的艺术风格与构造特征。

5.1.1 建筑园林文化的本质

人类初起,建筑为满足居住需求而具有实用功能。随着人类文明程度的不断提高,建筑逐渐超越了遮风避雨等实用功能,与雕塑、绘画等艺术形式结合起来,成为一种独具特色的造型艺术。

建筑园林是人们按照一定的建造目的、运用一定的建筑材料、遵循一定的科学与美学规律所进行的空间安排,是人类所创造的物质文明、制度文明和精神文明展现于广阔地平线上的一种巨大的空间文化形态,是对空间秩序人为的"梳理",是物质外显与文化内涵的有机结合。换言之,建筑园林是空间的"人化",是空间化了的社会人生,文化是建筑园林的灵魂。美学家黑格尔这样赞叹建筑艺术:建筑是对一些没有生命的自然物质进行加工,使它与人的心灵结成血肉因缘,成为一种外部的艺术世界。建筑不仅仅是简单的土木制造,它同时还是美的创造,是意境的展现,是文化的结晶。世界上任何一个国家、任何一个民族都有他们每一个历史时期的历史精华及文明建树,然而最能形象而又具体地表现出人类文明的,莫过于建筑园林了。无论是蜿蜒万里的长城、威严壮观的北京故宫,还是神秘莫测的明十三陵、精巧无比的苏州园林,无一不是历史长河中的文化积淀,静谧地矗立在神州大地上,向人们诉说着这个国家、民族独树一帜的文化。

对建筑园林的观赏是旅游的重要内容,旅游者无论走到哪里,都能感受到建筑艺术的美。作为旅游者,伫立在建筑前,看到的不仅仅是物质材料的堆砌、精湛高超的营造技及匠心独具的建筑手法，而且还要透过建筑外在的物质形式，去领会其所蕴涵的深刻文化内涵。中国著名建筑学家梁思成曾经说过，欣赏优秀的建筑，就像欣赏一幅画、欣赏一首诗。建筑最吸引人的地方是蕴藏其间的一系列的"意"，而这种"意"的体会和把玩需要欣赏者具有一定的文化素养、鉴赏能力，以及对文明渴盼的心境。唯其如此，作为文明符号的建筑园林才能带给人美的享受、真理的诠释及精神境界的提升。

5.1.2 中国古代建筑园林的发展过程

综观历史，中国古代建筑园林的历史几乎是与中国古代文明的历史同步发展的，每一次高潮的出现都相应地伴有国家的统一、长期安定和文化交流等社会背景，不同时期表现出各自鲜明的时代特色。

1. 原始社会至汉代——中国古建筑园林文化的形成阶段

在原始社会早期，原始人类大多只是利用天然的洞穴作为居住处所。大约在5万年前，中国原始社会进入了氏族公社形成和确立的时期。黄河中游的氏族部落，在利用黄土层为壁体的土穴上，用木架和草泥建造简单的穴居和浅穴居，逐步发展为地面上的房屋，奠定了木构架建筑的雏形，为中国建筑发展史揭开了序幕；再经过夏、商、周三代的发展；到秦汉时期，中国已基本形成以木构架为主的建筑体系。同时，人们掌握了夯土技术，烧制了砖瓦，建造了石建筑。秦汉时期，开始出现规模宏大的工程，如秦代的上林苑、阿房宫、长城，汉代的长乐宫、未央宫等。

据有关典籍记载，中国造园应始于商周，称之为囿。最初的囿，就是把自然景色优美的地方圈起来，放养禽兽，供帝王狩猎，所以也叫游囿。天子、诸侯都有囿，只是有范围和规格等级上的差别，"天子百里，诸侯四十。"自汉代起称苑。汉朝在秦朝的基础上把早期的游囿，发展到以园林为主的帝王苑囿行宫，园林变为专供帝王理朝和生活游乐之地。除布置园景供皇帝游憩之外，还举行朝贺、处理朝政。

2. 魏晋南北朝——中国古建筑园林文化的发展阶段

魏晋有秦汉的余脉之风，南北朝为隋唐建筑风格的起始。砖瓦的产量、质量及木构架技术都有很大的提高，特别是佛教建筑的繁荣发展，是这时期建筑历史中的重要特点，出现了大量宏伟华丽的寺、塔、石窟和精美的雕塑。这些辉煌作品是当时匠师们在中国原有建筑艺术的基础上，吸收一定的外来影响而创造的艺术精品，同时并影响了朝鲜和日本的建筑。

魏晋南北朝是中国社会发展史上一个重要时期，社会经济一度繁荣，文化昌盛，是中国园林发展中的转折点。佛教的传入和老庄哲学的流行，使园林转向崇尚自然，私家园林逐渐增多。士大夫阶层追求自然环境美，游历名山大川成为社会上层的普遍风尚。大批文人、画家真正参与造园，还是在隋唐之后。造园家与文人、画家相结合，运用诗画的传统表现手法，把诗画作品所描绘的意境情趣，引用到园景创作上，甚至直接以绘画作品为底稿，寓画意为景，寄山水为情，逐渐把中国造园艺术从自然山水园阶段，推进到写意山水园阶段。

3. 隋唐五代宋——中国古代建筑园林文化的成熟阶段

隋唐时期，砖石被广泛地应用，琉璃瓦的烧制工艺更加进步，建筑构件的比例逐步趋向定型化。建筑类型完善，规模极为恢宏，图样和模型在建筑中被广泛使用，建筑和雕刻装饰进一步融合，创造了统一和谐的风格。唐朝京城长安成为当时世界上最伟大的城市。此时遗存的宫殿、陵墓、石窟等遗址，无论布局还是造型都具有较高的技艺水平，雕塑和壁画尤为精美。不但显示了唐代建筑是中国封建社会前期建筑的最高峰，并证明了中国建筑已经发展到完全成熟的阶段。到了宋代，建筑规模一般比唐代小，但更为精巧、繁缛、秀丽、绚烂而富于变化，还出现了各种复杂形式的殿阁楼台。建筑装饰绚丽多彩建筑构件的标准不断发展，出现了总结经验的建筑文书《营造法式》，可谓是中国古代建筑的大转变时期。

隋唐时期，造园之风大兴。隋炀帝迁都洛阳之后，"征发大江以南、五岭以北的奇材异石，以及嘉木异草、珍禽奇兽"，都运到洛阳去充实各园苑，一时间古都洛阳成了以园林著称的京都。盛唐时，宫廷御苑设计也愈发精致，特别是由于石雕工艺已经娴熟，宫殿建筑雕栏玉砌格外显得华丽。宋代造园也有一个兴盛时期，特别是在用石方面有较大发展。宋徽宗在"丰亨豫大"的口号下大兴土木。他对绘画有些造诣，尤其喜欢把石头作为欣赏对象。他先在苏州、杭州设置了"造作局"，后来又在苏州添设"应奉局"，专司搜集民间奇花异石，舟船相接地运往京都开封建造宫苑。这期间，大批文人、画家参与造园，进一步加强了写意山水园的创作意境。

4. 元代、明代、清代——中国古代建筑园林文化的发展高峰阶段

元代大都按照汉族传统都城的布局建造，是一座规模巨大、规划完整的都城。出现了大量的藏传佛教和伊斯兰教的建筑艺术作品，而且其建造风格逐步影响到了全国各地。明清两代是中国古代建筑体系的最后一个高峰阶段，以北京故宫、沈阳故宫的建筑为代表，是对中国古代建筑设计与规划的总结。砖瓦的生产大量增加，琉璃瓦的数量及质量都超过过去任何朝代，官办建筑已经高度标准化、定型化，民间建筑类型和数量增多，质量也有了较大提高，各民族的建筑均有了较大发展，地方特色更加显著。

明代、清代也是中国园林创作的高峰期。皇家园林创建以清代康熙、乾隆时期最为活跃。当时社会稳定、经济繁荣给建造大规模写意自然园林，如圆明园、避暑山庄、畅春园等提供了有利条件。私家园林以明代建造的江南园林为主要成就，如沧浪亭、拙政园、寄畅园等。同时在明末还产生了园林艺术创作的理论书籍《园冶》。它们在创作思想上，仍然沿袭唐宋时期的创作源泉，从审美观到园林意境的创造都是以"小中见大"、"须弥芥子"、"壶中天地"等为创造手法。自然观、写意、诗情画意成为创作的主导地位，园林中的建筑起了最重要的作用，成为造景的主要手段。园林从游赏到可游可居方面逐渐发展。大型园林不但模仿自然山水，而且还集仿各地名胜于一园，形成园中有园、大园套小园的风格。

5.1.3 中国古代建筑园林的主要类别

中国古代建筑园林类型多种多样，建筑风格千差万别，它们共同构成了独特的中国建筑园林体系，在人类文明史上写下了光辉的篇章。这些古代建筑园林不仅在历史上都曾经具有一定的历史纪念意义，而且对于现今社会来说也具有一定的观赏价值。

1. 中国古代建筑的主要类别

中国古代建筑主要包括宫殿、陵墓、坛庙、民居等各类建筑。

1) 宫殿建筑

宫殿建筑是中国古代建筑中规制最高、规模最大、艺术价值最高的建筑，是当时社会文化和建筑艺术的集大成者和最高体现。中国最早的一部技术书籍《周礼·考工记》，记载都城的规划时写到："匠人营国，方九里，旁三门。国中九经九纬，经涂九轨。左祖右社，面朝后市。"可以想象，都城布局以王宫为中心，规整方正、中轴对称，祭祀建筑已经与宫殿分开，分别立在宫前两侧，说明象征着紫微帝宫的君权已经凌驾于源于原始祖先崇拜和自然神崇拜的族权与神权之上，作为四方之极，统治天下。以王宫为中心的这种布局思想一直持续了 3000 多年，唐朝时期的长安城、元朝的大都和明清时期的北京城都是按照这种布局思想而建的。

古代营造者在建造宫殿这一大型礼制建筑时，大致遵循了前朝后寝这一原则。从历代皇宫建筑群的规划中可以看到，帝王处理朝政的殿堂总是建在宫殿的前面，生活起居及娱乐部分总是建在后面，明清紫禁城的规划就是一个典范。明清紫禁城的前朝部分包括太和殿、中和殿、保和殿三大殿，以及东西两侧对称布置的文华殿和武英殿，这里是帝王政治的中心。太和殿是宫城最重要的一座殿堂，皇帝登基、完婚、寿诞、命将出征，每逢重大节日接受百官朝贺和赐宴都要在这里举行隆重的礼仪。其后的中和殿是帝王上朝前做准备与休息的场所。中和殿北面的保和殿是皇帝举行殿试和宴请王公的殿堂。后寝部分主要包括皇帝、皇后及宫妃生活起居的场所，如乾清宫、交泰殿、坤宁宫三宫，东西六宫，以及御花园等娱乐服务性建筑。这种合乎实际功能需要的前朝后寝的布局原则成了历代皇宫营造的基本格局。宫殿建筑往往成为传统礼制的一种象征和标志，这在紫禁城的规划与布局上表现得尤为突出。北京故宫如图 5.1 所示。

图 5.1 北京故宫

2) 陵墓建筑

中国古代建筑尤其是年代久远的实物、曾经显赫一时的宫殿建筑如今大都荡然无存。相比之下，古代的陵墓建筑因为多为砖石结构，且埋藏于地下，反倒能够保留下来。在这类建筑中，除了陵寝本身外，还有为数众多的雕刻、绘画和碑帖文字，它们与建筑融合在一起，不仅成为中国古代建筑中一份丰富的遗产，也形成中国独具特色的文化旅游资源。

在中国古代社会，帝王非常重视自己的陵墓选址。堪舆学说民间称为风水学说，对陵墓地址的选择影响重大。这种学说认为，选择好地，则子孙荫福；选择坏地，则祸患无穷。《葬书》中提出："风水之法，得水为上，藏风次之。"选择阴宅最理想的环境是背靠祖山，前景开阔，有流水自山间流来，呈曲折绕前方而去，朝向是坐北向南，形成一个四周有山环抱、负阴抱阳、背山面水的良好环境。

3) 坛庙建筑

为了表达对天地诸神的崇敬与膜拜，历朝统治者在都城中都建造了相应的建筑，定期举行祭祀活动，坛庙建筑就是一种由中国古代社会严格的宗法礼制而生的礼制建筑。国家形成之后，君王或帝王宣扬君权神授思想，将自己比作天地之子，受命于天统治百姓，增强政权的合理性，强化自己的政权统治，因而祭祀天地成了中国历史上所有王朝重要的政治活动。流传至今的祭祀天地山川的建筑有北京的天坛(如图 5.2 所示)和社稷坛、山东泰山的岱庙、湖南衡山的南岳庙、陕西华阴的西岳庙、河南登封的中岳庙及山西浑源的北岳庙等。北京天坛在各种祭坛中规模最大，建筑规制也最高，祭祀性建筑主要包括斋宫、圜丘、祈年殿、神乐署、牺牲所等。天坛的多数建筑都使用了黄色和蓝色，象征土地和苍天。这些象征元素，再加上坛庙中栽种的大量青松翠柏，共同营造了一种肃穆、崇高和神圣的意境，表达了后人崇敬和怀念的情怀。

图 5.2　北京天坛

另外，纪念性庙堂建筑种类繁多，包括儒家贤哲庙、将相良臣庙、文人学士庙等。它们分布的范围最广，涉及的对象最宽泛。这类礼制建筑较为重要的有山东曲阜孔庙、山西解州的关帝庙、四川成都的武侯祠与杜甫草堂及杭州的岳王庙等。这些对大众开放的祠庙，保存了许多达官显贵、文人墨客的诗词歌赋及绘画碑刻，不仅成为当地文物的集中地，还是游客了解某一地方历史沿革、风土民情的最好方式之一。

4) 民居建筑

民居建筑是最基本的建筑类型，出现最早，分布最广，数量最多。汉族地区传统民居的主流是规整式住宅，以采取中轴对称方式布局的北京四合院为典型代表。北京四合院分前后两院，居中的正房体制最为尊崇，是举行家庭礼仪、接见尊贵宾客的地方，各幢房屋朝向院内，以游廊相连接。北京四合院虽是中国封建社会宗法观念和家庭制度在居住建筑上的具体表现，但庭院方阔、尺度合宜、宁静亲切、花木井然，是十分理想的室外生活空间。

南方的住宅较紧凑，多楼房，其典型的住宅是以小面积长方形天井为中心的堂屋。这种住宅外观方正如印，且朴素简洁。闽南、粤北和桂北的客家人常居住于大型集团住宅，其平面有圆有方，由中心部位的单层建筑厅堂和周围的四五层楼房组成，这种建筑的防御性很强，以福建永定县客家土楼为代表。在中国的传统住宅中，永定的客家土楼独具特色，其方形、圆形、八角形和椭圆形等形状的土楼共有 8 000 余座，规模大，造型美，既科学实用，又有特色，构成了一个奇妙的民居世界。

少数民族的居住建筑也很多样。例如，西北部新疆维吾尔族住宅多为平顶、土墙，一至三层，外面围有院落；藏族典型民居"碉房"则用石块砌筑外墙，内部为木结构平顶；蒙古族通常居住于可移动的蒙古包内；而西南各少数民族常依山面水建造木结构干栏式楼房，楼下空敞，楼上住人，其中云南傣族的竹楼最有特色。中国西南地区民居以苗族、土家族的吊脚楼最具特色。吊脚楼通常建造在斜坡上，没有地基，以柱子支撑建筑，楼分两层或三层，最上层很矮，只放粮食不住人，楼下堆放杂物或圈养牲畜。

5) 其他建筑

一种建筑群除了有殿堂、门楼、廊屋以外，还有很多体量相对小巧的建筑与之相配，称为建筑小品。例如，宫殿最外面常看到的牌楼，建筑群大门口的华表、影壁，坛庙前面的香炉、日晷、铜龟等。在整座建筑中，这些建筑小品虽然不是主题与中心，但无论在物质功能还是环境艺术方面都起着不可或缺的作用。不同的建筑小品具有不同的文化内涵和象征意义，而且又因为各自独特的形态成为游客观赏的对象。

牌楼的位置一般都很显著。它经常建在建筑群的最前面，或者立在城市的市中心和通衢大路的两侧。牌楼是一种标志性建筑，不仅起到划分空间的作用，还增添了建筑群体的表现力和艺术魅力。从建造材料上看，牌楼大体可以分为木牌楼、石牌楼和琉璃牌楼。不论哪种牌楼，其规模大小都是以牌楼的间数、柱数及屋顶的多少作为标志。两柱一间是最简单的牌楼，四柱三间是最普遍的牌楼形制。根据功能的不同，牌楼又可以划分为不同的种类。标志性牌楼是较为常见的一种形式，它们一般立在宫殿、陵墓、寺庙等建筑群的前面，作为这组建筑群范围的标志。这种牌楼大多独立存在，牌楼的柱子间不安门扇，从此直接进入或者绕行都可以。大门式牌楼则不同，它是建筑群真正的大门，不可绕行。

影壁是建筑小品家族中的一个重要成员。它是设立在建筑群大门里面或者外面的一堵墙壁，又称照壁。根据使用建筑材料的不同，可以分为砖影壁、石影壁、琉璃影壁和木影壁，其中砖影壁最普遍。根据影壁所处的位置不同，可以分为立在门外、立在门内及立在大门两侧三种类型。立在门外的影壁是指正对建筑群大门并且和大门有一定距离的一堵墙壁，它一般存在于较大规模建筑群大门前，既起到屏障作用，又增加了建筑的气势。著名的有北京北海九龙壁、山西大同九龙壁等。立在门内的影壁正对着入口，与大门也有一定距离，主要起屏障作用，避免人进门后将院内布局一览无余。从影壁的装饰上看，紫禁城宁寿宫前的九龙壁装饰得是最华丽、最隆重的。

漫步在天安门前，人们会看到金水桥的前面矗立着两根高高的被称为华表(图 5.3)的石头柱子。根据传说，华表起源于尧舜时期的"谏鼓"和"谤木"。君王通过这些设施体察民意，关爱百姓。随着社会的演变，"谤木"失去了听取民意的原有功能，成为交通路口的一种标志，名称也变成"表木"。遗憾的是，古代社会遗留下来的华表很少，目前所能见到的多是明清时期的华表。这一时期华表的结构分为三部分，即柱头、柱身和基座：柱头上平置的圆形石板称为"承盘露"，由上下两层仰俯莲瓣组成，盘上所立小兽称为"朝天犼"；华表柱身多呈八角形，宫殿、陵墓前的华表柱身大多用盘龙进行装饰，龙身四周还雕有云纹；华表的基座一般都做成须弥座的样式，座上雕刻龙纹和莲花纹。作为一种标志性建筑，华表不仅立在建筑群的门外，有时也立在建筑物的四周和交通要道的桥头。它们不仅是建筑物的一个构成部分，还对主体建筑起到点缀烘托作用，甚至成为游人驻足观赏的重要审美客体。

图 5.3　华表

2. 中国古代园林的主要类别

中国园林数量众多，园林的形成与演变丰富多彩。从不同的角度对园林进行一些分类，有助于我们更好地把握中国园林的发展与分布特点。这里，我们按照从属关系可划分为以下几种。

1) 皇家园林

皇家园林是专供帝王休息享乐的园林。古人讲"普天之下，莫非王土"，在统治阶级看来，国家的山河都是属于皇家所有的。所以其特点是规模宏大，真山真水较多，园中建筑色彩富丽堂皇，建筑体形高大。皇家园林一般多建在京城里，与皇宫相连；有些则建在郊外风景优美、环境幽静之地，多与皇宫或行宫相结合，表现出明显的皇权象征。现存的著名皇家园林有北京的颐和园(图 5.4)和北海公园、河北承德的避暑山庄。

图 5.4 北京颐和园

2) 私家园林

私家园林是供皇家的宗室外戚、王公官吏、富商大贾等休闲的园林。这类园林遍及全国各地，尤以江南私人园林最为集中。扬州、苏州的私人园林最具代表性，因此有"江南园林甲天下，苏州园林甲江南"之称。其特点是多建于城市，宅园住赏合一，规模较小，所以常用假山假水，建筑小巧玲珑，表现其淡雅素净的色彩。现存的私家园林，如北京的恭王府，苏州的拙政园、留园、沧浪亭、网师园，上海的豫园等。

3) 寺观园林

寺观园林即佛寺和道观的附属园林，也包括寺观内外的园林化环境。寺观园林可以分为三种类型：一是寺观外园林，即在寺观外围对风景优美的自然景观加以经营，形成以寺观本身为主体的园林；二是寺观内部园林绿化；三是在寺观中或一侧建造独立的园林。

寺观园林的特点：一是寺观园林有一定的公共性，不同于皇家园林和私家园林的私有性。寺观对广大的香客、游人、信徒开放；二是寺观园林具有较稳定的连续性；三是寺观园林选址有较强的适应性，一般重视因地制宜、因势制胜，大多选择自然环境优美的名山大川、古迹胜地；四是讲究内部庭院的绿化；五是注重超脱尘俗的精神审美功能。

4) 陵寝园林

陵寝园林是埋葬先人、纪念先人，为实现避凶就吉的目的而专门修建的园林，是历代帝王按照"事死如事生，事亡如事存"的礼制原则建造的，亦即模仿皇宫修建的。中国古代社会，上至皇帝，下至达官贵人、商富大贾，都非常重视陵寝园林。陵寝园林包括地下寝宫、地上建筑及其周边环境。在陵寝周围都有大面积陵园，特点是封土为陵，规划整齐划一，选址修陵讲究风水，陵园规模宏大，建筑群集中，院落层次起落明显，布局讲究中轴对称；总体形象是宏伟、壮观、肃穆、庄严。

5.2 古代建筑园林的特征与文化审美

中国古代建筑园林体现着鲜明的"天人合一"、道法自然的思想，与中国传统文化相辅相成，形成了独具东方特色的文化审美风格，留下了无穷无尽的宝贵精神财富，是当今建筑园林旅游文化的典型代表。

5.2.1 中国古代建筑的特征与文化审美

中国古代建筑在世界建筑中自成体系，始终渗透着"天人合一"的思想、敬天祭祖的观念，形成了固有的艺术风格与构造特征。

1. 中国古代建筑的特征

1) 以完整的木构架系统为主，木材、砖瓦为主要建筑材料的结构形式

中国古代建筑从原始社会起就一脉相承，大都以木构架为其主要结构方式，并创造出与这种结构相适应的各种平面和外观，形成了一种独特的风格。整个建筑由立柱、横梁、顺檩等主要构件建造而成，各个构件之间的结点以榫卯相吻合，构成富有弹性的框架，主要有抬梁、穿斗、井干三种不同的结构方式，其中又以前两种最为普遍。

抬梁式又叫叠梁式，最迟在春秋时代已经初步完备。它的建筑方法是沿着房屋的进深方向在石础上立柱，柱上架梁，再在梁上重叠数层瓜柱和梁，自下而上，逐层缩短，逐层加高，到最上层梁上立脊瓜柱，构成一组木构架。在柱子上梁枋与屋顶的构架部分之间，有一层用零碎小块木料拼合而成的构件，它们均匀地分布在梁枋上，支挑着伸出的屋檐，这种构件就是斗拱(图 5.5)。斗拱是中国古代独特的建筑构件，方形木块叫斗，弓形短木叫拱，斜置长木叫昂，总称斗拱。梁思成认为，斗拱是了解中国建筑的钥匙，其重要性犹如欧洲、古希腊、古罗马建筑中的五范一样。斗拱具有独特的功能，将它用在屋檐下，可以使屋顶的出檐加大，而大屋顶是中国古代建筑形态最显著的特征。

图 5.5 斗拱

2) 注重群体组合的配置形式，遵循均衡对称的布局原则

中国古代建筑在布局上为群体组合，即由一个个单位建筑组合成的一个大的群体建筑。中国古代建筑的平面组织规律和原则是以"间"为基本单位构成单座建筑"房屋"，再以单座建筑"房屋"组成庭院，进而以庭院为单元横向铺展组成各种形式的组群。就单体建筑而言，以长方形平面最为普遍。中国古代建筑的庭院与组群的布局原则，大都采用均衡对

称的方式,沿着纵轴线与横轴线进行设计,其中多数以纵轴线为主,横轴线为辅,但也有纵横两轴线都是主要的,以及一部分有轴线或完全没有轴线的例子。重要建筑大都采用均衡对称的方式,以庭院为单元,沿着纵轴线与横轴线进行设计,借助于建筑群体的有机组合和烘托,使主体建筑显得格外宏伟壮丽。例如,太和殿的威武壮观只有在紫禁城的森严氛围中才能得以表现,祈年殿也只有在松柏浓郁的天坛环境中才有生命。群体组合使中国古代建筑远远超过了其他造型艺术的复杂性和深刻性,获得了极为特殊的美学风格和震撼人心的艺术效果。甚至可以说,"群"是中国传统建筑的灵魂。

3) 丰富的装饰色彩与等级紧密结合

装饰包括雕饰和彩绘。雕饰包括墙壁上的砖雕、台基栏杆上的石雕、金银铜铁等建筑饰物。彩绘也是古代建筑中重要的装饰要素,包括黄、红、青、绿、蓝、白、黑等色。在古代封建社会中,由于封建等级制度森严,色彩的使用也有着严格的限制。因此,只有宫殿、坛庙和府邸建筑才能使用这种金碧辉煌的色彩。而由天安门、午门走入宫城,进入游者视域的是碧蓝色的天空,蓝天下是成片的闪闪发亮的金黄色琉璃瓦屋顶,屋顶下是青绿色调的彩画装饰,屋檐以下是成排的红色立柱和门窗,整座宫殿坐落在白色的石料台基之上,台下是深灰色的铺砖地面。蓝天与黄瓦、青绿彩画与红柱红门窗、白台基和深地面形成了强烈的对比,给人以极鲜明的色彩感染。在山清水秀、四季常青的南方,一般民居房屋色彩受气候、环境、社会等方面的影响,多用白墙、灰瓦和栗、黑、墨绿等色的梁架、柱装修,形成了与环境相调和、秀丽淡雅的格调。其与居住环境所要求的气氛相协调,在色调的处理上取得了很好的艺术效果。

2. 中国古代建筑的文化审美

中国古代建筑艺术的审美观念与伦理价值密切相关,建筑艺术不但要满足审美愉悦,更要为现实的伦理秩序服务。中华民族的传统文化是建立在实践的理性基础上的,对美与善、艺术与典章、情感与理智、心理与伦理的礼乐文化有着自己的审美取向,表现在建筑上有以下几点。

1) 建筑艺术的民族性

建筑艺术的民族性是任何一个民族文化之所以能够成为世界文化一部分的根本前提。中国古代建筑则遵循了这一精神。例如,单体建筑的造型,主要由"间"和曲线屋顶组合起来;寺庙建筑的空间,以"四壁皆空"来体现中国佛教观念;明清民居以白壁、黑瓦、山墙表现出当时民间住宅朴素却具有诗章般的韵律;木构架建筑特色,表现为墙不承重,只起间隔、围护作用,屋顶或楼层的重量由木构架承托(承托的主要方式有两种,即北方的抬梁式和南方的穿斗式)。所以,中国古建筑造型的审美价值很大程度上表现为结构美。例如,传统建筑的单座造型比较简单,而大部分是定型化的式样,任何一座孤立的建筑都不能构成完整的艺术形象,建筑艺术的效果主要依靠群体序列来表现。一座殿宇,在总体中作为陪衬时显得平淡,但作为主体时就会显得突出。例如,北京故宫中单体建筑的式样并不多,但通过不同的空间序列转换,各个单体建筑才显示出自己的性格。

2) 古建筑的等级关系

"礼"是中国文化的根本特征和标志。礼是决定人伦关系、明辨是非的标准,是制定道德仁义的规范。这些规范的核心思想和主要内容就是建立一种等级的思想和等级的制度,以保证"天无二日,土无二王,国无二君,家无二尊,以一治也"。

《周礼·冬官考工记第六》中将城市分为天子的王城、诸侯的国都和宗室与卿大夫的都城三个级别,并规定王城的城楼高九雉,每雉高一丈(1丈=10/3米),即高九丈;诸侯城楼按王城宫隅之制,即高七雉;宗室都城城楼则按王城门阿之制,只能高五雉。王城的经途,即南北向大道宽九轨,可并行九辆车;诸侯城的经途相当于王城环途道路的宽度,即宽七轨;而宗室都城的经途,只能有王城城外道路的宽度,即宽五轨。这样细密的等级差别,是任何其他文化中都找不出来的。唐朝的《营缮令》中规定,都城每座城门可以开三个门洞,大州的城正门开两个门洞,而县城的门只能开一个门洞。帝王的宫殿可以用有螭吻装饰的庑殿式屋顶,五品以上官吏的住宅正堂只能用歇山式屋顶,六品以下官吏及平民住宅的正堂只能用悬山式屋顶。明朝在建国之初也对亲王以下各级官民的宅邸规模、形制、装饰做出了明确的制度规范。《明会典》中规定,公侯,前厅七间或五间,中堂七间,后堂七间;一品、二品官,厅堂五间九架;三品至五品官,后堂五间七架;六品至九品官,厅堂三间七架。森严的等级制度在建筑上通过房屋的宽度、深度、屋顶形式,以及装饰的不同式样表现出来,使建筑往往成为传统"礼文化"的一种象征与标志。

3) 古代建筑的"以人为本"

中国古代建筑的创作以现实生活为依据,无论大殿还是小品都没有高不可攀的尺度,没有逻辑不清的结构,没有节奏模糊的序列和不可理喻的装饰,不以"孤高蛮霸"来震慑他人,却用博大精深的气势来震撼人心。

在中国,儒家的哲学思想在一定程度上充当了"准宗教"的角色,行使了宗教终极人生关怀的功能。宗教是迷狂的、神秘的;儒学恰恰相反,它充满了理性精神。儒家学说的核心内容是关心政治、注重人事,概括起来就是"正心、修身、齐家、治国、平天下"。因此,孔子对待鬼神采取了清醒的态度,《论语》记载:"子不语怪、力、乱、神","未能事人,焉能事鬼","未知生,焉知死"。儒家的崇理精神形成了中华民族人本主义的文化传统。人是宇宙万物的主宰,神仅仅是烘托巩固皇权的工具而已。相反,在近代以前,欧洲恰恰是神本思想。具体而言,中国古代建筑基本上属于人本主义建筑,弥漫着浓厚的人本精神;西方古代建筑则大体上属于神本建筑,充满着强烈的神的味道。

4) "天人合一"的空间意识

建筑是对空间的人为分割,涉及人与自然的关系问题。中国人一向将大自然视为自己的"母亲"与"精神家园"。受老庄哲学及道家思想的影响,人们认为人应与大自然和谐相处、同构对应。人对待天地自然,是一种亲情的道德关系,而不是单纯的征服与索取关系。基于"天人合一"思想的影响,中国人将建筑这种人工文化看作自然的有机延伸,又将自然看作建筑的文化母体。中国传统建筑讲究与周围环境、格调意境和谐融洽,不突出自己,避免造成与自然的断裂和对立。基于此,中国传统建筑十分重视对室外空间的处理,甚至可以说中国传统建筑的空间美主要存在于室外空间的变化之中。檐廊、门窗、亭台楼榭及敞开的院子交互组合,形成了虚实相映的空间意象,虚中见实,实中有虚。这种建筑风格不仅没有将建筑隔绝于自然,反而将建筑与自然有机结合起来,融为一体,形成了两者亲和的特征,赋予建筑以鲜活的生命和浓郁的文化气息,乃至于很多西方人都认为中国古代建筑是一种独特的"环境艺术"。

5) 古建筑反映包容观念

中国传统文化是一个积淀深厚、无所不包的文化系统。以农耕生产方式为基础的传统文化具有强大的生命力和开放精神。汉魏以后,它不断接触外来文化尤其是佛教文化,吸收其中的优秀成果,成为自己文化系统新的因子。这种博大的胸襟在唐朝表现得尤为强烈。唐代不是一个闭关锁国、夜郎自大的朝代,它广泛地从事国际交流。这时,儒、佛、道三教并行不悖,其融合的程度达到了历史新水平。宋代以后,这种融合逐渐走向成熟,三教显示出一统的发展态势。中华文化这种开放与包容的特征对建筑产生了重大影响,形成了中国古典建筑兼容并蓄的文化品格。以宗教建筑为例,它既是文化融合的产物,其自身的布局、装饰、主题等又鲜明地表现出中国建筑对各种优秀文化的吸收与综合。庭院式是中国建筑的国粹,原本是一种典型的民居建制,但是佛教传入中国之后,它成为寺院建筑的主要形制。因此有人说,宗教建筑与世俗文化结合得如此天衣无缝,恐怕只有在中国文化系统中才得以一见。当然,其间难免存在冲突碰撞的过程,然而我们需要注意的是,这些外来文化与中国本土文化相结合进而产生出一种新的文化,在此过程中,我们本土文化的内核并没有被异化,建筑文化的本质也没有发生改变。

5.2.2 中国古典园林的造园要素与审美文化

中国古典园林的造园要素主要是山、水、植物、建筑等,但蕴含源于自然、高于自然的思想,构景手法多彩独特,追求一种诗情画意的独特审美境界。

1. 中国古典园林的造园要素

中国园林主要由山、水、植物、建筑等基本要素组合而成。自然风景以山、水地貌为基础,植被做装点。中国古典园林绝非简单地堆砌这些构景的要素,而是有意识地加以改造、调整、加工、提炼,从而表现一个精练概括浓缩的自然。它既有"静观"又有"动观",从总体到局部都包含着浓郁的诗情画意。

1) 筑山

为表现自然,筑山是造园的最主要的因素之一。秦汉的上林苑,用太液池所挖土堆成岛,象征东海神山,开创了人为造山的先例。东汉梁冀模仿伊洛二峡,在园中累土构石为山,从而开拓了从对神仙世界的向往,转向对自然山水的模仿,标志着造园艺术以现实生活为创作起点。魏晋南北朝的文人雅士们,采用概括、提炼手法,所造山的真实尺度大大缩小,力求体现自然山峦的形态和神韵。这种写意式的叠山,比自然主义模仿大大前进一步。唐宋以后,由于山水诗、山水画的发展,玩赏艺术的发展,对叠山艺术更为讲究。最典型的例子便是爱石成癖的宋徽宗,他所筑的艮岳是历史上规模最大、结构最奇巧、以石为主的假山。明代的造山艺术更为成熟和普及。清代造园家创造了穹形洞壑的叠砌方法,用大小石钩带砌成拱形,顶壁一气,酷似天然峭壑,乃至于可估咯斯特溶洞,叠山倒垂的钟乳石,比明代以条石封合收顶的叠法合理得多、高明得多。现存的苏州拙政园、常熟燕园、上海豫园,都是明清时代园林造山的佳作。

2) 理池

不论哪一种类型的园林，水是最富有生气的因素，无水不活。自然式园林以表现静态的水景为主，以表现水面平静如镜或烟波浩渺的寂静深远的境界取胜。人们或观赏山水景物在水中的倒影，或观赏水中怡然自得的游鱼，或观赏水中睡莲，或观赏水中皎洁的明月。自然式园林也表现了水的动态美，但不是喷泉和规则式的台阶瀑布，而是自然式的瀑布。池中有自然的矶头、矶口，以表现经人工美化的自然。

图 5.6　苏州园林

3) 植物

植物是造山理池不可缺少的元素。花木犹如山峦之发，水景如果离开花木也没有美感。自然式园林着意表现自然美，对花木的选择标准，一讲姿美，树冠的形态、树枝的疏密曲直、树皮的质感、树叶的形状，都追求自然优美；二讲色美，树叶、树干、花都要求有各种自然的色彩美，如红色的枫叶，青翠的竹叶，白皮松，斑驳的榔榆，白色的广玉兰，各色的紫薇等；三讲味香，要求自然淡雅和清幽。最好四季常有绿、月月有花香，其中尤以腊梅最为淡雅、兰花最为清幽。花木对园林山石景观起衬托作用，又往往和园主追求的精神境界有关。例如，竹子象征人品清逸和气节高尚，松柏象征坚强和长寿，莲花象征洁净无瑕，兰花象征幽居隐士，玉兰、牡丹、桂花象征荣华富贵，石榴象征多子多孙，紫薇象征高官厚禄等。

4) 动物

中国最早的苑囿中就把动物作为观赏、娱乐对象。魏晋南北朝的园林中有众多鸟禽，作为园林山水景观的天然点缀。宋徽宗所建的艮岳集天下珍禽异兽数以万计，经过训练的鸟兽在宋徽宗来时能乖巧地排立在仪仗队里。园林中动物还有隐喻意义，令人通过视觉、听觉产生联想。

5) 建筑

中国园林受老庄哲学任自然、返朴质的思想影响，长期以来形成了山水为主、建筑是从的造园艺术风格，建筑布局主张依山就势，自然天成，以变集中为分散的方式，与自然景物相互穿插、交融。园林中的建筑有十分重要的作用，一方面要可行、可观、可居、可游；另一方面起着点景、隔景的作用，使园林移步换景、渐入佳境，以小见大，又使园林显得自然、淡泊、恬静、含蓄。楼台亭阁，轩馆斋榭，经过建筑师巧妙的构思，运用设计手法和技术处理，把功能、结构、艺术集于一体，成为古朴典雅的建筑艺术品。中国自然式园林中的建筑形式多样，有堂、厅、楼、阁、馆、轩、斋、榭、舫、亭、廊、桥、墙等。

6) 书画

中国古典园林的特点是在幽静典雅当中显出物华文茂。"无文景不意，有景景不情"，书画墨迹在造园中有润饰景色、揭示意境的作用。园中必须有书画墨迹并对书画墨迹做出恰到好处的运用，才能"寸山多致，片石生情"，从而把以山水、建筑、树木花草构成的景物形象，升华到更高的艺术境界。墨迹在园中的主要表现形式有题景、匾额、楹联、题刻、碑记、字画。匾额是指悬置于门屏之上的题字牌，楹联是指门两侧柱上的竖牌，刻石指山石上的题诗刻字。园林中的匾额、楹联及刻石的内容，多数是直接引用前人已有的现成诗句，或略作变通。例如，苏州拙政园的浮翠阁引自苏东坡诗中的"三峰已过天浮翠"。无论是匾额楹联还是刻石，不仅能够陶冶情操，抒发胸臆，也能够起到点景的作用，为园中景点增加诗意、拓宽意境。

2．中国古典园林的审美文化

中国古典园林源于自然，高于自然，构景手法多彩独特，把自然美、建筑美和人文美三者有机地结合起来，追求一种诗情画意的审美境界。

1) 源于自然，高于自然

中国古典园林绝非一般地利用或简单地模仿山、水、植物这些自然构景要素的原始状态，而是有意识地加以改造调整、加工剪裁，从而表现一个精练概括的典型化自然。总体布局、组合要合乎自然，山与水的关系，以及假山中峰、涧、坡、洞各景象因素的组合，要符合自然界山水生成的客观规律，每个山水景象要素的形象组合要合乎自然规律。例如，假山峰峦是由许多小的石料拼叠合成的，叠砌时要仿天然岩石的纹脉，尽量减少人工拼叠的痕迹。水池常作自然曲折、高下起伏状，花木布置应是疏密相间、形态天然，乔灌木也错杂相间、天然野趣。与西方系统园林不同，中国古代园林对树木花卉的处理与安设，讲究表现自然。松柏高耸入云，柳枝婀娜垂岸，桃花数里盛开，乃至于树枝弯曲自如，花朵迎面扑香，其形与神、其意与境都十分重在表现自然。

2) 构景手法多彩独特

在造园构景中运用多种手段来表现自然，以求得渐入佳境、小中见大、步移景异的理想境界，以取得自然、淡泊、恬静、含蓄的艺术效果。构景手段很多，如讲究造园目的、园林的起名、园林的立意、园林的布局、园林中的微观处理等。在微观处理中，通常有抑景、添景、夹景、对景、框景、漏景、借景等造景手段，也可作为观赏手段。苏州园林构景如图5.7所示。

图 5.7　苏州园林构景

3) 诗情画意的意境

中国自唐宋以来，诗情画意就是园林设计思想的主流，明清时代尤甚。园林将封闭和空间相结合，使山、池、房屋、假山的设置排布，有开有合，互相穿插，以增加各景区的联系和风景的层次，达到移步换景的效果，给人以"柳暗花明又一村"的印象。意境即理想美。古代的绘画也非常有名，而中国的园林正是要追求这样一种诗情画意的意境，这样一种审美的境界，所以不管是北方的大型园林还是南方的小型园林，都把自然美、建筑美和人文美三者有机地结合起来。在有限的空间里，创造出无限的意境，这是中国园林的精髓。例如，苏州四大古名园的狮子林，宋代四大名书法家的书法作品在狮子林里面都有石刻，就是我们讲的"苏黄米蔡"，即苏东坡、黄庭坚、米芾、蔡襄。

5.3　中西方建筑园林文化比较

中国建筑园林与西方建筑园林相比，由于各自所处的自然环境、社会形态、文化氛围等方面的差异，建造中使用不同的建筑材料和布局形式，表达各自不同的观念情调和审美意识，产生了东西方建筑园林文化的明显差异。认识和理解这种文化差异是有重要意义的。

5.3.1　中西方建筑文化的比较

中国的建筑文化与西方的建筑文化有明显的不同，主要有以下五个方面。

1. 建筑材料与建筑结构的差异

建筑材料与建筑结构的不同，体现了中西方物质文化、哲学理念的差异。从建筑材料来看，在现代建筑未产生之前，世界上所有已经发展成熟的建筑体系中，包括属于东方建筑的印度建筑在内，基本上都是以砖石为主要建筑材料来营造的，属于砖石结构系统。例如，埃及的金字塔，古希腊的神庙，古罗马的斗兽场、输水道，中世纪欧洲的教堂等无一不是用石材筑成的,无一不是这部"石头的史书"中留下的历史见证。唯有中国古典建筑(包括邻近的日本、朝鲜等地区)是以木材来做房屋的主要构架,属于木结构系统,因而被誉为"木头的史书"。中西方的建筑对于材料的选择,除由于自然因素不同外,更重要的是由不同文化、不同理念导致的结果,是不同心性在建筑中的普遍反映。西方以狩猎方式为主的原始经济,造就出重物的原始心态。从西方人对石材的肯定中,可以看出西方人求智求真的理性精神,在人与自然的关系中强调人是世界的主人,人的力量和智慧能够战胜一切。中国以原始农业为主的经济方式,造就了原始文明中重选择、重采集、重储存的活动方式。由此衍生发展起来的中国传统哲学,所宣扬的是"天人合一"的宇宙观。

2. 建筑空间的区别

建筑空间的布局不同,反映了中西方制度文化、性格特征的区别。从建筑的空间布局来看,中国建筑是封闭的群体的空间格局,在地面平面铺开。中国无论何种建筑,从住宅到宫殿,几乎都是一个格局,类似于"四合院"模式。中国建筑的美又是一种"集体"的美。例如,北京明清宫殿和明十三陵、山东曲阜孔庙即是以重重院落相套而构成规模巨大的建筑群,各种建筑前后左右有主有宾合乎规律地排列着,体现了中国古代社会结构形态的内向性特征、宗法思想和礼教制度。与中国相反,西方建筑是开放的单体的空间格局向高空发展。以相近年代建造、扩建的北京故宫和巴黎卢浮宫比较,前者是由数以千计的单个房屋组成的波澜壮阔、气势恢宏的建筑群体,围绕轴线形成一系列院落,平面铺展异常庞大;后者则采用"体量"的向上扩展和垂直叠加,由巨大而富于变化的形体,形成巍然耸立、雄伟壮观的整体。

3. 建筑发展历史的差别

建筑发展历史不同,表现了中西方对革新态度的差别。从建筑发展过程看,中国建筑是保守的。据文献资料可知,中国的建筑形式和所用的材料3000年不变。与中国不同,西方建筑经常求变,其结构和材料演变得比较急剧。从古希腊雅典卫城上出现的第一批神庙起到今天已经2500余年了,期间整个欧洲古代的建筑形态不断演进、跃变着。从古希腊古典柱式到古罗马的拱券、穹窿顶技术,从哥特建筑的尖券、十字拱和飞扶壁技术到欧洲文艺复兴时代的古罗马圣彼得大教堂,无论从形象、比例,还是装饰和空间布局上,都发生了很大变化。这反映了西方人敢于独辟蹊径、勇于创新的精神。

4. 建筑价值观念的异殊

建筑价值的不同,显现出中西方审美观念的异殊。从建筑的价值来看,中国的建筑则着眼于信息,西方的建筑则着眼于实物体。中国古代建筑的结构,不靠计算,不靠定量分析,不用形式逻辑的方法构思,而是靠师傅带徒弟方式,言传手教,靠实践,靠经验。这种"仰观天文,俯察地理"是中国特有的一种文化。而古希腊的毕达哥拉斯、欧几里得首创的几何美学和数学逻辑,亚里士多德奠基的"整一"和"秩序"的理性主义"和谐美论",对整个西方文明的结构带来了决定性的影响。翻开西方的建筑史,不难发现,西方建筑美的构形意识其实就是几何形体;雅典帕提农神庙的外形"控制线"为两个正方形;从古罗马万神庙的穹顶到地面，恰好可以嵌进一个直径43.3米的圆球；米兰大教堂的"控制线"是一个正三角形，巴黎凯旋门的立面是一个正方形，其中央拱门和"控制线"则是两个整圆。甚至于像园林绿化、花草树木之类的自然物，经过人工剪修，刻意雕饰，也都呈献出整齐有序的几何图案，它以其超脱自然，驾驭自然的"人工美"，同中国园林那种"虽由人作，宛自天开"的自然情调，形成鲜明的对照。

5. 装饰色彩的差异

中国古建筑由于是由木构件构成的，需要油漆或颜料保护，而色彩则是以红、黄、绿、蓝色为主色调，台基多以汉白玉为主，具有强烈对比的性格特征。相对而言，西方古建筑由于多使用石质材料，色彩以白灰色为主色调，朴素淡雅，具有调和的性格特点，但内部装饰却色彩鲜艳，为的是追求一种迷乱、恍惚、朦胧的宗教感应氛围。可以说，中国建筑是绘画式的；西方建筑则属雕刻式。西方建筑的出发点是面，完成的是团块状的体，具有强烈的体积感；中国建筑的出发点是线，完成的是铺开成面的群。西方建筑的欣赏方式重在"可望"；而中国建筑群的欣赏方式不在静态的"可望"，而在动态的"可游"。

5.3.2 西方园林文化概述及中西方比较

1. 西方园林文化概述

中西方传统园林在各自思想、文化的基础上形成了不同形态。西方古典园林大多整齐一律，均衡对称，通过人工美追求几何图案美，意大利、法国、英国的造园艺术是西方园林艺术的典型代表。

1) 西方园林的起源与发展

西方园林是指起源于古希腊，后以法国为代表的欧洲园林。古希腊的造园活动是从波斯(今伊朗)开始的，影响到叙利亚、伊拉克、埃及、西班牙及阿拉伯等所有伊斯兰教地区。巴比伦、波斯气候干旱，重视水的利用。在他们的心目中，水和绿荫显得特别珍贵，认为"天国乐园"就是一个大花园，后来水的作用又得到不断的发挥，由单一的中心水池，演变为各种明渠暗沟与喷泉，并相互联系。这种方法的运用，后来又深刻地影响了欧洲各国的园林。而古希腊于公元前5世纪逐渐学习和模仿波斯的造园艺术，在原有的果树蔬菜园里引种栽培了许多波斯的名花异卉，园林一切都突出人工安排，布局方整端正，与园外疏落自如的天然环境判若两个世界，充分显示了人类征服自然的成就。

西方古典园林大多不太重视园林的自然性，即没有下功夫去模拟自然，协调人与自然的关系。他们修花坛、造喷水池，搞露天雕塑，都体现了人工性，具有理性主义色彩。诚如1712年英国作家约瑟夫·艾迪生撰文指出：英国园林师不是顺应自然，而是尽量违背自然，每一棵树上都有刀剪的痕迹。树木应该枝叶繁茂地生长，不应该剪成几何形。这段话虽有些偏颇，但指出了西方园林太注重人工雕琢这个特点。

2) 西方园林三大流派风格

(1) 意大利的造园艺术。

在欧洲古典园林中，意大利园林具有非常独特的艺术价值。不管是其丰富多变的园林空间塑造，还是其独具匠心的细部设计，都反映出耐人寻味的造园特质，而这种特质是其他欧洲国家的那些气宇轩昂、规模庞大的皇家贵族园林所无法比拟的。特别是意大利文艺复兴时期的园林在世界园林史上的影响更为深远，在现在的欧洲园林设计中，依旧可以在许多地方找到意大利古典园林的痕迹。

意大利的造园艺术就是它的文艺复兴和巴洛克的造园艺术。巴洛克艺术号称师法自然，园林却更加人工化了，整座园林全都统一在单幅构图里，树木、水池、台阶、植坛和道路等的形状、大小、位置和关系，都推敲得很精致，连道路节点上的喷泉、水池和被它们切断的道路段落的长短宽窄都讲究很好的比例。因此说，意大利花园的美就在于它所有要素本身及它们之间比例的协调，总构图的明晰和匀称。这与中国园林追求自然写意的风格有很大的差别。

(2) 法国的造园艺术。

法国的造园艺术在世界园林史上一直都占有非常重要的地位。17 世纪 60 年代，法国宏大的规则式园林逐渐取代了意大利文艺复兴时期的园林，开始盛行于欧洲大陆。通常所说的法国造园艺术指的是 17 世纪下半叶的古典主义造园艺术，其代表人物是安德烈·勒诺特尔，代表作品是沃勒维贡特和凡尔赛的园林(图 5.8)。法国园林有以下三个显著特点。

① 面积非常大。意大利的园林一般只有几公顷，而凡尔赛园林竟有 670 公顷之大，轴线有 3 000 米长。

② 园林的总体布局像建立在封建等级制之上的君主专制政体的图解。宫殿或者府邸统率一切，往往在整个地段的最高处，前面有笔直的林荫道通向城市，后面紧挨着它的是花园，花园外围是密密匝匝、无边无际的林园，府邸的轴线贯穿花园和林园，是整个构图的中枢。在中轴线两侧，与府邸的立面形式呼应，对称地布置次级轴线，它们和几条横轴线构成园林布局的骨架，编织成一个主次分明、纲目清晰的几何网络。

③ 花园的主轴线大大加强。它已不再是意大利花园里那种单纯的几何对称轴线，而成了突出的艺术中心。最华丽的植坛，最辉煌的喷泉，最精彩的雕像，最壮观的台阶，一切好东西都首先集中在轴线上或者靠在它的两侧。把主轴线做成艺术中心，一方面是因为园林大了，没有艺术中心就显得散漫；另一方面，它反映着绝对君权的政治理想，构园也要分清主从，应像众星捧月一般。

图 5.8　法国凡尔赛园林

(3) 英国的造园艺术。

欧洲的造园艺术有过三个最重要的时期：从 16 世纪中叶往后的 100 年，是意大利领导潮流；从 17 世纪中叶往后的 100 年，是法国领导潮流；从 18 世纪中叶起，领导潮流的就是英国。

英国早期园林艺术，也受到了法国古典主义造园艺术的影响，但由于唯理主义哲学和古典主义文化在英国的根子比较浅，英国人更崇尚以培根为代表的经验主义，所以，在造园上，他们怀疑先验的几何比例的决定性作用。进入 18 世纪，英国造园艺术开始追求自然，有意模仿克洛德和罗莎的风景画。到了 18 世纪中叶，新的造园艺术成熟，叫做自然风致园。全英国的园林都改变了面貌，几何式的格局没有了，再也不造笔直的林荫道、绿色雕刻、图案式植坛、平台和修筑得整整齐齐的池子了。花园就是一片天然牧场，以草地为主，生长着自然形态的老树，有曲折的小河和池塘。18 世纪下半叶，浪漫主义渐渐兴起，在中国造园艺术的影响下，英国造园家不满足于自然风致园的过于平淡，追求更多的曲折、更深的层次、更浓郁的诗情画意，对原来的牧场景色多加工了一些，自然风致园发展成为图画式园林，具有了更浪漫的气质，有些园林甚至保存或制造废墟、荒坟、残垒、断碣等，以造成强烈的伤感气氛和时光流逝的悲剧性。

3) 西方园林的艺术特色

意大利、法国、英国的造园艺术是西方园林艺术的典型代表，虽然它们同属西方园林艺术体系，具有许多共同特征，但由于受到各种自然和社会条件的制约，也表现出了不同的风格。但总体而言，西方园林艺术与中国园林艺术迥然不同。

西方园林的造园艺术完全排斥自然，力求体现出严谨的理性，一丝不苟地按照纯粹的几何结构和数学关系发展。"强迫自然接受匀称的法则"成为西方造园艺术的基本信条。

西方园林的艺术特色突出体现在园林的布局构造上。体积巨大的建筑物是园林的统率，总是矗立于园林中十分突出的中轴线起点之上。整座园林以此建筑物为基准，构成整座园林的主轴。在园林的主轴线上，伸出几条副轴，布置宽阔的林荫道、花坛、河渠、水池、喷泉、雕塑等。在园林中开辟笔直的道路，在道路的纵横交叉点上形成小广场，呈点状分布着水池、喷泉、雕塑或小建筑物。整个布局体现出严格的几何图案。

园林花木严格剪裁成锥体、球体、圆柱体形状，草坪、花圃则勾画成菱形、矩形和圆形等。总之，要一丝不苟地按几何图形剪裁，绝不允许自然生长形状。

水面被限制在整整齐齐的石砌池子里，其池子也往往砌成圆形、方形、长方形或椭圆形，池中总是布局人物雕塑和喷泉。追求整体对称性和一览无余。

西方园林中的建筑、水池、草坪和花园，无一不讲究整一性，一览而尽，以几何性的组合而达到数的和谐。

追求形似与写实。被恩格斯称为欧洲文艺复兴时期的艺术巨人的达·芬奇认为，艺术的真谛和全部价值就在于将自然真实地表现出来，事物的美应"完全建立在各部分之间神圣的比例关系上"，因此西方园林艺术在每个细节上都追求形似，以写实的风格再现一切。

2. 中西方园林比较

园林艺术是表达人与自然关系最直接、联系最紧密的一种物质手段和精神创作。中西方传统园林在各自思想、文化的基础上形成了不同形态,在对东西方文化差异与传统园林异同的比较中,我们可以发现以下几方面的差异。

1) 起源的差异

中国以汉民族为主体的文化在几千年长期发展的过程中,孕育出"中国园林"这样一个历史悠久、源远流长的园林体系。园林的功能由早先的以狩猎、通神、求仙、生产为主,逐渐转化为后期的以游憩、观赏为主。由于原始的自然崇拜、帝王的封禅活动,人们尚未建构完全自觉的审美意识。然而"师法自然"作为中国园林一脉相承的基本思想已扎下了根,它以自然为审美对象而非斗争对象。这一思想形成过程是基于人顺乎自然、复归自然的强大力量,这种朴素的行为环境意识是由稳定的文化固有思想决定的。

西方园林的起源可以上溯到古埃及和古希腊,地中海东部沿岸地区是西方文明的摇篮。公元前三千多年前,尼罗河沃土冲积,适宜于农业耕作,但因其每年泛滥,退水后需丈量耕地而发展了几何学。古埃及人根据自己的需要将其灵活用于园林设计上,是世界上最早的规则式园林。公元前500年,以雅典为代表的自由民主政治带来了园林的兴盛,古希腊造园就如古希腊建筑一样具有强烈的理性色彩,通过整理自然,形成有序的和谐。古希腊被古罗马征服后,造园艺术亦为古罗马所继续,并添加了西亚造园因素,发展成了大规模庭院。到此,西方园林雏形基本上形成了。

2) 文化背景的差异

中国人重视整体的和谐,西方人重视分析的差异。中国哲学讲究事物的对立统一,强调人与自然、人与人之间和谐的关系;而西方哲学主张客观世界的独立性,主客观分离,相反而不相成。中国古代的辩证思维较西方发达得多,这种思维方式注重总体观念和对立统一观点。儒道两家都注重从总体来观察事物,注重事物之间的联系。老子、孔子都注重观察事物的对立面及其相互转化。古代中国人把这种宇宙模式的观念渗透到园林活动中,从而形成一种独特的群体空间艺术。

与西方清楚客观的雄辩相比,中国古代的哲学家大多有道佛之风范,参禅悟道,却始终没有一句明确回答。中国园林正有这种味道,如同中国画写意多于工笔,中国人讲究和谐,因此在造园中也讲究含蕴、深沉、虚幻,尤其是虚实互生,成为中国园林一大特色。西方园林方正严谨,直道轴线,一览无遗。而中国园林讲究移步换景,在遮遮掩掩中即使是小园也可拉出很大景深,其中奥妙正在于藏而不露,言外之意,弦外之音。

3) 自然与人工的差异

中国古典园林的根本特征是自然,这不仅是古代中国人自觉追求的艺术目标或境界,也是从中外园林比较中所得出的结论。中国古典园林是一种既摹绘自然又超越自然的园林艺术,它的景观特征是将万木峥嵘、百鸟争鸣的大自然浓缩于一园,即将大自然的风景题材,通过概括与提炼,再现于园林之中,并在园林中创造出各种理想的意境,从而形成了中国园林所独有的写意特征。千百年来,中国古代的造园匠师们辛勤耕耘,薪火相传,不断将传统园林文化发扬光大,终使中国古典园林艺术之花怒放于世界园林之中,且常开常新,光彩照人。中国的园林艺术源远流长,文化内涵亦极深厚,风格鲜明而独特,既迥异于欧洲园林,也不同于伊斯兰园林,被认为是最能代表中国传统文化的艺术形式之一。

西方园林偏好人工,地貌一般都是经过人工平整后的平地或台地,水体常是具有几何形体的水池、喷泉、壁泉、水渠,植物多为行列式,并且通常是把树木修建成几何体形或动物体形,把花卉和灌木修剪成地毯状的模纹花坛。中国园林则崇尚自然,在这里,山是模拟自然界的峰峦壑谷,水是自然界溪流、瀑布、湖泊的艺术概括,植物也反映这自然界中植物群体构成的那种众芳竞秀、草木峥嵘、鸟啼花开的自然图景。

4) 建筑表现形式的差异

中国古典园林是一种由文人、画家、造园匠师们创造出来的自然山水式园林,追求天然之趣是中国造园艺术的基本特征;西方古典园林,以几何体形的美学原则为基础,以强迫自然去接受匀称的法则为指导思想,追求一种纯净的、人工雕琢的盛装美。

在建筑文化的主题上,中国传统建筑以宣扬皇权至尊、明伦示礼为中心;西方古典建筑以宣扬神的崇高、表现对神的崇拜与爱戴为中心。造园使用的建筑材料,中国传统建筑以土木为主,西方古典建筑以石质为主。在布局上,中国传统建筑多数是向平面展开的组群布局;而西方古典建筑强调向上挺拔,突出个体建筑。

本章小结

建筑园林尤其是中国古代建筑园林,是中国古代建筑园林技术和艺术的最高成就,是中国传统文化的实物见证和宝贵遗产。中国古代建筑园林文化经历了漫长的发展历程,体现着鲜明的"天人合一"、道法自然的思想,与中国传统文化相辅相成形成了独具东方特色的文化审美风格。西方古典园林大多是整齐一律,均衡对称,通过人工美追求几何图案美,意大利、法国、英国的造园艺术是西方园林艺术的典型代表。

关键术语

中国古建筑园林、特征、文化取向、审美标准、中西建筑园林文化差异

习题

一、填空题

1. 中国古建筑的文化审美表现在_____、_____、_____。
2. 中国古典园林的造园要素有_____、_____、_____、_____、_____、_____。
3. 中国古典园林的意境美是指_____、_____、_____。
4. 西方园林三大流派是指_____、_____、_____。

二、简答题

1. 中国古代建筑园林的发展经过了哪些历程?
2. 如何理解中国古代建筑的特征和文化取向?
3. 如何理解中国古代园林的特征和文化取向?
4. 简述西方园林的主要流派。

三、实际操作训练

以身边某一景区(或景点)为例,分析中国古代建筑园林独特的文化取向。

四、案例分析

承德避暑山庄

承德避暑山庄又名承德离宫或热河行宫,是中国清代皇帝夏天避暑和处理政务的场所。避暑山庄是清朝皇帝为了实现安抚、团结中国边疆少数民族,巩固国家统一的政治目的而修建的一座夏宫。避暑山庄兴建后,清帝每年都有大量时间在此处理军政要事,接见外国使节和边疆少数民族政教首领。这里发生的一系列重要事件、重要遗迹和重要文物,成为中国多民族统一国家最后形成的历史见证。

避暑山庄及周围寺庙是中国现存最大的古代帝王范围和皇家寺庙群。避暑山庄不仅规模宏大,而且在总体规划布局和园林建筑设计上都充分利用了原有的自然山水的景观特点和有利条件,吸取唐、宋、明历代造园的优秀传统和江南园林的创作经验,加以综合、提高,把园林艺术与技术水准推向了空前的高度,成为中国古典园林的最高典范。避暑山庄借助自然和野趣的风景,形成了东南湖区、西北山区和东北草原的布局,共同构成了中国版图的缩影。宫殿区建于南端,是皇帝行使权力、居住、读书和娱乐的场所,至今仍珍藏着两万余件皇帝的陈设品和生活用品。避暑山庄这座清帝的夏宫,以多种传统手法,营造了120多组建筑,融汇了江南水乡和北方草原的特色,成为中国皇家园林艺术荟萃的典范。

避暑山庄是帝王范围与皇家寺庙建筑经验的结晶。它成为与私园并称的中国两大园林体系中帝王宫范体系中的典范之作。园林建造实现了"宫"与"苑"形式上的完美结合和"理朝听政"与"游息娱乐"功能上的高度统一。寺庙建筑具有鲜明的政治功用。避暑山庄及周围寺庙,标志着中国古代造园与建筑艺术的巨大成就。它集中国古代造园艺术和建筑艺术之大成,是具有创造力的杰作。在造园上,它继承和发展了中国古典园林以人为之美于自然,符合自然而又超越自然的传统造园思想,总结并创造性地运用了各种造园素材、造园技法,使其成为自然山水园与建筑园林化的杰出代表。在建筑上,它继承、发展,并创造性地运用各种建筑技艺,撷取中国南北名园名寺的精华,仿中有创,表达了移天缩地在君怀的建筑主题。在园林与寺庙、单体与组群建筑的具体构建上,避暑山庄及周围寺庙实现了中国古代南北造园和建筑艺术的融合,它囊括了亭台阁寺等中国古代大部分建筑形象,展示了中国古代木架结构建筑的高超技艺,并实现了木架结构与砖石结构、汉式建筑形式与少数民族建筑形式的完美结合。加之建筑装饰及佛教造像等中国古代最高超技艺的运用,构成了中国古代建筑史上的奇观。避暑山庄及周围寺庙不论是造园还是建筑,它们都不仅仅是素材与技艺的单纯运用,而是把中国古典哲学、美学、文学等多方面文化的内涵融汇其中,使其成为中国传统文化的缩影。

(资料来源:http://baike.baidu.om/link?=cUteAZ_ruu38UGJvGXnU4lMPm3vKTXptz-VGmOQ2bRl3SHow8hEAeY-Je-Hm8m3g#4.)

问题:

1. 清王朝为什么修建承德避暑山庄?
2. 承德避暑山庄是如何体现中国园林"源于自然,高于自然"的?

第6章 名城村镇旅游文化

教学目标

通过本章的学习,学习者应熟悉我国历史文化名城及有代表性的名城旅游文化;理解中国有代表性的南北方名镇旅游文化;掌握中国南北方古村落旅游文化的特色;了解世界有代表性的名城名镇名村旅游文化。

教学要求

知识要点	能力要求	相关知识
名城旅游文化	能熟悉中国历史文化名城及有代表性的名城旅游文化	中国的历史文化名城 古城古都名城旅游文化
名镇旅游文化	能全面理解中国历史文化名镇及有代表性的南北方名镇旅游文化	南方名镇旅游文化 北方名镇旅游文化
古村落旅游文化	能了解和掌握中国南北方古村落旅游文化	南方古村落旅游文化 北方古村落旅游文化
世界名城村镇文化	能了解世界有代表性的名城、名镇、名村旅游文化	世界名城、名镇、名村旅游文化

导入案例

陈逸飞和古镇周庄旅游

1984年,陈逸飞以双桥为素材,创作了一幅题为《故乡的回忆》的油画,连同他的其他37幅作品,在美国石油大王阿曼德·哈默的画展中展出,引起了轰动,尤其是那些运用油画和中国传统水墨画手法创作的作品,描绘了姑苏的小桥流水、江南的田园风光,将美国观众带到了神话般的境地。之后哈默访华时,将陈逸飞的那幅《故乡的回忆》高价买下,作为礼物赠送给邓小平,被各界传为佳话。周庄由此名声大震,风靡中外。

周庄是水乡江南的一座千年古镇。它距苏州葑门外20千米,原名贞丰里,始建于北宋时期。周庄"镇为泽国,四面环水,咫尺往来,皆须舟楫",因而近千年来仍完整地保留着独特而古朴的江南水乡风貌。驳岸、拱桥、水巷、古宅,周庄集中国水乡之美于一身。行走于悠远、静谧、古朴的街巷,穿行于小桥、流水、亭台、楼阁之间,古风古韵扑面而来,诗情画意,让人迷恋。

坐落在周庄东北的双桥,质朴而又自然,平淡而又新奇,其古朴典雅的造型,联袂而造的小桥,在中国建桥史上可谓奇迹。双桥,又名钥匙桥,由一座石拱桥和一座石梁桥组成。因桥面一横一竖、桥洞一方一圆，其形态酷似古代人使用的一把钥匙，故周庄人称其为"钥匙桥"。这座双桥，既横跨在南北市河上，又连接在银子浜口，为古镇增添了亮丽的风景。据史料记载：双桥始建于明万历年间(1573—1619 年)，由里人徐松泉、徐竹溪、徐正吾建造。至乾隆三十年(1765 年)重修，道光二十三年(1843 年)又由里人捐资重建。

伫立双桥桥头，举目远眺，碧水泱泱，绿树掩映，小船在桥洞中穿行，鱼儿在河面上跳跃。此处是绝佳的赏景观水之地，水乡古镇的"小桥流水人家"的美景尽收眼底。此处也是摄影留念的最佳地方。陈逸飞就以双桥为素材，创作了闻名中外的油画《故乡的回忆》。每当夜幕降临，观赏双桥的夜景，更是别有一番滋味在心头。此时的双桥两岸的河棚里，点燃了优雅而暗淡的红灯笼，与皎洁的月光相映，与河面上的倒影相辉。此时，沈厅、张厅里不时传来悠扬悦耳的江南丝竹声和游人轻轻的脚步声，令人为之陶醉。古风犹存的双桥是周庄的象征，更是周庄人的骄傲。

(资料来源：李玉华. 旅游文化学概论[M]. 北京：对外经济贸易大学出版社，2009．)

问题：
1. 周庄旅游的最大特色是什么？
2. 陈逸飞的油画《故乡的回忆》对周庄旅游有何影响？

名城村镇包括历史文化名城、名镇和古村落。名城村镇是一种复杂的经济、文化现象，是在特定的地理环境和社会经济背景中，人类活动与自然相互作用的历史产物和遗存。名城村镇是旅游业的主要载体，是人类创造的一种文化景观，具有丰富的文化内涵，代表着一定的地域文化。名城村镇旅游文化从属于城市文化，是旅游文化的代表，是一种浓缩了的城市文化，是当今社会旅游的主体，是对一个名城村镇鲜明形象的集中而恰当的表现和宣传。

6.1 名城旅游文化

中国历史悠久，名城众多，既有像北京、西安这样的著名古都，也有如平遥、丽江这样的著名古城。中国历史文化名城是中华民族的瑰宝，是城市旅游文化的精华，是境外旅游者首选的目的地，也是中国旅游事业的发展重心。

6.1.1 中国的历史文化名城

历史文化名城是中华民族的瑰宝，具有重要的文化、科学、教育、美学价值，最有代表性的则是中国曾经成为全国都城的城市：最初有著名的北京、西安、洛阳、南京"四大古都"之说；后来又增加了开封、杭州、安阳；如今郑州市也以郑州商城为平台，进入了"八大古都"的行列。现在的八大古都是指十一朝古都西安、十三朝古都洛阳、七朝古都开封、六朝古都南京、五朝古都北京、殷商古都安阳、南宋都城杭州、第八大古都郑州。

以古都为代表，目前国家已公布了多批历史文化名城，共有 122 座。第一批 24 座(1982 年)，第二批 38 座(1986 年)，第三批 37 座(1994 年)；此后，分别于 2001 年增补 2 座，2004 年增补 1 座，2005 年增补 1 座，2007 年增补 7 座，2009 年增补 1 座，2010 年增补 1 座，2011 年增补 6 座，2012 年增补 2 座，2013 年增补 3 座。中国的历史文化名城大致可以分为政治中心、军事重镇、通都大邑、文化名镇、商贸古城、民族重镇、革命名城等类。历史文化名城具有无穷的魅力，确实为游客们提供了大量可圈可点的历史文化精品。在中国已公布的历史文化名城中，世界级的旅游景点就有北京故宫、西安秦始皇兵马俑、西藏布达拉宫、曲阜孔庙、南京中山陵等。更为可贵的是，这些历史文化名城不仅人文旅游文化资源丰富，档次很高，而且自然景观非常优美，如八达岭、桂林山水、杭州西湖、丽江玉龙雪山、承德避暑山庄等。历史文化名城自身大多有着良好的基础条件，为旅游发展奠定了坚实的基础。

改革开放以来，中国旅游业快速发展，在全国历史文化名城的基础上脱颖而出一大批优秀旅游城市。1995年3月，国家旅游局发出《关于开展创建和评选中国优秀旅游城市活动的通知》，决定开展创建中国优秀旅游城市活动。如果说，国家公布历史文化名城的根本意图是保护民族文化和旅游资源，含有一定被动意义，那么，评比优秀旅游城市则是主动地发展旅游业。在建设开发中积极保护民族文化和旅游资源，取得双赢的效果，这正是旅游文化所弘扬的基本精神。目前，中国优秀旅游城市的数目已经超过中国历史文化名城的一倍还多，这说明将城市打造成国内外旅游中心已成为人们的共识。

6.1.2　中国名城的旅游文化

1. 以北京、西安为代表的古都旅游文化

北京、西安、洛阳、南京、开封、杭州、安阳、郑州是中国著名的八大古都，尤以北京、西安在国内外影响最大。北京的长城和故宫、西安的兵马俑、洛阳的龙门石窟、安阳的殷墟等都有世界性影响，是中国古都旅游文化的精华。

北京简称京，既是中国的政治中心，又是中国的经济与文化中心。北京城始建于西周初期，历史上在这座古城建都的朝代有辽、金、元、明、清等，距今已有800多年的历史。1949年10月1日，北京正式成为中华人民共和国首都。北京的长城、故宫、颐和园、天坛、周口店北京人遗址均已被列入《世界遗产名录》；北京的十三陵已作为明清皇家陵寝扩展项目，于2003年被列入《世界遗产名录》。位于北京城市中心的北京天安门广场是世界上最大的广场，广场上建有庄严的毛主席纪念堂和人民英雄纪念碑。宫殿、园林、天坛和宗教建筑遍布北京，文物古迹荟萃，集中国文化之大成。历史上作为全国政治、文化中心的都城地位，不仅给这座城市增添了众多的名胜古迹和人文景观，而且环北京地区在历史上曾是汉族和契丹族、女真族、蒙古族等北方少数民族的交错分布区，北方游牧文化和中原农耕文化的过渡带，中原文化和游牧文化在此相互渗透和影响，从而形成中国当今占主导地位的旅游文化景观。

西安古称长安，历史悠久，人文景观颇为丰富，堪称"中国古代社会的历史博物馆"。"长安自古帝王都"，自周朝起，又有秦、汉、隋、唐等朝代在此定都，被公认为世界历史文化名城之一。西安不仅是名贯古今的"丝绸之路"的起点，还是坐拥"世界第八大奇迹"秦始皇兵马俑的"永恒之都"，还拥有6000多年历史的半坡遗址、明代建立的藏石碑、唐代高僧玄奘译经之地大雁塔、西北历史最悠久的清真大寺、世界上保留最完整和规模最宏大的古城墙(图6.1)等，与洛阳、开封一起成为中国占主导地位的古代传统文化荟萃之地。

第6章　名城村镇旅游文化

图 6.1　西安古城墙

2. 以上海、深圳为代表的近现代旅游文化

　　上海是中国最繁华的城市之一，素有"东方巴黎"的美誉。一百多年前，上海开埠后，交通便利，万商云集，是曾有过"不夜城"之称的大都会。今日的上海，更是一座极具现代化而又不失中国传统特色的海派文化都市，是西太平洋地区重要的国际港口城市。迈入21世纪的上海，东方明珠电视塔、金茂大厦、上海国际会议中心、浦东国际机场，无一不描绘着国际大都市的开阔前景；上海博物馆、上海大剧院、城市规划馆，无一不张扬着国际化大都市的广博情怀；古老的城隍庙、现代的东方明珠塔、历史悠久的龙华寺及各条特色鲜明的古街新道，都是市内不可不游的都市风光。多年以来，她宛如一位身着旗袍的小家碧玉，诉说着上海的花样年华，凭借着自己独特的风韵像磁石一样吸引了国内外的游客。上海陆家嘴夜景如图 6.2 所示。

图 6.2　上海陆家嘴夜景

深圳是一座充满阳光和现代气息的年轻现代化城市、中国优秀旅游城市、国际花园城市。深圳与香港山水相连，自改革开放以来从一个小渔村发展成为颇具规模的现代化城市，人均 GDP(gross domestic product，国内生产总值)位居中国(香港、澳门、台湾除外)第一，创造了世界城市化、工业化和现代化的奇迹。中英街以其"一街两制"的独特政治历史闻名于世，包括"锦绣中华"、"中国民俗文化村"、"世界之窗"和"欢乐谷"等主题公园，集中华传统文化、中国民俗文化与世界文化精华于一身，熔自然景观、人文景观于一炉，并采用声光电等现代科技表现手段，配之以东方"百老汇"式的歌舞演出，令人流连忘返。"精彩深圳，欢乐之都"，就是年轻而又充满活力的深圳的旅游形象。

3. 以平遥、丽江为代表的古城旅游文化

平遥古城(图 6.3)是中国境内保存最为完整的一座古代县城，是中国汉民族城市在明清时期的杰出范例，为人们展示了一幅非同寻常的文化、社会、经济及宗教发展的完整画卷。1997 年 12 月，平遥古城根据文化遗产遴选标准 C(Ⅱ)(Ⅲ)(Ⅳ)被列入《世界遗产名录》，也是目前中国唯一以整座古城申报世界文化遗产获得成功的古县城。平遥古城位于山西省中部，始建于西周宣王时期，明、清两代都有补修，距今已有 2700 多年的历史。平遥是中国古代商业中著名的"晋商"的发源地之一，清代道光四年(1824 年)，中国第一家现代银行的雏形"日升昌"票号在平遥诞生。19 世纪 40 年代，它的业务进一步扩展到日本、新加坡、俄罗斯等国家，鼎盛时期平遥的票号业竟多达 22 家，一度成为中国金融业的中心。

平遥古城是一座按照汉民族传统规划思想和建筑风格建设起来的城市，众多的文化遗存代表了中国古代城市在不同历史时期的建筑形式、施工方法和用材标准，也集中体现了明清时期汉民族的历史文化特色。例如，平遥双林寺中佛教、道教、儒教等庙宇建筑都围绕中轴线有机布置。这种三教同奉的现象，就是三晋文化的一个具体体现。平遥民居是迄今汉民族地区保存最完整的古代居民群落，具有较高的艺术价值和美学价值。平遥完整地体现了 17—19 世纪的历史面貌，为明清建筑艺术的历史博物馆。其古建筑及文物古迹，在数量和品位上均为国内罕见，对研究中国古代城市变迁、城市建筑、人类居住形式和传统文化的发展具有极为重要的历史、艺术、科学价值。

云南丽江古城作为文化遗产于 2000 年被列入《世界遗产名录》。丽江古城把经济和战略重地与崎岖的地势巧妙地结合到一起，真实、完美地保存和再现了其古朴风貌。古城的建筑历经无数朝代的洗礼，饱经沧桑，因为融汇了各个民族的文化特色而声名远扬。丽江还拥有古老的供水系统，这一系统纵横交错、精巧独特，至今仍在有效地发挥作用。丽江古城集中体现了地域文化和民族风情，代表了当时社会进步的本质性，是具有重要意义的少数民族聚居地，并且现在仍然保持着原有的风貌和特色。

第6章　名城村镇旅游文化

图 6.3　平遥古城

4．以香港、澳门为代表的东西方融合旅游文化

香港位于广东珠江口东侧，背靠中国内地，面朝南海，为珠江内河与南海交通的咽喉，华南门户；又地处亚欧大陆东南部、南海与台湾海峡之交，是亚洲及世界的航道要冲。1997年7月1日香港结束了一百多年的英国殖民统治回归祖国的怀抱，成为中国第一个实行"一个国家，两种制度"的特别行政区。香港是著名国际金融中心、贸易中心和自由港，被誉为"东方之珠"、"动感之都"。亚洲最大的综合性海洋公园、世界上最高最大的露天释迦牟尼青铜像天坛大佛、迪士尼乐园等都成为旅游热门之地。幻彩咏香江是全球超大型灯光音乐汇演，每晚八时在维多利亚港两岸上演。星光大道是见证电影业对中国香港及国际影坛的贡献游览之地，也是欣赏"幻彩咏香江"的最佳地点。香港还是理想的购物天堂，不论是品牌、价格、种类还是服务，都名列世界之最。香港是一个中西合璧的城市，既保留了传统的中国文化，又深受英国殖民地时代的影响，是一个名副其实的"世界文化万花筒"。香港会展中心如图6.4所示。

图 6.4　香港会展中心

澳门历经中西文化 400 多年的交融，形成了独具特色的文化氛围：现代化的高楼大厦、东方色彩的寺院庙宇、文艺复兴时期建筑风格的天主教堂和欧洲中世纪古堡式的炮台，融东西方文明为一体，被誉为"中国近代第一城"。2005 年，"澳门历史中心"被联合国教科文组织批准为世界文化遗产。"澳门历史中心"是以旧城区为核心的历史街区，它开创了许多"中国之最"，如最早一批天主教堂建筑、最古老的教堂遗址、最古老的西式炮台群、最古老的修道院、最古老的基督教坟场、第一座西式剧院、第一座现代化灯塔、第一所西式大学、西式医院等。这一大范围的建筑群，体现了中西文化融汇交流的特点。经过几个世纪的变迁及城市发展的需要，这里依然保持原貌，大量的历史建筑分布在旧城区各处，成为澳门珍贵的文化遗产。更难得的是这些遗产并未因发展规划而遭受破坏，反而在前人的保护下，使东西方文化互相碰撞交融，形成澳门独树一帜的文化氛围。中国人和葡萄牙人更是在这里合力营造共同的社区生活，除了展示建筑艺术特式外，还展现了中葡两国人民不同宗教、文化以至生活习惯的融和与相互尊重。澳门大三巴牌坊如图 6.5 所示。

图 6.5　澳门大三巴牌坊

6.2　名镇旅游文化

镇是以非农业活动为主的人口居住区，其规模小于城市而大于村落，是介于乡村与城市之间的过渡性聚落。名镇历史悠久，文化内涵丰富，由民居、街道、店铺、城池等众多要素组成，蕴涵着丰富的文化遗存，名镇观光则是品味古镇旅游文化的最好方式。

6.2.1　中国名镇的地域分布

中国名镇的地域分布广泛，遍布大江南北。近年来，国家相继公布了中国历史文化名镇：第一批 10 个(2003 年)，第二批 34 个(2005 年)，第三批 41 个(2007 年)，第四批 58 个(2008

年)，第五批 38 个(2010 年)。江南是中国名镇最为集中的地方之一，如江苏的周庄镇、同里镇、甪直镇、木渎镇、枫桥镇、盛泽镇等；浙江省西塘镇、乌镇等；上海市周边的枫泾镇、朱家角等。这些名镇为典型的江南水乡，以"小桥流水人家"为特色，古民居以清灵、淡雅、秀气而著称。广东省的古镇蕴藏着深厚的文化底蕴，富有岭南文化气息，主要以沙湾镇等为代表。福建省客家文化源远流长，别具一格的土楼具有浓郁的地域特色，名镇主要有古田镇等。云南省的古镇具有浓郁的民族风情，特色古镇如黑井镇等。

中北部以安徽、山西、河南为代表。安徽省是中国古民居最为集中、最具特色的一个省份，独特的徽文化背景、社会结构、地域环境和经济条件造就了众多的古村和古镇，主要以潜口镇、上庄镇、三河镇等为代表。山西省独具特色的古民居以雍容华贵、气势宏大、文化底蕴深厚为特色，主要的古镇有静升镇、碛口镇、润城镇等。河南省是中国历史和文化的摇篮，是华夏文明的主要发祥地之一，代表性名镇有禹州市神垕镇和淅川县荆紫关镇。此外，西北部如河北省蔚县暖泉镇、辽宁省新宾满族自治县永陵镇、甘肃省宕昌县哈达铺镇、新疆鄯善县鲁克沁镇等也均为中国历史文化名镇。

6.2.2 中国名镇的旅游文化

1. 以周庄为代表的南方名镇旅游文化

周庄、同里、甪直、西塘、乌镇、南河六个江南水乡古镇以"小桥流水人家"的规划格局和建筑艺术在世界上独树一帜，被誉为"江南六大古镇"。古镇内河港交叉，临水成街，因水成路，依水筑屋，风格各异的石拱桥将水、路、桥融为一体，构成了独具特色的水乡古镇景色，是江南水乡地域文化的集中体现。以下具体介绍三个古镇。

1) 周庄

被国内外公认为"中国第一水乡"的周庄，位于昆山市境内西南，古称贞丰里。元代中期，沈万三利用周庄在镇北白蚬江水运之便，进行海外经商贸易，周庄也因此成为粮食、丝绸、陶瓷、手工艺品的集散地，遂成为江南巨镇。周庄已历经 900 多年风雨沧桑，因江湖阻隔，交通闭塞，使近百座元、明、清三代的民宅庭院、60 多座砖雕门楼和 10 余座石拱桥与楼桥得以完好地保存下来。众多的古代建筑赋予周庄宁静、古朴、典雅的韵味，其"小桥流水人家"般的诗情画意、旖旎的水乡风光、特有的人文景观、传统的建筑格局、淳朴的民间风情，更使许多传奇故事和民情风俗绵延流传。这些濒水而居的明清建筑古朴典雅，水、桥、街、宅、埠布局精巧，是江南最为典型的水乡古镇。1984 年，旅美画家陈逸飞造访周庄，以双桥(图 6.6)为素材，创作了蜚声海内外的油画作品《故乡的回忆》，周庄由此作为江南古镇的代表走向世界。

2) 同里

同里位于江苏省吴江市东北，是著名的江南水乡古镇。同里古名富土，唐初称铜里，宋时建镇改为同里。这里的屋宇楼舍与水、路、桥、园林巧妙而自然地联系在一起，以"小桥流水人家"的诗情画意而闻名国内外。同里是一个文化古镇，出过很多名人，其中不少人衣锦还乡后都修建了各种建筑。其中最著名的当属建于 1885—1887 年的退思园，全园以水为主，贴水而筑，独具一格，景色宜人。退思园集清代园林建筑之长，园内的每一处建筑既可独自成景，又与另一景观相对应，具有步移景异之妙，堪称江南古典园林中的经典之作。2000年，世界遗产委员会将退思园作为"苏州古典园林"的扩展项目列入了《世界遗产名录》。

图6.6　周庄双桥

3) 乌镇

乌镇位于浙江省桐乡市，是江南著名名镇之一，具有1300多年建镇史。乌镇钟灵毓秀，文人荟萃，人才辈出。历史上这个小镇曾出过许多进士和举人，现代更是名人辈出：文坛巨匠茅盾(原名沈雁冰)、政治活动家沈泽民、银行家卢学博、作家孔另境等名人更是为小镇增光添彩。如今，乌镇已成为国家最高文学奖"茅盾文学奖"的永久颁奖地。

2．以静升镇为代表的北方名镇旅游文化

山西省灵石县静升镇位于灵石县城东北12千米处，坐落在风景秀美的绵山脚下，依山傍水，一条大街横贯东西，"九沟八堡十八巷"散布于北山之麓。这里的王家大院、红庙和文笔塔等古建筑群，是静升镇悠久历史文化的见证，展示了深厚的传统文化积淀和浓郁的人文景观风貌。静升镇是一个充满传统文化色彩的山庄古镇，在这里可以看到传统文化艺术在民间生活各个角落的渗透，体现着不同时代的历史风貌。

静升镇的主体古建筑群——王家大院，先后经历了清朝康熙、雍正、乾隆、嘉庆几个时期的修建，建筑总面积达到15万平方米。静升王氏家族历经元、明、清三朝，由农及商，人丁渐旺，继而读书入仕，遂"以商贾兴，以官宦显"，成为当地一大望族。王氏家族鼎盛于清朝康熙至嘉庆年间，当时除大兴土木营造豪宅、开设店铺外，还在当地做了如赈灾、修渠等许多善举。王家辉煌时期入宦者五品至二品的官员，包括授、封、赠在内的各种士大夫达101人，家族显赫，威震三晋。王家大院是山西最大和保存最完好的建筑群，被称之为"三晋第一宅"。王家大院是中国清代民居建筑的杰出代表，积淀着深厚的历史文化底蕴，是古代国人智慧的结晶，被国内外许多专家学者誉为"中国民间故宫"、"华夏民居第一宅"和"山西的紫禁城"。实际上，王家大院的整体建筑就是一件巧夺天工的艺术品，不仅具有精湛的艺术审美价值，而且具有丰富的历史研究价值，折射出东方文化的深厚内涵。

图 6.7 王家大院敦厚宅

6.3 古村落旅游文化

古村落是中国乡土建筑的精华，是民间传统文化的集中体现，具有很高的文物价值。古村落作为一种传统的人居空间，具有悠久的历史和独特的人居文化思想，承载着丰富的地域文化。中国的古村落不仅是弥足珍贵的文化遗产，而且正在逐渐成为国内外旅游者向往的旅游目的地。

6.3.1 中国古村落的地域分布

中国已公布了中国历史文化名村：第一批 12 个(2003 年)，第二批 24 个(2005 年)，第三批 36 个(2007 年)，第四批 36 个(2008 年)，第五批 61 个(2010 年)。总的来说，中国民居建筑一向有"北在山西，南在安徽"之说。皖南民居以朴实清新而闻名，晋中大院则以深邃富丽著称。山西是中国北方古村落分布最为集中的省份之一，其古村落主要集中在沁河、汾河和黄河流域，其中一些比较典型的古村落包括西湾村、李家山村、乔家堡村、皇城村、娘子关村等。安徽省是中国古村落最为集中、最具特色的省份之一，其古村落主要分布在南部山区，主要有西递、宏村、南屏、关麓、屏山等，被誉为皖南古村落。皖南古村落多是明清时期的遗存，是明清徽文化的载体，反映了徽商鼎盛时期的社会文化。

广东省的古村落具有独特的地方特色，具有浓郁的岭南文化气息。开平雕楼融东西方建筑风格于一体，形式多样，独具一格，主要有南社村、鹏城村等。湖北省的古村落以土家民居为特色，以鱼木寨为代表，是国内保存最完好的土家古堡之一。福建省的古村落多分布在闽南地区，奇特而神秘的土楼独具特色，是客家文化的生动烙印，主要的古村落有田螺坑村、洪坑村等。北京的古村落主要分布在门头沟山区，古村落民居大多依山而建，以山地四合院为主，典型的古村落有爨底下村、灵水村等。河北省的古村落以鸡鸣驿村为代表，是迄今为止国内最大、功能最齐全、保存最完好的一座古代驿站。陕西省的古村落是以韩城市西庄镇党家村和米脂县杨家沟镇杨家沟村为代表。另外，内蒙古土默特右旗美岱召镇美岱召村、新疆鄯善县吐峪沟乡麻扎村也都是中国具有特色的少数民族历史文化名村。

中国的古村落往往都有着深厚的历史文化，它们在选址与布局上带有强烈的宗族文化和耕读文化色彩，生动地反映了宗族文化和耕读文化，浓缩了中国本土文化色彩的经典遗存。作为一种传统的人居空间，中国的古村落有其独特的人居文化思想：一是贴近自然、融于山水，受"世外桃源"居住模式的影响，追求恬淡、抒情风格的村居生活逐渐成为人们的向往；二是注重血缘，聚族而居，礼制秩序和睦族之风表现明显。古村落保留的价值不仅仅是古老建筑本身，更重要的是赋存其中的文化内涵。古村落的旅游价值主要体现在其历史文化内涵上，古民居建筑的技术观赏性和艺术观赏性都是一种外在形式，最终都要归结到对古村落历史文化内涵的理解上。开发特色古村落旅游，不仅可以使旅游者深刻理解农耕文化的特定内涵，还可以使旅游者深刻理解不同区域古村落的各自地理、民俗、文化和历史风貌。

6.3.2 中国有代表性的古村落旅游文化

1. 皖南古村落的徽派文化

2000 年，皖南古村落的代表——西递、宏村被列入《世界遗产名录》。西递和宏村位于中国东部安徽省黟县境内的黄山风景区，是皖南古村落中最具有代表性的两座古村落，是皖南地域文化的典型代表，集中体现了工艺精湛的徽派民居特色。黟县美丽的自然环境、独特的风貌和别致的民居使这里成为拍摄电视剧和电影的基地，《菊豆》《卧虎藏龙》《走出蓝水河》《历史的天空》《徽州女人》等多部电视剧都曾把这里作为拍摄的外景地。

西递距黟县县城 8 千米，始建于北宋皇祐年间(1049—1054 年)，距今已有近千年的历史，为胡姓人家聚居之地，现有居民 300 余户，人口 1 000 余人。整个村落呈船形，四面环山，两条溪流从村北、村东经过村落在村南会源桥汇聚。村落以一条纵向的街道和两条沿溪的道路为主要骨架，构成以东向为主、向南北延伸的村落街巷系统。所有街巷均以黟县青石铺地，古建筑多为木结构、砖墙维护，木雕、石雕、砖雕丰富多彩，巷道和建筑的设计布局协调，村落空间变化灵活，建筑色调朴素淡雅。西递现保存有完整的明清古民居 124 幢，祠堂 3 幢，包括凌云阁、刺史牌楼、瑞玉庭、桃李园、东园、西园、大夫第、敬爱堂、履福堂、青云轩、膺福堂等，堪称徽派明清古民居建筑艺术之典范，从而被誉为"中国传统文化的缩影"、"中国明清民居博物馆"。

宏村位于黟县县城东北 10 千米处，始建于南宋绍兴元年(1131 年)，村落面积约 19 公顷，原为汪姓聚居之地，现存明清(1368—1911 年)时期古建筑 137 幢。由于这里地势较高，因此常常被云雾笼罩，被誉为"中国画里的乡村"。宏村的古建筑均为粉墙青瓦，分列规整。承志堂是其中最为宏大、最为精美的代表作，被誉为"徽派木雕工艺陈列馆"，各种木雕层次丰富，繁复生动，经过百余年时光的消磨，至今仍金碧辉煌。宏村是一座"牛形村"，整个村庄从高处看，宛若一头斜卧山前溪边的青牛。巍峨苍翠的雷岗为牛首，参天古木是牛角，由东向西错落有致的民居群宛如宠大的牛躯。引清泉为"牛肠"，经村流入被称为"牛胃"的半月形池塘后，经过滤流向村外被称作"牛肚"的南湖。村西溪水上架起四座木桥，作为"牛脚"。这种别出心裁的村落水系设计，不仅为村民生产、生活用水和消防用水提供了方便，而且调节了气温和环境。古宏村人规划、建造的牛形村落和人工水系，是当今"建筑史上一大奇观"。宏村古村落如图6.8所示。

图6.8 宏村古村落

皖南古村落是指安徽省长江以南山区地域范围内，具有共同地域文化背景的历史传统村落，具有强烈的徽州文化特色。村中自古尊儒术、重教化，文风昌盛，集中体现了明清时期达到鼎盛的徽州文化现象，如程朱理学的封建伦理文化、聚族而居的宗法文化、村落建设中的风水文化、贾而好儒的徽商文化，历史文化内涵深厚。皖南古村落选址、建设遵循的是有着2000多年历史的周易风水理论，强调天人合一的理想境界和对自然环境的充分尊重，注重物质和精神的双重需求，有科学的基础和较高的审美观念。后来徽商逐渐衰败没落，而这种徽派民居的建筑特色却依附在古民居村落里保留下来，因此具有重要的认识价值、历史价值、艺术价值、实用价值、审美价值，是一个历史时期社会文明的象征，是当时一段社会生活的缩影。徽州人用自己的聪明才智创造了徽派民居文化和徽派文化，不但丰富了中华民族的文化宝库，而且也给世界艺术宝库增添了灿烂的一页。

2．山西晋商大院文化

山西历史悠久，是中华民族文明的发祥地之一，不仅拥有众多的名胜古迹，而且还遗存有大量的古村落。山西的古村落主要分布于沁河流域的阳城县、沁水县、泽州县等地，汾河流域的太谷县、平遥县、祁县、介休市、灵石县等地，以及黄河岸边的临县碛口镇附近。一些典型的古村落包括临县碛口镇西湾村、李家山村，介休市龙凤镇张壁村，沁水县西文兴村、窦庄村、湘峪村、尉迟村，阳城县北留镇皇城村、郭峪村，晋中市榆次区后沟村等。这些散落的村庄遗留着明清以来的神采风韵，文化底蕴源远流长，组成了一条古文化长廊，成为人们旅游的胜地。

乔家大院(图6.9)位于山西省祁县乔家堡村，北距太原市54千米，南距东观镇仅2千米，它又名在中堂，是清代全国著名的商业金融资本家乔致庸的宅第。始建于清代乾隆年间(1736—1795年)，以后曾有两次增修，一次扩建，经过几代人的不断努力，于1912年建成一座宏伟的建筑群体,并集中体现了中国清代北方民居的独特风格。大院为全封闭式的城堡式建筑群,占地10 642平方米(约16亩),建筑面积4 175平方米,分6个大院,20个小院,313间房屋。大院三面临街,不与周围民居相连。全院布局严谨,设计精巧,俯视成"囍"字形,建筑考究,砖瓦磨合,精工细做,斗拱飞檐,彩饰金装,砖石木雕,工艺精湛,充分显示了中国劳动人民高超的建筑工艺水平,素有"皇家有故宫,民宅看乔家"之说。《大红灯笼高高挂》、《昌晋源票号》、《赵四小姐与张学良》等40多部影视剧曾在此拍摄。

图6.9　乔家大院

如今,晋商大院已成为一种文化。大院文化是晋商文化的一种具体表现,从大院中可以了解到明清时期山西商人的辉煌,感觉到山西经济发展的一个奇迹。晋商文化的出现从另一个角度讲可以说是对中国文化传统的悄然改写,"学而优则仕"变为"学而优则商",表达了晋商文化的精神;而大院文化正是晋商文化精神的外在标志。因此,大院文化有着重要的历史文化意义,甚至可以说是历史的"活化石"。

3. 福建土楼的客家文化

2008年7月,在加拿大魁北克城举行的第32届世界遗产大会上,46座福建土楼被正式列入《世界遗产名录》。福建土楼由六群四楼组成,即永定县初溪、洪坑、高北土楼群,以及衍香楼、振福楼、南靖县田螺坑土楼群(图6.10)、河坑土楼群及怀远楼、和贵楼、华安县大地土楼群。散落在青山绿水间的土楼产生于11—13世纪宋元时期,是世界上独一无二的山区大型夯土民居建筑。土楼以其神奇的聚落环境、特有的空间形式、绝妙的防卫系统、巧夺天工的建造技术和深邃的文化内涵,令世界瞩目。

南靖县是福建著名的"土楼之乡",南靖县境内现存各类土楼15 000多座,其中大造型土楼1 300多座,给人以奇特的艺术感染力和强烈的心灵震撼力。其中,田螺坑土楼群精美的建筑组合成为福建客家土楼群的典范。田螺坑土楼群位于福建省漳州市南靖县书洋镇,由一座方楼、三座圆楼和一座椭圆形楼组成,被人们戏称为"四菜一汤"。五座土楼依山就势,高低错落,疏密有致,在群山环抱之中居高俯瞰,像一朵盛开的梅花点缀着大地,构成人文造艺与自然环境巧妙天成的景象。这座民居建筑有这么多的奇妙建构和变幻多端的造型形式在世界民居建筑中是极其少见的，堪称是"土楼王国"的艺术典范。

图6.10　福建南靖县田螺坑土楼群

福建土楼产生于宋元时期，成熟于明末、清代和新中国成立之前，其形成与历史上中原汉族人几次著名大迁徙相关。进入闽南的中原移民与当地居民相互融合，形成了以闽南语为特征的福佬民系；辗转迁徙后经江西赣州进入闽西山区的中原汉族人则构成福建另一支重要民系——以客家语为特征的客家民系。客家人自称为"中原士族，三代遗民"，是华夏文化的正宗、嫡系，继承着忠孝节义、耕读传家、勤俭节约的传统美德。爱家乡、爱民族、爱国家成了他们的信条，每当外敌入侵时他们都毁家纾难，出现了许许多多杰出的英雄人物、志士仁人。

6.4　世界名城村镇文化

世界名城村镇各具特色，异彩纷呈，体现了各国悠久的历史、灿烂的文化和浓郁的民族风情，是充满无穷无尽魅力和吸引游客流连忘返的主要载体和旅游胜地。其中，被列为世界文化遗产的历史名城、名镇、名村，更是人们心目中的旅游胜地和瑰宝。这里，重点介绍一下被列为世界文化遗产的历史名城、名镇、名村文化。

6.4.1　世界名城文化

世界名城遍布世界各大洲，其中被列为《世界遗产名录》的历史名城主要包括大马士革古城(叙利亚)，萨那古城(也门)，伊斯坦布尔历史区(土耳其)，罗马历史中心区、城内罗马教廷管辖区和圣保罗教区(意大利与梵蒂冈共有)，佛罗伦萨历史中心、那不勒斯历史中心(意大利)，梵蒂冈城(梵蒂冈)，巴黎塞纳河畔、里昂历史遗迹(法国)，伯尔尼老城(瑞士)，爱丁堡的旧城和新城(英国)，萨尔茨堡市历史中心、维也纳历史中心(奥地利)，布拉格历史中心(捷克)，圣彼得堡历史中心和建筑物群(俄罗斯)等。以下主要介绍4座历史名城。

1. 巴黎

巴黎是法国的首都，是法国政治、经济和文化的中心。巴黎是一座生机勃勃、充满活力的都市，是世界上最美丽、最浪漫和最有魅力的城市之一。巴黎有 2000 多年的悠久历史，自 6 世纪法兰克王国定都于此后，便成为历代王朝都城和历届共和国的首都。巴黎位于风光秀丽的塞纳河两岸，一向以美丽浪漫而著称，有"梦幻之都"的美誉。巴黎既有众多的博物馆、美术馆、美丽的园林、琳琅满目的超级市场和古朴典雅的街区，也有许许多多的豪华百货商店、时髦的时装店、富丽堂皇的歌剧院、夜总会及遍及全城的咖啡馆和酒吧。巴黎的香榭丽舍大街被视为世界上最美丽的林荫大道之一。位于夏尔·戴高乐广场的凯旋门是世界最大的凯旋门。作为巴黎象征的埃菲尔铁塔是世界著名建筑物之一，其夜景如图 6.11 所示。巴黎郊区的凡尔赛宫及其园林和枫丹白露宫及其花园作为世界文化遗产先后于 1979 年和 1981 年被列入《世界遗产名录》。整个巴黎不仅自然景色优美宜人，而且到处都散发着浓郁的艺术气息，是世界著名的历史文化名城。独具匠心的宏伟建筑，令人炫目的文物古迹，无不透出一种华贵、高雅，散发着神奇诱人的魅力。

图 6.11 巴黎埃菲尔铁塔夜景

2. 罗马

意大利首都罗马是意大利的政治和文化中心，也是世界著名的历史和文化名城。罗马城是古罗马帝国的发祥地和首都，自公元前 753 年建城，时至今日已有 2700 多年的悠久历史，留下了许许多多的名胜古迹。这里的著名景点有斗兽场(又称竞技场)、古罗马广场、威尼斯广场、纳沃纳广场、万神殿、西班牙广场、特莱维喷泉、圣天使城堡、君士坦丁凯旋门、真理之口、罗马国家博物馆等。它还是最大的教会所在地，梵蒂冈(图 6.12)是位于意大利首都罗马市西北角的宗教国家。享有"永恒之城"美誉的罗马，以其完美的表现形式呈现出人类历史上无与伦比的辉煌岁月、众多的名胜古迹和丰富的文化底蕴，是当今世界上作为国家首都完美保存古城建筑结构的典范。

图6.12　梵蒂冈

3．开罗

埃及地处欧洲、非洲和亚洲三大洲交界处，开罗是世界驰名的历史文化古城。开罗是埃及的首都，非洲第一大城，是世界上最古老的伊斯兰教城市之一。开罗是一座著名的文化古城，拥有众多的名胜古迹，这里有巍峨的萨拉丁城堡，城堡上建有宏伟的穆罕默德·阿里清真寺，寺院巨大的圆顶和高耸入云的尖塔是开罗的象征；市内的拉美西斯广场中心有古埃及第19王朝法老拉美西斯二世巨大的全身雕像；尼罗河畔的埃及国家博物馆以收藏古埃及文物而享誉全世界，共有展品63 000件，其中图坦卡蒙法老的黄金面具、黄金棺材、黄金宝座等尤为珍贵。开罗还是伊斯兰文化研究中心，它拥有伊斯兰世界最古老的高等学府——爱资哈尔大学，它是世界上最古老的伊斯兰大学之一，被称为"伊斯兰教的最高学府"。在开罗西南20千米的地方矗立着古代埃及文明的象征——吉萨金字塔和狮身人面像(图6.13)。狮身人面像已经成为开罗的城市标志。

图6.13　埃及狮身人面像

4．阿格拉

阿格拉是印度最著名的旅游城市之一，为外国游客到印度游览的首选之地。阿格拉城市虽然不大，但自 16 世纪起，它一直是印度的首都，现在遗留着许多历史性的建筑物，其优美为世间罕见、蜚声世界的泰姬陵(图 6.14)就在这里。莫卧儿人喜爱花木和水池，帝王宫殿的每一个角落都种着玫瑰花，院内花卉繁茂，五彩缤纷，芬芳袭人。阿格拉的历史建筑共有 500 座，都是由古吉拉特和孟加拉地区的工艺匠建造的，具有穆斯林和印度教混合建筑艺术的特点，也具有这两地的建筑风格。

图 6.14　泰姬陵

6.4.2　外国名镇文化

被列入《世界遗产名录》的国外历史古镇主要有素可泰历史城镇和有关历史城镇(泰国)、维甘历史城(菲律宾)、琅勃拉邦的城镇(老挝)、会安古城(越南)、扎比德历史城镇(也门)、圣吉米尼亚诺历史中心(意大利)、卡塞雷斯古镇(西班牙)、维斯比的汉萨同盟城(瑞典)、托伦中世纪城镇(波兰)、拉穆古镇(肯尼亚)等。以下主要介绍三座名镇。

1．会安古城

会安位于越南，是东南亚保存完好的贸易港的典范，其建筑和街道规划受到土洋结合风格的影响，从而产生了这一独一无二的遗产地。作为一座海港城镇，会安迄今已有 1 500 年的历史。在长达 1 000 多年的形成与发展时期里，来自中国、日本、东南亚及南亚各地区的商船都在会安港进行贸易交流，会安港名列当时东方各大港的前茅。从 15 世纪起，荷兰、葡萄牙、英国、法国等西方国家先后在会安港设立商站，各国商船经常出入会安港口。在会安城中，中国式的建筑物到处可见，也保存得很完整。会安城里的街道和各民族风格的建筑物颇具特色。会安城内除大部分为中国式建筑外，还有为数不少的法式古典建筑和庭院式建筑群，另有不少具有越南民族特色的优美建筑。会安是一处著名的文化色彩浓郁的国际商业港，是一处保存得极为完好的亚洲传统贸易港的典范。

2．圣吉米尼亚诺

圣吉米尼亚诺是意大利托斯卡纳区最著名的小镇，位于佛罗伦萨南部 56 千米处，是往返于弗朗西斯科和罗马之间朝拜圣地者的重要物资补充地。当时控制这个城市的贵族，在这里建造了 72 座塔楼，塔楼高约 50 米，现在只有 14 座塔楼残存下来。这些塔楼是小镇权贵们财富和权力的象征。这座城镇同时还保留了 14～15 世纪意大利的艺术杰作。圣吉米尼亚诺在有限的环境中积聚的都是中世纪文明的独特见证。如今，小镇周围有大片的葡萄园，以酿造本地优质的葡萄酒而著称。

3．拉穆古镇

肯尼亚的拉穆古镇是东非最古老、保存最完整的殖民地，并保持着它的传统作用。这个镇用珊瑚石和红树林木材搭建而成，以简朴的结构为特色，内部庭院、阳台、走廊、精心雕刻的木门更为其增色很多。从 19 世纪开始，主要的穆斯林宗教节日活动都在这里举行，这里已经成为伊斯兰和斯瓦西里文化的重要研究中心。古镇的建筑和城镇结构生动地体现了几百年来来自欧洲、阿拉伯半岛和印度文化的影响，形成了拉穆独特的文化。

6.4.3　外国名村文化

在世界范围内被列入《世界遗产名录》的国外古村落有日本的白川乡和五屹山的历史村落、捷克的霍拉肖维采古老村落保护区、匈牙利的霍洛克老村及其周围环境、美国的陶斯印第安村等。以下主要介绍几个名村。

1．日本白川乡和五屹山的历史村落

日本的白川乡和五屹山的历史村落地处高山地区，长期与外界隔绝，以种植桑树、养蚕为生。当地农舍的结构在日本是独一无二的，比一般农舍略大，为两层结构，屋顶坡面很陡，用茅草覆盖。尽管经历了巨大的经济变革，这些村落依旧是传统生活模式同当地生活环境与社会功能完美结合的典范。1995 年，位于日本本州岛中部偏远的高山河谷间的三座农庄：荻町、相仓和菅沼，被列入《世界遗产名录》，它们都位于历史上被称作白川乡和五屹山的地区。这些独特的建筑形式完全为木结构，屋顶呈三角形，三面都覆盖着草。无论就其结构和建筑方法，还是从内部空间的使用方式来看，这些农舍都算得上是日本木结构房屋的典范。

2．匈牙利霍洛克村

匈牙利霍洛克村是被精心保护下来的传统民居的一个典型范例，它主要是在 17～18 世纪发展起来的，是 20 世纪农业革命前乡村生活的生动写照。霍洛克村位于匈牙利东北部，距离布达佩斯约 100 千米，堪称匈牙利最著名的村庄。它的著名是因为早在 1987 年就被列为世界文化遗产。在这座不足百人的小村中，人们终日为生计而不停地忙碌，有的手中持

着干草叉，有的则挎着蔬菜篮，固守着世代沿袭的传统生活方式。如今，这里已经成为匈牙利的传统保护区，是一座集旅游和文化保护于一身的民俗村。

3. 美国陶斯印第安村

美国的陶斯印第安村位于里奥格兰德河的一个支流的山谷中，是一处用泥砖和石块建成的村落，反映了亚利桑那州和新墨西哥州的印第安人文明的程度。陶斯印第安村包括一系列居民点和仪式中心，是分布在今天亚利桑那州、新墨西哥州，犹他州与科罗拉多州边界地区具有史前传统的阿那萨基印第安部落文化的典型代表。陶斯印第安村从17世纪起就成为当地土著居民的文化中心，今天它仍然传承着世代延续的文化传统。陶斯印第安村当地土著的风情文化和建筑特色，使其成为一处具有魔力的地方。

本章小结

名城村镇包括历史文化名城、名镇和古村落。中国的名城文化既有以北京、西安为代表的古都旅游文化，也有以上海、深圳为代表的近现代旅游文化，有以平遥、丽江为代表的古城旅游文化，还有以香港、澳门为代表的东西方融合旅游文化；中国的名镇文化既有以周庄为代表的南方名镇旅游文化，也有以静升镇为代表的北方名镇旅游文化；中国的古村落文化既有皖南古村落的徽派文化，也有山西晋商大院文化；而世界名城村镇各具特色，异彩纷呈，其中，被列为世界文化遗产的历史名城、名镇、名村，更是人们心目中的旅游胜地和瑰宝。

关键术语

历史文化名城、名镇、古村落

习题

一、填空题

1. 中国著名的八大古都是_____、_____、_____、南京、开封、杭州、安阳、郑州。
2. 2008年7月，在加拿大魁北克城举行的第32届世界遗产大会上，中国福建46座_____被正式列入《世界遗产名录》。
3. 1999年12月，皖南古村落的代表——_____、_____被列入《世界遗产名录》。

二、简答题

1. 中国以北京、西安为代表的古都旅游有何文化内涵？
2. 中国名镇旅游文化的主要代表和文化内涵有哪些？
3. 中国南北古村落旅游文化的主要代表和文化内涵是什么？

三、实际操作训练

调查当地一个名城(或名镇、名村)文化的历史、现状和发展前景。

四、案例分析

云南丽江古城的保护与发展

云南丽江古城始建于宋末元初，距今已有800多年的历史，丽江古城是南方丝绸之路和茶马古道上的重镇，滇西北重要的商贸中心和物资集散地。历史上，多民族在这里交融，历史文化沉淀丰富。

古城以雄伟的玉龙雪山为背景，依靠狮子山，以其科学的选址，高超的水系利用，独特的城建格局，曲折有致的古老街巷，高低错落的民居建筑，穿街过巷的流水，形成了一幅家家流水、户户垂杨、人与自然和谐的优美画卷，充满了雪山、绿地、小桥流水、纳西人家的诗情画意，是国内至今保存最完整、最具民族特色的古城镇。

1986年，丽江古城被列为国家历史文化名城。1997年12月4日在意大利那不勒斯召开的联合国教科文组织世界遗产委员会第22次会议上，丽江古城以其"保存浓郁的地方民族特色与自然美妙结合的典型，具有特殊价值；历经1996年二三大地震，基本格局不变，核心建筑依存，恢复重建如旧，保存了历史的真实性。"的总体评价被列入"世界文化遗产清单"，是中国目前仅有的两个古城类型的世界文化遗产之一。

随着丽江古城被列为世界文化遗产，丽江的旅游业随着古城的知名度不断地提高发展越来越快。因此，对于丽江古城的管理和保护问题成为国内外众多旅游者所关心的问题，而且大家都对丽江古城是否因为开发而破坏了古城的原貌众说纷纭。对此，原世界文化遗产丽江古城保护管理委员会办公室(现为世界文化遗产丽江古城保护管理局)和建芳说：

"大家都对丽江的开发问题存在众多的争议。我在这里可以告诉大家，丽江古城到目前为止不存在任何的开发问题，只不过是丽江古城在20世纪七八十年代没有被列为世界文化遗产之前的一段时间里，出现了一些与丽江古城不协调的建筑。1997年，丽江古城被评为世界文化遗产之后，我们觉得这个遗产在建筑方面应该受到特别的保护，所以根据这个特点，我们拆除了不协调的建筑，恢复了古城原貌。我们丽江古城不存在开发问题，我们只是和旅游有机地统一在一起，就是说在保护和管理好的基础上，合理利用外来的资金来保护好古城。"

在丽江古城的管理和保护问题上，总是存在着许多的争议，我们可以在很多的文章和报刊，以至于媒体上看到对于丽江古城保护问题的一些争鸣，其中对于丽江古城的商铺林立是否影响了古城风貌的情况更是引起了大家的关心。

和建芳说，自从丽江古城被列为世界文化遗产以后，越来越多的对丽江古城比较喜欢和爱护的游客，包括各界人士来到丽江古城之后，觉得这么好的一个古城要把它好好地保护起来，留给全人类。随着丽江古城游客的增多，丽江古城的商铺开始复苏。她说：

"大家说丽江古城商业味浓这个问题，我是不同意的。为什么这样说，因为历史上，丽江古城是茶马古道和南方丝绸之路的一个重镇。过去丽江古城本身就是一个前店后园的商业街，历史上就是一个商业城。同时，针对国内外关爱丽江的各界人士反映强烈的过度商业化倾向，我们把数以百计的珠宝店迁出古城，指定专营区域集中管理。同时禁止在古城内经营现代服装、声像制品、卡拉 OK，禁止播放现代音乐，禁止商家强买强卖，违规者处以罚款并指令到文明学校接受教育。"

和建芳介绍说，于 2002 年 2 月成立的原丽江古城管理和保护委员会就是负责对古城的保护管理，其重点包括：规范管理商业行为，减少商业气息，增加文化内涵，改善居民的生活质量；改善环保、消防、绿化和维护条件，还古城以古朴、宁静的历史风貌。

在古城建设中，丽江古城管理和保护委员会提出并严格遵循"三个面向"、"四个必须"、"五个不准"的原则。"三个面向"，即古城建设面向世界，面向可持续发展的旅游事业，面向传统民族文化；"四个必须"，即古城建设必须整旧如旧，必须重点保护好水系、道路、桥梁、民居，必须解决好保护古城风貌与古城居民现代生活之间的矛盾，必须让古城居民自觉参与古城保护；"五个不准"即古城建设不准破坏古城布局，不准侵占水系、道路，不准加高楼房，不准用现代建筑材料装饰房屋，不准见缝插针建房子。

正是丽江政府和人民的有效保护，使如今的古城街巷洋溢着浓郁的文化氛围，国内外游客络绎不绝。一位来自苏格兰的游客对我们说：

"丽江是一个非常漂亮的城市，我想到目前为止，丽江是我到过的中国最漂亮的地方。我觉得丽江古城是一个非常适合游客通过漫步来感受当地人民生活风情的地方。另外，在雄伟的玉龙雪山的衬托下，丽江古城更是让人觉得分外迷人。"

(资料来源：http://gb.cri.cn/1321/2005/02/18/661@453612.htm.)

问题：
1. 你认为丽江古城的历史文化有何特色和魅力？
2. 如何看待丽江古城的商业味？
3. 丽江古城的开发建设坚持了什么原则？

第7章 宗教旅游文化

教学目标

通过本章学习，学习者应理解宗教文化与旅游的关系，了解"宗教旅游热"形成的原因；把握宗教旅游文化的主要类别和特点；理解和掌握宗教旅游文化的特征和作用。

教学要求

知识要点	能力要求	相关知识
宗教文化与旅游的关系	能够举例说明宗教与旅游的结合点	宗教文化与旅游的关系 "宗教旅游热"的原因
宗教旅游文化的构成	把握宗教旅游文化的基本方面，并能将相应知识运用到实际的讲解和规划工作中	佛教、基督教、道教、伊斯兰教等宗教的教义、戒律、节日
宗教旅游文化的特征和作用	能正确认识和合理发挥宗教旅游文化的作用，推动当地旅游发展	宗教旅游文化的特征 宗教旅游文化的作用

导入案例

圣城耶路撒冷的魅力

耶路撒冷(图 7.1)意为"和平之城"，是一座圣城，作为犹太教、基督教和伊斯兰教三种宗教的圣地，具有极高的象征意义。无论是犹太教哭墙，抑或是穆斯林的万人背天朝拜，这里的宗教气氛令人惊叹。

耶路撒冷是一座举世闻名的历史古城，它的魅力在于它的厚重和神秘。耶路撒冷距今已有 5000 多年的历史。海拔 835 米，面积 158 平方千米，人口 72.4 万(2006 年)。四周群山环抱，由西部新城和东部旧城组成。新城有许多工厂、办公楼、住宅和现代建筑物；旧城由城墙包围，仍保留有中世纪城市的样貌，城墙内有基督教区、穆斯林地区、犹太区、亚美尼亚区和圣殿。

今天的耶路撒冷可以追溯到公元前 4000 年，关于该市最早的文字记载见于公元前 19 世纪的埃及诅咒祷文和公元前 14 世纪的亚马拿泥版。公元前 1000 年犹太人最早在此建都。当时所建造的神殿在 7 世纪时，被罗马侵略军摧毁，亡国后的犹太人禁止进入耶路撒冷。4 世纪后，才允许每年一次到幸存的残墙哭泣哀祷，残墙由此被世人称为哭墙。在哭墙内侧丘坡上，可见一座金碧辉煌拱形圆顶的岩石清真寺，那是伊斯兰教的圣地。旧城内还有座"圣墓教堂"，是 335 年，由罗马人为基督教徒所修建。

三种宗教都认为耶路撒冷是亚伯拉罕的殉难地。哭墙是犹太人凭吊历史的地方，被犹太人视为心目中最神圣的地方。自公元前 10 世纪，所罗门圣殿在耶路撒冷建成，耶路撒冷一直是犹太教信仰的中心和最神圣的城市，昔日圣殿的遗迹西墙仍是犹太教最神圣的地方。基督徒也相当重视耶路撒冷，因为根据《圣经》记载，这里是耶稣受难、埋葬、复活、升天的地点。伊斯兰教也将耶路撒冷列为在麦加、麦地那之后的第三圣地，以纪念穆罕默德的夜行登霄，并在圣殿山上建造了两座清真寺——阿克萨清真寺和圆顶清真寺来纪念这一事件。

图 7.1　耶路撒冷

在这座犹太教、基督教、伊斯兰教的圣城里，古老的石料建筑见证了数千年的历史沧桑，数不胜数的古迹、圣地和祈祷场，表明了耶路撒冷对于犹太教徒、基督教徒和穆斯林的意义。如今，每年有无数的信徒和游客到此朝拜旅游，耶路撒冷成为人们心中的圣地。

(资料来源：http://www.trends.com.cn/travel/international/2011-10/355917.shtml.)

问题：
1. 为什么说耶路撒冷是一座圣城？
2. 宗教旅游的魅力何在？

宗教是人类社会发展到一定历史阶段出现的一种文化现象，属于社会意识形态。历史上，佛教、基督教、伊斯兰教等宗教起过巨大的作用，尤其是共同的宗教信仰在维护本民族的团结，形成民族文化方面的作用不容低估，并且在当今旅游行业占有非常重要的地位和作用。在中国，影响较大的宗教有佛教、基督教、道教、伊斯兰教等四大宗教，多民族多种宗教信仰并存，信徒 1 亿多，因而当前和今后正确认识并合理发挥宗教旅游文化资源意义重大。

7.1　宗教文化与旅游业的关系

宗教作为一种社会文化现象，在人类历史中长期存在着，其影响十分广泛深刻，当今社会更与旅游有着天然的密切联系。宗教文化与旅游业相辅相成、共同发展，合理开发宗教旅游文化资源对旅游业的发展具有重要意义。

7.1.1 宗教与旅游联系密切

宗教相信现实世界之外存在着超自然的神秘力量或实体，该神秘统摄万物并拥有绝对权威、主宰自然进化、决定人世命运，从而使人对该神秘产生敬畏及崇拜，并引申出信仰认知及仪式活动。马克思在《黑格尔法哲学批判》导言中指出，宗教是支配人们日常生活的外部力量在人们头脑中的幻想的反映。在他看来，宗教本质上是一种"颠倒的世界观"，"宗教是精神鸦片"，是由对神灵的信仰和崇拜来支配人们命运的一种意识形式。

宗教文化作为人类传统文化的重要组成部分，在人类社会发展进程中涉足各个领域，在哲学、神学、文学、音乐、美术、建筑及人们的风俗习惯方面，处处展现出宗教的精神；而且对于不同历史时期各个民族的生活习俗、社会心理、文化特征等方面也产生了深刻的影响，并渗透到文学艺术、天文地理等领域，是旅游资源的重要组成部分。而旅游既是一种经济现象，又是一种社会文化现象，现代旅游是一种大规模的各种文化的交流，它所产生的社会影响，对宗教文化所起的作用，随着旅游业的发展，已越来越受到有关方面的关注。所以，宗教文化与旅游业的关系是密切的，是互相联系、互相影响的。开发宗教文化资源，对旅游业的发展具有重要的意义，而旅游业的发展，也有利于宗教文化的继承、传播、交流和研究。宗教文化与旅游业的关系是相辅相成、共同发展的。

宗教与旅游有着天然的密切联系。宗教是人类对自身生命的思虑，并试图对纷繁复杂的外部世界做出解释。一方面，宗教作为一种世界观和价值体系，在其内在的责任心的推动下必然产生强烈的扩张愿望，而宗教的传播大多是通过宗教人士的旅行行为来实现的。另一方面，宗教的无形力量感召人们到圣地去朝拜，到寺院去履行神圣的宗教仪式。即使是世人公认的近代旅游开山之举——1841年7月英国传教士托马斯·库克包租火车的团体旅游，也是为了组织人们参加宗教意义的禁酒大会，其实质也是一次宗教旅游活动。

文化和旅游具有天然的、内在的关联性。文化是旅游的灵魂，是旅游活动消费的内容之一，是旅游产品的核心竞争力。旅游是宗教文化走向市场、实现产业化的重要载体和途径。国际上许多国家都非常重视宗教文化旅游资源的开发和利用，世界上著名的宗教圣地，如沙特阿拉伯的麦加(伊斯兰教克尔白圣殿)、耶路撒冷(基督教耶稣圣墓教堂、伊斯兰教阿克萨清真寺、犹太教所罗门神殿)、伯利恒(犹太教古以色列大卫王的故乡、传说中耶稣降生之地)、意大利的罗马、梵蒂冈(世界天主教的中心)都是世界旅游业最发达的地方。

宗教与旅游的关系极为密切，宗教旅游伴随着宗教的产生就开始了。当前，以宗教为目的的旅游业发展迅速。据统计，每年到伊斯兰教圣城麦加朝圣的信徒达数百万。耶路撒冷也是著名的旅游胜地，每年接待大量的宗教信徒。中国宗教门类齐全，既有世界三大宗教，也有我们国家土生土长的道教等。据不完全统计，全国与宗教有关的名胜古迹有3 000多处，现有各种宗教信徒1亿多，宗教活动场所8.5万余处，宗教教职人员约30万，宗教团体3 000多个，宗教院校74所。

7.1.2 宗教文化对旅游业的影响

宗教文化不仅是人类文化的组成部分，而且是有特色的、有吸引力的人文旅游资源，极具旅游价值。宗教文化资源的利用和开发，有利于形成有特色的旅游产品，开拓新的旅游市场，吸引游客，对旅游业的发展具有重要的意义。目前，各种宗教信徒总数约占世界人口的60%以上，许多国家都非常重视宗教文化资源的开发，以朝圣、做弥撒和烧香拜佛、考察研究为主要内容。因为虔诚的宗教信仰和强烈的求知欲望都会转化为旅游动机。

根据宗教文化的特点，应丰富旅游商品，如出售各种宗教纪念品，利用宗教节日，促进旅游业的发展。随着宗教文化的传播，宗教文化也可以通过间接的形式影响旅游业的发展。宗教文化中的许多人物、故事和传说非常生动，被作为电影、电视和文学作品并广为传播。

宗教文化对旅游饭店也有一定的影响。根据旅游市场的需求显示出，准备投资的饭店以某一国家或某一宗教信仰者占到相当大的比重时，那么投资的饭店必须有相适应的设施及膳食供应，绝对不能对客人的宗教信仰和风俗习惯有所违背和触犯。宗教文化不仅对硬件——饭店设施有影响，而且对软件——管理与服务也有要求。在承担接待宗教信徒任务的饭店中，员工应具备丰富的宗教文化知识，这样管理者才能针对不同宗教信仰的客人采取、制定正确的接待方案，服务员才能对客人提供满意的服务，导游也才能为客人做出更好的导游讲解。

7.1.3 旅游业对宗教文化的影响

旅游既是一种经济现象，又是一种社会文化现象。现代旅游是一种大规模的各种文化的交流。旅游业的发展，旅游资源的开发利用，新的旅游市场的开拓，吸引了更多的客人前来游览、朝圣和学术考察交流，这些都有利于宗教文化的传播、交流和发展，对宗教文物古迹也起着保护、修缮的作用。宗教文物古迹都得到了恢复和维修。例如，承德避暑山庄、敦煌莫高窟等都置于国家的保护之下；云南的筇竹寺、承德的外八庙、北京的潭柘寺等也修缮一新；有"世界宗教博物馆"之称的泉州也被列为中国第一批24座历史文化名城之一，泉州的许多宗教组织恢复了活动，宗教文化遗产得以整理、传播，文物古迹也得到保护和修缮，重现昔日的风采。另外，随着信徒和游客的不断增多，许多人捐赠钱款，为宗教文物古迹的保护和维修提供了大量的资金。

旅游业的发展对于宗教文化的继承、传播、交流和研究都起到促进的作用。旅游活动是人们需求层次提高的一种表现，能满足人们求知的需要，通过旅游可以增长人们的宗教文化知识，陶冶性情，修心养性。到宗教名胜古迹旅游的人，不仅有一般游客，更有朝圣者、宗教信徒和专家学者，他们一般具有较高的文化水平。因此旅游活动的发展也是人们传播、了解、探讨和研究宗教文化的一个重要途径。

当然，旅游业的发展对于宗教文化不只是起着积极的作用，同时也有一定的消极作用。由于旅游人数的增多，带来了一些人为的破坏和环境污染。例如，游客在宗教旅游区内乱涂、乱刻、乱扔废弃物，大声喧哗，破坏了宗教名胜古迹独有的宁静和超凡的气氛，游客的不文明行为也会给宗教文物古迹造成一定的损害。

7.1.4 宗教旅游文化

宗教旅游文化是指宗教信仰者的朝圣活动及一般旅游者参观宗教景区景点的活动，它不仅仅是指那种拥有强烈或唯一宗教动机的一种旅游形式(朝觐旅行)，还包括非朝拜目的的宗教景点景区观光、修学及游憩行为。宗教旅游文化是宗教与旅游业结合的主要产物。

第二次世界大战以来,世界宗教旅游得到迅速发展。到20世纪90年代,中国的"宗教旅游热"席卷全国。大批游客以高度的热情参与了形式多样的宗教旅游活动,旅游界和宗教界也以前所未有的热情投入宗教旅游项目的开发中。各地兴起巨型佛像的修建热,以寺院或佛像为核心的宗教旅游区占地规模也在迅速扩大。例如,杭州市著名的佛教圣地灵隐景区,其规模在3年内扩大了13~15倍,整个工程项目共投资7.9亿元人民币。1997年11月15日,中国"五方五佛"之一的无锡太湖灵山大佛落成开光,来自世界各地的近10万名信众和游客专程前来参加仪式,车流绵延达20余千米。普陀山风景名胜区连续15年取得接待游客超100万人次的好成绩;雪域高原的布达拉宫,年接待游客近百万人次,旺季时已超出接待能力。

中国"宗教旅游热"背后有深层次的原因。一是改革开放给人们带来了经济上的富裕,也带来了精神上的自由,宗教政策得到落实,人们被长期压抑的对神秘宗教文化的好奇和向往随着20世纪80年代末国内旅游的大发展一起迸发出来。二是物质文明的充裕使人对精神生活的需求空前强烈。人们在繁荣的物质文明和多元文化冲击包围中,感到从未有过的精神紧张、情感空虚。许多人在纷繁复杂的社会现象面前,精神上无所寄托,必然到宗教中寻找慰藉。三是宗教文化和环境具有迷人的魅力。四是科技革命、基因革命的发展及应用直逼宗教的核心教义,宗教迫切需要不断调整自身以适应科技的发展和社会的变革。在这种大背景下,东西方宗教普遍出现世俗化、大众化、现代化、普世化、本色化的趋势。世俗化是指宗教组织"放下架子"、努力以更加通俗易懂的理论、直观明了的形式、平易近人的姿态融入人们的日常生活中,从而对民众产生了强烈的吸引力。

7.2 宗教旅游文化的类别

根据不同的标准,宗教文化资源可以分为不同的类别。例如,根据宗教派别,可将宗教文化资源分为佛教文化、基督教文化、道教文化、伊斯兰教文化等。根据宗教文化构成的有形、无形及组合方式,从旅游的角度可以把宗教文化分为以下五种。

7.2.1 宗教建筑艺术

宗教建筑是众多宗教文化中的一朵奇葩,包含了人类创造的伟大艺术,教堂、寺庙、宫观、清真寺、陵墓等是建筑艺术的完美体现。中国佛教、道教、伊斯兰教和基督教建筑数量多、分布地域广,几乎遍布全国。

1. 佛教建筑

中国现存最多的要数佛教建筑,中国佛教建筑类型多样,有寺庙、石窟和佛塔。其代表性建筑寺庙具有高超的艺术特性和庄重之美。中国佛教寺院是传统的中国院落式建筑,沿中轴线登堂入殿,殿堂之间有一定距离,两侧是对称的配殿,四周饰以青瓦粉墙。

中国主要佛教寺庙有 736 座，其中以陕西的法门寺、河南的少林寺和白马寺、青海的塔尔寺等最为著名。佛教主要的洞窟佛塔有 690 座，其中以西安的大雁塔、甘肃的敦煌和麦积山石窟、河南的龙门石窟(图 7.2)和少林寺塔林、四川的马祖洞沟等最为著名。

图 7.2　洛阳龙门石窟

佛教建筑内的许多雕塑、石刻和壁画是艺术史上的瑰宝，是珍贵的文化艺术遗产。中国石窟艺术高度发达，数量巨大，分布地区广泛，主要分布在新疆地区(古代的西域)、甘肃西部(古代河西地区)、黄河流域和长江流域地区，在南方也有一些零星分布，具有极高的艺术价值、美学价值和文学价值。就其规模或艺术成就而论，敦煌莫高窟、云冈石窟、龙门石窟和麦积山石窟堪称其中之最，它们都是世界闻名的雕塑艺术宝库。

2. 道教建筑

道教是中国的本土宗教，以"崇尚自然，返璞归真"为本，其建筑充分体现出"天人合一"的精神追求。道教宫观建筑十分注重与自然环境的关系。宫观选址大多依山傍水，与自然环境融为一体。道教宫观建筑材料的使用，也受阴阳五行理论(金、木、水、火、土相生相克，共同构成世界的万事万物)影响，认为树木是大自然中富有生命的物质，木结构能深刻反映出人对自然的朴素情感，因此道教建筑大多以木为建筑材料而少用砖石。反翘的曲线屋顶呈现出飞动轻快、直指上苍的动势，体现了道教飞升成仙的追求。由于道教追求"天人合一"、抱朴守真，建筑大多朴素无华，但墙壁、柱子、门窗等皆用红色。

中国道教的主要名山有 107 座，著名宫观庙宇有 143 座，主要洞窟石刻及遗迹有 92 个，分布在全国 24 个省份。道教名山最多的省是浙江省，有 18 座；宫观庙宇最多的省是湖北省，有 23 座；洞窟及遗址最多的省是江苏省，有 14 座。其中，四大道教名山，道教十大洞天，即河南省王屋山洞，浙江省委羽山洞、赤城山洞和括仓山洞，青海省西倾山洞，陕西省西玄山洞，四川省青城山洞，广东省罗浮山洞，江苏省句曲山洞和林屋山洞等，都为中国著名的道教景观。当今最著名的是武当山道教古建筑群，坐落在湖北省武当山，当地沟壑纵横、风光旖旎，道教宫观的设计达到了建筑与自然的高度和谐，为游览者提供了宗教人文景观与自然景观相结合的绝好去处。

武当山道教建筑中的宫阙庙宇集中体现了中国元、明、清三代世俗和宗教建筑的建筑学和艺术成就。古建筑群坐落在沟壑纵横、风景如画的湖北省武当山山麓，在明代期间逐渐形成规模，其中的道教建筑武当山古建筑群(图7.3)可以追溯到7世纪，这些建筑代表了近千年的中国艺术和建筑的最高水平。湖北的武当山古建筑群于1994年12月被列入《世界遗产名录》。

图7.3　武当山道教建筑群

3．伊斯兰教建筑

清真寺由于做礼拜时需要面向圣地麦加，故采用横向建筑，大殿进深小而宽，大殿前面有回廊，皆向院子敞开，形同四合院。伊斯兰教清真寺建筑的重要特征是穹顶(呈洋葱头状，多饰麦绿色)，形态壮观。另一个特征是有塔，有小亭子，它是阿訇(伊斯兰教主持仪式、讲授经典的人)授课、召唤教徒礼拜用的，故称为宣礼楼(或邦克楼)。塔大多为多角形，高达几十米，置于寺的四角。浑圆穹顶与尖而高耸的塔形成鲜明的对比，成为建筑艺术上的一大特色。世界上著名的清真寺有麦加的"禁寺"——克尔白、沙特麦地那先知寺、耶路撒冷远寺。

先知寺经过千余年的多次扩建，已发展成为规模宏大的建筑群落。该寺气势磅礴，布局严谨壮丽，内外装修精致华美，主体空间和外围广场可容纳100万人做礼拜。先知寺内有大理石立柱、雕梁画栋和豪华宽大的礼拜殿，气氛庄重肃穆。在寺的东南隅有一块有黄铜栏杆隔开的地方，是穆罕默德的陵墓。

自伊斯兰教传入中国1300多年来，各族穆斯林建造了许多清真寺。据不完全统计，目前全国清真寺有36 000多座，分布在全国各省份，以及台湾、香港、澳门等地。清真寺院是穆斯林做礼拜的主要场所，清真寺内的大殿建筑要求坐西朝东，意为向圣地麦加方向朝拜，望月楼、梆歌楼、浴室等为其特有建筑。中国的清真寺多以木结构为主，采用中国传统的四合院形式布局,中轴线明显,还有一些采用砖石结构,保留了阿拉伯传统建筑式样和风格。中国的著名清真寺有泉州的清净寺、广州的怀圣寺、西安的化觉寺、宁夏的同心清真大寺、新疆的艾提尕尔清真寺等等。

4. 基督教建筑

基督教教堂的建筑风格,是基督教发展史在教堂建筑上的具体反映,同时,也是人类文化发展史的一个缩影。基督教的教堂建筑基本上分为三种:罗马式、拜占庭式、哥特式。罗马式教堂是仿照古罗马长方形会堂建筑风格,参照早期基督教"巴西利卡"教堂形式的建筑,其主体是一个长方形大厅,入口在西端,大厅被两行圆柱分隔成中段和侧廊,教堂正面有一个半圆形空间祭坛,拱形圆顶,地面用大理石铺成。拜占庭式教堂也是长方形,但屋顶与罗马式不同。屋顶是由一个直径33米的圆形穹窿和前后各一个半圆形穹窿组成的,从地面到顶端有60米高,基本轮廓为十字形。哥特式教堂是尖顶高耸的教堂建筑,设计时利用尖拱券、飞扶壁、修长的立柱及新的框架结构加大支撑顶的力量,从内部和外观上给人以至高无上的感觉。意大利圣彼得大教堂如图7.4所示。

图7.4 意大利圣彼得大教堂

近代以来,基督教在中国大规模传播,首先在沿海各口岸和开放城市建立了一批基督教的教堂,然后扩展到内地。中国的主要基督教堂有北京的南堂、西什库教堂,天津老西开教堂、望海楼教堂,哈尔滨的南岗圣·尼古拉教堂,上海市徐家汇天主教堂,南京石鼓路天主教堂,河南开封的天主教堂,广州圣心大教堂,广东普宁流沙教堂,成都平安桥主教座堂,四川金堂苏家湾天主教堂和七堆瓦天主教堂,四川双流县银家坝天主堂等14座教堂,还有北京利玛窦墓、上海松江西余山教堂遗址、开封红洋楼和新疆阿力麻里古城石刻等4座著名遗迹。

7.2.2 宗教教义

宗教用不同的教义,对生命和世界做出诠释,宗教教义是宗教中最核心的部分。下面就佛教、基督教、伊斯兰教、道教的基本教义、戒律进行简单介绍。

第7章　宗教旅游文化

1. 佛教

佛教的基本教义核心是宣说人生的道路充满着很多的苦，而只有信佛才能找到离苦得乐的方法。其主要理论有"四圣谛"、"八正道"、"三法印"、"十二因缘观"和"三世因果"、"六道轮回"等学说。"四圣谛"，即佛教关于人生苦恼和摆脱烦恼的四大真理，即苦谛、因谛(集谛)、灭谛、道谛。苦谛，即人生苦的真理；因谛(集谛)，即产生痛苦的原因；灭谛，即人生灭苦的真理；道谛，即消灭人生苦的方法("八正道")。"四圣谛"以论定人生的价值是苦和分析苦的成因为出发点，以指示解脱诸苦的途径为中心，构成佛教的基本教义。"三法印"，即诸行无常——世上一切事物或现象都不是永恒的，而是生灭变化的，无常故苦；诸法无我——一切存在都没有独立不变的实体或主宰，都是因缘聚合而成，是相对的、暂时的；涅槃寂静——远离烦恼，断然相累，寂然常往。这是佛教的最终归宿与最高境界。"十二因缘观"，即一切事物或现象的发生都是由相对的互存关系和条件决定的，又称"十二因缘观"缘起。六道轮回，即佛教信奉因果报应与生死轮回。

戒是修行者修身养性的规范。佛教中戒的主要精神是诸恶莫做，众善奉行，使修行者依此而行，止恶修善。佛教弟子有出家与在家之别：出家者，即离开家庭、舍弃一切到寺庙专修沙门行者；在家者，即除了正常的生活、工作外，还能兼修佛道者。无论出家还是在家修行，都要先经过入教手续，即在佛前宣誓，皈依三宝(佛、法、僧)，受持五戒，才能成为正式的佛门弟子。五戒是指不杀生、不偷盗、不邪淫、不妄语、不饮酒。

2. 基督教

基督教是信奉耶稣基督为救世主，以《圣经》为经典的各教派的统称。它产生于1世纪左右，至今已有近两千年的历史。在它的历史上曾经出现过两次大的分裂，出现了天主教、东正教、基督教新教三大派别。它的教徒分布于世界各地，主要集中在欧洲、美洲和非洲。

基督教的经典为《圣经》，包括《旧约全书》和《新约全书》。所谓约书，是上帝与人订立的盟约。《旧约全书》原来是犹太教的经典，为基督教全部接受并根据基督教观点做出解释，共39卷，主要叙述世界和人类的起源及法典、教义、格言等。《新约全书》为基督教特有的圣经，共27卷，为基督教各派所共同接受，侧重于叙述耶稣言行和基督教的早期发展等。基督教认为，《圣经》全部都是由上帝默示写成的，是上帝的启示，具有最高权威，是基督教信仰的依据，为宣传教义和教徒行为的标准。基督教的各项教义皆以《圣经》和教会传统为依据，其基本教义和信条如下。

信仰上帝——基督教认为上帝是天地主宰，是天地万物的唯一创造者。上帝是至高无上、全知全能、无所不在的天主真神。上帝本体具有"圣父"、"圣子"、"圣灵"三个位格，三位一体，同受敬拜，同受尊荣。

信始祖"原罪"——基督教认为人类始祖亚当和夏娃因违反上帝禁令，偷吃"知善恶树上的禁果"，犯下了"原罪"，所以后世的人一出生就已是罪人，世上一切罪恶和苦难都源于此。

信基督救赎——基督教认为世界上的人是无法自己解救自己的，因此上帝就专门派圣子耶稣降临人世间，通过童贞女玛利亚而取肉身成人。基督为赎世人之罪，甘愿自己受难，用自己的血来洗刷世人的罪过。所以世人若想赎罪，拯救自己的灵魂，就得信仰上帝，祈求基督保佑。

灵魂不灭、末日审判——基督教认为人死后灵魂还是永存的，但终究有一天现世将最后终结，所有的世人都逃脱不了上帝的审判(末日审判)，得救者上天堂享受永福，不得救者要下地狱遭受永刑。

基督教的教戒是"十诫"，基督教奉其为最高戒律。"十诫"的具体内容：崇拜唯一的上帝而不可崇拜别的神；不可制造和崇拜偶像；不可妄称上帝名字；守安息日为圣日；须孝敬父母；不可杀人；不可奸淫；不可偷盗；不可作假证陷害人；不可贪恋别人的妻子和财物。

基督教各教派诫命的内容都是相同的，只是在具体条文的具体写法上略有差别。前四条讲人与上帝的关系，后六条讲人与人的关系。天主教会将这"十诫"概括为两个重点：爱上帝万有之上；爱人如爱己。

3. 伊斯兰教

伊斯兰教为穆罕默德于7世纪初在阿拉伯半岛创建，后发展成为盛行于阿拉伯半岛的宗教，8世纪初成为跨欧洲、亚洲、非洲三大洲的世界性宗教。伊斯兰教目前共有教徒(穆斯林)9亿多人，主要集中于西亚、南亚、东南亚、北非等地区。印度尼西亚是世界最大的伊斯兰教国家(穆斯林占全国人口90%左右)。伊斯兰教在中国又称回教(旧称)、天方教或清真教。中国先后有10个民族信仰伊斯兰教，其中回族、维吾尔族、哈萨克族三个民族的穆斯林人口总和占全国穆斯林人口的99%。

伊斯兰为阿拉伯语的音译，意为"顺服"(安拉)，穆斯林即顺服安拉意志的人。伊斯兰教的标记为新月。伊斯兰教分为逊尼派、什叶派两大派别。伊斯兰教的基本教义都是通过《古兰经》予以固定下来的。《古兰经》是其重要经典。"古兰"是阿拉伯文，意为"诵读"或"读本"，是由穆罕默德在传教活动中，根据当时的实际情况，动用他掌握的宗教知识，以安拉"启示"的名义，陆续发表的有关宗教和社会主张的言论，共30卷114章。大致包括四个方面的内容：一为穆罕默德的生平及其传教活动；二为伊斯兰教的教义说教；三为伊斯兰教的宗教制度和社会主张；四为历史故事、寓言和神话。

伊斯兰教有以下六大信仰。

(1) 笃信安拉。相信安拉是全知全能、主宰一切、创造万物、大仁大慈、洞察一切、无可匹敌的。

(2) 信天使。相信天使隶属于安拉，是安拉的忠诚使者和人类朋友，是善神。它们遍布于天上人间。根据安拉的旨意，各司其职，人们的一言一行都受到天使的监视和汇报。

(3) 信使者。使者，是安拉派到人间来拯救世人的代理人，他既是人间治世安民的伟大先知，也是安拉真主的奴仆。因而，服从安拉的人应该无条件地服从使者。《古兰经》中提到的使者有24位，穆罕默德地位最高，称"至圣"，是一位集大成的使者。

(4) 信经典。《古兰经》是伊斯兰教的根本大典，也是人们道德规范、立法、思想学说的依据和基础。信徒们必须无条件地信仰它。

(5) 信后世。相信后世报应。认为人死后,其"灵魂不死","死后复活",人死后要受末日审判。因此,生前行善者可进天堂,行恶者将下地狱受苦难,并永世不得翻身。

(6) 信前定。伊斯兰教认为人生的一切都是由真主预定的,谁也无法改变,承认和顺从真主的安排才是唯一的出路。但是人类仍然有支配自己行为的充分自由,前定属于真主,自由属于人类。

伊斯兰教十分强调严守功课,以此来表达对真主的诚心。它规定了五项最基本的功课,即念功、礼功、斋功、课功、朝功。

念功——要教徒经常口诵"万物非主,唯有真主,穆罕默德是真主的使者"这句话,以此来对自己的信仰进行公开的表白或"作证"。

礼功——礼拜。要求信徒每日应向麦加方向安拉所在地祷告五次,分别在破晓时、中午、下午、日落后及入夜后,以便清除邪念和疑虑,清洁身体,保持心灵的纯洁。每星期五午后还集中到清真寺内做一次集体礼,称为"聚礼"。每年的开斋节和宰牲节也要做节日礼拜。礼拜期间,按规定要沐浴净身,净身分大净和小净:大净洗全身;小净则只洗手、足、脸、摸头、净下。

斋功——伊斯兰教规定,每年必须封斋一个月,伊斯兰教历的九月是斋月。斋月中,每天黎明前到日落,不许吃喝、不行房事和不干其他非礼的事情,日落后开斋。但病人、孕乳期妇女和幼儿可不守斋。

课功——这是伊斯兰教以神的名义征收的一种课税,教徒们要根据自己所拥有的财产多少交税。

朝功——朝觐,指定期到圣地麦加的克尔白寺庙举行大型礼拜仪式。伊斯兰教规定,凡身体健康、备有路费和旅途方便的教徒一生中都要去麦加朝觐一次。

4. 道教

道教奉先秦道派创始人李耳(老子)为教祖,将《道德经》作为主要经典,信仰的核心即"万象以之生,五行以之成"的"道",并信奉众多神仙,是以中国古代民间庞杂的信仰为基础,以神仙之说为中心,混合道家、阴阳、五行、巫术及儒教等内容而形成的宗教。其主要教义特点可归纳为以下五个。

(1) "道"崇拜。道教将"道"作为教义核心,认为"道"是宇宙的本质、宇宙的主宰,是产生和支配天地万物的造物主,是至高无上、具有神秘力量的人格化的神,是最值得崇敬的。这是道教最基本的教义,是道教徒不可动摇的信念。

(2) "神仙"崇拜。道教认为要修炼成道,神通广大,变化无穷。长生不死的人都可以成为"神仙"。不崇拜神仙世界的浩渺,也就是不承认创始主——"道"的浩大与力量无穷;不相信世上存在天神、天帝、天庭,道教的祈禳醮仪符箓就毫无意义;不相信神仙、仙境的存在,也就没有道教徒追求得道成仙、长生不老的愿望。"神仙"崇拜是道教最基本的信仰内容,是不容置疑的根本教义。

(3) 重生恶死的生命观和人生观。道教主张"出世",强调以人生为乐,重生恶死,追求长生不老,认为人可以通过修炼养成,修道成仙,把理想寄托于现实世界,从而使其人生观深深打上了"重生恶死"的烙印。

(4) 天道承负、善恶报应观念。前人行善，今人得福；今人行恶，后辈遭殃。前人有过失，后人则无事受过，叫承负。道教认为，一要行善积德为后世子孙造福，二要虔诚地信道修行，免除自身的承负之厄。道教强调所谓的吉凶祸福是个人行为善恶的必然报应。道教的因果报应论不仅劝说人们求得自身的解脱，而且结合"承负说"提醒人们为了子孙后代积功累德。

(5) 道教的主要教规是"三皈五戒"。三皈即皈道、皈经、皈师；五戒为一不杀生，二不偷盗，三不邪淫，四不妄语，五不酒肉；除此以外，还有"八戒"、"十戒"等，戒条可多达 1 200 多条。凡出家的道士都要受戒。

7.2.3 宗教修习

宗教修习或宗教体验，是教徒根据教义教规进行实践和体验的过程。例如，早期西欧基督教修道生活强调通过苦思、冥想、禁欲、苦修达到人神交流，这与基督教的信仰观念中认为人的欲念和贪婪是邪恶和不义之源有关，"禁欲"遂成为其宗教克服欲念、达到升华和救赎的重要途径。一些派别禁食、独身、清贫等，演化出一种禁欲苦行、遁世修炼的主张及制度，形成基督教的"隐修制"或"僧侣制"；一些派别则通过正式法律条款规定神职人员独身。

在"禁欲"精神的发展中，一些宗教思想家从"形式"上的"禁欲"提升到"心境"上的"禁欲"。16 世纪欧洲宗教改革运动中，以马丁·路德为代表的新教圣职人员打破了传统的"隐修制"，且不再独身，形成与天主教截然不同的近现代发展。不过"禁欲"精神在新教中并没有根本消失，而是发生了一些重大改变。尤其是加尔文宗提出在现实社会、实际生活中推行"禁欲"精神，号召"主动性自我克制"的现世苦行和禁欲。加尔文宗说"世界就是我们的修道院"，工作就是我们的敬拜方式，就是在市场这个修道院中修道的方式，经济领域的工作与牧师的神职一样神圣。这种与"遁世禁欲"不同的"大隐隐于市"构成了一种清教禁欲主义，被称为激发西方资本主义精神的新教伦理，被视为西方资本原始积累时期潜在的社会发展动力和精神支撑。从此，人们对"禁欲"精神有了新的理解和解读；而传统意义上的"隐修制"也发展出现代意义的灵修实践，更注重人之心理和灵性精神上的涤炼、提高和超凡脱俗。

佛教的修行方法很多。例如，早期的"经行"，通常要求于树下或露地上选一个静僻的地方，在一定的距离内来来回回地行走，并要求抬头挺胸，专心致志。中国禅堂发展出另一种"经行"方式——绕佛、行香与跑香。绕佛是印度的古礼，右绕佛像三圈、七圈或千百圈以表示对释迦牟尼的尊敬。在禅堂里，以燃香来计算时间，一次坐完一炷香，称为"坐香"；随后僧众排班在禅堂内绕佛，称为"行香"，用以振奋精神，约半炷香的时间，若步伐稍快则称为"跑香"。佛教的心性修行方法也很多，修行者常常把修行思想融合于日常生活之中。静坐是佛教最基本的修养方法。在佛教中，静坐的方法较多。静坐的作用是使人精神集中，静坐时要调和气息，使心安定，调伏妄心，认为妄心调伏则智慧明朗，身体也随之健康。禅定是佛教中重要的修行方法。禅定是一个由梵语、汉语结合而成的词。禅是禅那的略称，意译旧称思维修，现称为静虑、弃恶、功德丛林等，佛教认为禅定能使修习者祛病养生。

道教的"守一"要求修行者虚其身，空其心，内凝神思，身心冥于寂寂之中，气液相生，真水充盈，自可治未病之疾，消未起之患，有招神却恶之功。"坐忘"也是一种重要的修行方法，要求修行者调节心理，逐渐放松、消除主观意识。辟谷、服气与采气是道教养生的重要方法，辟谷又名断谷、却谷、休粮、绝粒等，因此术常和服气之术结合，古通称为"却谷食气"。"内丹"修炼追求生命真我并使之与道契合，是关于生命超越方法、途径的一门技术，分为四个阶段或次第：炼精化气，炼气化神，炼神还虚，炼虚合道；并要求修行人精神内守，勿着于外物，还要清心寡欲，保持乐观自然的心态，使"精"能够在体内长存，这样才能炼"精"并使其化为"真气"。

7.2.4 宗教节日

每一个宗教都有一些围绕宗教人物、重大事件等形成的节日，用于纪念宗教形成过程中的特别宗教人物，或强化纪念具有特殊意义的事件，或表达某种神圣性的宗教情感与思想。

佛教最大的节日是四月初八的佛诞日和七月十五的自恣日，这两天被称作"佛欢喜日"。佛诞日也叫浴佛节、泼水节。在佛诞日要举行浴佛法会拜佛祭祖、施舍僧侣、赛龙舟、互相泼水祝福等活动，更重要的是以香汤沐浴太子像。自恣日也称盂兰盆节，是佛教徒追祭祖先的节日。据《佛说盂兰盆经》记载，释迦牟尼弟子目连的母亲生前吝啬，不给游僧吃饭而沦为饿死鬼，在地狱受苦，求佛救渡。释迦牟尼告诉目连，每年农历七月十五为众僧安居终了之日，敬备百味饭食，供养十万僧众，即可使其母解脱。佛教于是根据这一传说，设立盂兰盆节。节日期间，除施斋供僧外，寺院还要举行诵经法会及举办水陆道场等。

基督教的主要节日是圣诞节和复活节。每年 12 月 25 日为圣诞节，以纪念耶稣的诞生，目前圣诞节已成为世界性的节日。复活节是每年春分月圆后的第一个星期日，纪念耶稣受难后复活，这一天也被定为"主日"。

伊斯兰教的主要节日有三个，即开斋节、古尔邦节和圣纪节。10 月 1 日开斋，称开斋节，持续 3～4 天。开斋节是纪念穆罕默德于 622 年 9 月出麦加迁徙到麦地那，这一年为伊斯兰教纪元元年。古尔邦节，又称宰牲节或忠孝节。时间是希吉拉历二月初十，是为纪念伊斯兰教先知易卜拉欣不惜杀子，以示对安拉忠诚，安拉感动，送羊代替的传奇故事。圣纪节是纪念穆罕默德诞辰的节日，时间是希吉拉历 3 月 12 日。

道教的节日很多，凡诸天上帝、尊神圣诞、得道之日，均作为道教节日举行斋醮法会庆贺。主要节日有：三清节，三清为道教最高神，即玉清元始天尊、上清灵宝天尊、太清道德天尊，其诞辰分别是冬至日、夏至日、农历二月十五。三元节，上元节为正月十五；中元节为农历七月十五；下元节为农历十月十五，祀天、地、水官，后第四代天师张盛每逢下元节在龙虎山开坛授箓，从此开科范为常。诸神圣诞，包括玉皇大帝圣诞(正月初九)、祖天师张陵圣诞(正月十五)，邱祖圣诞(正月十九)，天皇大帝圣诞(二月初一)，文昌帝君圣诞(二月初三)，西王母娘娘圣诞、真武大帝圣诞(三月初三)，财神赵天君圣诞(三月十五)，吕祖圣诞(四月十四)，斗姆元君圣诞(九月初九)，妈祖圣诞(三月二十三)，许真君圣诞(八月初一)等。

一些宗教节日由于符合人们心理要求，不仅是信徒的节日，也成了民间流行的节日。基督教的圣诞节、复活节等在世界流行，傣族的泼水节、伊斯兰教的古尔邦节也逐渐被人们所接受，其新奇感和神秘感颇具魅力。宗教节日延续至今，有的早已经渐渐消褪了原先的神圣性内涵，渐趋演变成了一种宗教民俗，甚至成为一些国家和地区最重要的公众假日，产生了很好的经济拉动效应。宗教节日集宗教、娱乐、健身、旅游于一身，演变为旅游休闲节日和宗教节庆会展活动。

还有一种宗教节庆平台，那就是中国传统庙会。这是具有中国特色高度世俗化的产物，以寺庙宫观为核心依托，融休闲娱乐、文化旅游等诸多功能为一体。据湖南长沙最大的佛教圣地开福寺统计，传统的三大庙会和假日经济所带来的经济收入不断增加，市场规模逐步扩大。开福寺香火旺盛，尤其是农历十二月三十日，以及农历二月十九日、六月十九日、九月十九日，即观世音的三个生日，形成了每年的旅游高潮，在此期间最大游客量每日超出10万人次，一般也有七八万游客，最大瞬时客流量达两万人次。近年来，境内外游览人数，尤其是香港、澳门、台湾的香客人数逐年上升，寺庙的收入也逐年增加。总之，依托于宗教场所举行的一些文化节庆活动和传统庙会，都是宗教文化资源产业化转换的重要形式，这种寺庙文化经济活动在历史上也是长期存在的。

7.2.5 宗教环境

宗教场所大都位于交通便利处，或河流之畔、或名山之上，经过长期的保护建设，环境优美。中国的佛道更有"寻幽"的传统，俗语也有"天下名山僧占多"之说。佛寺所选之地多在风光旖旎处，得山水之胜，有园林之趣，佛教与自然山林关系密切。道家也多优选山林环境建设宫观，寻求幽静清寂之场所修炼悟道，建筑与风景名胜有机结合，形成了自己的文化特色。

中国宗教名山生态优美，环境保护良好，尤以佛教圣地为最。中国佛教名山有219座，其中以四大佛教名山而名扬四海。"清凉佛国"五台山、"仙城佛国"九华山、"海天佛国"普陀山、"天下秀"峨眉山，另有鸡足山、千山、天台山、天童山、佛光山、梵净山等，确实是"天下名山僧占多"。道教四大名山(龙虎山、齐云山、青城山、武当山)同样是郁郁葱葱，风光秀丽，环境雅致。从风水观来看，寺庙选址多符合理想的风水模式。例如，宁波天童寺位于太白山的山间盆地里，仅两侧有一豁口与外界相连，这里土厚水丰，植被茂密，另有竹木以聚气，"万工池"以阴地脉，两千米长的"深径回松"走廊达到隔离和捍域的效果。这种理想的风水模式(如围护与屏蔽、界缘与依靠、隔离与胎息、豁口与走廊)在其他寺观中也有不同程度的体现，是中国文化所谓的理想风水模式。

7.3 宗教旅游文化的特征与作用及转化方式

宗教旅游文化一般是指因宗教观念、宗教活动而形成的，对人们具有旅游吸引力并且具有经济开发价值的各种事物、因素和现象。宗教旅游文化具有不同于一般旅游文化的特征，有着十分独特的影响和作用。

7.3.1 宗教旅游文化的特征

宗教旅游文化的范围相当广泛，内容非常丰富，主要包括宗教圣地、宗教名山、宗建筑、宗教艺术文物、宗教节庆、宗教名人、宗教饮食等。作为一种特色鲜明的人文旅游资源，它具有以下特征。

1．文化底蕴深厚，影响广泛

宗教是人类历史上一种古老而又普遍的社会文化现象，具有多种表现形态和丰富的内涵。而宗教旅游资源的形成，一般都是宗教与当时政治、经济、社会文化等因素相互影响、相互作用的结果，多种因素的互动及长期积淀才形成了现存的宗教旅游资源。所以，它们既具有宗教内涵，又具有丰富的历史、社会、文化、艺术、民俗方面的深厚底蕴。

宗教旅游资源大都影响广泛，具有相当高的知名度，这对于旅游开发极其有利。其知名度和影响首先来自于宗教传播；其次来自于历史上统治阶级对宗教的重视与提倡；最后来自于社会名流、文人学士的游览及其所创作的相关文学、艺术作品，这些文艺作品扩大了宗教旅游资源的影响，提升了其知名度。

2．境界玄奇神秘，文化倾向性强

这是宗教旅游资最突出的特征，也是它区别于其他类旅游资源的根本之处。宗教的本质属性在于其对超自然、超人间、超现实力量的崇拜与信仰。从宗教教义到宗教建筑，再到各类宗教艺术、仪式、活动、宗教用品，以及那异常丰富的宗教神话传说故事等，宗教的各个方面都含有虚幻、想象、夸张、荒诞成分及超现实世界的神秘感。这使宗教旅游资源带有强烈的玄奇、神秘的特征和氛围。同时，幽静的环境，深邃幽暗的殿堂，缭绕的烟雾，神态安祥的塑像，神奇的壁画，舒缓的音乐，深沉悠扬的经声佛号，这一切形成一种强烈的宗教氛围，容易使人不由自主、不知不觉间产生一种超脱凡世的感觉，对人的意识具有明显的倾向和诱导作用。

3．旅游基础深厚，历史悠久

许多宗教名山在历史上早就成为民众的朝拜圣地和游览胜地，而许多寺庙道观在历史上既是宗教场所，也是百姓娱乐活动的游艺场所，担负着地方文化娱乐活动中心的功能。寺庙用于旅游的历史相当悠久，旧时寺庙旅游的内容已相当丰富，主要有降香拜神、观光寺貌、参观寺藏、聚餐饮酒、观戏购物(庙会)、观灯赏月、品茶闲话、纳凉避暑等。另外，有不少宗教活动，如庙会早已成为地方游乐民俗节庆活动，影响深远。这种悠久深厚的旅游基础为今天的旅游开发提供了不少有利条件。

4．资源层次丰富，综合性强

宗教旅游资源的内容非常丰富，既包括有形的物质性资源，也包括无形的精神性资源；既包括各类静态资源(圣地、建筑、艺术品、文物)，又包括各类动态的资源(仪式、修炼活动、节庆活动)，可提供多种形式的游览项目和活动方式。

7.3.2　宗教旅游文化的作用

宗教旅游文化在当今社会仍起着非常独特的作用，对于正确认识和合理开发宗教旅游文化应予足够的重视。对发扬、继承和学习其宗教文化有十分重要的意义。

1. 归属认同和心理调节

人需要有所信赖和归属，宗教往往是一个人群或民族的文化象征与黏合剂，它使人群或民族在信仰上有共同的认同。在民族大融合、社会信息化的今天，宗教的认同功能已经超越了民族乃至国家的范围。

人生不可避免地会有恐惧、孤独和痛苦的情绪相伴随，宗教能适应人的不同层次的精神需要，有明显的慰藉心灵、平复情绪、启迪寄情的作用。宗教中的神灵，都被信徒认为是有超自然力的可靠可依傍的对象。宗教能为信徒提供群体和交往需要，并使其心理得到调节。

宗教音乐以其深邃淡泊的旋律、独特的风格吸引了很多旅游者。各大宗教基本都采用音乐等艺术手段突出其神秘性、迷狂性和威严性。佛教音乐的感染力十分强烈，而且其特有的韵味很符合人们宗教膜拜和祈求幸福的心理，其音乐清新典雅、超凡脱俗，其韵幽远深长；唱者身心合一，物我两忘；听者胸襟豁然，神游情动，于袅袅之音中使人意念净化，既忘却了烦恼忧愁，又体味了人生真谛。道教音乐在曲式和情调的内涵上，渗透着道教的基本信仰和美学思想，反映了道教对长生不老和清静无为的追求。道教音乐旋律古雅，内容丰富，既有赞美神仙的颂歌、渲染仙境的华章，又有召神遣将的磅礴之声，镇煞驱邪的庄严之曲，形成了自己独特的风格。基督教的圣歌圣乐也都是举行宗教仪式和欢庆宗教节日必不可少的内容。

2. 规范与整合功能

宗教教义中包含一些游客乐于了解和接受的积极内容，如劝人为善、自我约束、积极奉献等处世哲理，富有自律自控的潜在作用，一个虔诚的教徒一般来说与社会犯罪行为无缘，因宗教提倡趋善避恶(如不杀生、不偷盗、不奸淫等)。社会生活的现代化往往伴随着社会行为准则的混乱，宗教则给人以清晰的道德标准。宗教中包含了许多人类世代相传的对人类发展、社会存在、人际关系都极有价值的普遍道德准则，如不偷盗、不妄语、帮助弱者、博爱平等、行善积德、禁止劣行，买卖公平、孝敬父母、诚恳待人等。宗教教义通常也规定了涤罪、悔改、洁净的内容。在国外，宗教道德的神圣性、权威性，在提升人的道德水平和规范人的行为，以及有效地协调整合人与自然、人与人、人与社会的关系，对于维护社会有序运行方面起到了强大的作用。例如，英国前首相撒切尔夫人在执政期间推行的所谓"撒切尔主义"，就是明显地利用了宗教的社会整合功能。

世界上许多国家的政府治理国家主要靠法律和宗教这两大法宝。诚如孙中山所言："政治能治外在，宗教能治人心。"诚然，宗教并不能改变世界上的环境、政治、经济和社会问题，然而宗教可以提供单靠经济计划、政治纲领或法律条款不能得到的东西，即内在取向的改变、人的整个心态的改变、心灵的改变，以及从一种错误的途径向一种新的生命方向的改变。在如今物欲横流和许多事务异化的世界，宗教文化的社会教育产生一定的正面影响。应当承认，在西方，宗教的"原罪"、忏悔、行善、勤俭、自救是推动社会进步的一种力量。

3. 艺术与审美功能

宗教既是一种意识形态，也是世界文化的一个重要组成部分。宗教文化就造型艺术而言，它包括建筑艺术、雕塑艺术和壁画艺术、宗教音乐，具有强烈的审美力量。其建筑或庄严瑰丽，或高低错落，或富丽堂皇，或朴素大方，给旅游者完美的艺术享受。而宗教雕塑和壁画，同样历史悠久，灿烂辉煌。宗教旅游资源的很多内容有相当高的艺术性，宗教环境、宗教建筑、宗教艺术品等具有较强的艺术魅力，有很高的景观审美价值，不论对于信徒、香客，还是对于一般游客都有很强的感染力和吸引力。同时，这些资源无论其宗教地位、信仰地位还是历史地位均较高。因此，进一步开发宗教旅游资源，对发扬、继承和学习其宗教文化有十分重要的意义。

需要说明的是，如果宗教中有一些极端的教义，或一些教义被曲解，则有可能产生麻醉作用，成为统治阶级用以麻醉人民的"精神鸦片"。有的则可能导致宗教的封闭、保守、排他倾向，这是宗教冲突的主要原因。一些宗教总是宣称自己掌握了唯一真理，其他宗教都是谬误和异端邪说，极力排他。其实，不同宗教只是处于同一个地球上的不同位置，不同宗教文化之间应该开展对话交流，提倡理解与宽容，构建和谐宗教氛围。

7.3.3 中国宗教文化向旅游转化的主要方式

中国宗教文化向旅游转化的方式多种多样，主要方式有以下五种。

1．宗教圣地朝觐旅游

宗教圣地的参与者一般是宗教信众。中国改革开放以后，宗教政策得到较好的落实，宗教信众的合法活动得到保护，信众的朝觐旅游发展很快，已经成为许多百姓日常生活的有机组成部分。在江浙一带，人们经常可以看到一群群老人排着队，背着黄色的香袋在佛诞日、观音诞等佛教节日去大寺庙进香，场景蔚为壮观。

2．宗教场所历史文化参观游

20世纪下半叶，宗教世俗化的步伐加快。佛教、基督教等为顺应高速发展的社会经济变革，纷纷提出民间宗教、生活宗教的号召，宗教的世俗化与社会的世俗化几乎同步进行，各宗教更多地关注并参与世俗社会的各项事业。宗教界一再撩起自己神秘的面纱，直面社会各界大众，这为普通游客提供了了解宗教文化的机会。而宗教场所也往往扮演了作为地方历史文化有形载体的重要角色。

3．宗教文化研习体验旅游

一是"出家"旅游，让那些对宗教有兴趣的游客到寺庙来"做几天和尚，撞几天钟"，亲身体验一番"出家"的滋味。"出家"期间，旅游者就同正式出家人一样，一起进餐、劳动、诵经等。中国目前已有九华山开辟了这一旅游项目，拓展了新的旅游市场。其实，这种旅游在泰国等旅游发达国家和地区早已有之。较为普遍的是，某些宗教机构团体为了扩大本门宗教的影响，吸引更多的信众，或为了加强对特定信众群体的培养，结合度假、观光等人们喜闻乐见的旅游方式，组织短期宗教体验学习旅游。由于活动经历特殊，组织细致，而且常常有专门的经费资助，因此这种旅游方式受到欢迎。三是宗教研习旅游，包括举办各种类型的宗教学术活动，公开地说法和创办宗教讲习所、研讨班等。有条件的地方可以创立宗教学院，传播宗教知识，弘扬宗教文化，借此吸引宗教旅游者，对凡是参加研习活动的旅游者，可为其颁发结业证以资纪念。

4. 宗教圣地修心养性健身旅游

宗教通常都有慰藉心灵、平复情绪的作用。随着现代人们生活节奏的加快，工作、家庭、感情各种矛盾把许多人压得难以喘息，"身累，心更累"，一部分旅游者为此选择到宗教圣地进行度假。例如，在佛教圣地坐禅听钟、吃斋念经，在道教圣地沐浴神光、修丹练气，既恢复体力，又恢复心力，达到彻底放松、彻底恢复的度假目的。虽然这种度假方式处于刚刚起步的阶段，但有一定的发展空间。中国的许多武术门派和气功与宗教都有密切的关系，追根溯源，多出自古代宗教修行方法。武术不仅是一门艺术，也是健身技术，气功已被公被认为医疗各种疑难杂症的行之有效的方法。古代气功，简而言之有三大家：道教气功、印度瑜伽、佛教禅学。就目前中国流行的气功而言，以源于道教者居多。有的地方开办气功养生旅游，例如，少林寺的武功旅游，就产生了较好的经济效益和社会效益。

5. 宗教文化主题公园旅游

围绕宗教文化历史和相关故事题材，规划建设不同宗教主题的公共休闲空间，把宗教文化内容做成新的休闲和度假胜地，宗教文化只是一种文化符号，集合区域内分散、孤立的宗教文化元素，形成一个新的宗教文化主题园区，成为人们旅游度假体验的对象。目前，国内最为知名且市场运作成功的宗教文化主题公园的代表，就是三亚南山佛教文化苑。南山文化旅游区分为三大主题公园：南山佛教文化苑、中国福寿文化园和南海风情文化园。其主体部分南山佛教文化苑依托南山独特的山海形胜和丰富的历史文化资源开发建设，是新中国成立以来中国政府批准兴建的最大佛教文化主题旅游区。作为展示中国佛教传统文化的园区，其主要建筑有南山寺、南海观音佛像、观音文化苑、天竺圣迹、佛名胜景观苑、十方塔林与归根园、佛教文化交流中心、素斋购物一条街等，目前已形成一寺、一苑、两园(慈航普度园、吉祥如意园)、一谷(长寿谷)、一湾(小月湾)的旅游景观群。佛教文化主题公园现在已经成为到三亚旅游度假休闲者必到的去处，借助文化主题旅游开发发展文化产业，主题公园是一个文化消费的汇聚点和有形载体。

本章小结

宗教是在很长的历史时期中普遍存在的社会现象。中国影响较大的宗教有佛教、基督教、道教、伊斯兰教等四大宗教。宗教与旅游的关系极为密切，宗教旅游伴随着宗教的产生就开始了。开发宗教文化资源，对旅游业的发展具有重要的意义；而旅游业的发展，也有利于宗教文化的继承、传播、交流和研究。

宗教旅游文化资源一般是指因宗教观念、宗教活动而形成的，对人们具有旅游吸引力并且具有经济开发价值的各种事物、因素和现象。其范围相当广泛，内容非常丰富，主要包括宗教圣地、宗教名山、宗教建筑、宗教艺术文物、宗教节庆、宗教名人、宗教饮食等。

作为一种特色鲜明的人文旅游资源,宗教旅游文化底蕴深厚,影响广泛;境界玄奇神秘,文化倾向性强;旅游基础深厚,历史悠久;资源层次丰富,综合性强。宗教旅游文化资源可以满足信教者开展宗教活动的需求,有利于宗教文化艺术的发扬、继承和学习。

关键术语

宗教旅游文化、宗教教义、宗教旅游

习题

一、填空题

1. 中国影响较大的宗教有_____教、_____教、道教、伊斯兰教等四大宗教。
2. 中国当今最著名的道教景观是_____。
3. 佛教四大名山是_____、_____、_____、_____。

二、名词解释

宗教旅游文化、佛教、基督教、道教、伊斯兰教

三、简答题

1. 宗教文化与旅游的关系是什么?
2. 宗教旅游文化的特点是什么?
3. 宗教旅游文化具有哪些作用?
4. 世界四大宗教的基本教义是什么?

四、案例分析

中国佛教祖庭白马寺

在河南洛阳市东郊一片郁郁葱葱的长林古木之中,有一座被称为"中国第一古刹"的白马寺。这座1900多年前建造在邙山、洛水之间的寺院,以它那巍峨的殿阁和高峭的宝塔,吸引着一批又一批的游人。

白马寺是佛教传入中国后由官方营造的第一座寺院。它的营建与中国佛教史上著名的"永平求法"紧密相连。相传汉明帝刘庄夜寝南宫,梦金神头放白光,飞绕殿庭。次日得知所梦为佛,遂遣使臣蔡音、秦景等前往西域拜求佛法。蔡、秦等人在月氏(今阿富汗一带)遇上了在该地游化宣教的天竺(古印度)高僧迦什摩腾、竺法兰。蔡、秦等于是邀请佛僧到中国宣讲佛法,并用白马驮载佛经、佛像,跋山涉水,于永平十年(公元67年)来到京城洛阳。汉明帝敕令仿天竺式样修建寺院。为铭记白马驮经之功,遂将寺院取名"白马寺"。

从白马寺开始,中国僧院便泛称为寺,白马寺也因此被认为是中国佛教的发源地。历代高僧甚至外国名僧亦来此览经求法,所以白马寺又被尊为"祖庭"和"释源"。白马寺建寺以来,其间几度兴废、几度重修,尤以武则天时代兴建规模最大。白马寺为长方院落,坐北朝南,寺内主要建筑有天王殿、大佛殿、大雄殿、接引殿、毗卢阁、齐云塔等。游览

白马寺，不但可以瞻仰那些宏伟、庄严的殿阁和生动传神的佛像，而且可以领略其蕴含生动历史故事的景物。

白马寺是佛教传入中国后的第一座官办寺院，在中国佛教界占有不可替代的地位。如今，白马寺正在大规模扩建，努力打造世界佛教文化圣地和中国第一寺院。未来的白马寺佛教文化园区面积将达1 300亩，被划分为多个区域。

进入文化园区后，首先呈现在眼前的是中轴礼佛区，该区域也是整个白马寺的核心空间。这一区域将依次设置白马寺古建区、万佛殿、罗汉堂、戒坛、中心浮屠、藏经殿，主要承担礼佛、修行、弘法、传戒、藏经等功能。中轴礼佛区的西侧是国际寺院区，在一个寺院中集中建造各国独具风格的寺院建筑，这在国内是独一无二的。目前印度风格佛殿已建成投用，泰国风格佛殿和缅甸风格佛殿即将建成。此外，日本、柬埔寨、尼泊尔等十多个国也表示过在白马寺建佛殿的意愿。东侧是菩萨道场区，主要供佛学爱好者日常修行，整个风格将以简洁、宁静为主。此外，白马寺佛教文化园区还规划有佛学院区、综合服务区、公共服务区等区域。南侧正筹建河洛古城，力图建成与白马寺佛教文化园区相统一的汉魏风格旅游小镇。

(资料来源：据洛阳网等网页资料整理.)

问题：
1. 为什么说白马寺在中国佛教界有不可替代的地位？
2. 你认为佛教旅游的魅力何在？

第8章 旅游企业文化

🎓 教学目标

通过本章学习，学习者应能够掌握对企业文化、旅游企业文化及相关概念，理解文化因素在企业经营管理中的重要作用及实施文化管理的意义；并对旅游企业文化建设的原则、程序和方法有清晰的认识。

🎓 教学要求

知识要点	能力要求	相关知识
企业文化的起源、内涵、特征及功能	能够理解企业文化的内涵和特征 能够把握企业文化的主要功能	企业文化的起源和发展 企业文化的广义和狭义概念 企业文化在企业中发挥的作用
旅游企业文化的内涵、结构系统及特性	能够联系实际理解旅游企业文化的结构系统 通过比较旅游企业的特征，理解和掌握旅游企业文化的特点	旅游企业文化的构成 旅游企业的特点
旅游企业文化的建设	理解旅游企业文化建设的原则 熟悉旅游企业文化建设的程序 掌握旅游企业文化建设的方法	旅游企业文化建设的原则在企业文化建设中起到的关键作用 旅游企业文化建设程序中各阶段的目的 不同种类企业文化建设方法的特点

🎓 导入案例

青岛海景花园大饭店企业文化价值观体系

海景花园大饭店前身为国家计委青岛培训中心，于1986年开始筹建，1989年建成对外营业。1994年，中心进行了硬件设施的二次改造，并升级为四星级涉外饭店，更名为飞天大酒店，后又更名为青岛海景花园大饭店，在2001年被国家旅游局批准升级为五星级涉外酒店。

海景花园大饭店从开业以来，在总经理宋勤先生的带领下，大力开展企业文化，指导员工的行为。海景花园大酒店的企业文化主要概括为：酒店品牌——亲情一家人，把细微化服务、亲情化服务作为酒店企业文化的核心价值；酒店宗旨——创造和留住每一位顾客，把每一位员工塑造成有用之才；顾客意识——顾客的需求永远是一个随时移动的目标，他们今天对你的希望永远比昨天高，因为同类企业间的竞争为顾客提供了选择更好的机遇，当你达到了新的目标时，他们又有了新的变化，除非你不断地求好，否则他们就会离你而去;忧患意识——一个无法达到顾客期望和满足顾客需求的酒店,就等于宣判了死亡的酒店;海景精神——以情服务,用心做事;经营理念——把客人当亲人,视客人为家人,客人永远是对的;海景作风——反应快,行动快;价值观念——真诚回报社会,创造民族品牌;质量观念——注重细节,追求完美;道德准则——宁可酒店吃亏,不让客人吃亏,宁可个人吃亏,不让酒店吃亏;发展信念——只有牺牲眼前利益,才会有长远利益;企业成功的要诀——追寻顾客的需求,追求顾客的赞誉。

问题

1. 海景花园大饭店企业文化的核心内容是什么?
2. 海景花园大饭店企业文化由哪几个方面构成?

旅游企业文化是旅游文化的重要组成部分,研究旅游企业文化实质上就是从文化的角度研究旅游企业的经营与管理。众所周知,企业的竞争已经从价格、质量、服务的竞争走向现在的企业文化的竞争,企业文化的较量是 21 世纪企业最高层次的竞争。因此,可以说,塑造独特而先进的企业文化,就是在打造旅游企业的核心竞争力,就是在把握旅游企业面向未来的根本。对旅游业而言,随着旅游业的大发展,在迎来众多发展机会的同时,也面临着更加激烈的竞争。旅游企业竞争的形式和内容越来越趋向于体现企业综合实力的文化竞争。旅游企业要在新的竞争中立于不败之地,必须建设自己独特的企业文化。本章在介绍企业文化一般理论的基础上,着重探讨旅游企业文化的特性、作用及其塑造方法。

8.1 企业文化概述

8.1.1 企业文化的起源

企业文化是现代企业管理中的新概念,是将文化学的研究成果应用于企业管理而产生的新的成果,它强调充分运用文化的因素来实现企业管理的目标。20 世纪 70 年代,日本经济奇迹般的发展吸引了世界研究者的注意。在对日本企业进行长期的观察和研究之后,学者们发现,促使日本经济神话般飞速发展的成功因素之中最重要的就是企业文化。日本的企业家将企业作为一个文化实体来实施管理,他们比较注重诸如目标、宗旨、信念、人和、价值准则等"软"的方面;而美国的管理理论过分强调技术、设备、方法、规章、组织机构、财务分析等"硬"的因素。在日本人看来,企业中最为重要的因素是人而不是其他,通过对全部员工的教育和领导人的身体力行来树立大家共同遵守的价值观、信念、目标,产生一种同舟共济的精神理念。一些美国学者将日本的成功经验与美国的管理现状做了深入的比较,进行了系统的概括和总结,而揭开了管理理论发展史上新的一页。1981—1982 年,美国管理学界连续推出了四部主要的著作:《Z 理论:美国企业界怎样迎接日本的挑战》《战略家的头脑:日本企业的经营艺术》《企业文化》和《寻求优势:美国最成功公司的经验》。这四部被誉为管理新潮流"四重奏"的重要著作的出版,标志着企业文化理论的诞生。

8.1.2 企业文化的内涵

企业文化有广义和狭义之分。广义的企业文化是指企业在建设和发展中所形成的物质文化和精神文化的总和,包括企业管理中硬件与软件、外显文化与隐性文化(或表层文化和深层文化)两部分。除了精神层面的内容之外,诸如企业人员的构成、企业生产资料的状况、企业的物质生产过程和物质成果特色、工厂的厂容厂貌等因素,都是企业文化的构成成分。实际上,相当一部分企业文化是同物质生产过程和物质成果联系在一起的,所以企业文化不可能把物质文化排除在外。但是,这里所谓的物质文化,不是指企业的产品本身,而是指产品的文化特色;不仅指企业的内外物质环境,而且包括员工和顾客对企业物质环境的感情和审美意识。

狭义的企业文化是指一个企业在长期的生产经营过程中所形成的价值观念、行为准则和历史传统。国外的企业文化倡导者们基本上是从狭义的角度界定企业文化的。美国的威廉·大内在《Z理论:美国企业界怎样迎接日本的挑战》一书中说:"一个公司的文化由其传统和风气所构成。此外,文化还包含一个公司的价值观,如进取性、守势、灵活性,即确定、意见和行动模式的价值。"迪尔和肯尼迪在《企业文化:现代企业的精神支柱》一书中指出:"企业文化由价值观、神话、英雄和象征凝聚而成,这些价值观、神话、英雄和象征对公司的员工具有重大意义。"国内学者王成荣等人也认为,企业文化作为特定的管理概念应以企业的精神文化为对象。杨军认为,企业文化是企业在经营中形成的,并为本企业员工自觉遵守和奉行的共同价值观念、经营哲学、精神支柱、道德伦理、礼仪及文娱生活的总和。总之,狭义的企业文化专指以价值观念为核心的企业行为体系和价值体系。

8.1.3 企业文化的特征

1. 无形性与有形性相统一

企业文化是以价值观念和管理哲学为核心的,本质上是一种无形的东西。有人曾说:企业文化是一条看不见的河流,它永远停泊着企业的命运。企业文化虽然是无形的,但却是通过企业中有形的载体(如员工、产品、设施)表现出来的。这种无形的东西又都蕴含在有形的东西之中,如价值观、经营哲学等无形的东西必须依附于员工的言行、规章制度、服务过程,以及物质设施等有形的载体才能有效地应用于实践,真正发挥作用。

2. 稳定性和变革性相统一

企业文化的形成是一个渐进的过程,表现为精神文化因素的逐渐渗透。但是一旦企业的价值观、经营思想、管理哲学等确立,就会有较强的稳定性,将在一段时间深刻地影响企业的各个方面,表现为思想和意识的稳定性。但这种稳定性又是相对的,由于企业内外条件不断变化,需要及时调整企业文化中那些陈旧落后的部分,不断充实新鲜的内容,才能使企业保持活力。

3. 概括性和具体性相统一

旅游企业文化的核心——价值观念和管理哲学,从形式上看是概括性的,没有明确具体的问题用什么具体方式和方法去处理,但有一种指导思想去处理具体问题。从其来源看又是具体的,由具体的经营观念、习俗、习惯、传统中形成的价值观念和理念必须在企业的每一个员工具体行为中得到体现,企业员工和顾客能够从中感受到它的存在。

4．共性和个性相统一

任何企业文化都提倡调动员工的积极性和创造性,以人为中心制定经营战略。但由于民族文化和所处的地域环境不同,行业、经营特点及发展历史的不同,企业文化在很大方面可以说是一个企业区别于其他企业的特色。特色可以说是企业文化的活力与生命力。每个企业的文化,只能根据自身的特点塑造和形成,绝不能相互抄袭和照搬。

5．超前性与滞后性相统一

企业文化是旅游业发展的产物,是一种适应时代发展潮流的文化,反映旅游企业经营管理的新思维。从理论上讲,文化是滞后于生产力发展的,旅游企业有可能在形成企业文化之后,便固守于某一形式而墨守成规,无法适应外在和内在环境的变化。然而现实的发展中,固守企业文化不变,对环境异质情况采取抗拒的态度,最终使企业濒临倒闭和破产。因此企业必须具备调整力和变革力,保证企业文化具备对科技、组织架构变化的感应力,使之保持发展的势头。

6．自觉性与强制性相统一

企业文化以各种形式熏陶、感染、诱导员工,使他们对企业的目标、行为规范及价值观念产生认同感,从而自觉遵守企业共同的价值观和行为准则。这种约束一般不是强制性的,而是自觉性的。一旦企业文化被认同和形成共识后,就会形成全体员工必须遵守的规章制度,成为一种规则。因此就具有了一定的强制性。

8.1.4 企业文化的功能

企业的成功经营离不开良好的企业文化,而企业文化之所以能够帮助旅游企业取得成功,主要在于它的独特功能。具体来说,企业文化的独特功能主要体现在以下七个方面。

1．导向功能

所谓导向功能,是指企业文化能对企业整体和企业每个成员的价值取向及行为取向起引导作用。其具体表现在两个方面:一是对企业成员个体(包括企业领导者和员工)的思想行为起导向作用;二是对企业整体的价值取向和行为起导向作用。这是因为一个企业的企业文化一旦形成,它就会建立起自身系统的价值和规范标准。如果企业成员在价值和行为取向上与企业文化的系统标准产生悖逆现象,企业文化会将其纠正并将之引导到企业的价值观和规范标准上。因此,通过企业文化的导向作用,可以塑造企业员工正确的价值观、规范的行为体系,并保持员工持续的创造力和在企业内部形成持久发展的动力,从而把员工的思想和行动引到企业所确定的组织目标上。

2．约束功能

企业文化是一个企业内部上下员工必须共同遵守的一种行为规范和思想道德准绳,是用一种无形的思想上的约束力量，形成一种自我约束或软约束，制约员工行为，以此来弥补规章制度的不足，并诱导多数员工认同和自觉遵守规章制度。企业文化往往会以潜移默化的形式，形成一种群体道德规范和行为准则，某种违背企业文化的言行一旦出现就会受到群体舆论和感情压力的抑制，同时使旅游企业员工产生自控意识，并形成内在的自我约束机制，从而使旅游企业上下达成和谐与默契。

3．凝聚功能

企业文化是企业组织全体成员共同创造的群体意识，是一种认同和氛围，是一种黏合剂，能把全体员工团结起来，产生一种凝聚力，使企业发挥出巨大的整体优势。企业员工可能来自五湖四海，不同的风俗习惯、文化传统、工作态度、行为方式和目的愿望必然导致他们之间的摩擦、排斥、对立甚至对抗，这显然不利于企业经营管理目标的实现，甚至会影响企业日常工作的效率。企业文化通过建立共同的价值观，寻找观念共同点，不断强化企业员工的合作、信任和团结，并使他们产生亲近感、信任感和归属感，培养与企业同呼吸、共命运的整体意识，从而形成一个心情舒畅而又具有强大战斗力的集体。

4．激励功能

心理学研究证明，人越是认识到自己行为的社会意义，就越能产生行为的强大动力。企业文化的核心是价值观念，而其着眼点又是"以人为本"。在奋发向上的价值观念的导引下，在一个"人人受到重视、人人受到尊重"的企业文化氛围中，往往会形成一种激励作用，良好的文化氛围能产生激励机制，使个体处于情绪高昂、发奋进取、乐观向上的状态，从而为实现自我价值和企业发展目标而勇于献身、不断进取。

5．辐射功能

企业文化是塑造旅游企业优良形象的重要手段，一个企业一旦形成强势企业文化，就会通过公共关系、业务关系、服务接触等渠道，向有关顾客、企业、部门、单位、社区、组织传递其优秀的文化精华，调适与他们之间的关系，赢得他们的信任，进而形成巨大的无形资产。企业文化的开放性特征决定它具有全方位辐射的功能，对内有强烈的感染力量，同时可以向企业外部传播，对社会文化产生积极的影响。良好的企业文化以自己独特的文化精神、优良的"自我形象"、充满活力的社会行为发挥了巨大的"示范效应"，带动着社会文化的优化和发展，从而成为时代新文化的生长点。

6．调节功能

企业文化通过管理与被管理的统一、约束与自由的统一，自动地对企业活动进行着方向性调节和行为性调节；文化本身就蕴含着一种情感机制，可减少成员之间的摩擦，如同良好的润滑剂，对人际关系进行着调节；企业文化的建立还实现了工作与生活的统一，在致力于组织价值目标实现的同时，还关注着员工的业余文化生活，通过健康的文体活动释放工作的压力，丰富生活内容，调节人们的心理。

7. 阻抑功能

企业文化也有负面的影响与作用。

① 对变革的影响(根深蒂固的旅游企业文化有时容易束缚组织变革的手脚);

② 对个性的影响(企业文化强调统一的价值观、生活方式和服从等,不利组织成员自身个性多样化和创新能力的发展);

③ 对企业兼并、收购、整合的影响(定势的企业文化可以产生文化融合、沟通的难题,新的文化与原有文化会出现摩擦、碰撞,有可能导致兼并、收购、整合的失败)。

8.2 旅游企业文化

8.2.1 旅游企业文化的内涵

旅游企业文化是旅游企业在长期经营活动中逐步形成和发展起来的,带有本企业特色的价值观念、行为规范、经营作风、企业精神、道德风尚、企业环境等因素的总和,是实现旅游企业社会效益和经济效益的重要文化力量。

中国旅游企业在诞生之初就十分注重企业价值观念的建设。尽管当时尚未形成企业文化理论,但是企业整体的价值观念已经具有企业文化的构成要素。20 世纪 20 年代,中国第一家旅行社——中国旅行社正式成立。在其发展之初,陈光甫就十分重视旅行社企业价值观念的建设。大致而言,中国旅行社所营造的价值观念主要表现在企业精神和企业外部形象识别两个方面,其中企业精神是其主体部分,包括服务社会的理念、以人为本的价值观、不断创新的进取精神,以及倡导团队合作精神等方面。正是凭借着这些原生而独特的企业文化,中国旅行社独占中国现代旅游业鳌头 30 年,并逐渐跻身世界大旅行社之列。以中国旅行社为代表的中国早期旅游企业潜移默化地进行着企业文化的创作,它的发展为现代旅游企业文化建设提供了宝贵的借鉴经验。

8.2.2 旅游企业文化的结构系统

旅游企业文化是一种亚文化,从文化结构的角度来看,它可以分为精神文化、物质文化、行为文化和制度文化 4 个层次,这 4 个层次由里及表构成旅游企业文化的整体系统。

1. 企业精神文化

旅游企业精神文化是指企业的价值观念、经营哲学、道德规范、心理素质、精神风貌、行为准则、审美观念等,是企业文化的核心和灵魂。具体包括以下 6 个方面内容。

1) 价值观

价值观亦称企业的经营哲学,它是企业精神文化的核心和基石,决定了企业文化的其他方面。它是企业内部管理层和全体职工对企业生产和经营等活动的基本观点、价值观念、基本信念和行为准则。它是管理者从事管理活动的基本信条,是对企业经营方针、发展战略的哲学思考及处理问题的基本依据等。旅游企业文化强调塑造企业员工普遍认同的价值观,创造和谐一致、积极向上的文化氛围,发挥企业的整体文化优势。旅游企业的价值观体现在顾客至上、服务第一、积极进取、文明礼貌的企业文化上。例如，广州的花园酒店是一家五星级酒店，在管理中确定其经营宗旨为：员工第一，客人至上。酒店精神为：①热情周到，礼貌敬语，微笑服务；②花园爱我，我爱花园；③一流服务，一流效益；④红棉——挚诚、竞争、进取；⑤舍利求义；⑥"要我做"变为"我要做"。旅游企业的价值观、经营哲学必须附着在员工的言行、规章制度、经营过程及物质设施等有形的载体之上，否则，旅游企业文化就成了一纸空文。

2) 企业道德

企业道德是指调整企业与社会、企业与企业、企业与员工、企业员工与员工之间关系的行为规范的总和。企业道德以善与恶、公正与偏私、诚实与虚伪、正义和非正义评价为标准，以社会舆论、传统习惯和内心信念来维持，是道德原则、道德规范和道德活动的总和。它由热爱本职、忠于职守、遵纪守法、诚实劳动、通力协作、平等竞争、勤奋学习、钻研业务、吃苦耐劳、勇于创新等方面内容组成。并从企业实际出发，制定出内容丰富、特色鲜明、符合实际的职业道德规范，是一定企业环境对人们在服务中的道德行为提出的客观要求。

企业道德从总体上规范了人们的行为，具有三个特点。

(1) 非制度化。企业道德不是被颁布、制定或规定出来的，它表现在人们的视听言行上，潜藏于品质、习性、意向之中。

(2) 非强制性。企业道德不是依靠行政部门或通过强制手段来调节人的行为，而是通过舆论、说服、示范、教育的方式，以及个别人物、组织或机构的道德感召进行的。

(3) 非外化。企业道德是一种内化的规范，这是因为企业道德只有在人们真心诚意地接受，并转化为人的情感、意志和信念时，才能得到实施。

3) 企业精神

企业精神是指企业在独立经营和长期发展过程中，适应时代的要求，由企业家积极倡导、全体职工自觉实践而形成的，代表职工信念、激发企业活力、推动企业生产经营的规范化和信念化了的先进群体意识，是企业服务宗旨、价值准则、经营思想和管理哲学的集中体现。它反映了一个企业的精神风貌，成为凝聚企业员工共同奋斗的精神源泉。

(1) 企业精神是一种群体意识，是把企业先进的、具有代表性的理想和信念转变为企业的一种群体意识而培植于员工的思想深处，通过员工的某种默契、共识和觉悟而发生作用。

(2) 企业精神具有强烈的实践性，是企业在长期的实践中发展起来的，并由企业领导加以凝练、倡导和垂范的一种应用型的精神。在这个过程中，企业领导自身的经营思想、价值取向、工作作风和方法会不同程度地融入企业精神之中。

(3) 企业精神是一种富有本企业特色的意识，它能真正反映本企业经营管理和追求目标的特殊性。实践已经表明，只有真实反映企业个性的企业精神，才能成为企业发展的动力，才能对企业的职工有强烈的激励作用。

旅游企业精神是该企业按自身特点的性质、任务、宗旨和发展方向，在长期生产经营实践中由企业负责人积极倡导、精心培育而形成的，同时有被企业全体员工认同的正向心理定势和主导意识，是一种团体精神。企业精神是企业的灵魂，是企业领导和员工信奉的精神信念。各个旅游企业都有自身的企业精神。例如，假日饭店联号提倡"暖"，希尔顿饭店联号强调"快"，香港文华大酒店突出"晴"。

4）企业目标

企业目标是企业在一段时期内为适应外部形势的变化和内部发展的需要而确立的奋斗目标，是企业的使命。企业目标一般包括两层含义。其一是物质性、实利性目标。即任何一个企业都必须把追求利润最大化作为其最基本的使命，通过此目标来提高员工的信心，激发员工的积极性，否则，企业就失去了发展的动力。其二是企业对社会的责任。企业除了追逐利润外，还必须承担相应的社会责任，从而实现企业的可持续发展。为此，经营者和管理者在制定经营目标时应该站在社区、社会的高度，以求得经济效益、环境效益和社会效益三者的平衡。

5）企业风气

企业风气是企业文化的重要内容，它具体体现在企业内部的民主作风上，包括员工的民主意识、民主权利和民主义务。在现代企业文化的建设和管理中，具体体现在"以人为本"的价值观和行为规范上。同时，企业为适应不断变化的社会发展的需求，还应该培育企业内部不断学习、不断创新的精神，营造企业积极向上、开拓进取的氛围。

6）企业形象

企业形象是指公众对企业综合认识以后形成的最终印象，是企业价值观、经营宗旨和道德观等构成要素的形象体现。正因为有了企业形象，才能把那些看不见、摸不着的企业文化构成要素变成可以为社会感知、记忆和传播的东西。企业形象具有四大特性。

(1) 企业形象形成的客观性。由于企业形象是人们在对企业各方面有了具体的感知和认识之后才形成的总印象，所以企业形象的形成具有客观性。

(2) 企业形象表现的主观性。尽管企业形象是在客观基础上形成的，但其表现却反映出一定的主观性特点，也就是说企业的这一客观现实是通过企业有意塑造才被认识的。

(3) 企业形象的相对稳定性。公众对某企业的总体印象产生之后，一般不会轻易改变，这就使得每一个企业的形象具有相对稳定性的特点。

(4) 企业形象塑造的传播性。企业为了能够主动地在广大公众心目中树立良好的企业形象，必须借助传媒这一主要的渠道和手段。

为此，旅游企业如何塑造和维护良好的企业形象，改变不利的企业形象，成为企业文化建设的重要内容。

精神文化是企业文化的根本所在，是企业文化建设的重点。旅游企业文化建设就是要去除那些不能促进企业发展、缺乏时代感的劣势文化，树立起为大多数员工认可并贯彻实施于工作中的先进的企业理念。例如，美国运通旅行社的"美国人走到哪里，运通就走到哪里"的经营信条、北京凯宾斯基饭店的"宾客的第一选择"的经营宗旨、青岛海景花园大饭店的"以情服务，用心做事"的企业精神和"把客人当亲人，视宾客为家人"的经营理念等都属于企业精神文化。

应用案例 8—1

希尔顿饭店的宾至如归

美国希尔顿饭店创立于1919年，目前遍布世界五大洲的各大城市，成为全球最大规模的饭店之一。90多年来，希尔顿饭店生意如此之好、财富增长如此之快，其成功的秘诀是牢牢确立自己的企业理念并把这个理念贯彻到每一个员工的思想和行为之中，创造"宾至如归"的文化氛围,注重企业员工礼仪的培养,并通过服务人员的"微笑服务"体现出来。

希尔顿饭店总公司的董事长,89岁高龄的唐纳·希尔顿在50多年里,不断到他分设在各国的希尔顿饭店、旅馆视察业务。希尔顿经常从这一洲飞到那一洲,从这一国飞到那一国,专程去看看希尔顿礼仪是否贯彻于员工的行动之中。他写的一本名为《宾至如归》的书,时至今日已成为每个希尔顿饭店工作人员的"圣经"。如今,希尔顿饭店的资产已从5 000美元发展到数百亿美元。希尔顿饭店已经吞并了号称为"旅馆之王"的纽约华尔道夫的奥斯托利亚旅馆,买下了号称为"旅馆皇后"的纽约普拉萨旅馆,名声显赫于全球的旅馆业。

2. 企业物质文化

旅游企业物质文化是指旅游企业中通过可视的客观实体所表达和折射出来的文化特点和内涵,是企业文化的外部表现形式,同时又受到精神文化和行为文化的规范和制约。旅游企业物质文化建设,应当在遵循技术审美、顾客愉悦和伦理价值的原则下,根据不同消费者的不同需求,塑造内容丰富、形式多样的表现形式。

旅游企业在名称标志、建筑形态等方面极力塑造一种醒目、易记的形象,这在饭店企业中尤为明显。例如,广州白天鹅宾馆独具特色的中式园林中厅、有饭店标志的用品、饭店与周围环境所形成的独特景观等,都是属于饭店企业文化的表层物质文化范畴;中国旅行社行业中,中国国际旅行社的"CITS"、中国旅行社的"CTS"、中国青年旅行社的"CYTS"的品牌形象也是企业物质文化形式。

3. 企业行为文化

旅游企业行为文化是旅游企业在生产经营与管理、公共关系活动中产生的活动文化,它是以人的行为为形态的中层企业文化,以动态形式而存在。它是企业精神文化在企业行为活动层面上的体现,是把企业物质文化和精神文化有机地结合起来的桥梁与纽带。显然,企业精神文化是无形的理念,如果没有行为活动,那么企业理念只是空洞的口号而已。同样,企业行为活动如果没有理念的统帅与指导,就很难呈现出统一性、规范性与高效性。企业的行为具体表现为:企业内部环境的营造、员工教育、员工行为规范制度等;企业外部的市场调查、产品开发设计、服务活动、公关促销活动等。企业文化建设就是要使我们的各项活动统一在企业精神文化之下,成为贯彻、体现企业核心理念的自觉行为。

例如,中国大酒店员工所具有的高超服务技能,表现出来的高雅气质、高效便捷的服务行为、优雅的服务姿态,都是属于旅游企业行为文化的范畴;北京凯宾斯基饭店所承接的各种接待活动,尤其是对国家元首的接待活动,以及饭店一年一度的春节联欢晚会等文化活动,也是饭店企业行为文化的表现。

4. 企业制度文化

制度文化主要包括规章制度、企业制度、领导制度和组织机构。它是企业管理模式的反映,是一种强制性文化。旅游企业文化建设就是要使旅游企业的制度文化全面适应企业精神的要求,促进旅游企业文化体系的形成,使企业成为一个强有力的集体,更有效地为企业整体目标服务。例如,中国大酒店严格的制度管理,尤其是本饭店要求的"外卖"服务和在饭店提供一致的服务标准,就是旅游企业文化中制度文化的代表。正是这一系列制度的建立及其贯彻执行，造就了中国大酒店高素质的员工队伍和服务质量，也正是这一系列制度使中国大酒店赢得了商务旅游市场顾客的青睐。

8.2.3 旅游企业文化的特性

旅游企业文化作为企业文化的一个分支，是结合旅游企业的实际特点所形成的独特的企业文化。旅游行业在人员素质、生产经营过程、顾客等方面都与其他行业存在明显差异，因此其企业文化有着自己的特殊性。

1. 服务性

服务意识是旅游企业文化的基本点，旅游企业与其他企业不同，它没有一般意义上的生产活动，没有具体的商品，或者说它的商品是以服务为主而不是以物质产品为主的。服务是旅游企业的本质。旅游企业要为游客提供食、住、行、游、购、娱等多种项目的服务，旅游服务项目的综合性要求旅游企业之间相互协调、共同配合，如果某一种服务项目不能满足游客的需要，就会直接损害旅游者的消费利益，也会直接影响企业的旅游服务的整体水平。旅游服务中往往因一个细节不到位，导致功亏一篑。因此有人说旅游服务是"100−1=0"。"细节决定成败"特别适合旅游行业。旅游企业文化的服务性特征，决定了旅游服务必须重视细节。不重视细节的人是做不好旅游服务工作的。旅游服务应注意把每一个简单的事情做到位。关注小事，成就大事，应该成为旅游企业文化理念的重要组成部分。塑造优秀的旅游企业文化能够帮助员工牢固地树立服务意识，以良好的精神面貌做好旅游服务工作。

旅游企业的生产经营活动以提供服务为中心，因此评价其优劣的基本标准是服务质量。旅游产品具有无形性、不能转移性、生产与消费同步性、提前购买性和不可储存性等特点，这些特点使得保证旅游产品的质量显得尤其重要，但由于旅游者的不同需求和意识观念，因此对服务质量的解释、定义、检查和控制非常困难。旅游企业服务质量的提高尽管也要重视设施设备，还要重视员工服务技能的培养，要有严格的工作规章和检查制度，但最重要的是培养全体员工的服务意识。这个旅游企业共同的价值观——为顾客提供优质服务是旅游企业的生命。

2. 文化性

中国著名经济学家于光远先生曾经指出："旅游是带有很强文化性的经济事业，也是带有很强经济性的文化产业。"感受和体验异地的文化是大多数旅游者出游的主要目的。旅游经营只有体现出不同的文化特色才能吸引游客，从而提高旅游企业的经济效益。在一定意义上说，文化是旅游业的灵魂。正因为旅游的文化属性，旅游企业要具备浓厚的文化意识。一方面，旅游企业要为游客提供具有一定文化品味的旅游产品。实践证明，旅游产品的文化性越强，文化品味越浓，就越受消费者欢迎，社会经济效益也就越好。例如，饭店本来是提供游客食、住、娱的场所，主要是保证良好的服务设施和高质量的服务。但现在的旅游饭店，不仅在建筑设计、装修和各种设施上下功夫，体现自己的文化特色和民族风格；而且在餐饮和整个服务过程中表现出文化艺术品位，形成自己的特色品牌。大型游船也是一样，他们纷纷用文化包装自己(如长江三峡的"三国号"游船等)，彰显特色。另一方面，旅游企业形象塑造要体现文化内涵。良好的企业形象是旅游企业发展的生命线。旅游企业的形象不仅表现为有形的、看得见的外显事物，而且体现为无形的内在素质，是旅游企业的实物要素和情感要素留给社会公众的总体形象。虽然旅游企业形象的构成要素是多方面综合的，但从这些要素的本质属性看，无一不是文化内涵的反映。因此，塑造旅游企业的良好形象，必须注重深化文化内涵。

3. 人本性

旅游企业是一种服务性企业，其员工直接面对的是顾客，为顾客提供面对面的服务，因此重视企业文化的作用，首先就要重视人的作用。旅游企业文化首先就是人本文化，旅游企业文化强调要把企业建设为一个人人具有使命感和责任感的命运共同体。在管理实践中应贯彻尊重人、理解人、关心人、信任人的原则，重视对人的激励、培训、考核、任用和晋升，重视开发人的精神素质，使人得到全面的发展。同时，在此基础上，统一大多数人的思想，形成一致的价值观和经营理念。旅游企业作为一种接待服务性的社会组织，需要提供的是充满人性亲情的情感服务，以此来打动消费者，旅游者的消费也主要追求的是感性上的满足(物质性的满足不占主要地位)，通过消费旅游服务产品，表现出旅游者的社会地位、经济地位、生活情调、个人修养等个性特征和品位。

随着社会经济的不断发展，人们的生活水平日益提高，旅游消费的感性化程度将越来越高。旅游企业是劳动密集型的企业，旅游产品的生产与消费每时每刻都离不开员工的劳动。在这个过程中，员工的工作状态对服务质量有着决定性的影响，员工的每一句话、每一个动作、每一种表情都可能导致消费者对旅游产品的满意或失望。一个精神状态差的服务员工，一个厌倦"伺候人的工作"的员工的劣质服务可能会毁掉一大笔业务，其恶劣影响会使旅游产品的质量大打折扣，进而破坏整个旅游企业的声誉和形象。因此，以员工为中心的原则对旅游企业有着特别重要的意义。旅游企业要充分调动员工的积极性，激发他们劳动的创造性，发挥他们的主观能动性，就应尊重他们，把他们放在主人翁的地位上。唯有如此，旅游企业才能提高服务质量，提高劳动生产率。因此，旅游企业在倡导"顾客至上"意识的同时，必须在内部提倡和贯彻"员工第一"的思想，因而，"两个上帝"(管理者视员工为"上帝"，员工视顾客为"上帝")的口号就在旅游业中应运而生了。要尊重与信任员工、关心与爱护员工、培养与激励员工，增强员工对企业的归属感和荣誉感，就必须强调企业的民主化管理、人性化管理。

应用案例 8—2

中国大酒店的人性化管理

2003年，一场"非典"大风暴席卷神州，中国大酒店所在的广州更是重灾区。面对 SARS 风暴的无情冲击，不少星级酒店以大幅度裁员来应对。相反，中国大酒店则以另一种方式迎接 SARS 的挑战，酒店管理层达成共识：SARS 是暂时的，员工却是企业的重要"资源"，一个以人为本的企业是不能轻易裁员减薪的。酒店管理层借此机会让员工树立起企业主人的精神，总经理在员工大会上声情俱下："试问在座各位，有谁愿意看到和自己朝夕相处、愉悦共事的同事被解雇呢？让我们大家和酒店一齐全心全意抗击'非典'、众志成城共渡难关吧！"一席话，赢得了全场经久不息的掌声。

不减薪、不裁员，酒店给了员工两个去处。一是"强迫"他们休息：许多员工长期加班加点，累积了太多的假期，平日工作太忙，没时间休假，这正好可以让他们休息；二是办各种培训班：为员工们"量身定制"了各类专业岗位技能培训及语言培训课程。

中国大酒店在社会公共危机中的作为，充分体现了以人为本的优秀企业文化。实践证明，中国大酒店此举为其后续健康、稳定的发展奠定了坚实的人力基础。

4. 国际性

旅游企业国际化程度相当高，具有开放性与世界性的特点。旅游企业接待的是来自不同国家和地区的旅游者，客源广泛，他们之间的需求多种多样，差异很大。旅游企业在面向国际市场经营的过程中，应在管理和服务方面争取与国际惯例"接轨"，促进企业走向世界，提高企业在国际市场上的竞争力。饭店业星级评定制度、饭店金钥匙服务、旅行社质量保证金制度及 ISO9000 国际质量体系认证的导入实施都是适应旅游企业国际化发展的特点和趋势。另外，许多国际性的饭店集团大举进入中国市场，这些旅游企业在与中方合作过程中，必然带来由于中西方文化差异引起的撞击，双方在价值观念、工作方法上有着明显的差异，因此沟通与理解成为双方合作的关键。就这点而言，中外合资、合作经营的旅游企业必须建立起能为中外双方所包容的企业文化。

8.3 旅游企业文化建设

8.3.1 旅游企业文化建设的原则

1. 系统全面原则

旅游企业文化在创立、成长的过程中，会存在一个庞杂的变量群与其发生作用。这些变量不仅包含企业外部的政治、经济、社会文化和技术，还有内部的员工、资金、物质设施设备、服务技能、经营管理，以及旅游企业文化自身的历史、现状和未来。旅游企业文化就是在这些内变量和外变量、可控因素和不可控因素合力作用下实现的，包括多个层次、多种功能和多种特性在内的网络文化体系。由此看来，塑造旅游企业文化应始终坚持系统全面的原则，才能建立起良好的服务文化，并使其健康运行。

系统全面原则在实践中要求正确处理 4 种关系。①人和物的关系。硬件建设始终不能代替人的重要性，树立以人为本的管理理念，突出人的核心地位，尊重和关心每一位员工是旅游企业的立足之本。②物质和精神的关系。物质刺激是旅游企业通常采用的激励手段，精神激励在市场经济的冲击下逐渐遥远，但人的心理本性却始终会从物质需求向精神需求过渡，关键是如何在二者之间取得平衡。③制度体系与精神约束的配合。硬性的限制会对人的心理产生负面的影响，而精神限制通过自觉遵守群体规范会使人产生归属感。④理念与实践的关系。精神内涵需要赋予物质的内容才能显得充实、丰满，才能为旅游企业员工所理解、掌握。因此，必须正确把握好理念与实践的关系。

2. 与时俱进原则

文化具有继承性和累积性的特点，一个国家在长期发展过程中逐步形成的传统民族文化，具有强大的渗透力。旅游企业文化应植根于民族文化传统这片沃土之中，这使得企业的价值观念、行为准则、道德规范等无不打上民族文化的烙印。也正因如此，旅游企业文化具有一定的民族性、传承性，具有民族特色。但是，它又不能只局限于此，必须要随着社会、经济、政治和科学技术的发展而发展，汲取现代企业发展的先进思想与观念，以适应现代企业发展之需。也就是说，旅游企业文化建设要遵从传统性与时代性相结合的原则。

3. 品质文化原则

品质文化原则即强调旅游服务的质量。服务质量是旅游企业的生命，持续稳定的优质服务，是维系旅游企业信誉和品牌的根本保证。服务的使用价值是旅游企业文化的物质基础，注重服务品质是塑造旅游企业文化的基础。关于服务质量，最重要的应该是服务过程，即过程质量。很显然，顾客与服务提供者之间存在一系列的互动关系，服务结果传递给顾客的方式，对顾客的感知起着很重要的作用。在服务过程中，精心和细腻地应对决定服务质量的五个因素(有形性、可靠性、响应性、真实性和移情性)，体现出高质量和高品位，从而在旅游企业中营造一种服务结果与过程并重的氛围，形成高品质的旅游企业文化。实际上，服务是一个创造价值的过程，每一个细节都不容忽视。服务结果与过程并重，体现了品质文化原则和一种真正的服务导向性企业文化的内在要求。

4. 以人为本原则

人不仅是旅游企业的创造者，而且是旅游企业文化的丰富者。旅游企业是以人为主体的社会经济实体，人是旅游企业取之不竭的最大能源，是旅游企业发展的最大动力。以人为本的思想出发点是关心和尊重人，考虑人的利益，这也正是服务性企业文化的本质内涵。这里的人不是仅限于旅游企业的员工，还包括顾客、原材料和能源供应者，以及旅游企业所在社区的居民等一切与旅游企业相关的人。

旅游企业文化建设必须坚持以人为本的原则，主要体现在以下六方面。①发挥人的价值。旅游产品的提供需要旅游企业员工、顾客及其他相关人员的共同支持，旅游服务的过程就是企业价值、员工价值和顾客价值共同实现和发展的过程。②开发人的潜能。对旅游企业员工的管理不是控制和监管，而是最大化地发挥他们的潜能。③尊重每一个人。这是旅游企业的最高宗旨。④塑造高素质的员工队伍。这是旅游企业提供优质产品的基本保证，也是其获得成功的基础。⑤团结人形成合力。这是旅游企业服务系统正常运营的重要保证。⑥促成人的全面发展。在生产、消费与服务过程中实现人的全面发展，这是旅游企业的最终目标。例如，假日酒店的创始人威尔逊曾经说过："没有满意的员工，就不会有满意的顾客。有幸福愉快的员工，才会有幸福愉快的客人。"花园酒店坚持"员工第一"，提出"酒店的生命属于员工"，实行"员工日"。世界各国著名的酒店、商场都非常重视员工的地位和作用，把员工放在极为突出的位置，并以此激励员工。

应用案例 8-3

马里奥特国际集团的人本精神

如今拥有 2 600 家酒店、遍布美国及 63 个国家和地区的马里奥特国际集团，其文化便体现在企业内部沟通、外部客户关系协调的全局性理念当中，人本精神就是马里奥特国际集团78年成功的根本。马里奥特国际集团一直坚信员工是最重要的资本，承诺平等对待每位员工并为全体员工提供培训和晋升机会，为员工创造最利于个人发展的工作和生活环境，并将承诺实施到实处。马里奥特国际集团的员工常常能在更短的时间内被提升，公司的高层行政管理人员也经常通过现场考察、备忘录、谈话和各种定期会议加强与员工交流。与此同时，公司也要求员工要不遗余力地为客人提供尽善尽美的服务，崇尚的服务格言是"顾客永远对"。马里奥特国际集团还积极支持社会活动，鼓励公司员工通过各种组织参加志愿活动，真诚地希望社区成员生活有所不同成为了其企业的管理哲学。马里奥特国际集团还为残疾人设立了马里奥特基金会，为公司所在社区提供帮助解决个人和家庭问题的家庭服务，设立社区服务日，改善和保护社区环境等。因此马里奥特国际集团获得了社会的一致好评。

8.3.2 旅游企业文化塑造的程序

旅游企业文化涉及旅游企业的方方面面，塑造成功的旅游企业文化是一个复杂的系统工程。一般来说，旅游企业文化的塑造大体要经历以下五个阶段。

1. 分析诊断

旅游企业文化是一种特殊的文化现象，伴随着旅游企业的诞生、成长、壮大而出现并不断发展。旅游企业文化的分析和诊断是指对企业文化现状做出客观的分析和评价，从而明确企业文化的薄弱环节及需要加强企业文化的各项措施。进行旅游企业文化的诊断，规模较大、管理力量较雄厚的旅游企业可以成立诊断小组，管理人才相对缺乏的旅游企业则通常聘请咨询机构的咨询人员、管理研究部门或其他专家。

这一过程可以概括如下。①准备阶段。该阶段的主要工作有：确定分析和诊断的有关人员，一般由外部专家和内部人员构成；准备能反映旅游企业文化的有关资料；设计科学、合理的问卷等。②调查阶段。即分析与诊断小组运用各种有效的方法来了解旅游企业的文化现状。具体方法有：进行服务现场观察，透过现象探察本质；通过会议与旅游企业高级管理人员座谈；与旅游企业员工进行面谈；进行问卷调查等。③分析与诊断阶段。即对搜集到的各种有关旅游企业文化方面的信息和资料进行分类、整理和分析，形成诊断报告书。

2. 设计规划

设计规划是在分析诊断的基础上，根据旅游企业文化的现实和未来发展设想，制定的有关旅游企业文化模式的方案，这有助于增强工作的计划性和有效性。旅游企业文化的核心是价值观念体系，主要包括价值观、企业精神等。因此，旅游企业文化设计规划的中心在于定格企业文化的精神核心。旅游企业要在分析企业文化现状的基础上，结合企业的内外部条件，提炼出价值观和企业精神，并用确切的语言概括出来，成为固定的企业理念。各类旅游企业经营范围、运作体制和规模档次不同，观念体系的设计也应有所区别。大型饭店的成功经验有可能恰恰是小型饭店的失败教训。例如，标准化是某些连锁饭店的成功经验之一，但对于那些小型饭店可能并不适合，特色化可能才是他们的选择。当然，顾客至上的服务意识、以人为本的经营理念、面向世界的开放思想、开拓创新的变革精神、追求最佳的竞争意识等，是任何旅游企业塑造企业文化时都必须考虑的内容，但要注意立足实际和积极创新相结合，创造个性和体现共性相结合。

3．评估调整

旅游企业文化设计规划制定之后，要进行论证实验和评估调整。首先，要在经过选择的范围或区域内推行，从经验和实践两方面充分论证规划的可行性。其次，根据设计规划要求，对规划的实施效果进行衡量、检查评价和估计，以判断其优劣，调整目标偏差，避开文化负效应，保证正效应，使塑造的旅游企业文化能够健康、稳定地向正确方向发展。评估调整要注重实效，设立评估的目标，建立参照系，并严格按照确定的标准进行定性与定量评估与分析。

4．巩固强化

确定企业文化的精神内核之后，要创造条件付诸实践并加以巩固，使之体现在企业的一切经营管理活动和员工行为之中，建立制度保障体系。

(1) 塑造优秀的旅游企业文化，首先要建立起产权清晰、责权分明、自主经营、自负盈亏的现代企业制度，从根本上激发旅游企业的活力；要推行民主管理制度，形成"家庭环境"的工作氛围；建立公开合理的分配和人事晋升制度。如果缺乏这些制度的保障，即使是经过精心设计的旅游企业文化最终也只能流于形式。从整体上赋予企业文化内涵。旅游企业的产品和企业的一草一木都要传递企业的价值观念和哲学思想。企业的建筑物、人造景观等应赋予企业文化的内涵，使员工和顾客时刻感受到企业的价值观念。例如，北京香山饭店在一处 10 平方米的平面石板上挖了一条弯弯曲曲的小沟槽，这是古代的一种考试工具，说明了"人在规定的时间内完成规定的事情才有意义，否则机会不再有"的哲理，体现了香山饭店企业文化中为客人提供快速服务的理念。

(2) 加强舆论宣传。通过各种舆论工具和各种业务活动来宣传企业文化，让员工在潜移默化中接受和理解企业文化，并逐渐以此来指导自己的行为。企业管理者身体力行。旅游企业的决策者和管理者要在工作实践中积极倡导新的企业文化，提倡什么、反对什么，都要以身作则，为员工做出榜样。

(3) 充分运用各种激励手段。企业价值观的最终形成是一种心理积累过程，需要不断加以强化。对那些与本企业文化相一致的思想和行为要及时表扬或奖励，对那些与本企业文化不相符的思想和行为要及时批评或惩罚，使奖惩成为企业精神和价值观的载体，使企业文化成为可见的、可感知的现实因素，从而得到巩固和强化。

5．完善提高

旅游企业文化在实践中得到巩固、强化之后，尽管其核心内容不易改变，但随着企业内外环境的改变和企业经营管理实践的发展，旅游企业文化还需要不断调整、充实、完善和发展，甚至要提出新的内容和风格，推出新的文化样式。因此，旅游企业文化的完善提高,既是旅游企业文化塑造的一个过程的结束,又是下一个塑造过程的开始,是一个承上启下的阶段。当旅游企业文化有陷入困境的征兆时,企业就必须对原有文化实行彻底的扬弃,重新设计和塑造新型的企业文化内容。

8.3.3 旅游企业文化建设的方法

旅游企业文化属于微观经济组织管理文化的范畴,它主要通过文化的精神暗示和心理感召来发挥作用。因此,旅游企业文化建设必然要建立在人的心理机制之上,要巧妙运用心理定势、重视心理强化、利用从众心理、培养认同心理、激发模仿心理和化解挫折心理,从而提出塑造旅游企业文化的基本方法。

1. 塑造企业模范人物

旅游企业中的英雄模范人物,是企业价值观的化身和组织力量的集中体现,是企业文化的人格化代表和象征,他们的事迹可以形成巨大的心理刺激,使其他员工由敬佩、爱戴到模仿,这个过程也是旅游企业文化的认同和实践的过程。英雄模范人物来自于群众之中,其理想、信念和追求产生于旅游企业的具体的环境,易于为其他员工所认同。英雄模范人物能引导舆论的导向,强化企业的价值观。他们能利用自己在企业中的声望和地位,调节企业内部的各种矛盾,疏导各种关系和冲突,从而保持企业内部的稳定性。旅游企业造就英雄模范人物并非易事,企业领导人和高级管理人员应该率先成为企业的英雄模范人物,作为旅游企业文化的倡导者,他们的一言一行对广大员工起着暗示和榜样作用。要注意从基层发现和培养不同侧面的英雄模范人物,使员工产生认同感和亲近感。基层服务人员的优秀特质和事迹往往集中表现在某一个方面,可以从不同的侧面来塑造单项标兵,如评选微笑大使、服务明星、节能标兵等。对英雄模范人物不仅要给予精神表彰,同时还需给予物质奖励,以充分激发广大员工的模仿心理,还可以借用其他旅游企业或其他行业的历史上的或现实中的英雄模范人物的言行和事迹,推动旅游企业文化建设。

2. 创建企业礼仪文化

旅游企业和其他企业一样,有一定的礼仪活动。旅游企业各类活动仪式是企业价值观的外显形式,通过各种礼仪活动,企业价值观体系变得通俗易懂,容易被广大员工理解和接受。其形式主要有以下4种。①标志性礼仪,如旗帜、徽章、工作服装等。这些标志作为旅游企业的一种特定的符号,可以引起人们的注意,从而把本企业与其他企业区别开;可以作为企业目标、价值观和作风的象征,时刻提醒员工恪守不渝;还可以通过穿制服、佩戴企业徽章等渲染一种情境和气氛,从而激发人们的联想,引起积极向上的情绪体验。②纪念性礼仪,指旅游企业具有重要纪念价值的活动,如店庆仪式、企业获得重要荣誉的纪念性仪式等,通过这种仪式引导员工产生自豪感和归属感,从而增进与企业的感情。③工作惯例性礼仪,指企业日常经营活动中的常规性仪式,如表彰会、例会、工作动员会、职工代表大会等,这是塑造旅游企业习俗的重要形式。④生活惯例礼仪,指在工作之余所开展的与员工生活直接相关的各种活动,如文体活动、联谊会、欢迎会、欢送会、团拜会、祝寿会等,这些都有助于增进员工相互间的了解和友谊，协调内部人际关系。

在创建旅游企业文化礼仪过程中，首先要赋予文化礼仪活动以明确的指导思想，把企业倡导的价值观融入具体的活动形式中，要引导员工积极参与，如果员工缺乏参与的积极性，就失去了应有的价值和作用。此外，还要注意文化礼仪的稳定性和连续性。

应用案例 8-4

你今天对客人微笑了没有

企业礼仪是企业的精神风貌。它包括企业的待客礼仪、经营作风、员工风度、环境布置风格及内部的信息沟通方式等内容。企业礼仪往往形成传统与习俗，体现企业的经营理念。它赋予企业浓厚的人情味，对培育企业精神和塑造企业形象起着潜移默化的作用。

酒店大亨康拉德·希尔顿十分注重员工的文明礼仪教育，倡导员工的微笑服务。他每天至少到一家希尔顿饭店与饭店的服务人员接触，向各级人员(从总经理到服务员)问得最多的一句话，必定是："你今天对客人微笑了没有？"1930年是美国经济萧条最严重的一年，全美国的旅馆倒闭了80%，希尔顿的旅馆也一家接着一家地亏损不堪，一度负债达50万美元。希尔顿并不灰心，他召集每一家旅馆员工向他们特别交待和呼吁："目前正值旅馆亏空靠借债度日时期，我决定强渡难关。一旦美国经济恐慌时期过去，我们希尔顿旅馆很快就能进入新的局面。因此，我请各位记住，希尔顿的礼仪万万不能忘。无论旅馆本身遭遇的困难如何，希尔顿旅馆服务员脸上的微笑永远是属于顾客的。"事实上，在那纷纷倒闭后只剩下的20%的旅馆中，只有希尔顿旅馆服务员的微笑是美好的。经济萧条刚过，希尔顿旅馆系统就领先进入了新的繁荣期，跨入了经营的黄金时代。希尔顿旅馆紧接着充实了一批现代化设备。此时，希尔顿到每一家旅馆召集全体员工开会时都要问："现在我们的旅馆已新添了第一流设备，你觉得还必须配合一些什么第一流的东西使客人更喜欢呢？"员工回答之后，希尔顿笑着摇头说："请你们想一想，如果旅馆里只有第一流的设备而没有第一流服务员的微笑，那些旅客会认为我们供应了他们全部最喜欢的东西吗？如果缺少服务员的美好微笑，这好比花园里失去了春天的太阳和春风。假如我是旅客，我宁愿住进虽然只有残旧地毯，却处处见到微笑的旅馆，也不愿走进只有一流设备而不见微笑的地方……"当希尔顿坐专机来到某一国境内的希尔顿旅馆视察时，服务人员就会立即想到一件事，就是他们的老板可能随时会来到自己面前再问那句名言："你今天对客人微笑了没有？"

3．构筑内部沟通网络

旅游企业文化的塑造过程实质上是新的价值观在员工中传播和一体化的过程，这需要企业内部群体的沟通。沟通的形式有企业通过制度规定的正式信息传播渠道和员工内部的非正式信息传播网络。由于企业内部信息沟通主要依靠非正式沟通网络，因此旅游企业文化塑造要充分利用非正式沟通网络。具体做法：首先，要明确认识到非正式沟通网络对塑造旅游企业文化的重要价值；其次，要加强与员工的交流，随时掌握非正式沟通网络的详细信息；最后，要通过恰当的方法影响或培育非正式沟通网络，使它成为传播旅游企业文化的工具。

旅游企业价值观的传播，企业精神的认同，都需要群体内部上下级之间、不同部门之间的沟通。企业信息的传递渠道有正式渠道和非正式渠道之分。非正式沟通渠道对正式沟通起着补充作用，现实中往往是企业内部信息沟通的主要手段，员工们的真实思想常常是在非正式的沟通中表露出来。旅游企业文化建设要善于利用非正式渠道，了解每个人在非正式沟通网络中的角色和地位，并用适当的方法影响或有目的地培育这个网络。

4. 营造企业文化氛围

营造旅游企业文化氛围，就是通过营造良好的氛围，使员工感受到企业的整体精神追求，进而产生思想升华和价值认同。旅游企业文化氛围主要包括物质氛围、制度氛围和感情氛围三个方面的内容。物质氛围是旅游企业通过物质要素及其组合产生的格调和情趣；制度氛围是企业员工对企业的各项政策、制度、规定的态度和情绪；感情氛围是通过员工的交往所表现出的气氛和态度。在旅游企业文化氛围的构成中，感情氛围是核心，它集中体现了旅游企业文化的内涵。营造良好的感情氛围需要加强员工间的相互沟通，使他们相互尊重与信任，能在和谐、愉快的环境中工作，这些又恰恰体现了以人为本的思想。

5. 建设企业形象识别系统

企业形象识别系统(corporate identity strategy，CIS)是随着企业市场竞争日益激烈而逐渐发展起来的，以设计和塑造良好企业形象为目的的一种新的经营思想。企业识别作为一种经营技巧，最早产生于美国。企业形象识别系统即通过企业识别系统的运作，把企业的各种信息传递给企业员工、社会公众、机关团体和新闻媒体等，以塑造良好的企业形象，赢得消费者的信任与肯定，从而达到扩大产品销售的目的，为企业带来更大的经济效益和社会效益。企业形象识别系统由三大要素构成，即理念识别(mind identity，MI)、行为识别(behavior identity，BI)和视觉识别(visual identity，VI)。

(1) 理念识别。是指一个企业经营管理观念的独特化和统一化。它是企业识别系统运作的起点和原动力，完整的企业识别系统的建立首先有赖于企业理念的确立。一个企业的理念识别决定着它的行为识别和视觉识别。

(2) 行为识别。又称为活动识别，是指企业在实际工作中，以企业理念为指导，对所有企业行为实行统一化管理，以形成统一的形象。行为识别是理念识别在企业活动层面上的具体体现，是企业形象识别系统的执行面。行为识别包括两大部分内容：内部行为识别系统，包括企业环境营造、员工教育和员工行为规范化；外部行为识别系统，包括产品规划、服务活动、广告活动、公关活动及其他促销活动。

(3) 视觉识别。是指以企业标志、标准字、标准色为核心展开的完整的、统一的、静态的视觉传达体系，它贯穿于企业存在和行为的各个方面，是企业形象识别系统中最敏感、最活跃的部分。企业视觉识别系统由基本要素和应用要素两部分构成：基本要素包括企业名称、企业标志、企业标准字、标准色、企业象征图案等；应用要素包括企业事务用品、办公设备、招牌旗帜、建筑外观、室内装潢、产品包装、广告媒体、服装服饰、交通工具等。

本章小结

本章从企业文化的起源入手，阐述了企业文化的内涵、特性与功能，进一步对旅游企业文化的概念和结构系统进行分析，论述了两者之间的共性和个性；本章的重点主要放在了旅游企业文化建设的原则、程序和方法上。

关键术语

旅游企业文化、功能、企业精神、企业形象、企业形象识别系统策划

习题

一、填空题

1．旅游企业文化由_____、_____、_____、_____、四个部分组成。
2．旅游企业文化的构建应遵循_____、_____、_____、_____、_____的原则。

二、简答题

1．什么是企业文化？企业文化有哪些特征和功能？
2．旅游企业文化具备什么样的特性？
3．旅游企业文化构建的程序有哪些？
4．旅游企业文化在旅游企业管理中的地位和作用是什么？

三、案例分析

湖南怀化大酒店企业文化案例

湖南怀化大酒店无论是对付竞争对手，还是为顾客提供完美的服务，它的企业文化影响到了整个企业经营战略、企业管理机制、企业财务手段等方面。它的企业文化是包含中国传统文化底蕴，又极具时代个性色彩的酒店文化，具体体现如下。

(1) "抓后台，促前台"——半军事化的后台管理。酒店前台与后台的关系是酒店管理的难点，一般酒店总认为前台直接对客服务，是酒店的直接利润中心，所以管理的重点就放在了前台上。因而前台井然有序、标准规范，后台敷衍了事、管理混乱便成了一般酒店的通病。对于这一点，怀化大酒店认为"后台是酒店经营的基础，后台管理应该更标准、更严格，只有通过更严格的后台管理，才能保证前台的有序有效的运作"。于是，"抓后台，促前台"的管理思想便应运而生了。酒店对后台员工提出了"一长"(有一技之长)、"一宽"(发挥作用要宽)、"一高"(自身形象要高)的要求，制定实施了内务设施、办公室的20个统一和15个员工日常教育与养成规定，对档案、财务资料、职工餐厅和各类仓库等实施了规

范化、标准化、统一化的管理，使管理横向到边、纵向到底，真正做到了"有人就有工作制度，有物就有管理规定"。

(2) 人情化的经营哲学。"先做人气，后做财气"，这是白天鹅宾馆首创的，然而怀化大酒店也学习了这种经营哲学。而且怀化大酒店在做人气上更有一绝，不但做在消费者上，更是做在酒店员工身上。具体体现如下。①酒店每月1号都要进行一次升旗仪式，这已成为怀化市街头的一道靓丽风景。由18名秀丽女孩组成的女子军乐队，齐奏国歌，高唱店歌。②在对待员工上，具有中国特色的亲情管理更是体现得无微不至。"只有先把员工当家人，员工才能把顾客当亲人。"酒店提倡"员工也是上帝"，有了满意的员工，才有满意的顾客的观念。在领导方式上，提倡"权力就是责任，领导就是服务"。酒店给员工提供了良好的福利待遇，还提供了许多素质培养与发展的机会。

(3) 朴实无华的企业精神。企业精神是企业文化的精髓，是企业文化的活力源泉。企业精神的塑造是企业文化建设的主题。怀化大酒店上到总经理，下到服务员，无不体现出这一朴实无华的精神面貌。

(4) 企业家文化。企业文化的灵魂是企业家文化。企业家是企业生产经营活动中的一个关键角色，是企业的指挥者、组织者、主将、导演和领袖，是推动企业运转的心脏和核心。怀化大酒店总经理李文华提倡"有作为才有地位，有地位才有威信"，"以成败论英雄"，经常鼓励员工"要有哪壶不开提哪壶的勇气"。

问题：
1. 对怀化大酒店的企业文化结构系统进行分析。
2. 该酒店企业文化建设运用了哪些方法？

第9章 中西方旅游文化差异

❦教学目标❦

通过本章学习,学习者应了解中西方旅游文化差异的原因,中西方旅游文化差异对旅游消费行为、旅游开发、旅游饭店管理、游乐的影响。

❦教学要求❦

知识要点	能力要求	相关知识
中西方旅游文化差异的原因	能够理解相异的环境造成的文化差异	地理环境、社会环境
中西方旅游文化差异对旅游消费行为的影响	能够分析中西方旅游文化差异对旅游消费行为的影响,明确不同背景下旅游消费行为的规律	对旅游动机、旅游需求心理、旅游目的地选择、旅游消费方式、旅游审美、旅游习俗的影响
中西方旅游文化差异对旅游开发的影响	能够根据中西方旅游文化差异对旅游开发的影响在旅游实践中进行简单的操作	旅游产品的设计、开发及营销应有针对性,了解中西方游客的个体差异,提供个性化服务
中西方旅游文化差异对旅游饭店管理的影响	能够分析中西方旅游文化差异对旅游饭店管理的影响	行为文化的差异、制度文化的差异、精神文化的差异、人力资源管理方面的差异对饭店管理实践的影响
中西方游乐术的差异	了解中西方文化差异对观赏性游乐、竞技性游乐、机巧性游乐、玩耍性游乐的影响,分析中西方观赏性游乐、竞技性游乐、机巧性游乐、玩耍性游乐的不同	观赏性游乐、竞技性游乐、机巧性游乐、玩耍性游乐

❦导入案例❦

庄园旅游思考

——从安纳伯格庄园谈起

2013年6月,国家主席习近平同美国总统奥巴马在安纳伯格庄园开始中美元首会晤。影像中的安纳伯格庄园绿草茵茵,广袤开阔,吸引了全球关注的目光。作为已故美国出版巨头、慈善家、前美国驻英大使安纳伯格及其夫人丽诺尔的故居,安纳伯格庄园目前已成为美国一座著名的建筑与文化遗产胜地,来此的游客络绎不绝。

资料显示,安纳伯格庄园被称为"阳光之乡"(sunny lands),占地200英亩(约0.81平方千米),位于美国加利福尼亚州兰乔米拉奇地区,洛杉矶以东110英里,由非营利组织安纳伯格信托基金和安纳伯格家庭信托共同管理。该庄园由南加利福尼亚大学教授昆西·琼斯设计，1966年竣工。庄园包括主建筑、会客区、三座客居别墅、一个私人的9洞高尔夫球场及人工湖。主建筑中有安纳伯格家族收集的艺术品展览，其中包括毕加索、梵高、安德鲁·怀斯和莫奈的50幅作品。安纳伯格庄园目前是众多大型庆典举办地和重要官员会面的场所，曾接待过多位美国总统。

  庄园的两大要素如下。首先，庄园一定要具备农耕文明的文化形态和物质形态。庄园与农牧业有关，是农牧文明的继承和发扬。要继承，就得有形态，包括文化形态和物质形态。文化形态方面，有名人故事，或者特殊的历史故事；物质形态方面，庄园的建筑本身的外观应该是与农牧业相适应的形态。发展旅游以后，面对游客需要，庄园可能在功能上发生改变，但是其格局和框架要留有农耕文明的痕迹。其次，庄园必须具备生产和生活的功能分区。欧美的庄园是相对封闭的体系，在这个范围内，生产和生活是统一的，庄园内分布有生活区和生产区，细化为马厩、居所、种植地等，这样的区分规划使得每一个庄园相对独立，自给自足。而国内的常氏庄园、王家大院、刘氏庄园等，它们都只有庄没有园。即只有建筑，只具备居住功能，没有生产方式的载体的呈现，不具备生产功能。这样的差异其实有其历史文化背景。在中国，农耕文明时期，农民向地主租赁土地，定期交租，各自为政，地主的土地因"形"散且"神"散难以形成庄园。例如，《白鹿原》里所描写的地主白嘉轩的土地就是很好的解释。欧美则不同，庄园主找来奴隶或雇工在庄园内做事，庄园也进行了各种功能区分。因此，中国的庄园经济发育程度和欧美是不一样的。最后，庄园还必须具备一定的范围，规模太小难以成为庄园。

  根据庄园的不同，庄园旅游大致可以为分为如下三类。其一，名人故居庄园旅游。欧美、澳大利亚的成熟庄园比较多，其中比较著名的是有托尔斯泰的庄园、丘吉尔庄园等。名人故居庄园的特点是，它们是贵族居住的地方，其名气并不在庄园本身，而在于庄园主，或者在于同庄园相关的名人的名气。这类庄园作为农耕文明的载体，并不一定代表农耕文明的独特生产方式。其二，牧场庄园旅游。澳大利亚、新西兰、荷兰、丹麦、阿根廷等国家的牧场都可以归为此类。牧场庄园本质上是一种生活方式和生产方式的展现。游客参观牧场，可以零距离体验一些项目，如剪羊毛、挤羊奶比赛等，这些都是基本的牧业生产和生活方式。其三，农场庄园旅游。西班牙、澳大利亚、意大利、法国等国家均有数量可观的葡萄酒庄园，这些酒庄主要发挥两个功能，一类是酒庄的旅游功能，另一类是酒庄的酿酒功能。另外，薰衣草庄园也属于农场庄园的类型。需要注意的是，酒庄旅游属于酿造业手工业的旅游，不属于现代工业的旅游。

  将庄园分类后，基本可以判断，安纳伯格庄园实际上是庄园形态的度假村，高尔夫球场的存在便是一个很好的例证，或许称其为安纳伯格度假村更合适。美国布什家的克劳福德农场私家庄园原本是一座牧场，但已不再从事牧业生产，只是保留了牧场的形态。

  目前火热的安纳伯格庄园，尽管不是真正意义上的庄园，但是它带动了大家对庄园旅游的认识和兴趣。庄园旅游作为主题旅游，现阶段因为特殊的时事效应，具有一定的发展前景。

（资料来源：http://travel.ce.cn/gdtj/201307/24/t20130724_995121.shtml）

问题：

从中能够看到作为旅游文化，中美庄园有什么差别？

第9章　中西方旅游文化差异

9.1　中西方文化差异的原因及表现

每个消费者都是在一定的环境中成长并生活的，其思想意识也会受到这些文化环境的深刻影响。一个民族同样如此，地理位置及物质生活等方面的不同，产生了各自独特的文化体系和民族性格，这对于各国旅游业的发展具有极大的影响。

9.1.1　地理环境

人类创造了文化，同时又是文化孕育和滋养的产儿，各民族因其各自不同的自然环境和不同的历史发展过程形成了不同的文化类型，彼此之间存在着明显的差别。这些差别形成的原因是多种多样的。生态环境的差异是文化类型不同的重要原因。生态环境是人类社会及民族存在和发展永恒的、必不可少的物质前提。某个民族在一定区域内居住、劳动和生活，同时也就创造了相应的文化，与这个民族及相应文化相联系的有关自然地理条件就是我们所说的生态环境。一般来说，文化的差异最初都是来自于对自然世界认识的差异，自然地理条件决定了各民族各地区文化发展的最初方向。

三面高原一面海的相对闭塞的地域特点，使得古代中国文化基本上与外隔绝，但这同时也为农业文明的发育提供了得天独厚的条件，并以此为基础形成了以小农经济为特征的经济形态。同时，大河大陆性环境及其所造成的自给自足的自然经济使得中国人赞成尽物之性、顺物之情，把人们牢牢地束缚在土地上；而农业社会的稳定、家人亲友的长期聚居，使得中国人自古将惜别看得非常重，这让中华民族在思想情感上表现为喜一不喜多、喜同不喜异、喜静不喜动、喜稳不喜变。而西方文化的活水源头是古希腊文化，古希腊文明发源于地中海，其所处的海洋环境培育了西方民族原始的冒险外倾的民族性格。在他们看来，人类的力量与海洋比较起来显得很渺小和脆弱，但是人类依靠自身所具有的勇敢、刚毅、伟大斗争精神征服了大海，因而人类的气魄比海洋更伟大，这一切也都塑造了西方民族开放、勇敢的性格。因此，从整个古代社会和文化现象看，西方都是以个人为起点，向外开拓，不断地自我追求、自我拓展，同时也自我革新；而中国因封闭式、自我满足式的农业社会，表现出强烈的对乡土的眷念，对安谧生活的向往。

知识链接 9—1

加拿大太平洋铁路

阴沉沉的大雾锁住了苏必利尔湖北岸，发黑的湖水在冷风的推拥下一浪接一浪地拍击着岸边峥嵘的礁石，发出低沉的吼声。列车在从岸崖边开凿出的一条仅够铁轨穿过的窄道上，沿着崎岖的湖畔飞快地滑过，一路驶向遥远的落基山脉。

这是我熟悉的加拿大太平洋铁路最著名的路段，与落基山脉西侧的弗雷泽河谷段一样，被称为整条铁路沿线地理环境最恶劣的区域。然而在 126 年前，上千名移民和华人施工挥洒血泪使太平洋铁路成为了美景的展示舞台。

加拿大太平洋铁路是这个国家的传奇。它横跨于这个国家998万平方千米的土地上，从东到西横跨整个北美大陆，全长接近5 000千米。其工程建设在地理上主要分为四个部分：东部原有铁路网的整合与扩建、穿越中部草原地区、翻越落基山脉和太平洋畔的不列颠哥伦比亚地区。

加拿大的西部有着极为壮丽的自然风光。落基山脉的山河、森林和湖泊无与伦比的原始之美，是加拿大的一张价值不可估量的王牌。在1885年11月7日加拿大太平洋铁路全线贯通之后，太平洋铁路运输公司为了把铁路和土地转换为经济利益，提出了"把游人请进来"的口号。而建成通车的太平洋铁路，刚好成了实现"把美景变金钱"这一目标的保障。坐落在落基山美湖之滨的路易斯湖古堡酒店，就是太平洋铁路当初为推广铁路沿线美景而留下的。每到清晨，雾霭静静地笼罩着路易斯湖，巨大的铁灰色山岩倒映在明镜般的玉色湖水里，就像宏伟雄壮的巨人倒进了温柔旖旎的丽人怀抱。

历史不会忘记，加拿大正是凭借这条在北美新大陆上建成的铁路大动脉，实现了从大洋到大洋的大国梦想，并且把铁路沿线的山水美景推到了世人面前。如今，当人们乘坐舒适安全的观光列车从大西洋边出发，经过加拿大东部繁华的大都市、烟波浩渺的北美五大湖、一望无际的中部田野和草原、数不清的湖泊森林和举世闻名的落基山国家公园，最后到达美丽的太平洋岸边的时候，又怎能忘记一百多年前这一路上所发生的一切。

(资料来源：大河. 加拿大太平洋铁路：它遗忘了华工的奉献和死亡[J]. 中国国家地理，2011，8.)

9.1.2 社会环境

社会环境主要指由制度、政策、法规等构成的社会意识形态的总和。在中国几千年封建社会的发展中，战乱不止，动荡不息，但稳定的农业生产方式、社会组织形式、宗法伦理观念始终维系着中华民族的传统和生存。中央集权的政治制度、以血缘纽带为基础的宗法制度使得老百姓产生了喜静厌动及重乡土、重血缘的社会心理，而以孝为核心的伦理观念又限制了中国人的外出探求行为。孔子就曾指出"父母在，不远游，游必有方"。而西方民族由于山地面积大而平原面积有限，他们只能通过海上贸易换回自己所需的粮食等日用必需品，海上商贸成为西方人重要的经济活动，这促进了西方人冒险进取民族性格的形成。而古希腊的民主政治制度使得民主观念、法治意识成为社会全体成员所达成的共识，他们认为人人能力相等，地位平等，行为自由，人与人之间更多地体现了一种独立的性格。在这样的政治背景下，国民的精神被极大地调动起来，形成了开放、积极、进取的民族精神。同一民族由于有着共同的语言、共同的地域、共同的经济生活和共同的历史渊源，承接着大体一致的文化积淀，因而又具有表现于共同文化基础上的共同的心理素质，这就是一个民族的性格与文化表现。这种种不同源自华夏民族与西方民族在文化上的根本差异，其主要表现在以下四个方面。

1. 人与自然的关系

中西方在人与自然的关系的认识上存在着明显的不同。中国古代最重视的是人与自然的关系，中国古代神话大多反映的是这种关系，如"盘古开天地"、"夸父追日"、"女娲补天"、"后羿射日"等。中国传统文化中重视"天道"，讲究"天人合一"的精神，强调人的行为要符合自然的发展趋势，这也导致了对个体人格伸张的一种天然的束缚。这种定型化的生产、生活方式使得人们习惯于乐天知命、安分守己的处世之道，人与自然容易达到一种和谐状态，千百年来一贯如此，进而形成了中国人中庸平和的民族性格。而西方民族一脉相承的文化精神，就是基于"天人相分"认识上的，强调人与自然分裂、对立，强调人与自然的斗争，认为人必须依靠知识全面征服自然，这种自然取向促成了西方民族强烈的独立意识和挑战意识，从而塑造了人们讲求效率、勇于竞争、不怕冒险等外向的行为方式。西方人重视如何调正人与人的关系以适应人与自然的关系，调动人们改造自然的积极性。

2．人与人的关系

强调伦理道德的中国文化体系比较注重人际关系。中国一开始面临的就是友善的"天人合一"的黄河之滨，自然问题并不迫切，重要的是人际关系。中华民族的发展是由家庭而家族，由家族而氏族，由氏族而部族，由部族而民族，是家庭结构直接转换为国家结构的，叫做家天。所以，传统中国就是一个放大了的家族，而一个家族是一个缩小了的国家。中国人是靠血缘来维系人际关系的。为淡化和缓解人际矛盾冲突，便有了"中庸"、"仁"、"礼"等伦理说教，强调服从与秩序，主张协调和宽容。与中国传统相反，西方文化对人的个性非常崇尚，追求个体的优先地位，具有强烈的个人主义色彩和明显的个性精神。

西方文化的源头是古希腊文化，古希腊文化产生于公元前10世纪，有一支北方来的阿卡亚人来到了希腊半岛。阿卡亚人是雅利安人的一支，雅利安人是来自北方的人种，其特点是身材高大，皮肤白皙、黄头发、蓝眼睛，是标准的白种人。不知何故，雅利安人从北方南下，一支来到印度，一支来到希腊。阿卡亚人是北方的游牧民族，他们来到希腊后，发现这里既不适合畜牧业的发展，也不适合农业的发展，因为这里的土壤十分贫瘠，但可以种橄榄树，橄榄可以榨油。于是，他们就在这里发展手工业，生产橄榄油和盛放橄榄油的陶罐。另外，他们还发现一个问题，希腊半岛海岸线曲折而漫长，当顺风顺水的时候，只需一天就可以到达彼岸，因此，也适合发展航海业。手工业加航海业的结果就是工商业，于是希腊人就把自己变成了工商业的民族，工商业民族的特点就是产权必须明晰，要明确到个人，不是自己的东西不可以用来交换，这是第一点。其次，这些个人都必须流动。因为商品和货币要流通，商业的从业人员就要流动。因此，在这个节骨眼上，希腊民族发生了一个重大的变化，即捣毁了氏族血缘关系，使之变成了一群独立的、分散的、相互之间没有依附关系的个人。受这种文化特点的影响，西方人在社会生活的各个方面都喜欢标新立异、独树一帜，追求自我独立、自我发展。

3．生活方式

中国人认为，人生的真谛在于享受淳朴悠闲的生活，尤其是家庭生活的欢乐和社会各种关系的和睦，这使得中国人对世俗生活呈现出温和、内倾的特点。西方人同样追求享乐，但他们的功利意识非常浓厚，人们努力追逐物质财富，改造和征服自然，从而刺激了西方人工作、获取和创造的积极性。简单而言，我们可以将其概括为一静一动。

不同国家或民族具有不同的文化规范和沟通风格。例如，在语言沟通中，中国、日本人一般比较含蓄，善于推理；美国人习惯从字面上表达和理解传递的信息，不太拘于方式；

芬兰人内向自率、说话守信用，口头上达成的协议如同正式合同一样有效。即便对同一种情景，不同文化的人对它的理解和运用也不尽相同。例如，亚洲人习惯用点头的方式表示听懂了对方的意思，而美国人则通常将对方的点头理解为对自己观点的肯定。如果不了解不同文化的人对情景的理解和运用，就很容易在沟通中产生误会。对于约会的时间，美国人认为时间就是金钱，德国人认为准时是仅次于信奉上帝的事。跨文化沟通中，西方人对亚洲人在切入正题前过多的寒暄往往表现出不耐心；而当西方人迅速和直接地切入正题时，亚洲人则会感到过于唐突。

禁忌标志着一种文化与另一种文化差异的界限，它是文化差异中最为敏感的因素。一些公司在国际营销中失败的主要原因往往是触犯或违备了某个地区或民族的禁忌。例如，一家美国公司为了表示对环境的关注和友好，作为形象宣传，将绿色棒球帽作为礼品分发给消费者，这一做法在美国促销时颇有成效。但这家公司以同样的方式在中国台湾地区促销时，却遭遇了失败。因为对中国人来说，带绿帽子意味着妻子或丈夫的不忠。这家公司不但没有实现促销的目的，还失去了一些可能的贸易机会，事后该公司促销团负责人深为文化差异对营销的影响之大所震撼。对不同文化的禁忌保持足够的文化敏感性，并相应地调整营销策略对国际营销至关重要。例如，中国、新加坡、日本等亚洲国家都相信风水，美国凯悦旅馆在新加坡建旅馆时是按照标准设计的，没有遵从这种习俗，旅馆开业之后旅客甚少；后来不得不重新设计，使旅馆的设计符合当地的风水习俗。

知识链接 9—2

如果厌倦了伦敦，就是厌倦了人生

伦敦是老牌的国际化大都市，一万个人心中就有一万种伦敦。对一些人来说，大本钟和红色双层巴士是伦敦的标志；而对另外一些人来说，苏荷区的酒吧、哈罗德百货店的玻璃窗才是伦敦。无论用什么词来形容和比喻伦敦，对于每一个人来说，伦敦就是伦敦，一座从来不会令你失望，永远会给你带来惊喜的城市。男人迷恋伦敦，因为它与生俱来的古典和大气；女人迷恋伦敦，因为它无处不在的优雅和时尚。伦敦就像是一杯年代久远、醇香浓烈的威士忌，注定了世人今生会为它沉醉一回。

伦敦有许多世界著名的建筑，名胜古迹众多，有世界上最好的博物馆和美术馆，有闻名于世的古老教堂和大学，有世界上最繁华的购物大街和集市，也有散布在城市各个角落美丽的公园。当然，还有神圣的白金汉宫、庄严的格林尼治、繁华的诺丁山、一成不变的午后茶和热闹的夜生活，这一切都构成了一个活色生香的伦敦。伦敦涵盖了世间的一切，在这里可以找到任何你想要的东西。正如塞缪尔·约翰逊在两百年前所说："一个人如果厌倦了伦敦，他就是厌倦了人生，因为伦敦就有人生所能赋予的一切。"很少有一个城市能像伦敦那样提供给人们如此多姿多彩的视觉、听觉感受。难得有一个地方能够营造出一种情趣，以适应人们的各种奇思怪想。伦敦，它把传统与时尚、本土与外来、奢华与简朴、冷漠与温情、粗犷与精致、喧嚣与静谧完美地融合在一个城市之中。

伦敦的街头到处充斥着历史和现实的水乳交融。伦敦的内在精神和历史被完好地保留，而新的事物每天都在不断涌现。在泰晤士河的两岸，从巍峨的哥特式建筑和拜占庭式建筑到各种现代流派的建筑交相辉映,伦敦的古典和时尚被挥洒得淋漓尽致。在河的北岸是古老而辉煌的建筑:国会大厦、大本钟、威斯敏斯特大教堂、尖方塔、伦敦塔、圣保罗大教堂……每一栋建筑都代表着伦敦的一段历史,代表着一个过去的时代;而在河的南岸,没有了体现着皇家贵族气质,金碧辉煌的古建筑群,取而代之的是一批充满现代气息的建筑,展示着伦敦新世纪的新面孔。被人们称为"坏蛋"的伦敦市政厅大楼也许是世界上形状最怪异的政府建筑,而高 135 米的摩天轮伦敦眼则打破了泰晤士河畔那些由古典建筑所营造的空间平衡,虽然有一些伦敦人对这些钢铁和玻璃塑成的怪物表示不以为然,但它们却是在用另外一种方式诠释着一个富于创新精神、文化上充满自信的伦敦。白金汉宫门前头戴熊皮高帽的禁卫军和街头奔跑的老式黑色出租车在上演着伦敦的一部老电影;而时髦的红色双层巴士和街头的现代艺术,则在述说着一个新的伦敦。"在伦敦最热闹的街头你也能找到静谧,摩登女郎的高跟鞋下也踩着历史"。而当你从地面上光怪陆离的世界进入伦敦那个世界上最有历史感的地铁系统里,你无法不感受到一种时光交错的幻觉。

是什么原因使得伦敦吸引了大量的外国移民,造就了多种族融合的多元文化,平衡了守旧思想和创新精神,培养了一代又一代的绅士?当你来到伦敦就会找出确切的答案,是无所不在、无所不包的宽容,对自我和对他人的宽容,对历史和对新事物的宽容,才使得伦敦成为一座新与旧和谐相处,多种文化相互融合,无与伦比的城市。

(资料来源:http://www.360doc.com/content/13/0715/21/9159788 300215734.shtml.)

4.东西方思维的差异

东方人喜欢形象思维,西方人喜欢逻辑思维;东方人喜欢定性分析,西方人习惯定量分析。例如,有一个故事说,外国某工厂一台机器出现故障,请了一个厂外专家来修理。专家打量了一下机器,用粉笔在某个部位画了一条线,让工人在此打个洞,把里边的线圈弄好就成了。厂方问专家要多少报酬,只管开价,凭你干的这点活,即便狮子大开口,也高不到哪里去。没想到专家一开口却使厂方倒吸了一口凉气——10 000,而且还是美元。举手之劳却要这么多钱,也未免要价太高了吧?专家回答说:"画线只值 1 美元,知道在什么地方画线值 9 999 美元。如果你们知道在什么地方画线,何必请我来呢?"厂方心服口服。

有一篇短文这样说东西方人理念的不同:如果有一根小针掉在地上,中国人是低下头,弯着腰,身子转过来转过去地找;而德国人在地上用粉笔画圈,把找过的地方画一个圈,直到找到为止。中国人上公共汽车是挤着上;而美国人是排成队,这样每个人的机会都是均等的,不至于出现先来后到的结果。我们中国人总是强调"和为贵"、"天人合一"等,而西方则讲究标立新说。我们在感谢对方接待时常说这样几句话:你们国家很美丽,你们人民很友好,你们接待很周到,等等。西方人对此往往感到不解。他们认为你们万里迢迢从东方到西方,难道没有任何一点不同的感觉?为什么一律都是这么三句话呢?

9.2　中西方文化差异对旅游消费行为的影响

一个民族的民族性格表现在旅游上，即是一个民族的民族旅游性格。中西方文化的差异导致了中西方民族性格的差异，华夏民族的性格是注重群体意识，贵在中庸和谐，强调对个人、对社会、对自然界的顺应与妥协；而西方民族的性格则是注重个体意识，注重表现自己并在表现中找到快乐，这使得中西方旅游性格也大相径庭。华夏民族的旅游性格表现为稳健内敛，而西方民族则表现为冒险勇进、外向探求。这种由于中西文化差异而形成的中西方民族旅游性格的差异对旅游者旅游消费行为产生了极为深远的影响。

9.2.1　对旅游动机的影响

从总体上说，西方人的旅游动机要比中国人强，在这一点上，不能排除中西方经济水平差距的原因，但应该看到这种差异有着更为深远的文化原因。中国人强调顺应自然、人与自然的和谐，推崇伦理等级关系、和谐的人际关系与社会的平衡稳定，这都对中国人的出游动机产生了阻碍作用。而西方文化强调支配自然，改造和征服自然，以个人主义为中心，追求享乐，塑造了西方民族明显的外张性格，这使得西方人较中国人更愿意出游，更愿意探求和认知外面的世界。

自然地理环境、宗教、历史、文化等的影响，使中西方民族形成不同的民族性格。例如，中国人倾向于保守、温顺、不竞争、不冒险、谦让、谨慎、中和忠君、孝亲、尚节、守义和重视家族与群体等；西方人则倾向于开拓、好奇、竞争、冒险、坦率、独立、自信、勇于创新、注重个人主义等。中国人好静恶动的民族性格及重视家庭、家族的理念，形成了中国人保守和稳健的旅游观。在观念上注重旅游伦理，讲求游必有理，提倡适度旅游，反对过于冒险，对旅途中的安全高度关注。这些造成了对中国人旅游动机的阻抑。此外，中国人更多地将旅游作为培养人格和修养的方式，其中还贯穿了对祖国大好河山的热爱及深厚的爱国主义情结。旅游者通过旅游经历，获得更多的内心享受，但是往往忽略了对外界事物的客观考察。西方人喜动好玩，重视个人本位，强调着眼于未来，形成了西方人冒险勇进、探险求新的旅游观。西方人喜欢融于外面的世界，比较容易接受新的事物和现象。在探索"真理"方面表现出极大的热情和特有的执着，并且不断努力，推陈出新，从不满足，也绝不止步或暂停。总体来讲，西方民族的旅游动机比中华民族要强。

9.2.2　对旅游需求心理的影响

因文化不同而导致的中西方在旅游需求心理上的差异，主要表现为中国人对于单一性的、没有冲突和可预见性的倾向较为明显，需求倾向较为明显，即寻求平衡、和谐、相同；而对多样性的需求程度远逊于西方民族，缺乏冒险、求新和好奇心的民族性格，这决定了中华民族缺乏冒险的旅游动机，对旅游活动中的复杂性、多样性的追求颇有限度。而西方民族强烈的探索意识使得他们不惜冒险，在旅游需求心理上表现为征服自我，展现自我，从而满足个人的成就感，体现个人的竞争能力。而我们所见的西方旅游者，多具有主动、热情、不畏艰难的特点，他们往往喜欢一些极具刺激性的旅游项目，以此来张扬人的个性。

例如，发现新的旅游地，参加登山、滑翔跳伞、潜水冲浪、乘热气球飞行和航海等既有高度刺激性又富有浪漫色彩的活动。中西方旅游需求心理的区别源于各自社会所根植的文化土壤及其所衍生的国民性差异，西方社会的动态性使得他们的旅游需求心理倾向于急速和激烈，而中国社会的静态性则使其国民的旅游需求心理趋于舒缓和内敛。

9.2.3 对旅游目的地选择的影响

旅游目的地选择由于中西方人思维方式及对待外界事物态度的区别，使他们在旅游目的地的选择上也有着一定的倾向性，从一个侧面反映了其所代表的旅游文化的特殊之处。在中国，人们保守、喜静、谨慎的性格使得最早的旅游目的地的选择主要集中在内陆地区，特别是自己国家的领土范围内；即使出海，也是沿着海岸线航行，以便可以随时靠岸。随着社会的发展及经济形态的变化，中国人旅游目的地的选择虽然有变化，但是仍然集中在与自己文化有相似性的国家和地区，在旅途中更多寻求的是文化的共同性。景点的选择偏重于社会知名的历史文化古迹和风景名胜区及建设发展较成熟的景区；在自然景观的选择上，大多喜欢优美和谐的景物；对中华民族始祖的发源地及故乡比较热衷。由于中国人具有较强的重视群体的性格，因此，在人际关系的处理上表现出了个人服从集体的特点，表现在旅游目的地的选择上主要是易受他人的支配，听从他人的意见。从而使得一些知名度较高的旅游地在旺季达到饱和甚至超载，而那些知名度不高但景色奇美的旅游地却很少人问津。

西方人由于对外面的世界充满向往，不满足于自己国土的狭小范围，所以从古希腊开始人们就借助于海洋旅行了解世界，获取知识。频繁的航海旅游和求知旅行等活动也锻炼了他们冒险、勇进、向外探求的旅游性格，旅游起点很高。从古至今，西方人在旅游目的地的选择上就特别具有挑战性，比较倾向于不同寻常的旅游目的地；喜欢自身智力和体力能得到充分展示的旅游项目；喜欢接触他们不熟悉的异国文化和民族；在经受考验中享受成功的喜悦；他们在自然景观的选择上，大多喜欢原始古朴的景物；对历史文化景观的选择上，注重选择那些保持原始风貌的景观；往往首选自己不了解的地方和国家，探索其他地区和国家与自己的差异性。极强的个人自由主义思想，使得西方人在旅游目的地选择的决策方式上很少受他人的左右，坦率的性格往往能使他们直言自己的真实想法，坚持自己的主见。

9.2.4 对旅游消费方式的影响

旅游消费方式的差异是由多方面原因造成的，受民族性格影响的旅游观念的差异是导致旅游消费方式差异的一个重要原因。中国传统文化下所形成的保守、谨慎的性格，使人们视旅游为险途，更多的看到旅途中的不便和安全隐患，并没有将旅游当做体现个人价值、了解世界的方式，所以没有把旅游消费当成日常生活中的必要支出，而视其为奢侈品。即使旅游，人们在交通和住宿方式的选择上仍然注重经济实惠；重有形物质的消费，轻服务性的消费，如不愿光顾提供有偿服务的旅游中介，但购物的倾向特别明显；重纯娱乐消费，轻发展性消费。消费结构中，交通费、景点门票费用等基本消费占相当大的比重。西方旅游主体受到西方文化中外向、开放氛围的熏陶，对旅游是一种追求的态度，并且十分认可在旅游中对个人品格和意志的塑造，所以面对未知的旅途虽有恐惧，但更多的是向往。同时，由于西方经济发展快，国民收入高，旅游业发展也比较成熟，所以他们视旅游为生活必需品。而且他们十分重视劳务性消费，在他们的旅游消费结构中，交通和食宿的费用较多，旅游求知、考察、探险、健身等消费也相对较多。

9.2.5　对旅游审美的影响

中国人崇尚静，认为静是万物的主要形态，所以观静成为了中国的审美活动和范围，它与人的心理体验相结合，通过旅游审美来达到怡乐性情、愉悦身心的目的，体现出人性自由的审美情调。而西方人外倾的性格使得他们考察美、感受美都着眼于动态，西方的旅游审美往往通过溢于言表的激动、兴奋来表达。因而在西方旅游中一些寻求刺激、恐怖的旅游活动，对于我们而言毫无美感，而西方人却因为其恐怖、血腥而全身心投入，津津有味，他们追求的是一种形式美和现实美的享受。

例如，以工艺品的审美为例说明。中国传统工艺品大多是历代工匠艺人的手工制作。我们欣赏时，要结合实用功能领略其造型美、装饰纹样的韵律美、材料质地的肌理美和制作工艺的精致美，并通过这些美的感受去理解中华民族的文化精神和审美意蕴。泥人福娃寓意吉祥、如意和幸福，充分体现了人们对幸福的美好愿望。在惠山泥人中，人们最熟悉，也最受老百姓喜爱的就是惠山大阿福(图 9.1)，在惠山流传着这样的民间传说。在很早以前，惠山一带野兽横行，危害到了儿童。有个叫"沙孩儿"的小孩，勇斗猛兽，为民除害。为了纪念"沙孩儿"，人们用惠山的黏土塑造了勇敢的"沙孩儿"形象。后来，经过历代艺人不断地加工创造，这个寄托着人们对美好生活向往的艺术形象，便在人们心中存活了下来。这一对大阿福就作为镇山驱兽、避灾辟邪的吉祥物流传于民间。它手捧温顺驯服的猛兽，朝着人们甜甜地微笑，一副孩子气，一脸福相，确实惹人可爱。如今惠山大阿福的形象已经家喻户晓。在人们的日常谈吐中，惠山大阿福似乎已经成了惠山泥人的代名词，成了人们祈求孩子健康成长、吉祥如意的美好愿望，如今已形成了一个庞大的"阿福"体系。芭比娃娃(图 9.2)是 20 世纪最广为人知及最畅销的玩偶，由露丝·汉德勒发明，半个世纪以来，露丝创造的芭比娃娃几乎已经成为全世界小女孩的心爱之物。随着这个大眼睛、长头发的玩具娃娃的畅销，今天的"芭比"已经不仅是一个玩具，她成为是美国女性的一个象征，成为美国文化的一个象征，正如遍布全球的麦当劳、肯德基一样。作为创造这个品牌的露丝，她用自己一生的努力，给了全球的女性以梦想和希望。

图 9.1　惠山大阿福

图 9.2　芭比娃娃

　　中国的思维文化基本上都有着综合性和整体性、模糊性和感觉性的特征。这表现在审美上，则是把哲学、伦理、社会、政治等众多对象与审美放在一起共同思考。而放在对旅游景观的欣赏时，则会把美景与文章、诗词联系在一起来品味。这充分体现中国"天人合一"的审美价值观，即侧重于人在自己的情感世界里或者外物的凝神观照中，使其有限的生命之流与无限的宇宙大化之流回环激荡，进而得到充盈和升华。中国以和谐优美的审美神态为主流，中国的传统文化建立在大一统的农业基础上，是内陆型的、保存型的文化。而西方人对旅游产品的审美和欣赏价值与中国人有不同的角度和评价标准。西方旅游审美价值的思维方式是求异。他们认为具有特性的旅游产品才能吸引他们，才能值得去欣赏并予以评价。西方的审美鉴赏被认定为"关联着想象力的自由的合规律性的对于对象的判断力"。

9.2.6　对旅游习俗的影响

　　古希腊的地理环境的特点在于"小而多"，它由许多各自独立、结构各异的小地域组成，彼此易于互相交通但却难以融为一体。这个特点使这片土地上的人们产生这样一种感觉：世界是"天外有天"的。在这块土地上产生的基督教信仰上帝和这个自然地理点有着密切的联系。西方文化由于长久受基督教的影响，其传统节日起源带有浓厚的宗教色彩，如情人节(纪念名叫瓦伦丁的基督教殉难者)、复活节(基督教纪念耶稣复活)、万圣节(纪念教会所有圣人)、圣诞节(基督教纪念耶稣诞生)，这些节日的起源大多与宗教有关系。

　　但是中国的地理环境就不一样了，中国地理环境的特点是"大而一"，黄河、长江将生活在各个支流流域的社会连为一体，这个大地域的四周则是难以逾越的天然屏障。因此站在这个大地域来看世界，便自然会认为这里乃是四海之中的唯一大陆，是整个天下。这种地理环境适合农业的发展，并孕育了辉煌的农业文明。由于中国长期以来处于自给自足的农业社会和自然经济中，其传统节日具有浓厚的农业色彩，包含了农耕文明的社会特征，主要是从岁时节令转换而来的。中国古代在生产力和农业技术不发达的情况下，十分重视气候对农作物的影响。在春种、夏长、秋收、冬藏的过程中认识了自然时序的复杂规律，总结出四时、二十四节气，形成了以节日为主的传统节日。例如，以春节为例，在古代，春节叫过年，年是古代的计时单位，年的时间概念最初是古人根据农作物生长周期循环而逐步认识的，最早对年的解释为"谷熟也"。除此之外，清明节等都是重要的农事节日。

中西传统节日中的饮食特点也有显著的差异。中国传统节日中的饮食是趋于感性的，讲究色、香、味俱全。尤其是节日性美食，每个节日都有不同的食品以区别其他的节日。北方地区在除夕有吃饺子的习俗，饺子的做法是先和面，"和"字就是"合"；饺子的"饺"和"交"谐音，"和"和"合"有相聚之意，所以用饺子象征团聚合欢。此外，饺子因为形似元宝，过年时吃饺子，也带有"招财进宝"的吉祥含义。南方有过年吃年糕的习惯，甜甜黏黏的年糕，象征新一年生活甜蜜、步步高升。元宵节有吃元宵的习俗，端午节有吃粽子的习俗，中秋节有吃月饼的习俗。这些均与中国的传统观念不无关系。在中国，佛道都强调人的悟性，要求人们自己参禅领悟人生的道理，这就带有强烈的感性色彩。而西方就不同了，基督教认为贪吃是一种罪过。西方人强调理性的思想影响着节假日的饮食习惯，比中国更重视营养的合理搭配，烹调的全过程都严格按照科学规范行事，原料和调料的量都精确到克，烹调时间精确到秒。

颜色的象征意义在中西文化之间也存在很大的差异，在传统节日中表现得尤为突出。红色是中国文化中的崇尚色。喜庆日子要挂大红灯笼、贴红对联、红福字；男娶女嫁时贴大红"囍"字。它还象征美丽、漂亮，如指女子盛妆为"红妆"。西方文化中的红色原是一个贬义的词，是"火"与"血"的联想，它象征残暴、流血。白色在中国传统文化中，是个禁忌词，常用于丧葬礼中；而在西方，白色的象征意义着眼于其本身色彩，如新下的雪、新鲜牛奶等。西方人认为白色高雅、纯洁，所以它是西方文化中的崇尚色。它象征纯真、无邪。

传统文化的积淀影响着人们的价值观、审美观，尽管时代发展了，但各民族沿袭已久的文化中的习俗、道德、价值等仍然在影响着人们的行为。这实质上是中西方各自独特的文化规约和风俗习惯在旅游各个环节上的体现。例如，中国人吃饭用筷子，而西方人习惯用刀叉；中国人出外旅游不喜欢住带"4"的楼层和房间，因其与"死"谐音，喜欢"8"，因其与"发"谐音，而西方人则忌讳"13"，在出游时也会有意地回避带这个数字的东西，这是源于《圣经》的"最后的晚餐"中出卖基督的是其第13个徒弟；在宴席上，中国人讲究劝酒，而这在西方人看来则是无礼之举。类似这样的不同旅游习俗仍有许多。

9.3 中西方文化差异对旅游开发的影响

文化的差异导致了中西方旅游者在旅游消费行为方面的种种不同。因此，在旅游开发过程中应注意以下三个方面的问题。

9.3.1 旅游产品的设计、开发及营销应有针对性

当今国际旅游者的出游动机多种多样，由此引发旅游心理需求上的"个性、多样、参与和自助"，他们对生活中的多样性要求极为强烈，喜欢冒险，希望借助旅游来实现自我价

值,尝试新的与众不同的东西,更希望能按照自己的个性决定购买适合自己的旅游产品。因此,对于旅游业来说,要针对中西方旅游者的特点开发经营和宣传旅游产品。首先,要不断开发新产品以吸引那些寻求新异刺激、喜欢冒险的旅游者;其次,要运用现代化的手段和渠道,使他们能够快捷、方便地了解满足其个性需要的旅游商品,获取旅游资讯;最后,企业可以通过网上问卷调查等形式发现各类旅游消费者追求的消费价值,发现新的旅游市场空间,开发新的旅游消费热点。

知识链接 9—3

最幸福的工作——携程全球酒店体验员免费去瑞典

到世界各地去走走看看,领略不同的风土人情,体验当地最富特色的酒店,吃遍特色美味,不用忍受工作的压力,不用整天对着电脑,最重要的是,所有的花销都不用自己买单。如果有一份这样的工作摆在你面前,你愿意干吗?机会来了,当我看到携程网全球酒店体验员招募活动前往瑞典体验免费双人十日瑞典之旅,住树屋,看极光,玩雪橇,真是让人惊喜。这让人"羡慕嫉妒恨"的活动还可以带上一位亲密伴侣同行,真可谓是2012年送给情人的最美圣诞礼物。

有人说瑞典是世界上最舒服的旅行地,斯德哥尔摩是世界上最美丽的首都,到瑞典体验北欧风光,看最美丽的首都,无疑是人生一大快事。瑞典是北欧五国(瑞典、挪威、芬兰、丹麦和冰岛)最大的国家,土地面积在欧洲排名第四,可人口只有九百多万,而且仅东部的首都斯德哥尔摩、西部的哥德堡及南部的马尔默就占去了总人口的1/4,北部显得特别地人烟稀少,空旷寂静,往往驱车数小时,也难见人迹。这里有着神奇迷人的极光,可以畅快淋漓地体验狗拉雪橇的乐趣。

瑞典不仅是个美丽的国度,而且还是一个新奇的国家,有很多奇特之处,尤其是一些特色酒店更是引人入胜。这次瑞典之行最令人心动的是全程入住当地最具特色的酒店。一是位于瑞典北部哈拉斯的树屋酒店。树屋开始被打造为富有设计感且奢华的旅店,让更多成年人有机会重温童年梦想。瑞典的树屋酒店就像一片魔法森林,将建筑与自然、人与动物、科技与传统完美地融合在一起。酒店的房间都建在古老的松树之上,除了可以享受北极圈的寂静外,夏季的清新与冬季的童话雪景最受人们的欢迎。主题鲜明的特色房间,会让人流连忘返、念念不忘。

树屋酒店分为若干主题,其中UFO主题、镜魔方主题、机舱主题、鸟巢主题等是最有特色的几个主题。

UFO客房实现了所有男孩子的童年梦想。这个极具视觉冲击力、天马行空的建筑设计,好似一件件装置艺术。而最神奇的是,当拿出钥匙插进树干上的开关后,UFO的旋梯自动降了下来,场景跟科幻小说中描述的一样。30平方米的圆形房间被分隔出了卧室、餐厅和卫生间,为两个大人、两个小孩的四口之家设计,里面还配备了XBOX。床品的图案是鲜艳的星空,与主题相当契合。

镜魔方客房有"隐形屋"之称,它由六个方向上的镜面组成。在不同的时间和角度看,房间有时候如树干之中突然冒出的一幅画,有时候似乎跟树林长在一起,有时候又变成森林的点缀。住客需要通过与周边的树连在一起的梯子爬到房间里。为了让鸟儿们注意绕道，这个房屋的镜子还贴有红外膜。人的肉眼无法发觉，只有鸟儿才能看得见。

机舱客房选择了一处非常完美的位置建造——远离地面，坡度陡峭，视野绝佳，可以清晰地看到 Lule 河谷。它采用了船舱和机舱的感觉，不同的是，你可以走出舱室，在露台上享受大自然。

鸟巢客房的外形枝枝蔓蔓，点上灯的时候，像是猫头鹰的眼睛在深邃的夜色中警觉地巡视着周边的动静。此外，蓝色椎体客房也会让人耳目一新。

本次体验活动中入住的另外一家是船岛酒店 Hotel Skeppsholmen。据说，这间始建于 17 世纪的船岛酒店曾经竟然是海军基地。这间设计酒店位于宁静的城市小岛上一栋迷人的古朴建筑内，酒店的客房提供带传统木百叶窗的窗户。每间浴室都配备了豪华洗浴用品，是由设计师设计的意式洗脸池和现代化的淋浴。环保型的酒店提供 24 小时客房服务。餐厅供应经典的瑞典菜肴，露台上能看到迷人的海滨景致。酒店距离 Moderna 博物馆仅有 300 米，轮渡定期前往斯德哥尔摩的老城区 Gamla Stan。Kastellholmsbron 巴士站距离酒店仅有 70 米，出入非常方便。

(资料来源：sina.com.cn/travel/message/2012.)

9.3.2 要确保民族文化特色，增强旅游吸引力

当代的西方旅游者对于单独做远距离国际旅游的要求相当强烈，他们要求另辟蹊径，按自己独特的意愿自我设计路线和安排活动，因此散客自助旅游成了潮流。他们能避开旅游点的喧闹和各种服务，深入当地居民的生活和工作中去了解其风土人情，这使得他们有更多的机会接触旅游地文化，而同时，他们也对旅游地文化产生了诸多影响，使得其渐渐丧失了传统文化的价值与特色。因此，旅游地在发展旅游业时一定要保持其鲜明的地方特色和民族特色，创造优良的人文环境，对其进行科学的、高品位的开发，弘扬民族传统文化的深层内涵，以其差异性来吸引不同文化背景下的中西方旅游者。

知识链接 9-4

美国东海岸文化之旅——探寻美国政治文化时尚前沿

每个人的心里都有对美国这个国家的定位，可能会是自由、人权、时尚、艺术、政治甚至于战争，但很难用一个准确的词语来概括这么一个国度，甚至在这里生活了一段时间的人们，仍会觉得对它的了解也仅仅只是冰山一角。它的诱惑如同一种迷香，蛊惑着人们去探寻和发现。

东海岸因坐拥第一大城市纽约、国家首府华盛顿等历史名城，更适合初次踏访美国的人。美丽的港口城市波士顿坐落在东海岸的东北角，拥有哈佛大学和麻省理工学院世界两大知名学府，代表了美国文化的最前沿；美国第一大城市纽约坐落于东海岸的中部，这里寸土寸金，仅曼哈顿区便掌控了金融、时尚、文化等各界的潮流动态；美国政治中心华盛顿同样坐落于此，这里拥有着深厚的历史文化底蕴，更是美国最高立法、行政和司法机关的所在地。可以说，东海岸是全美国政治、文化、时尚的最前沿，值得人前往探寻。耶鲁大学、哈佛雕像、拉什莫尔山如图 9.3～图 9.5 所示。

图9.3 耶鲁大学

图9.4 哈佛雕像

图9.5 拉什莫尔山

9.3.3 了解中西方游客的个体差异,提供个性化服务

旅游业面对的是流动性很大的旅游消费者,他们来自世界各地,而各个国家和民族由于

自然和社会的环境影响，长期以来在风俗习惯、生活方式等方面形成了独特的风格。这些风格对人们个性心理的发展起着巨大的作用，使得他们的性格具有浓厚的国家和民族色彩。

因此，旅游企业必须了解旅游者之间的个体差异，从国家和民族特点上进行调查研究，了解他们的风土人情、风俗习惯、宗教信仰和生活方式上的特点，有针对性地采取不同的接待方式和服务措施，为其提供个性化的服务。文化的差异是吸引境外游客最具吸引力的资源，也是中西方旅游者在旅游消费行为上不同表现的根本原因。因此，保持这种差异性，突出自身文化的特色，对于中国发展旅游业，特别是国际旅游业具有重大的指导意义。旅游企业应针对中西方游客的不同需求，适时调整发展战略，开发适销对路的旅游产品，制定新的经营方式和策略，以确保旅游业健康快速地发展。

9.4 中西方文化差异对旅游饭店管理的影响

费孝通多年前就讲过"文化自觉"的理论。实践证明，文化同化是很难的，必须重视文化差异，这就意味着饭店管理组织要有能容纳文化差异的气度，这样才能利用和吸纳优秀人才来为组织服务。随着国际饭店集团大规模入驻中国市场，以及中国饭店业的发展日益呈现出国际竞争国内化、国内竞争国际化的趋势，国际饭店集团在中国的管理，以及中国本土饭店集团在国际市场的管理，要面对中西方饭店较大的文化差异所带来的管理难题。

9.4.1 行为文化的差异及其对饭店管理实践的影响

国际饭店集团在中国最常见和最公开化的文化差异是行为文化差异，其中来自行为者双方的象征符号系统之间的差异非常明显，也就是通常所说的表达方式所含的意义不同的差异。这些表达方式通常通过语言、神态、手势、表情、举止等表现出来。在中西方不同文化背景下的人，相同的表达方式所象征的意义很可能是不同的。例如，在英国，摸鼻子的一侧是要求保密，在意大利，同样的手势表示警告，而在中国则是一种心不在焉的表示；美国人不喜欢被人触碰手臂或肩膀，但在中国，触摸肩膀则表示一种热情与关爱；伸出大拇指在中国是表示夸奖、赞许，而在美国、英国、澳大利亚、法国、印度，则是搭车的手势；伸出食指在中国表示一个单位，在美国表示让对方稍等，而法国则表示学生请求回答问题；用食指对人摇动，英美等国表示不满、反对或警告，中国却表示请求对方保密；抚摸小孩的头，在美国表示对小孩的喜爱，而在信仰伊斯兰教的人群中，头被认为是理想和精神力量的所在地，不能被触摸。

9.4.2 制度文化的差异及其对饭店管理实践的影响

国际著名的喜来登酒店与度假村集团在1985年3月受托管理北京长城饭店的初期，来自于美国的管理人员一方面过于强调其似乎放之四海皆准的管理模式，另一方面又没能正确处理与不同文化背景下成长起来的中国员工的关系，认为业主是父母，中国的员工是婴儿，外派人员是父母请来的照看婴儿的保姆。在这样的意识主导下，外派人员把中方员工当做工作的机器加以操纵，动辄处分、罚款的做法，逐渐激起了中方员工强烈的不满。由于双方的潜在敌意和防范心理,曾先后在经营战略、组织(工会)设置、团员活动、员工处罚、服务意识与行为规范、督导方法等方面发生摩擦与对立,严重影响了经营管理效率。

基于美国工业心理学家麦格雷戈的 X 理论,西方饭店管理思想认为人天生懒惰,以自我为中心,无进取心,对大多数人的管理方式是以经济报酬收买员工的效率和服从。西方饭店依靠严密的组织机构,健全的控制手段实施其管理,这就是通常所说的理性管理。西方饭店管理具有制度化、规范化的特点,实行层级管理、条文管理、表格管理——上级指令逐级传递、下级工作逐级汇报,使整个饭店上下沟通渠道通畅,工作按良性循环运转。然而,饭店与员工之间是简单的雇佣关系,员工对饭店缺乏归属感与整体感。

中国饭店管理思想基于 Y 理论,认为人天生勤奋,具有工作主动性和创造性,以及自我指导和自我控制的愿望和能力。饭店对大多数人的管理重点放在关心员工、满足员工需求上,重视与员工的关系,增强联络沟通。顾主与员工、上司与下属的关系带有较强的感情色彩,较西方更富有人情味,能创造出家庭式的工作氛围。中国饭店管理往往被称为"人性"管理。中国饭店虽然也强调严密的组织机构、健全的控制手段,但在处理饭店内外部关系时,规章与合同往往退居其次。实际上,大多数中国饭店产权模糊,经济制度存在多重结构,加之强调"群体至上",使得多数饭店处于人浮于事、管理松弛的状态,组织与控制难以达到预期效果。

9.4.3 精神文化的差异及其对饭店管理实践的影响

在求变创新方面,西方饭店管理者敢于创新和冒险,具有开拓精神。人们形象地比喻美国饭店管理者以"游牧"方式辗转寻找发展的机会,支持他们重要的动力是创新意识。而中国饭店管理者受政府行为和中国"中庸"文化的影响,稳中求胜,一般缺乏风险意识和冒险精神,唯恐失败。

知识链接 9—5

彩蝶翩翩的梦幻酒店

拉斯维加斯是美国众所周知的度假胜地。这里拥有全球最大的豪华酒店群,人们可以花极少的钱入住一家奢华至极的梦幻酒店。Encore 酒店就是永利(Wynn)旗下的又一家有着梦幻般艺术气息的顶级酒店。

Encore 酒店紧挨着 Wynn 酒店,看上去像一对亲姊妹。史蒂夫·韦恩投资 27 亿美元的 Wynn 酒店项目于 2005 年大获成功之后,紧接着又投资 23 亿美元建造了 Encore 酒店。经常看音乐会的人大概都知道 encore 是什么意思,一曲终了,意犹未尽,观众大喊"Encore!",艺术家们就会再来一曲。酒店取名 Encore 就是取此意。

和 Wynn 酒店一样,Encore 酒店不仅辉煌,更是精致,处处洋溢着不同凡响的奇幻色彩和高超优雅的气质,有着独特的艺术魅力。如果说 Wynn 酒店是花的海洋,那么 Encore 酒店就是蝴蝶的世界。这两座姊妹酒店可以说将"蝶恋花"的艺术内涵发挥得淋漓尽致。

而一走进 Encore 酒店,你就会被翩翩起舞的彩蝶所萦绕。在酒店大堂和走廊上,到处是用马赛克镶嵌的巨大的彩色蝴蝶,地毯上也织满了栩栩如生的彩蝶,墙上的装饰也少不了彩蝶。就连头顶上也少不了蝴蝶的倩影。在酒店剧院门口的厅堂，地面是由名贵石材切割成的马赛克拼出的彩蝶，与之呼应的头顶则是颇具中国剪纸特色的红色蝴蝶，充满了浓郁的生命气息和自然情调。

蝴蝶作为Encore酒店的主题，代表着生气和美丽，也象征着蜕变与惊喜，是时尚和高雅的完美结合。

(资料来源：http://blog.sina.com.cn/s/blog_613d82690102dybn.html.)

在对待工作的态度方面，西方饭店盛行个人主义，强调个人奋斗，注重个人表现，认为每一个人都是自己前途的主人。反对为了强调整体而贬低个人、泯灭个性。中国饭店则强调奉献，强调群体精神，注重对群体的评价，对员工个人缺乏灵活的激励机制。如注重个人绩效的考评体系，在美国这个讲究个人主义至上文化的社会中得到适用；而在中国这个强调集体主义文化的社会中，过分强调个人绩效将破坏集体间的和谐与凝聚力而不利于管理。例如，里兹-卡尔顿饭店的最高使命是使顾客得到真正的关心和享受舒适："我们承诺向喜爱温馨、轻松、高雅环境的客人提供最佳的环境与设施。客人在里兹-卡尔顿饭店的经历必定是充满生气，愉快幸福的，会得到一番喜出望外的体验。"也就是说，客人的满足是企业的最高宗旨，一切服务管理、组织设计、人力资源配置都应以客人满足为基本依据，以提高质量来赢得顾客信赖。

在经营决策方面，西方饭店的下级对上级有一定的建议权、质疑权，下级在自己的职责范围内，有较大的自主权；而在中国饭店，决策权比较集中，员工的参与程度较低，工会组织的地位和作用往往是微不足道的。与西方饭店个性化服务模式悠久的历史相比，目前中国正处于从标准化服务模式向个性化服务模式的过渡时期。虽然个性化服务这一理念在饭店业越来越流行，但是中国国内的饭店还是说得多做得少或者只是做了些皮毛。因此，个性化服务要真正体现在饭店日常的管理和服务之中，不仅仅是表现在某一个具体的项目，一个规章制度，或者一个口号上，更要从经营战略角度出发，切实做好饭店软硬件建设，软件建设是重中之重。第一，应转变服务观念，增强饭店全员服务意识。第二，加大人力资源的开发与利用的力度，为饭店的需要选好人，用好人。使饭店出售的特殊产品不断增值。第三，从服务心理学出发，提供超期望值服务，建立忠诚顾客群。第四，实行授权服务，增强服务人员的归属感、自豪感、成就感，从而增强服务意识，转变服务理念，提高服务质量，创建具有中国内涵的个性化服务模式。富于东方情结的个性化服务模式是实现中国饭店可持续发展的途径。

在经营理念方面，西方饭店强调顾客利益、股东利益与员工利益之间的统一。在实际运营过程中，多数饭店的经营宗旨是把顾客的利益放在至高无上的位置。饭店将顾客的利益放在第一位，强调服务管理、组织设计、人力资源配置都以顾客利益为先，保证顾客的利益，实则是为了保证饭店利益的长期性和稳定性。中国大多数饭店强调"顾客至上"的经营宗旨，但在实际的运营过程中却存在很多偏差。中方饭店的职工较外国饭店职工服务意识弱。具体实施方面，中国饭店企业管理者大多采用讲授培训的方法，没有告诉员工为什么进行传播，告诉员工"顾客就是上帝，顾客总是对的"，这么做之后员工会得到什么，企业会得到什么。员工也就很难理解为什么要保持这种想法面对顾客，很难做到真心实意地为顾客服务。所以仅仅靠企业的员工培训是不够的,重要的是改善企业经营者的态度和观念。企业经营者着眼于全局,着眼于企业的长远利益,认识到服务是针对每一位顾客的,不仅仅是针对上级的。不是为了使上级满意而服务,而是使每一位顾客满意而服务。只有改变饭店企业经营者的态度和观念,克服对于饭店政治接待的服务目的的现象,才可能真正实现"顾客至上"的经营宗旨,真正实现与国际接轨。

9.4.4 人力资源管理方面的差异及其对饭店管理实践的影响

在处理企业与员工关系上,国外饭店注重管理层与员工的沟通,目的在于满足顾客的需要,要求反应迅速,力求花最少的时间和费用获得最大的效能与效率。饭店要求员工对于自己所在企业经营状况有了解,对于自己的工作状况有明确的认识。这样才能够使员工在面对顾客需要的时候做出准确而快速的反应。常用的对于员工的管理方法有巡视管理、信息共享与参与管理。中国饭店对于员工的管理大多重模式、重监督,要求员工按照规章制度办事,管理层的任务就是监督员工按照规定模式进行工作。对于员工所拥有的权利,大多以员工自觉性差、没有办法独立满足顾客需求为理由,拒绝给予员工更多权利。很多饭店学习西方行之有效的管理方法,但对于员工授权,仍然演变成监控管理。在对于人力资源管理的重点侧重方面,西方饭店重点在于激励、安抚员工、挖掘员工潜能。通过培训,告知员工企业的经营理念、经营状况、经营准则、长远目标等,让员工身处企业文化氛围中,增强员工与管理层的交流,让管理者了解员工的感受与需求。营造一种相对轻松的工作环境,让员工拥有归属感、自豪感,企业是在得人而不是管人。

在饭店员工的工资调整上,中国饭店偏重于考虑员工的资历、经历和学历。而西方饭店员工实行与职务、岗位挂钩的薪资模式,并根据个人业绩付薪的奖励体系。据一次省市国际饭店集团的人力资源管理调查表明,45.2%的中国员工认为人际关系和谐对中国人很重要,而个人业绩付薪体制则会破坏这一和谐;41.1%的中国员工对工作评估不信任或不适应,难以取得普遍认同;13.7%的员工对目前普遍运用的平均主义模式感到满意。

在人才的选拔使用上,国外饭店对于人才的选择是面向全世界的,在属于英国希尔顿饭店的中国上海静安希尔顿酒店大堂,一般有两位大堂经理当值。一位是由中国人担任的大堂经理,一位则是由外国人担任的大堂经理。这样做的目的是为了更好地与来自世界各地的客人进行有效的沟通,提供更为方便、优质的服务。中国饭店比较注重德才兼备,注重人的政治素质、个人历史和人际关系,并且在中国家庭中对长辈的恭顺延伸为饭店中对资历的尊重。中国饭店中受过良好教育与培训的大学生往往感到难以立足于该行业。因为饭店业中普遍遵循大学生与职高生、中专生在同一起跑线上的做法,而大学生在一线操作方面比职高生、中专生的技能略逊一筹,且没有年龄优势,这就使大学生难以发挥综合素质与能力优势,客观上造成了大学生对饭店工作环境的不认同感而转向其他行业。西方饭店选拔人才则把能力表现放在第一位,量才而用。美国饭店在人才的提拔上俗称"快车道",即受过高等教育的专业人员可直接进入管理层,或者新员工能在工作中有建树也可得到快速提拔。

对于人才的流动,中方饭店对双向选择没有足够的重视,不习惯员工"跳槽",并由此影响到人才的培训问题,而且常以某些条件和理由限制人才的流动。而西方饭店则认为,只有人才流动起来才能使饭店保持活力,形成合理的年龄、知识、技能结构,饭店对员工的培训及员工自由流动，既是吸引人才、留住人才的手段，也是饭店对社会的一种贡献。近年来，不少在华的国际饭店集团也抱怨：在中国实施管理人才本地化越来越困难，真正能顶替外国人的高级管理人才(如总经理、驻店经理)越来越难寻觅。与此同时，越来越多的国内饭店正逐渐步入"成本益增，效益递减，人才外流，庸才顶替"的恶性循环之中，使中国饭店业人力资源出现人力资源供过于求，而人才资源供不应求的局面。

9.5 中西方文化差异对游乐的影响

游一方面指游山玩水，另一方面指游乐、游戏、竞技。到中国不看杂耍、武术，到美国不看迪士尼，就会虚度此行。自古以来，人们一直寻求和创新着游乐的形式和内容。人们即使自己不运动，也喜欢看别人运动。这一点，中国人和西方人或者是世界各地的人都是相同的。

9.5.1 观赏性游乐

对于观赏性游乐，中国人想的是元宵赏灯、清明春游、重阳登高。而对于西方人，赏花、郊游他们同样喜欢。洛阳牡丹、美国尼亚加拉"彩色"瀑布震撼游、花样瑞士如图9.6～图9.8所示。

图9.6 洛阳牡丹

图9.7 美国尼亚加拉"彩色"瀑布震撼游

图9.8 花样瑞士

在中国，对于老百姓来说，游玩和观赏是纯粹消遣，而对于文人来说，即景抒情、吟诗作词、附庸风雅，寄托理想和志向是自古的传统。在西方，除了纯作消遣外，他们还喜欢动手种植和培养花卉。据说欧美人的家门前的花卉都是自己劳动的结晶。

知识链接 9-6

郭沫若的《黄山之歌》

我生峨眉下，未曾登峨眉。峨眉号称天下秀，不知是否信如斯。我今五月来黄山，深信黄山天下奇。奇峰虽云大小七十二，实则七十二万尚有奇。八百里内形成一片峰之海，更有云海缭绕之。森罗万象难比拟，纵有比拟徒费辞。瞬息万变万万变，忽隐忽显，或浓或淡，胜似梦境之迷离。

苍松郁郁森峭壁，竟将花岗岩当成泥。下有杜鹃花，似愁群峰高寒，为之披上红霞万朵百重衣。天女含苞犹待放，锦带海棠正纷披。冰绡点缀银绣球，清香来自野蔷薇。想到春时桃花峰，红雨作浪随心飞。想到秋时枫叶丹，排空万面树红旗。

时闻八音鸟，林间音乐师。鸣声谐琴瑟，伉俪世间稀。闻如猎者捕其一，其配甘愿自投罗网相追随。闻有四不象，古时谓之麋，四方传说中华已绝种，黄山今已证其非。名花佳木、珍禽异兽随处是，狮子峰头曾产长年之灵芝。其高及尺色斑斓，株如珊瑚茎九歧。惜哉未见金丝猴，白猿亦未闻其啼。或者畏人施毕弋，应加保护莫毁摧。

又闻唐时李白曾来此，碧山问路访胡晖。为何不为黄山作歌谣，只为白鹇作谢辞？黄鹤楼头有崔颢，李白尚且不敢题。黄山奇拔万万倍，无怪诗人搁笔殊如痴。人言此乃天之都仙之府，凡人只能窥藩篱。天都仙府怪诞耳，实乃天造地设之雄诗。雄才逸兴被压倒，画者亦仅传其皮。九牛一毛何以异，沧海一粟微乎微。劳动人民闻此大发笑，知识分子何自卑！徒夸天造忘人力，我今为歌以鼓吹。

黄山黄山诚足奇，尚有温泉足比华清池。久旱不涸雨不溢，无色无臭无瑕疵。流量正常无变化，平均四十八吨每小时。温度摄氏四十一，泉含矿质可饮可疗医。皮肤关节驱风湿，肠胃分泌得其宜。小池洁白清于玉，窗明椅净解人疲。大池浩荡如大海，冬季亦可游鲸鲵。如无人工济天造，天工虽巧何能为？

请看，登山梯道何止三万九千级，穿岩架壑使险化为夷。请看，光明顶上海拔一千八百四十米，设有气象台站预报风雨晦明之时期。天都人可上，狮子失其威。铁翼乘风瞬息至，激水发电生虹霓。登山将有缆车道，跨峰将设喀布儿。如嫌攀登费气力，扶摇而上将有直升之飞机。人力解放非昔比，要与天工决雄雌。请看山头大书一人字，天已甘愿俯首听指挥。

迥非神仙语，不仰鹦鹉杯。黄山三日游，濡笔染淋漓。

(资料来源：http://chengyaxing.blshe.com/post/7246/417671.)

从动手参与来看，工艺性的观赏活动比较突出，如中国的放风筝、燃爆竹、观彩灯。以风筝为例。风筝起源于中国，最早的风筝是由古代哲学家墨子制造的。墨子研究了三年，终于用木头制成了一只木鸟，但只飞了一天就坏了。墨子制造的这只"木鹞"就是中国最早的风筝。唐宋时期，由于造纸业的出现，风筝改由纸糊，很快传入民间，成为人们娱乐的玩具。宋朝风筝已在民间广泛流行。随着国际交往的增加，中国的风筝流传到世界各地。先是传到日本和朝鲜等近邻国，后又漂洋过海，传到了缅甸、马来西亚、印度尼西亚和新西兰直到更远的东方岛屿上；另一线则顺着"丝绸之路"或蒙古人的征战路线进入了阿拉伯和西欧。元代，在中国为官17年的意大利人马可·波罗归国后，也把风筝介绍到了西方。山东潍坊是中国著名风筝产地，明代就已在民间出现扎制风筝的艺人。清代，随着放风筝习俗的流行，风筝艺术亦达到鼎盛阶段。潍坊风筝(图9.9)主要有三种基本造型：串、硬翅和简形，其中以龙头蜈蚣最突出，据说是受了龙骨水车的启发而制造的。现在已发展成许多品种，小的可放在掌上，大的有几百米长，造形、色彩也各不相同，从很简单的白纸糊身，红纸糊头，不画一笔，不染一色的蜈蚣风筝，到色彩缤纷、绘金描银的九头神龙风筝。从构思奇妙的二龙戏珠到三条巨龙在空中呈"y"字形飞行的"哪吒闹海"，真是千变万化，"奇巧百出"。潍坊的长串风筝除蜈蚣之外，还有各种不同的题材。例如，"梁山一百零八将"是把梁山的一百零八位好汉做得个个形态不同，栩栩如生，放上天去排成一队，各持兵刃，随风飘动，这时也许会隐约地感到有战鼓催阵，好像他们正要出发，去打下大宋朝廷……现代风筝在继承传统精华的基础上，不断翻新花样，赢得了"风筝艺术，潍坊第一"的美誉。四川"东方彩灯"在美国首展，如图9.10所示。

图9.9　潍坊风筝

图 9.10　四川"东方彩灯"在美国首展

中国与西方人都有观赏石头的雅趣。中国固有的"天人合一"的哲学理念，同人类与自然的和谐也正是时下世界各国赏石爱好者的共同意愿。在藏石上，中西方的赏玩态度各不相同。中国是东方赏石文化的发祥地，与西方赏石文化有明显差异。一般来说，东方赏石文化比较注重人文内涵与哲理，有比较抽象的理念和人格化的感情色彩，其观赏主体往往丰富多彩，甚至随心所欲，因人而异。古人鉴赏石头，归纳为"皱、瘦、漏、透"四个字，对石头的优美形态和纹理结构做了精辟的概括。晶莹明亮的石头，其纹、色、光、影，聚天地之灵气，化日月之光华，集万物之丰采，使人产生极高的审美情趣。石头还具有意境美和色彩美的特点。若将石头置于玻璃缸中，恰似水中礁石，水草扶摇，游鱼嬉戏，俨然水晶宫中的景色，令观赏者如梦如幻，心旷神怡。而西方赏石文化则比较注重科学和历史内涵，有比较直观、明确和科学的理念，其观赏主体则以各种动植物化石和多姿多彩的矿物晶体标本为主。因此，东方赏石文化实际上是东方民族传统文化(感情、哲理、信念和价值)在观赏石领域中的反映与延伸，具有明显的人文色彩和感情色彩；而西方赏石文化则主要是某些科学、技术的基础知识在具有观赏价值的自然物方面的展示和印证，具有明显的科学色彩和理性色彩。西方人赏石与地质学、矿物学、古生物学、宇宙地质学、天体学的知识普及与学术研究紧密结合，强烈地受现代学支配，重真美，绝无神思遐想的观念，而是理性地解释为地质力的作用。奇石如图9.11、图9.12所示。

图 9.11　奇石(一)

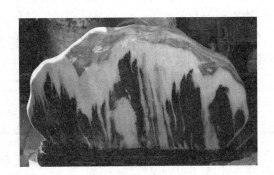

图 9.12　奇石(二)

9.5.2 竞技性游乐

竞技性游乐的运动量和刺激性大于观赏性游乐，更有利于体验。

球类竞技被认为是竞技的大项或主项。中国的球类意识不如强西方强烈。踢毽子又称毽球，在中国一向流传很广，是有着悠久历史的民族体育活动。毽球从我国古老的民间踢毽子游戏演变而来，是中国民族传统体育宝库中的一颗灿烂的明珠。它在花毽的趣味性、观赏性、健身性基础上，增加了对抗性，融羽毛球的场地、排球的规则、足球的技术为一体，是一种隔网相争的体育项目，深受人民群众的喜爱。常进行这项活动，可以活动筋骨、保持健康。

中国竞技性的游乐主要是赛龙舟和武术。以武术为例。武术在长期的历史演变中，逐渐形成了自己的运动规律和技术风格。其特点包括：①寓技击于体育之中。武术最初作为军事训练手段，与古代军事斗争紧密相连，技击性非常明显。搏斗运动集中体现了武术攻防格斗的特点，目的在于战胜对方。套路运动尽管在技术规格、运动幅度等方面与攻防技术的原形有所变化，但仍保留了技击的特性，踢、打、摔、拿、击、刺是套路的技术核心。②内外合一、形神兼备的民族风格。武术既讲究形体规范，又追求精神传意，内外合一，练习时要求把内在的精气神与外部的形体动作紧密相合，做到"心动形随"、"形断意连"。③广泛的适应性。武术的练习形式、内容丰富多样，有竞技对抗性的散手、推手、短兵，有各种拳术、器械和对练，还有与其相适应的各种练功方法。它们有不同的动作结构、技术要求和运动量，分别适应不同年龄、性别、体质的人的需要。总的来说，中国的游乐项目也不乏竞技，但更多的是起到强健身心、锻炼体魄的作用。

西方的球类既是游乐也是体育运动。西方盛行各种球类，如足球、篮球、排球、橄榄球、板球、网球、马球、高尔夫球等。西方人对球赛的喜爱程度很高，往往有许多超级球迷。他们因为痴迷常常会寻衅闹事。西方球类活动突出的是人与人的争夺、人与自然的争夺、人对成功的信心和机遇、人对时间和效率的把握，同时与游艺性相结合。

以美式足球为例，它是北美四大职业体育之首。美式橄榄球源自英式橄榄球，传入美国后规则改变，改为采取攻防线争球、没有越位限制，并且可以向前传球。美式橄榄球是一项激烈对抗的接触性体育运动。由于比赛中常见暴力冲撞，因此球员必须要穿戴像盔甲一般的护具。这些护具主要包括带有笼式面罩的头盔和护肩、护胸连为一体的上身护甲，此外，根据联赛等级还会包括护齿、手套，以及遮盖肘部、腰部、臀胯部、裆部、大腿、膝部的护垫等。根据统计，护具的使用可以将各种重伤的概率减少一半以上。尽管如此，美式橄榄球的激烈本质仍然使得受伤难以避免。其中因为肢体撞击的钝力引起的脑震荡尤为普遍，每年都会有数万名球员因此受伤。美式足球与土地的得失、领土得失密切相关。参赛运动员经常受到的训练就像一支负有为国夺取领土使命的军队受到的训练那样。

知识链接 9—7

异域风情——新西兰男女混合裸体橄榄球赛

在新西兰，男女老幼最热爱的运动项目是英式橄榄球。每每世界冠军——新西兰"全黑队"出场比赛时，新西兰全国几乎是万人空巷。

第9章 中西方旅游文化差异

英式橄榄球赛以对抗激烈而著称。比赛中，双方队员在激烈的肢体对抗和碰撞中，难免会"挂彩和负伤"，在比赛前，新西兰橄榄球队——"全黑队"的队员们为了鼓舞士气，必跳"毛利战神舞"。"毛利战神舞"源于新西兰的土著毛利民族。此舞的目的是恐吓和恫吓敌人。后来，"毛利战神舞"也被新西兰军队用以鼓舞士气。毛利年轻人在清理羊群牧场后在海湾赛马场景如图9.13所示。

大约8年前，在新西兰著名大学——奥塔哥大学里，兴起了一种特殊的橄榄球比赛方式，即男女混合裸体橄榄球比赛。最初，男女混合裸体橄榄球比赛，从组织者到参赛者和观众全是自发和自愿的。参加者之所以组织这样的一个比赛，一是，他们喜欢英式橄榄球这项运动；二是，为了乐趣。现在，男女混合裸体橄榄球赛已经日渐演变成了达尼丁市的一个年度盛会。英式橄榄球美女们近身肉搏如图9.14所示。

图9.13 海湾赛马

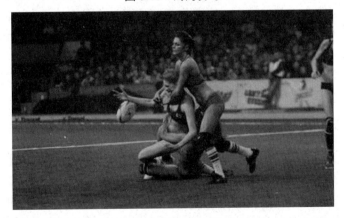

图9.14 近身肉搏

(资料来源：http://ealice0523.blog.sohu.com/2308439.html.)

从斗牛分析中西方的差异。西方斗牛起源于西班牙的古代祭祀活动，属于一种原始的宗教活动，在祭祀神的时候杀牛作为祭品上供，13世纪这种宗教祭祀演变为赛牛表演。在

203

18世纪中叶形成了真正的斗牛表演,现在西班牙的国庆节长假就成为西班牙的斗牛节。古代中原的"蚩尤戏"可能为斗牛的原型,据考苗族原属于以牛为图腾的蚩尤部落,后被炎黄部落击败南迁,斗牛之风即随南迁而来。两者的起源有相同的地方,即都是和原始的宗教有关,但具体有细节上的差距。西方是杀牛祭祀,牛是被虐杀的对象,古代西方人在情感上对牛是蔑视和践踏的。而东方的牛是图腾崇拜的对象,人们从情感上对牛怀有一种敬畏之情。

西方是人与牛斗,这在一定程度上体现了西方的文化特点,西方斗牛是狩猎时代的产物,他们借助斗牛演习表现早期人类对自然及对野兽的征服力。在西方的文化渊源中,特别强调人的主观能动性,把人放到世界万物的"中心"地位。"反抗与征服"成为西方文化很重要的一个母题,西方文化所提倡的人本位思想,注重自我,为自我抗争。西方斗牛表演的一个目的,是在斗牛过程中显示人的勇敢,不管对手多么强大都要义无反顾地迎敌战斗,哪怕冒着生命危险也毫无惧色,通过牛最终被杀死来显示人的英勇、强大与不可战胜。西方人喜欢观看斗牛的一个重要原因是斗牛活动能够让人热血沸腾,从斗牛士的英勇中看到生命的价值。

而黔东南苗族侗族自治州斗牛则反映了畜牧和农耕时期人们对繁育耕牛的重视,黔东南地区少数民族对牛的崇拜。黔东南苗族侗族自治州一直都是农耕社会,人们安居乐业,世代在田野上辛勤劳动,用牛犁水田,用锄头翻作坡地。各族人民在长期的农耕生活中对牛结下了特殊和深厚的感情。至今本地人仍保持着对牛的敬爱与崇拜心理。苗寨的寨门前悬着牛头,苗家堂屋的神龛下放有相连的牛角,不忘时时祭拜。在斗牛中,牛王的胜利是全寨人的荣光,胜利的牛王在全村人的心目中具有神圣的地位,牛王会受到全寨群众的看中和无微不至的照顾。在侗族的传说中,水牛是"萨岁"的坐骑,是人类最好的朋友。人们在斗牛节牵牛王出门之前,要村寨的守护神"萨岁"进行祈祷,请"萨岁"随斗牛的队伍一起出村,保佑本寨斗牛顺利。所以牛在苗族和侗族人的生活中至关重要。黔东南少数民族妇女头上戴着宽大的牛角梳子,穿戴的装饰上有牛角银饰,认为这种装束很美,这其实体现了人们对牛的一种"顶礼膜拜"的崇敬之情。在欢迎远方的贵客到来时是用牛角容器盛酒敬酒,表达对客人的尊敬。西方斗牛从格调上说带有贵族的文化气质,后来才从宫廷传到了民间。而黔东南苗族侗族自治州斗牛起源于民间,则是一种少数民族的大众文化和俗文化,很自由轻松、洒脱。

9.5.3 机巧性游乐

机巧在《后汉书·张衡传》里有机制巧妙、衡善机巧的意思。机巧性游乐是指某些带有机遇、猜测和表现某种机智、灵活的游乐活动,如中国的猜字、猜谜、套圈、猜枚等。

猜谜和制谜是一种启迪智慧、增长知识、开阔眼界和丰富文化生活的文艺活动。灯谜的特点也是熔趣味性和知识性于一炉,所以长期以来使人喜闻乐见,不仅在中国境内盛行,而且远至美国的唐人街或近在东南亚各地,每逢新年、元宵节或中秋节多有举办灯谜会,颇受人们喜爱。灯谜制作的枢纽在于对汉字及其所代表的词语进行"别解",所以猜射灯谜的关键也就在于发现"别解"。所谓"别解",是指谜底对谜面的扣合不是做通常意义上的解释,而是有意识地利用汉字、汉语的特点进行某种曲解。因此猜灯谜不能按常规思维,而要按非常规思维。所以说灯谜是一种文字游戏，灯谜的猜射是一种"非想非非想"，其知识性、趣味性、娱乐性也正在于此。

灯谜的结构是由三个基本要素组成的，即谜面、谜目和谜底，这三部分缺一不可。谜面是告诉猜谜者的条件，也是猜谜者思考的依据，它好比几何学中的"假设"。而谜目是限定所猜的是哪类"事务"，是答案所属的范围，它就好比几何学中的"求证"。谜底就是答案，它就像几何学中证明的结果。例如，"书山有路勤为径"(猜学科的名称)答案是"应用力学"。其中，"书山有路勤为径"就是谜面；"学科名"就是谜目；"应用力学"就是谜底。再如，"花褪残红青杏小"(猜一个科技术语)答案是"最新成果"。其中，"花褪残红青杏小"是谜面，"科技术语"是限定的谜目，而"最新成果"则是此谜的谜底。

套圈(图 9.15)是中国民众喜爱的传统游戏，起初的套圈只是一种自娱自乐的游戏，现在多被小贩们用于商业活动。过去，套圈游戏会摆上成盒的香烟、泥娃娃、玻璃茶杯、小镜子、小玩具、糖果等物品，在距这些物品数米之外拉一条绳子，参加者必须在绳外掷圈，右手持一根小棍，前端绑着一个铁钩。想参加这一游戏的人多是儿童，先交钱买圈，每个多为一两角。拿到圈后，站在绳外，瞄准自己想要的东西，将圈掷去，如果套中，物品归掷者所有。

图9.15　套圈游戏

麻将是一种汉族发明的益智游戏，牌类娱乐用具，用竹子、骨头或塑料制成的小长方块，上面刻有花纹或字样，每副 136 张。四人骨牌博戏流行于华人文化圈中。不同地区的游戏规则稍有不同。麻将的牌式主要有"饼(文钱)"、"条(索子)"、"万(万贯)"等。在古代，麻将大都是以骨面竹背做成的，可以说麻将牌实际上是一种纸牌与骨牌的结合体。与其他骨牌形式相比，麻将的玩法最为复杂有趣，它的基本打法简单，容易上手，但其中变化又极多，搭配组合因人而异，因此成为中国历史上一种最能吸引人的博戏形式。麻将应对的五种标准状态，是"吃"、"碰"、"杠"、"听"、"和"。在正式比赛，包括国际比赛中，五种状态的官方语言都是汉语。例如，任何一位选手手中的牌中的两张再加上上家选手刚打下的一张牌恰好成顺子，他就可吃牌。如果某方打出一张牌，而自己手中有两张以上与该牌相同牌的时候，可以选择"碰"牌。碰牌后，取得对方打出的这张牌，加上自己提供的两张相同牌成为刻子，倒下这个刻子，不能再出。然后再出一张牌。"碰"比"吃"优先，如果要碰的牌刚好是出牌方下家要吃的牌，则吃牌失败，碰牌成功。其他人打出一张牌，自己手中有三张相同的牌，即可杠牌。自己抓到牌又分明杠和暗杠两种。当将手中的牌都凑成了有用的牌，只需再加上第十四张便可和牌，就可以进入听牌的阶段。四位玩家谁先和牌谁就胜利，具体视比赛详细规则而定。

成都人的悠闲生活是出了名的，且他们会生活，经常三五成群结伴而行，白天喝茶泡温泉，晚上吃烧烤后打麻将。成都是文火慢炖的"汤"，慢在茶馆、麻将和火锅里，需要吆喝和高分贝才能慢到极致。四川人爱麻将是出了名的，而如今麻将不只是四川人的专利，全国各地的人们都"痴迷"于此，甚至老外都来尝试一番。作为华人世界的第一娱乐，麻将拥有难以想象的群众基础。

在西方国家，由于社会制度、道德、法律和价值观念的不同，机巧性活动和赌博的界限就难以区别了。那里的人们可以公开地进行赌博。许多英国人喜爱打猎和垂钓。现代英国人继承了盎格鲁-撒克逊人好赌的习性，其中不少人乐于参加赛马（图9.16）、赛狗和足球大彩等带博彩性的活动。作为英国文化的一大遗产，国家大赛每年都会吸引几乎所有英国人的目光。

知识链接 9—8

"赌城"拉斯维加斯

"Las Vegas"源自西班牙语，意思为"肥沃的青草地"，因为拉斯维加斯是周围荒凉的石漠与戈壁地带唯一有泉水的绿洲，由于有泉水，逐渐成为来往公路的驿站和铁路的中转站。拉斯维加斯建于1854年，是由当时在美国西部的摩门教徒建成的，后来摩门教徒迁走了，美国兵使其变成一个兵站，但这里人口还是很少。拉斯维加斯开埠于1905年。内华达州发现金银矿后，大量淘金者涌入，拉斯维加斯开始繁荣，但如同西部各采矿城镇一样，一旦矿被采光就会被抛弃。1910年1月1日，政府关闭所有的赌场和妓院。1931年在美国大萧条时期，为了渡过经济难关，内华达州议会通过了赌博合法的议案，拉斯维加斯成为一个赌城，从此迅速崛起。拉斯维加斯的主要经济支柱是博彩业，由于赌场是个淘金碗，美国各地的大亨纷纷向拉斯韦加斯投资建赌场，甚至日本的富豪、阿拉伯的王子、著名演员均来投资。1990年，中国城甚至也在拉斯维加斯落户，拉斯维加斯很快成为亚裔美国人的聚集地，成为美国发展最迅速的城市。

拉斯维加斯的名字来自很多年前的西部开拓者，人们将这片荒凉干旱的不毛之地命名为"牧草地"，来祈祷一片肥沃的草原，好放牧牛羊。19世纪中叶，一名拜访过拉斯维加斯的陆军中尉曾经绝望地认为，从此往后，再不会有人涉足这片沙漠，可是百年时光竟将昔日的荒芜装点成今天的繁华景象。

（资料来源：http://baike.baidu.com/view/7637.htm）

图 9.16 赛马

　　赛马并非来自赌博，其目的是为了选育优良品种。现代赛马起源于英国，始于 1510 年。在培育优良品种过程中，速度是最重要的性能指标，到目前为止，仍然保留选择速度最快的赛马作为种马。纯血马品种规定，都必须在两岁半经过赛马比赛，将纪录优秀的赛马作为种马，进入种马场繁殖后代。只有选出最快的作为种马才能改良整体品质，确定种马本身的价值，故每年大批种马要进行比赛测验。谁来支付选种需要的投资和费用，为整个群体服务。因此，由马会组织，以博彩抽取小部分奖金支付赛事开支，也为了吸引广大群众参与和对于公益事业的支持，将大部分博彩资金又返还给马主和投注者。从赛马的起源看，它并非以赌博为目的，但这个传统至今仍然保持着。世界培育良驹的国家都必须赛马，不但欧洲如此，即使印度、巴基斯坦也培育有非常漂亮的好马，因此也都有赛马场，许可赛马博彩。

　　香港绝大部分市民认为："赛马不是赌博，而是体育娱乐和博彩娱乐。"香港马会是全港最大慈善公益资助机构。香港政府是严禁赌博的，但赛马不列入赌博，而称之为"博彩"。香港马会是经政府授权经营赛马、六合彩和足球彩票的机构，是经过立法讨论，认为对于社会是利大于弊的。广州社情民意中心的调查结果表明：对于广州赛马的社会影响，80%的市民给予积极的评价，认为"可以促进对外开放"、"丰富人民文化生活"。

　　同世界其他的赛马国家一样，作为忠实的赛马文化的传教士，英国移民把马匹及他们的赛马爱好一起带到美洲大陆，第一个赛马场是早在 1665 年在长岛建成的。虽然赛马运动成为了当地民众中流行的一种民间娱乐活动，但有组织的赛马直到南北战争结束之后才崭露头角。直到今天，赛马仍是美国的主流体育项目。全美每年要举行 103 000 多场赛马，位居世界第一位，比第二位的澳大利亚多出近两倍。美国最流行的赛马是距离 0.75～2 英里的平地场上的纯种马赛马，其他主要的赛马形式是驾驭赛马、障碍赛马、1/4 英里的速度赛马。全美每年赛马比赛吸引入场观众人数达 8 000 万人次，年平均赛马投注总额大约 160 亿美元。最新数据显示，2008 年美国各种赛马赌注额高达 140 亿美元。斯皮尔伯格、美国历届总统都是肯塔基赛马会的常客。有悠久赛马历史的英国人认为：赛马可以消遣娱乐，既刺激又有趣；赛马有预测意义；能够增加国民收入。

　　美国养马场分布在西部、中部和东南部各州，各州的生态环境不同。美国中部、东南部地区雨量充沛，草场辽阔，牧草丰盛，饲料充足；东南部的佛罗里达州为沙壤土，不适宜种植苜蓿草。马匹所需的苜蓿草由墨西哥购入，主要精料为大麦和颗粒配合饲料。马匹一般喜干燥、凉爽的环境，但当地马匹已适应该地区温暖潮湿的生态环境。美国东南部佛罗里达州奥兰多地区的养马场东沿大西洋，西为墨西哥湾，南靠古巴，属于亚热带森林气候，温暖潮湿，年平均降水量 2 000 毫米以上。奥兰多地区有 15 所养马场、1 所马的拍卖行。奥兰多树木成林，草场连片，四季常青，自然环境优美，是养马的好地方。橡树园马场是在森林、草场、湖泊之间。马场办公室和住房都是美丽的别墅型建筑。马厩、调教场、训练基地均坐落于树木和草场之中，有林间小道沟通。野生禽类和小动物经常出没，鸟语花香，似是人间仙境、郊游圣地，大自然的美境可以尽收眼底。该马场占地 400 余公顷，有马 200 匹，其中 9 匹种公马，职工 18 人，均为多面手；有十座马厩、训练场一所、饲料库一座，设备齐全，有配套的经营管理规程，设有档案室，其育种方向是培育速力快的乘用马。种马体质干燥，细致结实，轻快，神经活动机敏，气质好，体型略近正方形，前、中、后躯三部分大致相等，头轻、颈细长，耆甲高长而厚，背腰短，四肢关节强大，具备快马的素质。但是真正的快马，必须经过良好的调教训练。该马场非常重视这一工作。

赛马文化甚至已经影响到美国人的政治生活，美国前国防部长拉姆斯菲尔德曾抱怨自己的工作乏味无趣，压力过大，甚至萌生了想和马场场主交换工作岗位的奇思妙想。现在美国政坛的很多竞选词汇都来自于赛马。例如，副总统竞选伙伴叫 running mate，在大选中的领先叫 front-runner，竞选进入最后冲刺阶段，就是 the home stretch。上述这些词汇都跟赛马有关，赛马文化的影响力由此可见一斑。

9.5.4 玩耍性游乐

1. 游戏

玩耍性游乐强调民俗性与民众的参与性。玩耍性游乐分为两种，一种是游戏，另一种是游艺。"捉迷藏"、"老鹰抓小鸡"、"官兵抓强盗"属于游戏，杂技、乐园属于游艺。与现代的电动智力游戏机不同，中国原始的游戏活动等都要求人们直接加入和参与，才能得到快感。这些深得生性好动的儿童的喜爱。现在，原始性游戏只在学生体育课、课外活动或公园游览时进行，而电子游戏在学生中更受欢迎。与中国电子游戏以历史人物为背景不同，西方游戏的形象是活死人，如骷髅、生化怪物、破山洞、破城镇，故事或带有西方传说，或科幻灾难，或古西方文化。主角多半孤军奋战，强调个人英雄主义。玩法确实有创意，较刺激。

"老鹰抓小鸡"作为一个老牌游戏，可谓家喻户晓。其中，脑力劳动的判断和眼神，身体灵巧地向左右前后的移动，是游戏中不可缺少的。该游戏不但开发了心智，也训练了身体的平衡和灵巧，是一项益智又益身体健康的游戏，更重要的是潜移默化地培养了团队意识。这种游戏从小就给儿童打下了互助友爱团队的利益大于个人的利益的烙印，在今后一生中常有"老鹰抓小鸡"游戏的经验和意识。在游戏练习过程中可以佩带各种头饰，自由结合组队，灵活地组合运用多种方法，使得游戏变得更加好玩，使活泼的天性得到释放，而且竞争是重点，合作是关键，孩子会在游戏中认识到只有团结合作，勇敢顽强，才能与强者做斗争，才能取得胜利。"摸树猴"的游戏是胆量和智慧的游戏。"摸树猴"就是在树上捉迷藏。玩这样的游戏人越多越好玩，当然也不能太多。玩家用伸黑白手(就是手心手背)

或者"猜丁壳"的办法选出一个人负责捉人。爬到树上后,先用手绢或者红领巾把他的眼睛蒙上,然后大家各自选好一个位置站好,一个人说"开始"后捉的人马上开始行动,他要在最短的时间里抓一个替他的人。这个游戏必须有爬树的技术,要胆大、细心,并且对树况要熟悉,否则蒙着眼睛是无论如何也不敢走一步的。捉住一个人,第一个人就把手绢给下一个人蒙上,游戏继续。

虽然电子游戏因其潜在有害的影响而屡遭诟病,但如今研究人员和开发商正力图对电子游戏在健康、学习和其他社会问题上产生的积极作用予以肯定。近日,美国相关研究人员表示,可以利用游戏的魅力来鼓励孩子们培养健康的饮食习惯,帮助老年人保持大脑的灵活运转,甚至借助电子游戏来解决如贫困和气候变化之类的社会问题。美国哈里斯公司最近进行的一项网上调查显示,大多数美国人认为电子游戏与暴力行为之间有联系。但许多研究人员称,没有太多证据表明电子游戏会导致游戏玩家变得暴力。他们反而指出电子游戏有很多积极的作用。波士顿儿童医院的研究人员在一份报告中称,一款游戏能帮助易怒儿童控制自己的情绪。在这个游戏中,玩家在向敌军飞船开火的同时还要避免误伤友军。当心率上升到超过某个水平的时候,玩家就失去了射击能力。这款游戏能教给他们保持冷静的技巧。

人们熟知的荡秋千、跳跳板也属于玩耍性游乐中的游戏,如图9.17~图9.19所示。

图 9.17　朝鲜族姑娘荡秋千

图 9.18　朝鲜族姑娘跳跳板

图 9.19　纳西族打磨秋

2．游艺

1）杂技

杂技是一种常见的游艺项目。中国杂技的特点是惊险而优雅，西方杂技则轻快幽默得多。

中国杂技是历史悠久的传统表演艺术之一。其艺术保留着历史最悠久的传统节目，以精湛的技艺，绚丽多姿的传统节目，独特鲜明的民族风格，博得了国内外广大观众的赞赏和喜爱。杂技艺术在中国已经有 2000 多年的历史：汉代称其为"百戏"，隋唐时叫"散乐"，唐宋以后为了区别于其他歌舞、杂剧，才称为杂技。明、清两代是中国最后的两个封建王朝，杂技与舞蹈等传统表演艺术很少在宫廷中演出。特别是杂技更被视为不入流的玩艺，宫廷中基本没有杂技演出的记载。杂技的种类：顶技、马戏、吊子、口技、蹬技、耍花坛、走钢丝、爬竿、转碟。杂技的艺术特点：①重视腰腿顶功训练；②险中求稳、动中求静；③平中求奇，出神入化；④轻重并举，妙境通灵，软硬功夫相辅相成；⑤超人力量和轻捷灵巧的筋斗技艺结合；⑥适应性极强。这些艺术特色构成了中国杂技的独特魅力。2000 年以来，中国杂技演员在国际比赛中连续获奖，中国是举世公认的第一杂技大国。提到"杂技之乡"，人们多以河北省吴桥县素称。据有关史料记载，吴桥杂技历史最悠久。濮阳素来被称为河南的"杂技之乡"。濮阳的东北庄和河北的吴桥自古就有"杂技南北两故里"之说。中国古代杂技如图 9.20 所示。

图 9.20　中国古代杂技

马戏是杂技门类之一，原指人骑在马上所做的表演，现为各种驯兽、驯禽表演的统称，指以驯马、马上技艺、大中型动物戏、高空节目为主，包括部分杂技、魔术和滑稽等的综合演出，多在大型场地(马戏院、棚、体育馆或广场)的马圈中表演。有演员指挥动物表演各种技巧动作或演员在动物身上做各种技艺表演等形式。宿州埇桥马戏艺术的前身是始于明末清初的民间杂技，到清朝末年已具有相当规模。自20世纪20年代以来，在埇桥区的篙沟、桃沟、柳沟一带，杂技艺人们率先将马、猴子、狗等动物表演引入演出，很受观众喜爱，后又开始尝试用杂技表演的形式来驯化动物，并很快收到成效。至30年代末，诸如狗熊站立行走、羊蹬花瓶、猴子拉车、老虎钻圈、小狗识数等演出节目已经成熟，埇桥区真正意义上的马戏艺术由此逐步形成。

在国外，一些著名马戏团在驯大型猛兽表演时数十头大象或狮子、老虎能同时上场，场面十分壮观、惊险，给观众带来极大的观赏兴趣。国外马戏研究专家及马戏团管理者称，马戏离不开受大众欢迎的动物表演，但驯兽人员应当更加人性化地对待动物演员。让动物进入马戏团必须具备两个条件，一是足够大的场地，以保证它们能够像在野外一样活动和休息；二是驯兽员能够善待动物。驯兽时，男驯兽员一般比较凶，动物会有畏惧感；而女驯兽员多重于和动物的情感交流，更易与动物亲近，不需太多力量的灵巧训练科目，因此女驯兽员更适合驯兽。成立于1880年的俄罗斯莫斯科大马戏团是世界马戏发展史上最早的马戏团之一，至今已有130多年的历史。由于受到当时俄罗斯皇宫和女皇的赏识，因此马戏团一成立，其规模和多彩多姿的表演艺术立刻就轰动了世界，并一举为莫斯科奠定了在俄罗斯乃至世界马戏发展史上的龙头地位。今天，俄罗斯大马戏应该是现代马戏表演最高水平的代名词，马戏运用技巧和力量的展示，通过演员自身扎实的基本功和精心驯化的动物表演，让观众有妙趣天成之感，令人叹为观止，在充满兴奋、惊奇和幽默感中享受真正的马戏艺术。莫斯科大马戏团常年在世界各地巡回演出，曾涉足美国、意大利、德国、奥地利、日本、罗马尼亚、新加坡等许多国家。俄罗斯驯兽员骑狮子表演马戏如图9.21所示。

图9.21 俄罗斯驯兽员骑狮子表演马戏

2) 乐园

乐园一指快乐的园地，二指基督教指天堂或伊甸园。以中国的杭州乐园为例。杭州乐园是长三角地区著名的综合性主题公园，地处湘湖中心区域，地铁直达，交通便利。园区分为吴越千古情文化演艺区、大型游乐区、儿童游乐区、杭州乐园水公园、吴越古城等主题区。杭州乐园一年四季活动不断，有戏水狂欢节、泥浆"泡"妞节、万圣节等活动。依托休博园、湘湖等强大配套设施，旨在打造"主题突出、晴雨皆宜、老少同乐"的独特混搭体验，成为新一代主题乐园的标杆。在中国，主题乐园也是近些年才出现的，而以前是在公园、文化宫之类的地方辟出一些场地，增设游乐活动。这一方面是经济杠杆的作用，另一方面也是娱乐观念的改变。

以洛阳王城公园为例。王城公园位于中州中路西端，因坐落在周王城遗址之上而得名。周王城是公元前1038年由周公主持营建的周代都城，其"前朝后市，左祖右社"的布局，开创了中国都城建设的先例。1955年，周王城遗址被发现，为保护这一历史遗迹，洛阳市特在此辟建王城公园，后来增添了大型游乐区，包括"高架索道"、"过山车"、"激流勇进"、"太空之旅"、"摩天轮"（图9.22）、"丛林飞鼠"（图9.23）、"浑天球"、"环岛列车"等上百种大、中型游乐玩具供人们娱乐。王城公园是民众娱乐的好地方。

图9.22 摩天轮

图9.23 丛林飞鼠

但中西方关于乐园的观念和意识还是大大不同的，西方的乐园意识和思想较新奇和开阔。例如，以迪士尼乐园为例。美国迪士尼乐园位于洛杉矶市区东南，是世界上最大的综合游乐场。1955年，美国动画片大师华特·迪士尼在洛杉矶附近创办了第一座迪士尼游乐园——一座主题游乐公园,主要有主街、冒险乐园、新奥尔良广场、动物王国、拓荒者之地、米奇城、梦幻乐团、未来王国等8个主题公园。中央大街上有优雅的老式马车、古色古香的店铺和餐厅茶室等。走在迪士尼世界中,还经常会碰到一些演员扮成的米老鼠、唐老鸭、白雪公主和七个小矮人。迪士尼建立时期正值美国婴儿潮一代的青年时期,当时的科技和娱乐产业还不发达,因此米老鼠和唐老鸭的巨人魅力最终成就了华特·迪士尼的娱乐王国梦想。实际上,自迪士尼乐园1955年正式开张以来,公司就一直致力于创新项目的推出,当时的机器人玩偶、幻影荧幕等前所未有的娱乐项目让整个世界感到震惊。然而随着时间的推移,如今的青少年成长于电子游戏的怀抱,他们对于娱乐项目的互动性要求明显提高。"迪士尼现在提供的所有娱乐项目都属于被动类型,而如今的孩子们希望互动,希望参与其中。"迪士尼乐园清楚地认识到,强烈的互动性才是抓住如今儿童游客的关键。最近在美国迪士尼乐园本部推出的一款"星际光年探险"游戏就是对互动概念的最好体现,游戏者在驾驶空间宇航器的同时还要控制激光大炮,反击入侵的邪恶帝国士兵;在另一款名为"虚拟魔法王国"的游戏中,游乐园的游客被安排了任务,如寻找宝藏或者探险营救等,通过携带的虚拟图像链接设备,游乐园向乘客发送信息,完成任务的游客还会得到纪念品。迪士尼乐园已经成为美国文化的象征,成为世界上最成功的乐园。

随着改革开放和旅游事业的发展,中国建了很多玩耍行游艺场,成功的经验与失败的教训并存,启迪着人们去思考。总结来看,主要有三种类型:第一类是室外以一般运动、活动、游览为主的乐园,兼具教育功能;第二类是室内以演出、观赏和品尝为主的游艺;第三类是模仿迪士尼的乐园。

本章小结

本章主要介绍了中西方文化差异的原因,以及对旅游消费行为、旅游开发、旅游饭店管理、中西游乐术的影响。特别是游乐术,丰富多彩,异彩纷呈,是中西方旅游文化差异的一大亮点。中西方文化差异的原因,以及对旅游消费行为、旅游开发、旅游饭店管理的影响是本章应掌握的重点。对中西游乐术的大致了解,可以丰富学生的旅游文化知识。

关键术语

中西旅游文化差异、旅游消费行为、旅游饭店管理、游乐术

习题

一、填空题

1. 中西旅游文化差异对旅游消费行为的影响包含_____、_____、_____、_____、_____、_____六个方面。
2. 中西游乐术的差异表现在_____、_____、_____、_____四个方面。

二、简答题

1. 中西文化差异的原因是什么?

2. 中西文化差异对旅游开发有什么影响？

3. 中西文化差异对旅游饭店管理有什么影响？

三、名词解释

游乐术

四、案例分析

大啖得州牛排，领略牛仔豪情

得克萨斯州是美国养牛最多的州之一，也是最具有牛仔文化代表性的州。到了得克萨斯州，只有去牛排店大快朵颐一番，才算不虚此行。多年不见的老同学极力推荐这家得克萨斯州知名的连锁牛排店——Texas Roadhouse。这家店虽然门店众多，但生意一向火爆，在繁忙时间，顾客在门口等候几十分钟也是常有的事。兴许是我们去的这家稍许偏远，又或许是我们时间掐得准，居然没有等候多久就落座了。

远远地就能瞧见原木结构的牛排馆屋顶上那迎风飘扬的星条旗和大门上方耀眼的牛头状的LOGO。

这家牛排馆的氛围和我们平常概念中的高雅西餐店迥然不同。我一踏进店门，就发现满地的花生壳，踩上去嘎嘎作响。在候坐区中间空地上有一大木桶花生，你尽可以随手抓一大把花生放在手上，敞开了吃，花生壳更可以随意乱扔。用食盐焙炒的花生吃在嘴里又香又脆，尤其是当你随手把花生壳扔在地上的时候，一种说不出的如释重负的自由感油然而生，仿佛一脚穿越到了美国西部拓荒的自由年代，领略到了牛仔的奔放豪情。一个字，爽！

店里的装饰自然也是十足牛仔式的西部风情。

美国人好像对牛肉有特殊的偏爱，不知是谁统计过，一个美国人平均每年要吃掉62磅牛肉，平均每天3盎司(约80克)。美国牛排的规格也是大得惊人，11和12盎司是最小的规格，往上还有16盎司、20盎司甚至28盎司(差不多800克)，国内的牛排和这里一比要袖珍很多。

当你被服务生问到烹调牛排的生熟度时该如何回答呢？一般有五种选择。①rare：牛排中间为血红色且温度不高，切下去出血水，中国人一般较难接受，基本就像吃生的。②medium rare：牛排中间鲜红，但已有相当热度，三分熟。③medium：牛排中间呈粉红色，已经很烫，五分熟。④medium well：牛排中间呈浅粉色，七分熟。⑤well done：牛排中间已呈褐色，全熟。

以前在中国也去过所谓的"西部牛排"或者"得克萨斯州牛扒"店，店堂布置和背景音乐等倒也能学个五分像，可是牛排本身立马现出了原形，无论是口感还是分量都不可同日而语。至于那种浑然天成的西部风情和生活态度，不到当地无论如何是体会不到的。

(资料来源：www.360doc.com/content/12/1123/13/9159788_249730409.shtml。)

问题：

得克萨斯州牛排馆的经营在合理利用中西文化差异方面能给我们什么启发？

第10章 旅游客源地与旅游目的地文化

教学目标

通过本章学习,学习者应理解旅游客源地社会环境文化、旅游目的地社会环境文化的概念,掌握旅游客源地社会环境文化及其对旅游业和旅游者的影响,明确旅游目的地文化的变迁,能够分析旅游目的地文化发展中的问题,设计解决的方案。

教学要求

知识要点	能力要求	相关知识
旅游客源地社会环境文化	掌握旅游客源地社会环境文化及其对旅游业和旅游者的影响	旅游客源地社会环境文化概念、旅游客源地社会环境文化对旅游业的影响、旅游客源地社会环境文化对旅游者的影响
旅游目的地社会环境文化	明确旅游目的地文化的变迁	旅游目的地社会环境文化界定、旅游目的地社会环境文化的变迁
旅游目的地文化的调适与保护	能够分析旅游目的地文化发展中的问题,设计解决的方案	旅游目的地社会环境文化的可持续发展与文化调适、旅游目的地社会生态环境的保护、旅游目的地社会本土文化的保护

导入案例

转山路上的姐妹

——都市女性走进梅里雪山

藏历水羊年(2003年),四个北京女孩走上了转山之路,朝觐香格里拉的梅里雪山。

梅里雪山是云南省最壮观的雪山山群,其主峰卡瓦格博海拔6 740米,为云南省最高峰,在信仰藏传佛教的藏民心目中,它是与冈底斯山、唐古拉山等雪山并列的八大神山之一,至今,它仍然是无人能够征服的处女峰。

2003年是卡瓦格博山脉(梅里雪山)的本命年,在这一年转山更具有不同的意义。参加转山行动的四个人,全部为普通的北京女孩。她们从北京出发,历时26天,其中转山时间16天,转山路线为藏族外转山的传统路线,交通工具完全靠马匹和徒步,行程全部在海拔3 000米以上,有多处无人区,还要翻越多处海拔接近5 000米的山口,其行动难度极大,是一次挑战自我、挑战极限的野外生存实战。

几个都市女性在队长红杏的带领下,在前后近1个月的时间里,完成了这次前无古人的创举。在大转山的过程中,她们对沿线的文化遗存、人文地理环境及动、植物等进行了深入考察。用女性的眼睛重新发现"香格里拉",同时唤起人们的环保意识,让更多的人了解到那里虽然有美丽的风光、淳朴的藏民,但是那里脆弱的自然环境正在遭受破坏(红杏在1999年曾经到过梅里雪山海拔接近5 000米的地方,在那里,居然发现了大面积的废塑料袋)。几位女性要通过她们的行动,唤起人们的环保意识,为子孙后代留下一片净土,留下这最后的香格里拉。

(资料来源:http://www.17u.com/blog/article/789617.html。)

问题:
1. 发现大面积的废塑料袋反映了梅里雪山作为旅游目的地的什么问题?
2. 红杏来自什么样的旅游客源地?为什么她们这个群体能够反映香格里拉存在的问题?

旅游客源地与旅游目的地的社会环境及文化共同构成了旅游文化。旅游客源地与旅游目的地文化的差异是从自然地理环境和社会人文环境中共同表现出来的。人类的生存和活动不可避免地产生人和自然环境的密切联系和相互作用。例如,印度人关于圣牛的观点。印度人不吃牛肉的禁忌是有现实合理性的,因为在当地,牛的作用是多方面的:供应奶、犁地、负重、运输。仅牛粪就有好几种用途:做肥料、燃料和铺地的材料;有利于保存和提供由牛提供的肉以外的其他资源。种种文化现象是植根于地理环境的地域文化的外在表现。人类的生活就是处理人和自然的关系及人和人之间的关系,由此形成的不同生活环境、生活习惯、文化传统、民族性格、社会结构都出现巨大的差异,在民族风情和宗教习俗方面都呈现出各自不同的魅力。例如,宗教的地位在西藏非常重要,宗教节日很多,宗教仪式成为固定的格式。每个部落都祭祀自己的地方神和圣山,祭山节成为每年固定的宗教节日。泸沽湖宛如一颗洁白无瑕的巨大珍珠镶嵌在祖国的西南部,如诗如画的旖旎风光、亘古独存的母系氏族遗风民俗、藏传佛教的朝钟暮鼓,使众多游客将目光投向这块神秘的土地。因此,文化的差异构成旅游的基本动因。

旅游是跨地域的文化活动,不同地域的文化差异性促使旅游动机产生。在旅游过程中,各种文化的碰撞会对不同地域的文化产生影响,包括积极的和消极的影响。它们既有和谐的文化交流,也有相互排斥的文化碰撞;既有文化涵化和交融,也有文化冲突和对抗。本章重点研究旅游客源地和旅游目的地之间的差异性、旅游活动带来的旅游目的地文化变迁,以及旅游目的地文化的调适与保护。

10.1 旅游客源地社会环境文化及其对旅游业和旅游者的影响

10.1.1 旅游客源地社会环境文化概述

旅游客源地社会环境文化是一个针对旅游者和目的地社会环境文化使用的概念。旅游客源地社会环境文化是旅游者的母体文化,是对旅游者进行最初塑造和影响的旅游者居住地的社会环境和文化背景,因此旅游者身上始终带有旅游出发地社会文化的深刻烙印。旅游者身处的社会环境文化常常对目的地社会产生强烈的冲击和影响。

在大众旅游时代，旅游客源地作为旅游者的出发地，社会环境文化常常能获得很大的益处：第一，来自同一出发地社会的旅游者之间建立了更稳固的友谊，旅游客源地加强了旅游者所属的民族政治社会群的凝聚力；第二，作为旅游出发地社会的居民，在成为旅游者后素质得到极大的提高和培养，他们通过亲自了解现实培养起面对现实的某些态度，同时作为一种培养感情的因素，它有利于智力、艺术和文学方面的创造；第三，旅游出发地社会的居民的身体素质和心理健康，常常能够从旅游中获得大幅度的提高。

旅游客源地社会环境文化对旅游目的地旅游业和旅游者的影响是通过游客的活动间接产生的。第一，旅游客源地社会环境文化属于高势能文化，旅游目的地社会环境文化属于低势能文化。在文化上，经济发达国家的社会环境文化处于一种高势能状态。旅游者对旅游区的文化影响随处可见，旅游区接待的游客愈多，所受到的文化影响也愈大。目的地文化仅仅满足了游客的猎奇心理，客源地文化有可能改变目的地的文化方向和社会格局。在一些有着悠久历史的欠发达国家的旅游城市，欧陆风情的饭店、别墅、住宅小区、欧式草坪都到处可见。而现代克隆背离了历史发展的真实，是对"欧化"，即西方"现代化"的盲目追求。这一现象不仅发生在国际旅游之中，也发生于国内旅游不同经济水平地区的旅游之中。第二，旅游客源地社会环境文化属于低势能文化，旅游目的地社会环境文化属于高势能文化。这种情况必然吸引游客到旅游目的地去考察和取经，从而使客源地文化接受目的地文化的辐射和影响。第三，旅游客源地社会环境文化与旅游目的地社会环境文化表征相似或相近。在发达国家间或经济文化处于相近水平的地区之间的旅游，游客在旅游过程中的文化交流的文化势能则是平衡的，如大陆和台湾两岸各界大交流全方位、宽领域、多层次展开，形成新局面。两岸人员往来规模迅速扩大，"台湾海峡两岸观光旅游协会"北京办事处和"海峡两岸旅游交流协会"台北办事处先后成立，标志着两岸旅游交流合作机制正在取得重大进展。

10.1.2 旅游客源地社会环境文化对旅游业的影响

旅游客源地社会环境为当地居民提供了较多的闲暇时间、较高的工资收入，促使了各种旅游条件和设施的改善。旅游者收入水平是旅游者购买力的主要来源，旅游者的经济收入发生变化，必然会影响其旅游消费水平和消费结构。旅游客源地出游力主要表现为出游人次和出游花费。发达城市旅游产业链完善，居民出游意识强，旅游消费水平高，较少受空间距离束缚，表现为出游人次和出游花费均偏高。上海、北京、天津等传统重要旅游输出地，居民生活水平较高，出游率高使其仍表现为大规模出游人次，出游花费大使其较少受空间距离束缚，游客出行不但钟情于短程游憩，旅游足迹更是遍布全国各大特色旅游地，在全国各大旅游地客源市场比例排名中较为靠前。浙江、江苏两省社会经济规模和居民生活水平偏高，旅游需求旺盛，除了城镇居民生活水平高外，农村居民的出游率和出游花费在全国也均位居前列。一般而论，随着人们的可支配收入和闲暇时间增加，旅游需求相应增多。在旅游经历不断积累之后，人们旅游需求的层次也相应得到提升。

当旅游是为了更多地获取经验和增加效益时，旅游客源地社会会支持这种旅游。随着中国经济的快速增长，很多跨国公司都到中国投资，中国的工作机会增多，学习汉语成为吸引东南亚学生到中国游学的一个重要原因。特别是新加坡,当地华人多,容易接受中国文化,这成为新加坡学生到中国留学的重要原因。图 10.1 所示为北京中关园留学生公寓。

到中国香港旅游之所以成为全球游客的愿望,主要是当地购物便利,因为香港免税,东西便宜(在奢侈品和化妆品上尤为明显),还有美食、文化(演唱会,展览)、娱乐(如迪士尼)等。

图 10.1　中关园留学生公寓

10.1.3　旅游客源地社会环境文化对旅游者的影响

1. 旅游客源地社会环境对旅游者的文化劝导的影响

旅游客源地社会环境对旅游者的文化劝导,包括以经济效益为目的的旅游宣传和广告诱惑、以保护目的地文化为目的的公益宣传、游客的自我劝导、政府根据外交需要做出的劝导。

营销劝导和公益劝导是方向不同、义利相背的文化劝导。

营销劝导是指在旅游客源地对旅游目的地进行的宣传和对游客所实施的引导,特别是广告的应用,招徕着客源地的居民前往遥远而陌生的地区和国家去旅游,其结果常常会干扰目的地的生态和社会平衡。例如,斐济——南太平洋的耀眼明珠,是由 330 多个岛屿组成的国家,这里是几乎未经开发的旅游天堂,是原始的度假胜地;有最纯净的海水和最美丽的风景;是度蜜月的最浪漫之所,是璀璨的摄影之地:微软公司创始人比尔·盖茨的新婚、蜜月举办地,奥斯卡影帝汤姆·汉克斯主演的《荒岛余生》外景拍摄地。这几年随着中国城市居民收入的提高、工作环境和人生压力的加大,中国出现了大量有关斐济的旅游推广。

与此不同,公益劝导要求旅游者在前往旅游目的地观光游览时,保护当地的生态环境和社会宁静。自我劝导是由游客自己的旅游行为和自豪感造成的一种旅游文化取向。旅游作为一种高尚而又奢侈的精神活动,给人罩上荣耀的光环。即使是游客外观上的特征,也与工作的人流表现出明显的区别。旅游者不自觉中流露出自豪感。政府劝导是指政府根据外交的需要做出的。当客源地和目的地国家出现情况时,客源地国家的政府便会发出忠告,劝告其居民不要前往目的地去旅游。

知识链接10-1

美国发布登月指南：防范人类月面足迹被毁

设想一下，如果标志着人类探月活动巨大飞跃的尼尔·阿姆斯特朗留下的可以永久存在的足印结果被数百名月球游客踩没了；或者一辆月球车被一名驾车闲逛的月球游客折腾得无法修复了，结果会是怎样？美国宇航局已经设想了这两种梦魇般的场景，并为未来的月球游客提出了"勿踏草坪"式的指南。它们包括：在第一个和最后一个登月遗址设置"禁飞"区，游客在靠近美国宇航局的12名执行月球行走的宇航员留在这颗卫星上的文物时，贴上"只许看不能动"的警示语。

尽管使月球旅行距离变成现实可能还有很长的路要走，但是美国宇航局在20多个参加Google月球X大奖赛的科研组的鼓励下，已经制定出相关规章制度。这项比赛将为"第一个安全把机器人送上月球的由私人资助的科研组"提供3 000万美元奖金。美国宇航局的罗伯特·卡尔索说："我们不想看到有机器人闯入登陆遗址，对其进行评估，我们不希望它们被毁掉。"虽然由私人资助的任务成功抵达月球的希望不大，但是人们对保护六个"阿波罗"号登陆遗址的关注也相当少。

卡尔索说："这确实是史无前例的。我们希望美国宇航局为此(保护)制定指导方针，迄今为止我们在这方面确实还什么都没有。我们希望保护所有月球遗址，但是'阿波罗'号登陆点具有更重要的文化、历史和遗产价值。它们是冷战史上至关重要的遗址。"除了"阿波罗"号遗址外，美国宇航局还发射了"勘测者"号月球探测器，苏联发射了带有遥控车辆的无人"月神"探测器。他指出，事实上"阿波罗12"号溅起的月球尘土和碎片飘扬到"勘测者3"号的登陆遗址上空，但随后它们降落在方圆500英尺(152.4米)范围内。

"阿波罗"遗址也会被商业登陆任务破坏掉的想法，已经令美国宇航局的专家和空间史学家感到不安。另一个问题是抢掠，这种行为给可以上溯到金字塔时期的历史遗址和考古学家带来巨大灾难。史学家发出警告说："'阿波罗'遗址的命运会与1911年的南极小屋一样，1956年有人发现它后，它被洗劫一空。"美国宇航局的指南要求把"阿波罗11"号和"阿波罗17"号登陆遗址周围200英亩范围设为"禁飞"区。在月球上徒步旅行的人，必须在距离"阿波罗11"号登陆遗址82码(74.98米)的地方停下来，1969年7月20日，尼尔·阿姆斯特朗首次在这里踏上月球表面。

其他遗址也有为登月任务留下的文物量身打造的详细说明。例如，"阿波罗17"号是所有"阿波罗"登陆遗址中最大的一个，这辆月球车是被留在月球上的众多物品之一，其他物品包括科研仪器、哈苏相机，甚至偶尔还有不常见的"粪便收集器"。1969—1972年，美国宇航局实施了六项载人登月任务。由于发生爆炸事故，威胁到整个登月任务，"阿波罗13"号任务最终以流产告终，而且"阿波罗17"号以后的任务均被取消。

美国宇航局发布的这些指南并非只是用来把好奇的游客支开，而是为了保护这些遗址，以便研究人员有机会对月球任务留下的物品进行研究，分析人造物体在月球上是如何降解的。"阿波罗"遗址的月球考古已经开始，美国宇航局的"月球勘测轨道飞行器"于2009年已经从这些遗址上空飞过，并于2011年9月再次从其上空飞过。这颗飞行器拍摄了登陆遗址的清晰照片，其中包括月球车留下的清晰可见的轨迹。

(资料来源：http://news.dili360.com/xkwx/tkts/2011/1109/31349.shtml。)

2. 旅游客源地社会环境文化对旅游行为方式的影响

每个旅游者都生活在一定的文化环境中，逐渐形成与这种文化相一致的价值观念、社会道德和行为准则。不同的地区、不同的民族、不同的生态环境，社会结构、社会制度、历史传统、经济发展等条件的差异，使其风俗习惯、价值观念、行为规范、文化传统、社会道德、宗教信仰、生活方式等不尽相同。因此，不同的旅游者在旅游消费行为和消费方式上会表现出明显的差异。旅游者的游消费行为和消费心理无不打上社会文化影响的烙印。

文化体现了一个国家、民族或地区的社会特征。某种文化和其他文化相比，存在着独特的、区别于其他文化的内涵，可以说是某一社会的人格。在相同的文化背景中，旅游者很少注意当地人的服饰、饮食、居住等风俗习惯，而进入其他文化背景的旅游区，他们则会被当地的民俗风情所吸引，对很多事物留下深刻的印象。人们外出旅游，在文化旅游活动中各自凭借自己的审美情趣对异质文化进行分析、评价和判断，选择行为取向并影响其心理效果。出于求美、求新、求异的心理，旅游者非常乐于接触和体验不同的文化环境。了解文化差异是旅游者的重要目的。

知识链接 10-2

中国消费力如何影响世界

2011 年 8 月 16 日，全球最大酒店连锁集团希尔顿酒店在美国旧金山正式启动一项针对中国游客的"欢迎项目"，届时，全球将会有 30 家分布在旧金山、纽约等北美地区及夏威夷、温哥华、伦敦、东京、悉尼等众多中国游客青睐并前往的旅游目的地酒店启动这一项目。"欢迎项目"包括的酒店除了提供中文的前台接待外，还将配备中国传统早餐，以及为满足中国游客生活习惯而准备的客房设施，如拖鞋、中文欢迎函、中文电视节目，甚至开水壶、中国茶叶。

在希尔顿酒店及度假村的全球负责人戴夫·霍顿看来："全世界都在准备迎接不断增长的中国游客，而希尔顿酒店希望不断保持自己的优势。"事实确实如此。中国游客日益高涨的消费能力正在改变全球旅游市场，因此，如何投中国游客所好，不仅成为旅游行业，也是全球消费领域未来业绩增长的重要推动力。

伦敦大学东方和非洲研究院发表的一份名为《中国旅游业崛起将如何改变欧洲旅游业的面貌》显示，到 2015 年，中国赴欧出境游客有望增长至 450 万，到 2020 年将达到 860 万左右，如果按照平均每晚花费 234 欧元计算，欧洲旅游业收入将可能超过 20 亿欧元。

这份研究报告发现，中国游客首次出境选择自由行而非传统团队游的人数逐渐增多。当第二次或三次出境游时，愿意独自旅行或组织家人或朋友小型群体的游客人数也有所增加。此类游客享受自由选择场所和景点的便利，以迎合个人兴趣而无需受到旅游团的时间约束。他们也会前往一些旅游团通常不会考虑的较小地点。

中国游客旅游行为的转变也令全球旅游业对中国出境游客的营销方法产生了重大调整。在这项调查中发现，中国游客网络渗透率高达 36.2%，尤其在大城市，网络使用率甚至翻番，平均每周上网时间达 18.7 小时。而且越来越多的中国游客会通过互联网查阅相关的旅游信息，如上网搜索目的地、酒店和交通服务信息，而且更有可能通过社交媒体而非公司官网获得相关内容。而线上视频共享网站提供的旅游目的地视频，游客撰写的博客和微博也大受欢迎，这对中国游客的决策过程产生了重大的影响。

实际上，希尔顿酒店的"欢迎项目"灵感来源是一位广受中国游客欢迎的酒店员工。希尔顿酒店营销人员发现，在一些社交网站上，一位会讲中文的巴厘岛希尔顿酒店员工获得极高的评价，为那所希尔顿酒店带来大量客源。伦敦大学东方和非洲研究院高级讲师兼报告作者表示："社交媒体传播迅速、影响深远且极受欢迎，旅游业需对其加以重视。如果使用得当，将会获得巨大的市场潜力并为各层人士开启机遇之门。关键在于吸引中国游客前往此处，如果他们感受良好，将有可能在社交网站上谈论，从而带来巨大的游客数量。"在希尔顿酒店管理人员看来，潜在的中国游客大部分集中在国内明显的几个地理区域，并参加特定的社交群体。他们具有可预测的媒体消费习惯，如阅读特定标题并访问主题网站等。深入了解中国游客的这些习惯，并配合富有中国特色的消费体验，将成为未来赢得竞争的关键。

（资料来源：http://www.forbeschina.com/review/201112/0014193.shtm.）

3. 旅游客源地社会环境文化对旅游行为动机的影响

旅游者来自各种文化环境，不同的文化背景使旅游者在进行和实施旅游决策时，具有不同的表现。来自不同文化环境的旅游者，对旅游产品与服务具有不同的需求。例如，对自然风光、人文古迹、民俗风情、惊险游乐等，旅游者会各取所需，依据自己的文化取向，形成旅游偏爱。中国人的"乡土情结"正是在一个传统文化背景下造成的一种心理定势、行为准则和精神信仰。"乡土情结"影响着游客的行为动机，是中国乡村旅游市场得以发展的根本原因。

知识链接 10—3

慢食，从产地到餐桌

色彩绚烂的南瓜形状不一，若要投放市场，估计很难销售。然而，它们却是没被喷洒农药、施过化肥，而慢慢被大自然雕琢而成的美味。享用美味时，你可曾想过眼前的食物来自何方？它们是怎样生长的？何人以何种方式种植？又是谁的手在烹饪？其实，以食物为核心有张巨大的网，慢思量，就能体会其中的慢之美、慢之安全——等待阳光雨露的蔬菜、弥漫于厨房的食物本香。几千年来，祖先们便如此慢食。快节奏的今天，或许你也能稍作停顿，用心追寻、体会慢食。

10月23日前后，太阳到达黄经210°，作为秋季最后一个节气，霜降来临。北方的土地上，大部分农作物遵循自然规律，停止生长，萝卜和白菜也迎来了一年中最好吃的时令。

相对现代生活的最大特征"快"，"慢"已经日渐显示出独特魅力和价值。"慢生活"，"慢钱"，"慢城"，"慢艺术"，"慢旅行"，甚至"慢健身"都吸引了越来越多的追随者，被尊为时尚。而所有的这一切有关"慢"的生活哲学，却都是受从餐桌开始的"慢食"运动影响，衍生开来。

卡洛·佩特里尼生长在意大利一个特别注重传统饮食生活的小镇布拉(Bra)，这培养和奠定了他对传统饮食的终生热爱。而位于地中海北部的意大利，其传统饮食意大利面、披萨、咖啡，至今仍是欧洲人餐桌上的家常配置。试想，若有一家美国饺子馆在北京故宫旁开业，号称做出最好吃的快餐饺子，我们会作何感想？所以不难理解卡罗•佩特里尼当时受到的触动。

于是，在他的带领下，一场名为"慢食运动"的伟大革命从意大利开始了。1989年，来自15个国家的代表在巴黎共同发表了"慢食运动宣言"：速食，借生产力之名改变我们的生活方式，并威胁环境和我们周围的风景。捍卫我们安稳喜乐的唯一道路，就是对抗这个让全世界发狂的速食生活。与狂乱、效率反其道而行，从"慢食的餐桌"开始反击。

慢食有必要成为一种运动吗？也许有必要。看看你的周围，愿意花时间排队、花钱，但不愿花时间吃饭的人太多了。无论餐厅还是家庭的饭桌，最常听到的是"快吃"的催促声，仿佛要赶着去做另一件事。在中国人的观念中，"时间就是金钱"早已根深蒂固，发挥到了极致。很多人认为吃饭这件事最要节约时间，只需像把汽油放进油箱那样。除了动嘴外，忘记还有眼睛、鼻子、脑，可以一起来享受食物。

以食物为核心，有一张巨大的网络。享用一碗老北京炸酱面时，试想一下，做面条的小麦粉，菜码中的萝卜丝、黄瓜丝、豆芽、浓香的酱、炒酱的肉丁、调味的葱花、香菜，都来自何方？都是本地的传统品种吗？再想象一下这些食物的产地，它们是怎样生长的？什么人以何种方式种植蔬菜小麦、养殖牲畜？这些食物来到你面前经历过怎样的旅程、交通、处理和包装？谁的手在为你烹饪？

慢食，想要守护的就是这种有着土地的味道、妈妈的味道等多样味觉的世界。慢食，并非只是慢慢吃(slow eat)那么简单，也不是仅仅局限在反对速食的狭小范畴中。说到底，它反对的是支持快餐的想法，抵抗的是快餐导致的饮食单一化，以及剥夺了人与人之间透过食物产生的情感交流。

(资料来源：关海花. 慢食——从产地到餐桌[J]. 中华遗产，2011，11.)

10.2 旅游目的地文化及其变迁

10.2.1 旅游目的地社会环境文化界定

旅游目的地是旅游者所要到达和游览的地方，也是进行旅游接待的地方，跨国旅游目的地国家被称为"东道国"。旅游目的地社会环境文化是旅游目的地由游客引起、与旅游目的地地域文化交织而成的社会环境和文化背景，是与旅游者及其所负载的出发地文化相互作用和影响而产生的一种特殊的综合的文化形态。旅游目的地社会文化环境是旅游目的地空间和时间结构中形成和存在的社会及文化的实物形态和精神氛围的总和。

各具特色的地域文化构成了旅游目的地的区域文化背景。一方水土孕育一方文化，一方文化影响一方经济、造就一方社会。不同社会结构和发展水平的地域自然地理环境、民俗风情习惯、政治经济情况，孕育了不同特质、各呈特色的地域文化。这些不同个性特质、各具鲜明特色的地域文化对今天各地区区域经济社会的全面发展仍具有根本性的影响。旅游业从根本上说属于文化产业的范畴，地域文化构成旅游地的文化背景和文化底色，极大地影响着区域旅游文化的面貌和旅游地的文化形象，是一个地方发展旅游产业的基础性条件。

社会环境文化是旅游目的地当下的社会文化发展状况。传统的地域文化经改造、整合后大都发生了文化转型,任何一种地域文化都在随着整体时代进程的变化而发展变化的过程中打上了鲜明的时代烙印。

知识链接 10-4

郑东新区:用旅游理念打造新城区

在"中原经济区"经济建设发展引擎的带动下,郑州取得了日新月异的变化,尤其是郑东新区,更是在现代都市休闲旅游的层面上取得了跨越式的发展,已成为中原都市休闲旅游的新坐标和示范区。

高楼建筑倒映水中,飘逸流动,灯光闪耀,熠熠生辉,如梦如幻。位于郑东新区中央商务区景区如意湖中央的大型数控水景表演系统,更是引人驻足。该系统采用了水幕电影、音乐喷泉、特色灯光、艺术激光、多元音乐五位一体大型综合数控技术,首创了全国独一无二的金龙吐水、百变喷泉等20多种水型。精美的画面,变幻的灯光,逼真的音响,令人如痴如醉。

新区拥有独特的旅游资源优势,既有文化底蕴深厚的大河村文化遗址,又有优美秀丽的郑州国家森林公园景观、世界大师设计的蕴含中原文化的建筑精品——河南艺术中心,更有如意湖水域风情,还有风姿各异的景观桥、引人入胜的休闲旅游购物街、全国各地的美食……据不完全统计,2011年,郑东新区有休闲景点110处(含大小公园、景观桥),饭店276家,美食文化购物街3条,商贸企业1 020家,宾馆213家,休闲场所45个,丰富的旅游要素构筑了新区完整的旅游产业体系。

为了将新区打造成古都郑州的一块旅游新天地,在老城深厚文化底蕴的基础上,水景演出、水上游船、休闲自行车观光等游乐项目应运而生。郑州国家森林公园、郑州之林公园、湿地公园、红百花公园的相继落成为郑东新区的旅游增色不少。另外,郑东新区有着丰富的水运体系和105座景观桥,体现着一桥一景,一桥一主题;丹尼斯百货、宝龙购物广场、横店影视城、冠军真冰溜冰场等购物休闲场所也为郑东新区提供了丰富的旅游资源。

(资料来源:http://travel.dili360.com/lyxw/2011/103120972.shtml.)

旅游目的地是出发地与接待地两种文化直接相遇、碰撞和发生交融的地区,旅游目的地社会环境文化是相遇的文化。两种文化的相遇主要是通过旅游者与当地居民的接触和联系来反映的。相遇以短暂为特点。当旅游者参观一地时,是作为旁观者行事的,甚至会意识到自己物质上甚至本国文明的优越性。他们很难与当地居民进行交流和对话。大多数旅游者是观看风景和名胜,而不是真正同一种活的文化去进行接触,那些走马观花的旅游者对目的地社会文化甚至无需去辨别,只需简单地相认就行了。他们所参观的不是一个国家,而是一个国家的影子。这种相遇难以沟通。

旅游目的地居民与旅游者的相遇也会引起文化冲突。历史上,纳西民族很善于吸纳周边各个民族的优点,纳西族是个"能把大山吞下,也不觉得胀,几千个砍手也砍不死"的民族,但是近几十年来,这片区域却相对封闭,与城市文明和外来文化有着相当的距离。随着旅游经济的发展,纳西文化再次与各种外来文化,尤其是现代文化相遇,乍然间,这种沟通就变得相当有障碍。过去的古城并没有意识到限制进入的问题，四川、浙江、福建的商人，还有各种各样的旅游者，都一下子拥入古城并且沉积下来，在短时期内形成了复杂而怪异的社会文化生态。一直以来，纳西人有自己的原始的深厚的哲学，因此表现出来的对外来文化的排斥就显得更为激烈，这是纳西文化态度和生活方式自然而然的一种反应。现在满眼看到的是外面涌进来的旅游产品：西方文化的复制品、纳西文化低级的复制品等。这样复杂的文化结构，对于一个文化遗产地来说绝对不是一件好事。原本封闭的文化元素因为人才和资金的关系相对处于劣势，它有足够的能力来对抗外面那些已经成熟开发的产品吗？如果照这样的趋势发展下去，失去了传统文化和民族特色，变成一个旅游商业的大超市，古城又有多少意义呢？还有人付昂贵的机票吗？显然，答案是否定的。

越是大众旅游的游客对当地民众的适应程度也就越差。为了使两种文化产生良性的交融，世界旅游组织提倡一种新的变通性旅游模式，使未来的旅游者对他们将被纳入接待环境的方式产生一种强烈的印象，并预先准备好能向他们提供便利和使他们受到鼓舞的产品，如朝圣旅游、普世旅游、学术旅游、社会考察旅游、人种学旅游。对于那些能使旅游者更好地融入接待环境的旅游方式，应该给予一些补贴的帮助。可以通过机制化的交流，积极参与当地的文化，来促进一种真正充满生气的旅游，避免让过多的旅游活动集中在过去和历史方面，而把有关地区和国家的活生生的现实世界弃置一旁。例如，博物馆应让从前的历史恢复生气。

10.2.2　旅游目的地社会环境文化的变迁

社会环境文化的变迁是随着时间的推移而产生和进行的。文化学家视野下的社会环境文化的变迁是在内外部因素的作用下，通过文化内部的整合而出现的有别于过去的文化形态。

1. 旅游目的地社会环境文化的良性变迁

1) 经济发展和生活水平提高

旅游已成为民族地区经济发展的重要驱动力。具有"朝阳工业"之称的旅游产业，促进了经济的发展和当地社会的现代化。另外，物质层面的变化十分明显，飞机场、高速公路、大饭店迅速出现，使当地科学水平提高，新的通信技术得到了运用，社会更趋向于开放和国际化。与此相应，旅游为目的地社会创造了更多的就业机会。无论是发展中国家，还是工业化国家中传统经济活动正在衰退的周边地区，旅游都成为创造就业机会的重要因素。

2) 政治的改良

目的地社会的封闭性遭到破坏，当地居民有了另外的参照系，在与发达国家政治体制的比较中，发现了本地政治结构的差异，从而产生了一些新的政治要求，导致目的地社会政治结构的变化。例如，在加那利群岛，一个新的旅游实业家阶级的出现向当地政要的权力提出了挑战。

3) 社会结构和风尚的变迁

旅游带来了目的地在人口结构、职业结构、教育结构、收入结构及声誉和权力的结构等方面的变化。移民形成全部劳动力中的一个重要的部分。在旅游业的发展中，青年和妇女这两类人得以从旅游中获益。旅游为妇女提供了更多的就业机会(图 10.2 为石林女导游)，使家庭现代化，即不仅妇女得到了新的地位，而且父母对孩子的关系也更开明了。旅游还可以使旅游地区的居民改变部族心态，减少民族性质的偏见，从而开阔他们的思想境界。当旅游带来越来越多的繁荣时，人们可能会要求对孩子进行更好的学校教育。旅游还决定了社会阶层的特征，旅游地区城市中中产阶级的人数更多。旅游导致行业性的变迁。例如，从渔业和农业向旅游业的过渡使社会发生结构性变迁。

图 10.2　石林女导游

4) 传统复兴

旅游促进了目的地文化、民间艺术和博物馆的发展。许多传统的包括物质层面和精神层面的东西，如宗教或考古建筑，由于旅游价值和旅游业的发展从被毁坏的境地中拯救出来。旅游的发展促成了某些景色的改善和一些具有特色的建筑群和市区的建设。旅游目的地兴建的现代建筑，不仅运用了防震技术这样的科技成果，而且因地制宜，有意识地使用了当地建筑的布局和艺术特色。为满足旅游业的发展，民族手工艺品被重新创造和发明，具有文化内涵的工艺品的商品化过程是传统复兴的过程。

由于旅游的促进，目的地国家和地区从社会发展的总体高度，把民族传统文化遗产的保护和开发纳入城乡建设规划之中。

2．旅游目的地社会环境文化的非良性变迁

旅游目的地社会环境文化的非良性变迁是指引起旅游目的地文化个性特征消失的各种消极变化。

1) 民族文化被外来文化同化

一些发展了旅游的少数民族社区，在游客带来的外来文化的冲击和影响下，从民居建筑、人们的衣着、生活方式到娱乐方式等都被外来强势文化所同化。传统民居建筑被改造成了类似城市的楼房建筑，当地社区原来的建筑风貌和特色逐渐消失了。人们的传统民族服装变成了西服、夹克、牛仔服等城市常见的服装。年轻人的生活方式和娱乐方式也已经城市化。

知识链接 10-5

八廓街上的义乌货：纯正藏族工艺品哪去了

西藏的民族手工业品混杂，没有名牌的主导，市场上充斥着中国内地及印度、尼泊尔企业生产的"藏族工艺品"。

尼泊尔和印度都是和中国西藏接壤的国家，他们一直盯着西藏工艺品市场。尼泊尔服装很早就进入了西藏市场，现在，他们又在旅游商品市场下功夫。他们借鉴西藏的工艺、民族风格和特色开发了大量有藏族特色的旅游品。由于尼泊尔产品做工精细，价格也不贵，这就吸引了很多八廓街的商户去尼泊尔进货。

(资料来源：http://news.xinhuanet.com/focus/2007-05/29/content_6140822.htm.)

2) 民族信仰失去了原有的庄严感和神圣感

祭祀文化涉及当地居民的精神信仰，他们期望得到众神和祖先的庇护，因而把对神灵和祖先的祭祀活动看作非常神圣和庄重的事情，在举行祭祀仪式时都是非常虔诚的。然而，在一些民族社区的旅游开发过程中，将神圣庄重的祭祀仪式开发为舞台化的表演节目，完全破坏了这种文化在社区居民心目中的庄严神圣地位，使他们的虔诚情感逐渐消失了；祭祀所使用的器物也因商品化而失去了原有的含义，制造者在制作过程中也就不再虔诚了。

3) 社会价值观和邻里关系发生改变

在发展旅游之前，民族社区虽然经济发展水平较低，但民风纯朴，邻里关系和睦。旅游开发后，商品经济逐渐深入人心，助人为乐不再被认为是一种美德；邻里关系由于利益问题变得不和睦，甚至出现紧张对立的情况。在一些地方，诚实守信的社会公德遭遇危机，出现了生产、销售假冒伪劣商品和其他蒙骗游客的现象。

4) 民族文化庸俗化

民族文化中有非常优秀的方面，同样也存在糟粕。一些旅游企业在旅游开发的过程中，不是认真挖掘民族文化的优秀方面，而是大力宣扬其中的糟粕方面，以迎合某些旅游群体，甚至民族文化的精华也被歪曲理解后呈现在游客面前，给游客留下了不良的印象，也伤害了当地社区人民的感情。

5) 伪民族文化出现

伪民族文化是指由旅游企业假借民族文化的招牌所创造的虚假文化，其内涵与当地社区的民族文化没有任何联系。一些旅游开发商为了迎合旅游者的兴趣，甚至迎合少数旅游者的格调低下的口味，以创造更多的金钱利益，不顾历史，不顾事实，无中生有，胡编乱造。例如，有一些旅游宣传策划者并不理解当地社区人民的感情，假借宣传之名，将毫不相干的民族节日生拉硬扯在一起，让社区居民表演，引起了人们的反感，直接造成了一些民族节庆的衰落；在一些旅游接待地以宗教旅游为名，使一些本已销声匿迹的封建迷信活动死灰复燃，以民族传统为名，使一些早已被批判和废除的封建礼教沉渣泛起；某些旅游开发商为了金钱利益无中生有地编造所谓民族、风俗、民风和活动，迎合少数人的低级趣味，曾一度喧嚣的"婚俗"、"婚礼"就是典型的例证。

6) 民族文化过度商业化

民族文化的旅游开发不可避免地会出现文化的商业化问题，表现在民族文化的舞台化表演和商品化。一些有着十分庄重和神圣的意义的民族和宗教节日及相关活动，都是多个世代的传统，一般都是在每年的特定时间举行。开发旅游业以来，庄重和神圣从淡化到消失，商业气息却越来越浓，为了旅游者的需要，民族文化随时可以搬上舞台表演，甚至一日数场。商品化的文化主要是手工艺品。这些文化的舞台化和商品化都不会产生问题，而且有利于旅游者对当地民族传统文化的了解，也有利于民族文化的弘扬和传播。然而，一些涉及社区居民的精神和感情的宗教祭祀文化，由于其独有的神圣性和神秘感，对旅游者也有很强的吸引力。一些旅游企业为了吸引游客，增加旅游收益，将这些祭祀文化也开发为舞台表演形式，使其沦落为企业赚钱的工具。这种过度商业化使民族文化失去了精神寄托，对民族文化的伤害很大。经过商业包装的民俗风情丧失了原有的文化内涵，真实性的流失将不利于其发展。

7) 文化象征符号化

旅游文化本来是一种历史的真实，是一个民族或群体的传承性的生活方式，用一种典型的或者是微缩的方式展现深厚的历史文化，真实的生活就物化为一堆无生气的物质形式和千篇一律的仪式，面临被抽离原生态文化语境的危险，沦为文化商品。例如，青岛整个小鱼山公园的建筑设计围绕"海"的主题，突出了"鱼"的图案造型，构造新颖，使古典园林呈现着时代的气息，使自然美、建筑美和艺术美融为一体，在建筑风格上颇具特点。但山坡南面设计了代表青岛欧式建筑风格的微缩景观，这种符号化的旅游产品使得旅游文化景观仪式化、戏剧化，进而沦为文化商品。

8) 文化内涵商品化

文化内涵商品化是指文化可以像商品一样在市场上买卖。文化内涵商品化是伴随着旅游的产业化而产生的。例如，旅游业的发展引起了接待地工艺美术的风格和形式上的变化，原来富有宗教和礼仪意义的工艺品成了商品。云南丽江某些据称是刻有东巴文字的工艺品，事实上是被工艺品开发商改得面目全非，传统的加工工艺及其所代表的特色文化早已无影无踪。虽然文化内涵商品化有利于拯救即将流失的文化，扩大文化的生存和发展空间，但是这样的做法对文化传统的整体性和原生态遭到破坏却是不容忽视的，也使文化传统流于肤浅化和庸俗化。

随着旅游开发中商业大潮带来的负面影响，拜金主义开始盛行，中国公众在传统上拥有的善良、朴实、诚信、勤俭、乐于助人等良好风尚逐渐淡化，从淳朴善良变得唯利是图，从童叟无欺变得掺杂使假，从乐于助人变得自私自利，从勤俭持家变得追求享乐甚至挥霍无度。质次价高的旅游纪念品充斥整个购物市场，强买强卖、坑蒙拐骗、宰客无度的现象不断出现。

9) 道德水平的下降

旅游业的发展导致旅游接待地人们的道德水准下降，甚至出现卖淫、犯罪率上升和赌博成风等现象。社会不良道德问题并非是发展旅游导致的必然结果，但是与旅游带来的思想文化的冲击和经济利益驱使不无关系。

10.3 旅游目的地社会环境文化的调适与保护

10.3.1 旅游目的地社会环境文化的可持续发展与文化调适

旅游出发地与目的地的文化联系随着现代旅游的迅猛发展与日俱增，目的地社会环境文化受到了来自强大的出发地文化和文明的猛烈冲击，目的地文化内部结构的不合理、文化系统的固化和不能适应现代生活的需要，在不少地区和国家导致当地经济结构的崩溃和本土文化的解体。旅游目的地可持续发展和文化调适的问题被提上了议事日程。

旅游目的地文化的脆弱性可能导致其从经济、制度、行为到观念层面的全面断裂和瓦解，旅游学家们借鉴生态持续性概念提出了旅游目的社会环境文化可持续发展的理论。旅游可持续发展就是在保持旅游资源及所处环境的文化完整性和生态平衡系统的同时，满足游客及当地居民经济、社会和美学的需要。旅游可持续发展的实质是要求旅游与自然、文化和人类的生存环境成为一个整体，以协调和平衡彼此间的关系，在全球范围内实现经济发展目标与社会发展目标的统一。

知识链接 10-6

五月出游到云南 佤族狂欢节快乐被"抹黑"

佤族人以黑为美，摸你黑的狂欢中，摸得越黑越漂亮，得到的祝福也越多。佤族是一个把精神生活看得比物质生活更重要的民族。他们认为，今生只有一次，一定要珍惜仅有的一次人生，快乐地生存下去，这就是"mohninhei"的原意。

佤族人热情朴实，粗犷豪放，能歌善舞。5月的佤族"抹你黑"狂欢节就是其中最为典型的文化象征。"抹你黑"是佤语"mohninhei"的音译。俗语是"就这样啦"，而真正的含义则是"这正是我们所追求的、我们所期待的，坚持下去吧，坚持到永久永久。"相传佤族在远古用兽皮遮盖取暖的时候，笨重的兽皮时常会变成束缚他们生存和与自然做斗争的累赘，迫使他们不得不赤身裸体。但是北回归线上炙热的阳光和热带丛林的蚊虫又让他们无法忍受。一个偶然的机会，他们看到水牛在泥土里打滚，于是也学着水牛在身上涂满泥土来保护自己。久而久之，泥土能止痛、消肿、解毒等功效逐渐被一代又一代的人们所领悟，泥土也就变成了佤族生产、生活中必不可少的依赖物，所以，"抹你黑"活动必然形成佤族独树一帜的文化现象。狂欢节上，人们不再羞涩，跳跃的舞步，香泥的飞溅，高声的狂呼，人们彻底释放。

如今，"抹你黑"狂欢节用的涂料已经演变成用天然植物"娘布洛"配制的涂料，"娘布洛"草就是佤族人传说中的不死草。涂料是当地特产黄泥、天然植物与"娘布洛"混合特制的香泥，有防晒、美容、护肤的功效。被涂抹后先是泥土色，干燥后变成黑色。

在"抹你黑"狂欢节上，谁最黑谁就是最美的。他们的传统观念认为："抹在姑娘脸上，希望姑娘越来越漂亮；抹在老人脸上，祝福老人长寿健康；抹在小孩脸上，希望小孩平安吉祥；抹在朋友脸上，期待友谊地久天长；抹黑满脸，代表开心永久、快乐永久；抹得越多，意味着幸福就越多。"

(资料来源：http://travel.sohu.com/20100428/n271753835_1.shtml)

在现代社会世界经济一体化时代，文化交流和传播及由此导致的不同文化之间的冲突和整合，是旅游目的地社会文化变迁的最主要的原因。文化变迁是在出发地和目的地两种文化相互冲突和融合的矛盾运动中实现的。为了满足旅游者的需要，当地社会能够更大地宽容来自出发地的异质文明，使外来生活方式乃至思想观念都传入该地。当出发地文化进一步扩散时，有可能使目的地文化发生重构和变迁。这种变迁既有可能自发发生，也有可能是当地政府和企业有计划地进行。重构可能使封闭地区文化发生巨变，而文化复合成分较高的开放地区文化弹性较大，难以全变。其文化变迁一般都是自外而内渐次开展，从器物、制度到行为，但当地文化的核心精神观念是颇难改变的。一般来讲，精神观念是本土文化的基本特征，保持住并进行现代转换是很有必要的。在出发地和目的地的文化交流中，旅游目的地文化的良性改变并不是坏事，但要防止文化变迁过程中的剧烈反应，特别要防止本土文化的崩溃和瓦解。

要做到旅游的可持续发展，必须对旅游目的地社会环境文化进行调适。学者特别强调传统性和现代化的平衡、民族性与世界性的平衡、本真性和商品化的平衡、开放性和限制性的平衡。目的地发展旅游强调文化传统是维护接待地的旅游吸引力，旅游者在文化寻异过程中会显示出他们对现代化的某种需要。赋予某些国家的历史以普遍性是无法被承认的，对每一种文化的特殊性强调过头又是危险的。一方面，要保护和弘扬实质性的传统，在推崇设施设备现代化、思想观念现代化、管理手段现代化的同时，不忘以传统文化为底蕴；另一方面，在继承和发扬传统的过程中，必须结合现代化中的合理性内涵，作为传统的发展和创新。民族性的文化一方面要积极吸引外来文化中有价值的东西，另一方面又要避免民族文化特色的消失和削弱。大众旅游经济型永续发展的观念有可能导致文化的商业化，过高强调经济效益。因此要养鸡取卵，不要竭泽而渔。在有些情况下，有必要对以旅游者为媒介的外来文化的进入和扩散给予适当限制。因为目的地社会文化接受外来文化的冲击和渗透的能力有一定限度，但执行限制性原则时千万不能画地为牢和盲目排外。

知识链接 10-7

文化休闲商业街区的创新与激活

鲜明地方文化主题的商业步行街区，已经成为都市休闲旅游的核心项目，成为城市文化的重要名片，在城市建设中的地位越来越高。我们将这类项目统称为"文化主题休闲商业街区"，是一种"休闲商业综合体"，是一种商业地产项目，同时又是一种"开放式休闲景区"项目。

文化休闲商业街区的难点在于文化的活化、休闲业态的市场化、商业地产的盈利化。文化活化是灵魂、休闲业态是关键、盈利模式是核心。在本项目中，独创了"散点透视民俗画卷法"，运用中国国画画卷手法，将民俗风情布局于街肆；还运用了景区化手法、情境化手法等，以创新激活文化，以文化带动业态、以业态促进地产，综合打造盐镇水街的盐文化名片。

盐镇水街占地 200 多亩(1 亩≈666.7 平方米)，地处盐城市南部新城区，也是行政中心区及未来的文化核心区，所以被作为新城区中文化结合商业的龙头项目，以打造海盐文化主题为项目建设重点，同时作为承担城市特色商业、旅游观光、文化休闲等内容的城市功能区，盐镇水街因此受到了盐城市政府和当地市民的极大关注。盐镇水街一期项目以水街建筑为主体，2008年10月已经基本完工，形成了仿古建筑街区。

2008年10月下旬，江苏盐城市政府邀请北京绿维创景规划设计院专家组对盐镇水街项目进行了考察，希望结合旅游，对盐镇水街进行文化与景区包装。由盐城市原市长李强亲自牵头，各局及城投集团等相关单位一把手组成的市水街项目领导小组，深度参与并积极推进二期工程，承接了旨在打造海盐文化主题形成特色商业街区的水街二期项目设计的委托，要求通过创新，激活文化、形成休闲景区、打造城市休闲文化名片。

围绕盐宗祠、盐商会馆、盐政衙门、情境雕塑群落四个重点，要让概念创意由意象转化为具体的形象，包含了建筑、室内装饰、展览展示、景观、种植、雕塑等多个方面的工作。

在盐政衙门的设计中，借鉴了最有名的盐官——范仲淹在当地曾任盐仓监官兼兴化县令的历史资料，盐政合一，于盐镇水街北部地块选正位设计复建盐政衙门。

在盐商会馆的设计中，按照旧时地方商人为祈求行业之神的护佑、共谋商机而捐资设馆的传统，合理设置了功能区域，力求复现旧时盐商会馆商贾往来、共襄义举的情境。

盐宗祠因为盐城有着上千年的祭拜盐神的传统而更加体现出海盐文化的传承。项目通过对国内外海盐文化的研究，结合对淮盐地区和盐城本地的民俗历史考证，提出水街盐宗祠"同祭五宗"。正殿供奉产盐之宗——夙沙氏、经盐之宗——胶鬲、管盐之宗——管仲，左右两殿分别供奉当地两个盐神盐盘大圣和他的结发妻子——盐婆娘娘，本地的两位盐神还因为有着一段凄美的爱情故事而被百姓传颂，而在一座宗庙供奉五位盐宗，在海内外尚属首创。

情境雕塑景观群落是整个项目里的点睛之笔，也是让海盐文化在场地内实现情境化和动感化的主要手段，要展示源远流长的海盐文化主题，是以写实雕塑为主的。根据雕塑在界限场地内的作用，主要分为两类，一是相对动态、融于环境当中，表现海盐文化情境的场景类雕塑，盐民劳动、市井生活这一类雕塑的形态和情态能让人嗅到"海盐"的味道；另一类是占据了界限场地核心位置的文化类雕塑，盐宗祠内的海盐五宗、盐政衙门前的范公雕像这一类雕塑为场地赋予了庄重威严的气质。

(资料来源：http://www.lwcj.com/topic/focus_68/index.asp.)

旅游目的地居民文化心态的调整是非常重要的。应该使旅游者与当地居民处在一个和谐的关系中，实行居民第一、游客第二的原则，以使当地居民的心态得到抚慰和调整。不可避免地出现的紧张关系能在既有利于旅游者，又有利于当地居民的情况下得到解决，而不会使当地居民产生反感和愤怒。尊重目的地居民的主人地位，使他们参与旅游决策。

10.3.2 旅游目的地社会生态环境的保护

旅游目的地吸引人的地方就在于它优美的人文环境和自然环境。自然风景的优美宜人，则在于其生态环境的协调和平衡。由于自然发展过程的不可逆转性、环境的脆弱性，以及它在维持动物、植物及所有的生命形式中的重要作用，所以必须对旅游业发展进行适当的控制，以保护当地的自然环境和生态平衡。环境或生态一旦被毁坏，就不会失而复得，对于旅游业是严重的损失。

东方建筑明珠——福建土楼

福建土楼以其历史悠久、规模宏大、结构奇巧、功能齐全、内涵丰富著称,具有极高的历史、艺术和科学价值,被誉为"东方古城堡"、"世界建筑奇葩"、"世界上独一无二的神话般的山区建筑模式"。

风格奇异的土楼民宅主要散布在福建西部和南部的崇山峻岭中,以其独特的建筑风格和悠久的历史文化著称于世。最常见的是圆形土楼,同时还有方形土楼、交椅形土楼等,因其大多数为福建客家人所建,故又称"客家土楼"。福建土楼产生于宋元时期,成熟于明末、清代和新中国成立之前。世遗土楼中最古老的集庆楼已是600岁"高龄",最年轻的善庆楼只有30年历史。

土楼所在的闽西南山区,地势险峻,人烟稀少,野兽出没,盗匪四起。土楼依山就势,既吸收了中国传统建筑的"风水"理念,又适应聚族而居的生活和防御的要求,巧妙地利用了山间狭小的平地和当地的生土、木材、鹅卵石等建筑材料,是一种自成体系、坚固、防御性强,又极富美感的生土高层建筑类型。

土楼外墙厚1~2米,一二层不开窗,仅有的坚固大门一关,土楼便成为坚不可摧的堡垒。为防火攻,门上还设有漏水、漏沙装置,紧急时楼内居民还可从地下暗道逃出。如今,土楼早已不再是堡垒,但那些完备而精致的防御设施,仍让人们惊叹不已。

外观厚重的土楼也承载着厚重的传统文化。发人深省的楹联匾额、与楼共存的私塾学堂、教化育人的壁画彩绘,无不昭示着历朝历代土楼人家"修身齐家"的理想和"止于至善"的追求。振成楼"振作哪有闲时,少时壮时老年时,时时须努力;成名原非易事,家事国事天下事,事事要关心"的楹联备受世人赞喻称道。

土楼中,许多是按八卦图设计的,中华传统文化烙印深深地铭刻其中。最为典型的代表当属振成楼。

振成楼建于1912年,占地5 000平方米,悬山顶抬梁式构架,分内外两圈,形成楼中有楼、楼外有楼的格局。前门是"巽卦",而后门为"乾卦"。外楼圈4层,每层48间,每卦6间;每卦设一楼梯,为一单元,卦与卦之间以拱门相通。

楼内有一厅、二井(暗合"八卦"中的阴阳两极)、三门(正大门和两头边门,意合八卦中的天、地、人三才)和八个单元。卦与卦之间是隔火墙,一卦失火,不会殃及全楼;卦与卦之间还设卦门,关闭起来,自成一方;开启起来,各方都可以相通。一旦盗贼入屋,卦门一关,即可瓮中抓活鳖。

祖堂似一个舞台,台前立有四根周长近2米、高近7米的大石柱,舞台两侧上下两层30个房圈成一个内圈。

二层廊道精致的铸铁花格栏杆是从上海运到此楼嵌制的。大厅及门楣上有1912年黎元洪的"里堂观型"、"义声载道"等题字。楼内还有永久性楹联及题词二十余幅,充分展示了土楼文化的内涵。

全楼的设施布局既有苏州园林的印迹，也有古希腊建筑的特点。1995年，它的建筑模型与北京天坛作为中国南北圆形建筑代表参加了美国洛杉矶世界建筑展览会，引起了轰动，被誉为"东方建筑明珠"。

奎聚楼建于1834年，用了近五年时间建成，已有160多年历史，占地6 000余平方米，高约15米。一百多年里，楼里考取进士和官至七品以上的有4人，大学生有20多人，海外华侨有40多人，正如大门对联所言："奎星郎照文明盛，聚族于斯气象新"。

(资料来源：http://travel.dili360.com/gnx/2011/111521036.shtml.)

旅游业的大规模发展导致大兴土木，旅游设施的大肆兴建往往破坏了旅游目的地的生态环境。例如，恒山因过度开采"破相"还令人揪心不已，陕西榆林沙漠中竟出现高耗水的高尔夫球场。旅游目的地生态环境的破坏除了旅游开发者引起的之外，旅游者本身的活动也导致了环境的恶化。旅游者将成为旅游环境保护的重要角色。为了提高环境质量，景区内要配备齐全的环保设施，尤其是垃圾收集桶，方便游客投放。垃圾要及时清运，并进行适当的处理。对于游客破坏环境的行为，景区要采取措施予以限制，情节严重的给予游客适当的处罚。导游自身要具有良好的环境素质，通过自己的言行引导游客保护环境。总之，旅游目的地生态环境的保护已刻不容缓。

目的地生态环境的保护首先要做到合理的规划。尽管传统旅游业最初被很多国家称为"无烟"产业，但是很快人们就发现，旅游如果规划不当、管理不善，将造成过度开发和不平衡发展、环境污染等多方面的问题。"掠夺式"的开发利用，使得旅游活动的范围和程度超过了自然环境的承载力，破坏了旅游地的生态环境，造成旅游资源的价值降低，反过来又阻碍了旅游业的可持续发展。旅游环境问题的产生、旅游区环境质量下降，其主要原因是人类经济活动的不当。因此需要制定具有科学性、严谨性和预见性的旅游环境规划，用于组织、管理经济、旅游及其他破坏旅游环境的活动，来解决发展生产、扩大旅游规模与景点环境保护之间的矛盾，使其协调一致，以保证经济发展和旅游活动持续稳定地进行、防止旅游区环境遭到破坏。

旅游目的地生态环境的保护要因地而异。对于国土面积小、资源少的国家和地区，应严格控制旅游的发展；而对于国土面积大、资源丰富的国家和地区，则要适当放松控制的强度。

知识链接 10-9

眼前总飘舞着五彩的经幡

在西藏，随处可见挂在山顶山口、江畔河边、道旁及寺庙等各处，被认为有灵气地方的五彩经幡。之所以被称作经幡，是因为这些幡上面都印有佛经，在信奉藏传佛教的人们看来，随风而舞的经幡飘动一下，就是诵经一次，在不停地向神传达人的愿望，祈求神的庇佑。这样，经幡便成为连接神与人的纽带。经幡所在即意味着神灵所在，也意味着人们对神灵的祈求所在。经幡寄托着人们美好的愿望。

(资料来源：http://bbs.dili360.com/thread-214247-1-1.html.)

旅游目的地生态环境的保护，是与绿色和平思想相互支持的波及世界的社会思潮。十七大报告在概述前进中面临的困难和问题时，第一条就是"经济增长的资源环境代价过大"。

"十二五"规划纲要指出,面对日趋强化的资源环境约束,必须增强危机意识。旅游目的地生态环境的保护由于措施得当,不少地区和国家已经获得成功。

知识链接 10-10

体验陕北民俗文化风情

陕北是一个地域范畴,位于黄土高原之上的陕西北部,包括延安、榆林两市25个县区,陕北是中华民族的发祥地之一,也是中国文化发展的源头之一。

陕北有不同于其他地方特有的生活情态和文化色彩。由于陕北处于西部文化(内陆区)与中原文化(指黄河流域)的交界处或相互过渡区,呈现出两种文化色彩;同时又具有两种交叉文化与封闭系统的乡土文化交融构成的新的文化系统色彩。这种由于地域因素形成的特殊文化的背后,缔结出丰富多彩的陕北民俗文化——独具特色的窑洞居住方式;豪放传情的信天游;表达着心灵深处思想的民间剪纸艺术;粗犷奔腾的陕北鼓艺;与众不同的婚丧嫁娶;充满神奇传说的米脂婆姨绥德汉;以及转九曲等,形成了一道又一道亮丽的风景线。

陕北民俗文化其中的四大怪介绍如下。

陕北一大怪,羊肚子手巾当帽戴。陕北四季分明,夏日醋热难当,干活时围一块毛巾,既可消暑,又可吸汗。冬季天寒地冻,羊肚子手巾将头一包,胜过戴顶大棉帽。春秋时节黄沙漫天,羊肚子手巾便成了最好的防尘头巾。陕北早晚温差较大,陕北人认为头是人体最怕凉的地方,头不凉,体无恙。因此,陕北人形成扎羊肚子手巾的习惯。

陕北二大怪,洋芋当饭不当菜。陕北土地贫瘠,适宜洋芋生长。从古至今,洋芋就成了陕北人的主食。陕北人有心,将个洋芋蛋子做出了数不尽的花样;洋芋擦擦、洋芋馍馍、洋芋丸子、洋芋凉粉等。陕北人一年三百六十五天,天天吃洋芋,顿顿有洋芋,一次没吃洋芋,也可能吃的是粉条,仍没有离开洋芋系列产品。好个洋芋,养育了世世代代的陕北人。

陕北三大怪,挖个洞洞当家宅。人文初祖耕耘在陕北,他们将凝聚着人祖崇拜的窑洞建筑首先传给了陕北人。陕北历史上又是汉族与北方少数民族杂居的地方,烽火连连,百姓经常要迁徙避难,因此少有人家建设豪宅大院,多数百姓只掘三丈土窑,就可安家立舍,战乱一起,弃之而去。陕北窑洞,因其挖掘简便、成本低廉、冬暖夏凉,成为陕北人民的主要民居建筑形式。

陕北四大怪,唱着酸曲谈恋爱。酸曲者,民歌也。陕北人生性浪漫,情感多以民歌表达,男女相爱,更是离不开民歌传情达意。不认识的女人你可以唱"你若是我的妹妹,招一招那个手,你不是我的妹妹,走你的那个路";赤裸裸的表白爱慕你可以唱"咱们俩个拉手手,亲口口,背洼洼上一哒里走";思念恋人你可以唱"想你来!想你来!眼睛仁仁想你来!看见别人当你来……","一颗豆豆两颗米,抱在怀里还想你"。唱着民歌谈恋爱,这在陕北是最风光的事。

然而沧桑巨变,历史不断向前发展,东西文化、南北文化也在不断地相互融合、渗透,这一道道亮丽的风景线也正在渐渐地消失。

(资料来源:http://bbs.dili360.com/thread-214692-1-1.html.)

10.3.3 旅游目的地社会本土文化的保护

本土文化是指旅游目的地社会的原生文化,它是在当地的地理及社会环境中产生的具有独特形态的文化,因此也是具有异质魅力的文化。吸引游客的不仅有山川名胜,更重要的还有社会的历史、文化、特性。保护本土文化，也就保住了目的地的旅游资源，保住了发展旅游业的基础。

正确的保护本土文化的政策和措施，应该是按照目的地本土的或纯粹民族的方式规划旅游项目，应当发掘和保护目的地优秀的本土文化，使之成为能够代表目的地社会文明特征，并激发民族自豪感和旅游者崇敬感的旅游节目，避免那些粗劣仿造和庸俗化的本土文化表演。在旅游区的建设中应注意永久性风景——民族风格建筑的设计和保持。当一个民族或地区将它数千年来形成的一种优秀文化传统及其精神牢牢保持，并在现代化的社会中完成其现代转换从而充满生命力时，任何外来的文化都难以将它冲垮和瓦解。旅游目的地本土文化的保护和维持最主要的就是民族文化精神的保持和发扬。只有保持住民族文化的精神，旅游目的地国家才会具有自己独立的国格，从而永远自立于世界文化之林。

本章小结

本章主要介绍旅游客源地社会环境文化对旅游业和旅游者产生重要的影响；旅游目的地文化随着旅游业的开展不断产生变迁；旅游目的地社会环境文化在旅游浪潮中处在调适与保护的状态和过程中。

关键术语

文化劝导、旅游行为、文化变迁、文化调适

习题

一、填空题

旅游客源地社会环境文化对旅游者的影响包括_____、_____、_____三个方面。

二、简答题

1. 旅游客源地社会环境文化如何对旅游行为方式产生影响？
2. 旅游客源地社会环境文化如何对旅游行为动机产生影响？
3. 旅游目的地社会环境文化会产生了哪些良性变迁？
4. 旅游目的地社会环境文化会产生了哪些非良性变迁？

三、名词解释

文化变迁、文化调适

四、案例分析

归隐于田园 在徽商古宅的穿越式度假

本以为路程会比较遥远，谁知道由于德昌高速路的开通，3个小时的车程，就让我们

第10章　旅游客源地与旅游目的地文化

从喧嚣的都市，来到了中国最美的乡村——婺源。有人说，婺源已经过度开发了，其实，是他们不了解婺源。婺源并非很多宣传段子里写的，是和丽江、凤凰、西塘那样的小镇，它的地域很宽广，还有很多地方"养在深闺无人识"。目前最成熟的也是人最多的是东线，也是大多数人都知道的看油菜花必到的江岭—晓起—江湾—汪口一线。"十一"期间，这些地方交通拥挤、人头攒动，都不知道是看景还是看人。

难得的长假，我们需要的是宁静，是闲适，是自由，不是起早摸黑的观光游，也不是人满为患的"农家乐"，而是真正归隐田园的惬意，哪怕只是暂时的，也能追寻到心灵的慰藉。于是，在朋友的推荐下，我们来到了婺源九思堂，一座建于1902年的徽商古宅，于2011年修缮改造成度假宅院，隐藏在山坳之中，在公路上完全看不到。居于此处，还真颇有隐士的感觉。

走过青石板铺就的小巷，仿佛时光流转，宅院的门头并不太起眼，这让我们颇为泄气，因为在婺源看过太多精美大气的门楼，这宅子不会很破旧吧？轻叩门环，大门应声而开，当我们走进天井时，那感觉只能用"震撼"来形容。木雕实在是太精美了！众人面部表情各不相同，每个人物都雕刻得十分细致，甚至包括老者的胡须都根根可数，还有那亭台楼阁，每个小窗户都清晰可见。好在我们有的是时间，可以从不同的角度慢慢观赏，细细品味。我们向堂主询问九思堂的得名，原来"九思"二字源于《论语》。"孔子曰：君子有九思，视思明，听思聪，色思温，貌思恭，言思忠，事思敬，疑思问，忿思难，见得思义。"而宅子的各个房间正是以此命名，我居于"思聪"，不知道是否能够练就"顺风耳"呢？

既然说到穿越，自然不能少了行头，穿上那身晚清女子的服装，端坐在正堂，想象一下，自己是《橘子红了》里的秀禾，还是《步步惊心》里的若曦呢？算了，低头顺眉的造型也不太适合我，我还是当一个敢做敢想的现代女子吧。

三天两夜，我们爱上了这里，清晨睡到自然醒，吃上一份婺源汽糕，然后去河边散散步，与洗衣的村妇攀谈几句，逗一逗老爷爷背上的小孙子，如果旁边有竹筏，还能摆渡到对面山坳里去看看那世外桃源。

下午，我最喜欢在宅子里找个角落晒太阳发呆，或者捧本书悠然自得地躺在天井的躺椅上，朋友则找到了从河南郑州远道而来却志同道合的棋友，两人对弈，何其乐哉。晚上与堂主喝茶聊天，谈及周边的深度游，虹关、岭脚、庐坑、凤山、查平坦、篁村、甲路……这些在普通的旅游宣传资料中很少看到的古村名称，深深吸引了我，那些淳朴的风土人情，让人无限向往。

本来是打算就腻在宅子里哪儿也不去的，可是听堂主说，10月5日，在不远的浙源乡凤山村举行中华查氏祭祖仪式，那里是金庸(查良镛)的故乡，查氏后人遍及世界各地，据说这是百年来的第二次祭祖大典。既然遇上如此难得的盛事，还是应该去凑凑热闹的。查氏宗祠之前我也去过，基本都是大门紧闭，趁着这天终于能够一睹其风采。参加仪式之前，族长、宗亲、祠堂、祭祖，这些字眼对于我们来说，感觉都很遥远，而当亲眼看到从世界各地赶来参加典礼的查氏后人，有头发花白的老者，也有乳臭未干的幼儿，一脉相承，认祖归宗。这时才真切感受到，姓氏文化正是中华民族生生不息的血缘纽带。

(资料来源：http://travel.dili360.com/gnx/2011/110420997.shtml.)

问题：
分析婺源古镇在旅游业的大潮中应何去何从？

第 11 章　旅游跨文化交流

教学目标

通过本章学习，学习者应理解旅游跨文化交流的概念、世界遗产旅游文化的概念，了解旅游文化的相互影响、旅游文化的真实性冲突，明确文化冲击在旅游开发中的利用、世界遗产的可持续发展。

教学要求

知识要点	能力要求	相关知识
旅游跨文化交流	能够分析旅游跨文化交流的影响因素	旅游跨文化交流界定、旅游文化的相互影响、旅游文化的真实性冲突
跨文化交流中的难题	明确文化冲击在旅游开发中的利用	旅游跨文化交流的障碍与适应、旅游的文化冲击
世界遗产旅游文化	了解世界遗产经营管理，明确世界遗产需要可持续发展	世界遗产旅游文化的界定、种类，世界遗产经营管理，世界遗产的可持续发展

导入案例

边吃边逛北京城

初识北京，是由文字拼构而成的：老舍先生《四世同堂》里的小羊圈胡同、郁达夫先生笔下《故都的秋》、郑振铎先生《访笺杂记》中所描写的琉璃厂书店……文字刻画出的北京不仅有着万里长城、紫禁城，更有着沿街的吆喝声、胡同口的暖暖灯光、庙会上的熙熙攘攘。书中形形色色的物什与风光，让我这个外乡人对北京心存向往，直至考上北京的大学，脑海中的北京终于与现实邂逅。

维特根斯坦曾说："真正奇妙的不是世界是怎样，而是世界就是这样。"世界是如此奇妙，只等待我们去发现去欣赏，或是通过语言文字，或是通过图画影像，当然，我们还可以亲自去体验——"读万卷书，不如行万里路"。

1. 寻找胡同里的老故事

北京的胡同名是极其可爱的，有日(日升胡同)、月(月光胡同)、星(大星胡同)、云(云居胡同)；也有花(花枝胡同)、草(草园胡同)、虫(养蜂夹道)、鱼(金鱼胡同)。

北京的胡同也是有历史的，别小看那些红窗灰瓦，说不定这小小巷道里就曾住着某位大名人呢，如东堂子胡同里的沈从文、跨车胡同里的齐白石、北总布胡同里的林徽因与梁思成……

铁狮子胡同可以算是北京最古老的胡同之一，它因有一对铁狮子而得名，但这对元代铸造的铁狮子如今早已经没了踪影。它经历过明朝的两党纷争、清朝和敬公主府里的莺歌燕舞、段祺瑞执政府的一时风光,直至今天,终于在郁郁的槐荫中沉淀着属于它的历史。告别铁狮子胡同往西走,便可以来到南锣鼓巷,南锣鼓巷有着较为完好的元代里坊格局,东西各有8条胡同呈"鱼骨状",其中帽儿胡同、雨儿胡同还有东棉花胡同等都是很有名气的。

北京的许多胡同都拥有属于它的历史,无论是它的命名,还是散落在胡同里的院落,都隐含着无穷无尽的故事,这里每寸土地都记载着历史的变迁。

2. 遍尝小吃体验北京味道

北京的美食可不只是烤鸭和冰糖葫芦。豌豆糕、驴打滚儿、卤煮火烧、豆汁儿、蜂蜜酸奶、爆肚、蜂糕、茶汤……这些可都是来到北京一定要尝尝的小吃。

喝豆汁是有讲究的,一定要配上焦圈儿、咸菜丝儿。老舍对豆汁儿有过这样的评价:"'甜酸嘞——豆汁儿喔'。伴着这悠扬的吆喝,咬上一口松脆的焦圈儿,就着水疙瘩丝儿,品着热气腾腾的豆汁儿,俩字'舒坦'!"没喝过豆汁儿的人对它是又想又怕,但喝过了以后多半像我一样会难以忘怀。

空中悠悠飞翔着的风筝、小贩摊上憨态可掬的兔儿爷、街边小店吆喝卖的驴打滚儿、胡同里说的京腔京韵,当然,还有北京的秋天,满地的黄叶……这一切无疑让我这个外地人难以割舍对它的喜爱。

(资料来源:焦佳文. 边吃边逛北京城[N]. 中国青年报 2011-11-11.)

问题:

为什么边吃边逛北京城对游客有如此的吸引力?

在全球化的语境下,跨文化交际也日益显现出重要性。其间,语言固然是重要的工具,但文化因素也影响着交际的全过程。比较研究能够有效地鉴定旅游现象的共性与个性,为明智地发扬个性提供正确方法。一个经营成功的旅游目的地,取胜于能够长期保持对旅游者的吸引力,而这种持续吸引力的根源是它鲜明的个性特征。本质不变,创新不断,围绕着该目的地的文化特质,不断丰富内容,不断创造表现形式和表现手法。其结果是该旅游目的地能够具有长期的吸引力、生命力。

11.1 旅游跨文化交流概述

11.1.1 旅游跨文化交流界定

作为旅游现象本质的是文化,而旅游中的文化从形态上看是多元文化现象。从全球范围看,旅游中文化现象的多元性取决于世界文化的多元性。在某一个文化或文明类型内部,不同的区域、不同的经济发展水平、不同的社会阶层、不同的教育背景,又会使人们形成不同的价值观、世界观、意识形态,即形成所谓的不同的亚文化。

不同地域的文化以文化景观的形式面对旅游者,满足旅游者感受异文化的心理。旅游者进行的是跨文化的旅行,对异乡的文化会有很多的不理解和误解。文化背景差异越大,不理解和被误解的东西会越多。反之,旅游目的地的居民也在对旅游者进行跨文化的解读。

1. 新鲜、新奇

旅游者通过旅游接待地特色文化的三个层次(器物层、制度层、精神层)来了解文化。旅游接待地的一整套特色文化越是独一无二地存在，越是淋漓尽致地展现，其吸引力就越强。

2. 不解、迷惑

旅游接待地丰富多彩的文化背后那些深邃的东西不是游客完全能够懂得的，他们只能似懂非懂，以一种观赏者的态度来看待当地人的艺术和生活。价值观、世界观的不同使他们难以理解看见的东西。

3. 误读、误解

中西文化交流过程中，不同的文化背景会经常碰撞，发生误解。误解就是按照自身的文化传统、思维方式和自己所熟悉的一切去解读另外一种文化所产生的偏差。误解是文化交流中的必然现象，通过误解的分析和诠释才能得到"整体性"的理解和认识。生活背景的不一样导致游客无法理解别人在不同的条件下生活。无意识的先入为主是误解的开始，在理解他种文化时，游客会按照自己习惯的思维模式来解读，把看到的现象用自己的文化背景加以解读。

11.1.2 旅游文化的相互影响

在旅游者和旅游从业人员的接触中，旅游出发地和旅游目的地两种不同的文化得以相互影响。旅游活动使文化得以传播、扩散和相互影响。回到居住地的旅游者以口头传播、照片、工艺品、特产、博文(博客上的文章)等形式传播旅游地的文化。

1. 有意识的文化交流

历史上的许多旅行活动负载着传播文化的使命。例如，汉代张骞以使节身份出使西域，两次启程前往遥远的西域，从西域诸国引进了汗血马、葡萄、苜蓿、石榴、核桃、胡麻等。13世纪来自意大利的世界著名的旅行家和商人马可·波罗在中国游历了17年，写下了著名的《游记》。该游记记述了他在东方最富有的国家——中国的见闻，激起了欧洲人对东方的热烈向往。使节的出访、学者的考察、文人的游志、专家的搜求，都促使了不同地域的文化交流和相互影响。现代文化交流也有这种功能。

知识链接 11—1

日本的老人院

我陪朋友专门参观了日本的老人院。过去我们也有敬老院，让一些晚景孤独的老年人到敬老院颐养天年，无奈社会条件尚不成熟，加之管理经验亦不足，所以传统的敬老院有很多问题，有些地方不尽如人意。

日本是个长寿的国家，人均寿命在全世界数一数二，所以老龄化问题突出。中国人天生有长寿基因，这些年公布的平均寿命标准年年提高，过不了几年，中国也会步入老龄化社会,理应未雨绸缪。

人生的两极——生与死本质上差不多,越临近越需要有人照顾,仅靠自己不行。人的哺乳期很长,哺育期就更长,单独获取生存能力理论上需要18年,法律也规定至此你才有完全行为能力;另一极非常微妙,过去因为穷,生活艰苦,这一极常被忽略,似乎人生都是戛然而止的一曲乐章,可如今人类已充分认知了自己,知道人生总要走到尽头,就像一支蜡烛,尤其在风烛残年阶段,生命的光芒会逐渐减弱,终将熄灭。

人生的这种弱势最需要呵护。人一旦体会了人生的美好,就会恋恋不舍,就会对死亡畏惧。照顾好高龄老人是老人院的宗旨。

我一天连续参观了两家日本老人院,看到那么多人为老人默默奉献,看到那么多老人幸福灿烂如孩童般的笑容,深知晚年幸福的重要性超过童年幸福的重要性。人类出现在这个星球上纯属偶然,我们每一个人的出现就更加偶然,那么,全社会都理应珍惜人生的最后一个阶段。

(资料来源:http://blog.sina.com.cn/s/blog_5054769e0100byhf.html.)

2. 无意识的影响

大众旅游所带来的旅游文化影响是一个潜移默化的影响过程。游客与当地的人们在不自觉中交流着文化。例如,韩国首尔的仁川国际机场,其文化中心里用其他国家的文字介绍着韩国的传统文化,悄无声息地传播着韩国的文化,从而推广了韩国国家的品牌。旅游者和目的地的生活方式会相互影响,长期接触会使双方的文化发生变化。

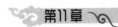

腊八粥:百姓的乐喝

要不是清早起来看到《北京青年报》的报道,我倒真把这腊八的事给忘了。以前这些事是老人们为之操心的,早在这个腊八之前许多天,老人们就开始盘算,动手准备,到处挑选豆、米、枣、果之类的原料。到了腊八这一天,精心地做一顿独特的、可口的腊八粥。记得喝完了粥后一家人还要一起剥蒜,好泡腊八蒜,说唯有腊八这一天泡的蒜才真正有纯正的绿色,味道才鲜美,酸辣可口。

腊八节当天,北京的雍和宫用了771斤(1斤=0.5千克)共28种原料,准备了3 000多份腊八粥,一些喜欢这个乐喝的老老少少,会从全市各个地方专门到雍和宫来喝上一碗粥。大家都知道,今天人们绝不是喝不上这碗粥,就连雍和宫的法师们说现在"舍粥"(图11.1)已不再有"赈济穷人"的意味,而是大家聚在一起,回味着一种人生的甘苦,增加一种融合的氛围。这样的节日不是哪个政府领导倡导的,也不是哪家公司为了什么商业的目的而发起的,就是普普通通的一个民间习俗,一座寺庙为大家筹划的一次大家乐喝的活动,对很多人来说,这也谈不上什么宗教意义。

一个国家,一个城市,一年内有这么一天,不分尊卑,不分信仰,不分种族,大家集聚在一起,喝上一碗独具特色的粥,玩耍一番,痛快一番,那将是个什么样的情景?这些活动,最好不要让大家苦思冥想地策划,也不必请专家们挖空心思地设计,而是看一看老百姓喜欢什么,顺应民意,顺应民愿,搞一些让平民百姓多一点乐和的活动。

图 11.1　"舍粥"活动

(资料来源：zhangguangrui.blog.sohu.com 2007-01-26.)

11.1.3　旅游文化的真实性冲突

真实性表示真的而不是假的、复制的。在旅游研究中，真实性有两个用法：一是指与媒介传播相符的旅游产品，二是指人本真的生活状态。而第二种用法越来越受到旅游研究者的重视。人们认为，越是儿童状态越接近本真，越是大人状态越远离本真。同样，社会越发达，经验越丰富，离人类的本真越远。在历史发展阶段中，阶段较低的人群的精神表现越能体现较高的人性美的境界。对于发达国家和地区的旅游者来说，都市的冷漠虚假不是一种真实的存在。偏远民族地区的自然好客、热情淳朴是一种真实的存在。旅游中的舞步欢歌、自我快乐、无牵无挂已接近生命的本真。

真实性是游客对旅游目的地渴望的一种旅游体验。真实性要求旅游产品源于一个没被破坏的传统，使游客在旅游生活中忘却世俗的烦恼。游客对真实性的渴望反映了社会现实的不真实。现代人就是一颗不停转动的螺丝钉，紧张忙碌的生活容易使人产生烦躁不安的情绪。人们向往远离世俗的、朴实的生活，去寻求本真的生活。关于旅游真实性理论的演进，包括以下过程。

1. 客观主义真实性——"博物馆"版本

客观主义真实性是从专家的视角看待遗产旅游，强调旅游吸引物的客观真实性，认为旅游吸引物的"原真性"直接决定遗产旅游的体验质量。学者认为，旅游者出游目的就是追求"原真性"，因为他们认为现实生活中的许多东西都是虚伪的。客观主义的"原真性"使"原真性"的概念引入遗产旅游动机研究中，使之成为遗产旅游研究的核心概念之一。例如，元阳的哈尼族梯田的古老久远和存留的宏大完整，使人们为之惊叹，山、水、人相融相生，体现出绝无仅有的美丽和主人独特的生存智慧，这在学者眼里是最为真实的，而且专家认为要确保遗产构成元素的完整性和真实性。

2. 建构主义真实性——真实性可以通过建构被社会认可和接受

建构主义真实性的基本理念为：不存在一个独立于人的思想行为和符号语言之外的先

验的、"真实的"的世界,真实是解说和建构的结果。建构主义者寻求的"原真性"不再是客观主义的"原真性"。对于遗产旅游而言,"原真性"是旅游出发地的旅游者基于已有的刻板印象或对遗产旅游的期望而对遗产旅游产品所贴上的标签。建构主义的"原真性"关注旅游者体验的建构,旅游者的"原真"体验是因为遗产旅游"原真性"的象征被认识到,而不是因为它们是原物或真实的。在效果上,旅游者寻找的不是客观的"原真性",而是社会各个利益群体建构的"原真性"。具有符号和象征意义的"原真性"是社会建构的结果。例如,几乎所有专家都反对发掘秦陵,通过展现在世人面前的秦陵护卫军秦俑让人们似乎看到了无坚不摧的铁血军团,想象出当年一个年轻民族的血气与行动力。旅游者对秦兵马俑的体验更多的是各种群体社会建构的结果,人们所看到的实际是一种符号。

3. 后现代主义真实性——对真实性的解构

后现代主义完全泯灭了客观主义真实性理论所赖以建立的复制品与原件,或符号与现实的界限。他们引用美国迪士尼乐园的例子,认为既然根本不存在一个"真实的"的原件作为参照,也就无所谓"真"与"伪"。与现代主义者追求真实性的风格不同,后现代主义的旅游者追求享受、娱乐和表层美,根本不关心"真实性",甚至追求"不真实",后现代主义对真实性做出了颠覆性。该观点认为仿真可以达到比真实还要真实的境界,是一种超真实的境界,游客体验的世界可以是一个仿真构成的世界,可以通过表演的"原真性"替代原物。原真性的参照系已随着技术的进步被打破,现实与虚拟、原真与复制的界限已被打破,所以原真性已无从谈起。例如,桂林山水通过山高水阔背景下的《印象·刘三姐》给人们呈现了一场山歌、家园、情歌、渔火的似真似假的视觉盛宴。这是一种更激进的观点,真假没有严格界限,但在现实中是得到认可的。美国和加拿大边境闻名于世的尼亚加拉大瀑布在夜晚通过焰火腾空、七彩霓虹展现给世人一个流光溢彩、五光十色的世界。

4. 存在主义真实性——一种个体认同自我本真的存在状态

存在主义者不关心旅游客体的真实性,只是借助旅游活动或旅游客体寻找本真的自我。当处于本真的状态时,人们感觉自己比日常生活中的自我更加真实、自由,但这不是因为他们发现旅游客体是真实的,而是因为他们摆脱了日常生活中的约束,能够参加非同寻常的活动。存在主义的真实性注重旅游主体的体验,而与旅游客体的真实性无关。

知识链接 11—3

佤族"崩南尼"

佤族主要分布在云南省西南各县。沧源一带佤族以一年最后一个月的癸亥日为"崩南尼"(佤语,意为佤族春节)。在太阳落山时,所有寨外的人畜都要回家,准备迎接新年的到来。各家要泡糯米,蒸熟后舂成粑粑,并将新年贡饭送到寨王家中,待王与头人诵经念咒,鸣土炮12响后,男人们齐集寨王家共食"南尼饭"。饭后回家向父母、长辈敬拜,并用糯米饭喂耕牛、骡马。天亮后,将全寨枪弩武器集中在寨外祭山神地灵的大树下,并用笋壳剪一山鹿形象,头人提一只小红公鸡绕武器念咒,杀鸡后将鸡血滴在鹿像和武器上,祈祷来年武器不伤好人和主人，只对坏人、恶兽百发百中。仪式结束后，将鹿像置于前方，进行射鹿比赛。优胜者在以后的狩猎活动中，可担任重要职务。人们互赠芭蕉、粑粑，以甘蔗、歌舞欢庆，用充满山区狩猎风情的活动欢度新年。

佤族在图腾崇拜中，最崇拜木鼓、老虎及水牛。佤族认为木鼓能通神，有灵魂，所以需祭祖，并给它建造房子。木鼓是神器，过去除了在较大的宗教活动和军事行动时才击鼓聚众外，平时很少敲它，也忌进鼓房和乱敲木鼓。现在，木鼓的作用在延伸，它不但是祭祀神器，也是娱乐器乐。不过，佤族村寨里的木鼓毕竟不是舞台上的木鼓，到了佤族村寨，最好在得到允许后，才能进木鼓房，才能击敲木鼓。

(资料来源：红杏博客 hongxing8822.blog.sohu.com/ 2007-02-01.)

11.2　跨文化交流中的难题

11.2.1　旅游跨文化交流的障碍与适应

1. 生活背景

由于人们所处历史条件、地理条件、经济发展水平和政治体制的不同，不可能进行顺畅的文化交流。城市和乡村、国内和国外、经济发展水平的不同都会引起交流的障碍。例如，1941 年中国为了保卫西南大后方，与英军共同抗击日本法西斯，组建了中国远征军，在跨越中缅边境的崇山峻岭之中，40 万中国远征军同日本侵略者展开了一场正义与邪恶、侵略与反侵略的激烈厮杀。在这场战争中，牺牲和受伤的士兵超过 20 万，至今仍有 6 万中国远征军遗骨散落缅甸。2011 年 9 月，随着 19 名中国远征军将士忠魂归国，才使一段段即将被尘封在异域的悲壮历史重见天日，游客得以理解那段尘封的岁月。中国远征军抗日将士纪念碑、梅里圣山外转如图 11.2、图 11.3 所示。

图 11.2　中国远征军抗日将士纪念碑

图 10.3　梅里圣山外转

2．交际规范

交际规范就是在交际中大家约定俗成的一种习惯，大家一般认为这种习惯是礼貌的、得体的。交际规范涉及仪容举止、见面礼节、体态语、称呼语、招呼语、感谢语、受礼语、道歉语等内容。不同文化的人们在交流时，会发现他们彼此的交际方式有着很大的区别。

中华民族素有热情好客的优良传统。在交际场合和酒席上，热情的中国人常常互相敬烟敬酒。中国人在宴客时，即使美味佳肴摆满一桌，主人也总习惯讲几句"多多包涵"等客套话。主人用各种办法劝客人多吃菜、多喝酒。而在西方国家，人们讲求尊重个人权益和个人隐私，所以他们不会做强人所难的事。吃饭的时候，自己想吃什么就吃什么，他们也不会用各种办法劝客人喝酒，不会非要你一醉方休。

中国人注重谦虚，在与人交际时，讲求"卑己尊人"，把这看作一种美德，这是一种富有中国文化特色的礼貌现象。在别人赞扬自己时，自己往往会自贬一番，以表示谦虚有礼。西方国家却没有这样的文化习惯，当他们受到赞扬时，总会很高兴地说一声"Thank you"，表示接受。

中国人的隐私观念比较薄弱，认为个人要归属于集体，讲究团结友爱、互相关心，故而中国人往往很愿意了解别人的酸甜苦辣，对方也愿意坦诚相告。而西方人则非常注重个人隐私，讲究个人空间，不愿意向别人过多提及自己的事情，更不愿意让别人干预。因此在隐私问题上中西双方经常发生冲突。

不同文化背景的人们在交际时，经常出现的一个现象就是套用自身所在社会的行为规范来判定对方行为的合理性，由于双方的行为规范存在差异，常常会产生误解、不快，甚至更坏的结果。例如，中国人轻拍小孩的头部表示一种友好；而在西方国家，这是一种极不尊重小孩子的做法，父母会对此非常愤怒。所以说在跨文化交际中是否能够正确地识别和运用行为规范，是保证跨文化交际顺利进行的重要因素。要保障跨文化交际的顺利进行，就必须理解对方的行为规范，尤其是遵循禁忌原则，做到入乡随俗。

3. 语言障碍

文化背景不同，持不同语言的人在交谈时，由于文化上的不同，即使语言准确无误，也会产生误会。对于不同的人们，同一个词或同一种表达方式可以具有不同的意义。由于文化上的差异，在谈一个严肃的问题时，由于一句话说得不得体，可以使听者发笑，甚至捧腹大笑；一句毫无恶意的话可以使对方不快或气愤。由于文化上的差异，在国外演讲的人经常发现听众对他讲的某个笑话毫无反应，面无表情，鸦雀无声；然而，在国内，同一个笑话会使听众笑得前仰后合。因此，跨文化交际中语言的运用和理解尤其重要。朴槿惠在清华大学的演讲中一开始就引用中国古籍《管子》中的一段话："一年之计，莫如树谷；十年之计，莫如树木；百年之计，莫如树人。"这和清华大学"自强不息，厚德载物"的校训是相通的，因此一下子拉近了和清华学子的距离。

4. 价值观念

价值观念是文化和文化交流的核心，是支配人们行为方式、生存状态和交往的准则，所以它是一个文化的核心内容，对文化形成起着重大的影响作用。每一个民族由于自己独特的历史、文化背景、世界观等差异，都会有不同于别的民族的价值观。人们交流的目的是取得预期的交际效果。在跨文化交流中，我们必须了解价值观的差异，从而采取有效和适当的交流行为，达到交流目的。否则，就会导致交际的失败。价值观的差异是客观存在的，进行比较的目的不是评价中西方价值观谁优谁劣，重要的是要认识到跨文化交际中不可避免地会出现价值观念的冲突，因此要增强跨文化意识。

5. 审美观和思维方式

传统的实践美学认为，审美是审美主体对审美客体认识、征服的结果。现当代哲学与美学的研究反对主体与客体分开，强调人与世界合一、物我交融的生活世界。对于一个具有较高审美境界的人，旅游审美是审美主体与审美客体的契合或语言交流，是一种"诗意的对话"，旅游者在和天地自然、人文技艺、人情世故的交流中体验生活世界的无限美好和生存的无穷境界，获得丰富的自由体验，从而激发自己热爱美、追求美、创造美的情趣和对全面自由地发展自我的渴望。

同时，由于中西方文化的不同，也造成审美的不同。例如，以中西古典园林艺术审美为例，东方民族和西方民族由于所受的哲学思想、历史文化、民族性格及所处的地理环境不同，造成了古典园林艺术在园林类型、规模、美学艺术风格等园林艺术特征方面的迥异，体现了各自鲜明的民族特色。从园林类型看，中国古典园林是风景式园林的典型，是在一定空间内，经过精心设计，运用各种造园手法，将山、水、植物、建筑等组合成源于自然又高于自然的有机整体，从而做到"虽由人作，宛若天成"的境界，体现了"天人合一"的观念。西方古典园林以法国的规整式园林为代表，崇尚开放、整齐、对称的几何图形格局，通过美表现人对自然的控制和改造，显示人为的力量。它一般具有中轴线的几何格局：地毯式的花圃草地、笔直的林荫路、规整的水池、华丽的喷泉、精美的雕像、整形的树木(或造型篱)、恢宏的建筑物等。中国造园则注重情景交融，追求具有诗情画意般的环境氛围，即"意境"。由于侧重点不同，西方园林意在是悦目，而中国园林则意在赏心。

思维模式指人类看待事物、观察世界并进行认知、推理的基本模式，它是一切文化，特别是交际文化的深层基石。不同的文化拥有不同的思维模式，而不同的思维模式导致了不同的世界观、价值观、信仰、情感与态度取向等差异，从而形成不同的社会习俗、行为准则、伦理道德乃至生活方式。西方文化的思维模式讲究逻辑推理，注重理性与实证。西方人的思维方式也叫分析思维，他们在考虑问题的时候不像中国人那样追求折中与和谐，而是喜欢从一个整体中把事物分离出来，对事物的本质特性进行逻辑分析。中国人的辩证思维包含着三个原理：变化论、矛盾论及中和论。变化论认为世界永远处于变化之中，没有永恒的对与错；矛盾论则认为万事万物都是由对立面构成的矛盾统一体，没有矛盾就没有事物本身；中和论则体现在中庸之道上，认为任何事物都存在着适度的合理性。对中国人来说，"中庸之道"经过数千年的历史积淀，甚至内化成了自己的性格特征。

知识链接11-4

写在屏风上的心思

在古人的生活中，屏风是一个重要的物件，无论室内还是室外，都少不了它的身影。这从至今遗存可见的绘画、雕塑等图像资料上，都可发现。

屏风在古人生活中是如何被使用的？最常见的就是分隔空间。例如，上述的壁画，在不大的画面里，屏风就营造出三个空间：夫妇二人的小空间，夫妇和随侍者之间共享的大空间，还有未被画进去的、被围屏隔挡在外的更大的空间。

在一个相对的环境里，人为什么要层层分隔出一个又一个空间来？我想是为了强调位置感和存在感。在茫茫世界里，芸芸众生，各有其位。如何标识以示区分呢？一个字"隔"。

有人会说，要隔何必用屏风，用墙岂不隔得更到位？如同当代人，吃饭、会客、读书，分别有独立的餐厅、客厅和书房。

请想象一下一屏之隔与一墙之隔的视觉和感觉差异吧。

用屏风还是用墙来隔，差别在于前者是在同一个空间里的似隔非隔，后者则是完全的隔绝，隔绝之后，就是不同的天地了，其美感和心理暗示也截然不同。

美术史家巫鸿在他的《重屏：中国绘画的媒介和表现》一书里对此有详细的论述。他说，屏风的前后是两个含义完全不同的区域，对于背朝屏风或是被屏风环绕的人来说，屏风后面的区域，从他的视线里消失了，他会发现自己处于一个半封闭的区域之中，而这个区域是属于他的，"他是这个空间的主人"，"屏风确立了一个只为他的视觉独享的场所"。

屏风的这种隔、挡，在空间里重新塑造空间，然后赋予空间以特殊含义的特点，没有任何一种家具可以取代。这是古代中国人的各种诉求和审美的结晶。

我喜欢看绘有屏风的古画，透过画作，可以窥探些许古人的心思。好些绘有屏风的古画，最初就是画在屏风上的。而有的屏风画，画里又画有一个屏风，可谓重屏。凝神观看这些重屏，不免就要猜想画者的用意。

重屏画的首创者是南唐宫廷画家周文矩，画名《重屏会棋图》。这幅画最初是装裱在一扇独立的屏风上，画的前景是四位男子围成一圈，或下棋，或观弈，中心人物是一位表情威严戴着黑色高帽的长髯者。在他的背后，是一架单面屏风，屏风上又画着另一场景：那个长髯人士斜倚在床榻上,四位女子在一旁服侍着。而在这组人物的背后,又是一扇画有山水景色的三折屏风。

同在一幅画里的三幅屏风画,想说什么呢?巫鸿先生给出了他的解读:前景中的画,象征着这个男士的社会形象:尊贵、智慧;其次是他在内房的私密生活形象;而那幅画有山水的,则象征他高尚的精神世界。

屏风发展到此时,已不仅仅在物质世界里划分空间,还成为人们表达内心多重空间的媒介。一架屏风却饱含着建筑的、美学的和文化的多重意象,它是多么不寻常!遗憾的是,如今似隔非隔有着独到内涵的屏风,已离我们远去,唯剩下可以挡煞的起风水作用的屏风还在苟延残喘。再甚或,就是让人苦笑的活动门板了。

(资料来源:黄芬芳. 卷首语:写在屏风上的心思[J]. 中华遗产,2011,10.)

11.2.2 旅游的文化冲击

1. 旅游者在异文化环境下的文化冲击

旅游者在异国他乡往往会受到文化观念的冲击。当学子远赴异国他乡留学,兴奋之余,很自然会经历一些文化冲击。文化冲击可以看作在面对新的环境和陌生习俗时所产生的焦虑感。这些感受是很正常的,而且不会影响太久。这些感觉会慢慢淡化,旅游者会随着时间的推移逐渐适应这个新的环境。

个体进入不同文化环境是体验到的文化冲击,也称作文化震惊。文化冲击是1960年首先由文化人类学家奥伯格提出的,他认为文化冲击是"由于失去了自己所熟悉的社会交往信号和符号,对于对方的社会符号不熟悉而在心理上产生的深度焦虑症。"日本学者星野命认为:"文化冲击一般来说指的是一个人在接触与自己的文化所具有的生活方式、行为规范、人际关系、价值观或多或少不相同的文化时,最初所产生的情感上的冲击和认知上的不一致。"

当旅游者接触一种新文化时都会受到异文化的影响。首先是语言的不适应,其次还有当地的社会、经济、政治文化等都可能使旅游者感到焦虑。例如,客房消费、点菜、小费等都会引起旅游者的焦虑。

为了减少不同文化的冲击,事先做一些准备,了解旅游地的价值观和风俗习惯是非常重要的。同时,要消除民族偏见,以开放、宽容的心态看待所见到的文化现象。

2. 文化冲击在旅游开发中的利用

文化冲击是符合旅游规律的,缺少了这种刺激,旅游也就失去了意义。旅游者希望在一定程度上体验文化的冲击。

1)适度利用文化冲击

旅游资源的开发设计要采用一切可能的方式给游客制造文化冲击,突出特色,把被本民族忽视的民族特色的景观开发出来,"化腐朽为神奇"。对外国人来讲,泰国是神秘的,有很多看不懂的地方。泰国是个佛教国家,所有的人们在佛祖面前是虔诚的。泰国是个王国,国王和皇后享有崇高的威信和尊重。在国王的寿辰,曼谷各地,从机场到商店,从高楼大厦到平民住所,都可以看到国王与皇后的照片和"国王万岁"的标语,皇家独有的金黄色格外引人注目。

旅游的宣传营销要善于利用游客的心理，突出能够形成文化冲击的卖点。要区分客源市场，进行针对性的营销，挖掘那些与客源地不同的文化卖点，才能使游客感到文化差异带来的冲击。

2) 化解不必要的文化冲击

旅游经营者要善于化解文化冲击带来的不适。在旅游服务中，应考虑价值观、风俗习惯的差异，避免难以接受的冲击。对于民族审美的不同、文化的差异加以解释，使游客理解他们感到的文化冲击。

3) 保护原真

保护原真才能有利于旅游业的可持续发展。文化冲击的前提是文化的原真性，是旅游地保持永久魅力的源泉。

知识链接 11-5

论导游在跨文化交际中的捎客角色

导游是在旅游过程中与旅游者打交道最多的人，在旅游跨文化交流中也是最重要的角色，他们是与游客交流机会最多的人群，影响着整个旅游跨文化交流的进程。旅游者在旅途中对目的地国的了解在很大程度上取决于与导游的交流。在文化传播领域，涉外导游被称为"中华文化的传播者"、"中国历史文化教员"、"旅华顾问"等。对于国际游客而言，导游不仅是文化的承载者和传播者，还是文化的整合者。现代旅游跨文化交流和文化扩散的趋势必然伴随着文化的整合或冲突两者的对立与统一。因此作为两种文化交流和融合的桥梁——导游影响着整个文化体系的整合过程，也影响着旅游主体与目的地居民的交互活动。这种影响从本质上说，是两种地域文化的碰撞，即旅游地和客源地文化相遇的结果。导游的跨文化捎客角色有助于异质文化的整合，缩短外国游客与目的地居民的文化距离，使外国游客以开阔的视野，以更豁达更大度的方式接受不同文化，并与不同文化群体的人和谐相处。在这一文化涵化过程中，导游充当着不可替代的媒介作用。

1. 导游在跨文化交际中的"外交家"角色

世界各国旅游界对导游业务和导游人员都以极为美好的词句去形容。日本人称导游为"无名大使"，英国伦敦称导游为"伦敦大使"，美国人称翻译导游是"祖国的一面镜子"。导游是文化大使，能促进不同社会文化之间的交流。从某种意义上来说，导游人员是一个国家形象的体现，也是了解一个国家的橱窗。涉外导游总是站在前台展现风采。他们的一言一行都代表着祖国的尊严、祖国的形象，所以他们的任务就如一位"外交家"一样，把祖国灿烂的文化、壮丽的山河、中华人民伟大的创造、辉煌的成就传达出来。有的外国游客对中国不了解，在语言上难免会对中国的制度、政策有针对性地发出较强的异议或者对旅游地产生一些偏见、误解。此时，涉外导游不要鲁莽地与对方争辩，应该把自己对祖国的热爱之情向外国游客表达出来，通过耐心的讲解来消除客人对我国存在的偏见。当然，外语导游不应该为了讨好游客不管对方对否就附和对方的观点，必须不卑不亢，与他们沟通要讲究技巧和策略，使他们意识到自己是在异国他乡旅游，对一些不解之处，甚至不愉快之处也能理解、谅解并与外语导游员配合。在消除游客的偏见和"文化误读"方面，导游的作用最为直接，也最为有效，是其他任何一种手段都无法比拟、不能替代的。

2. 导游在跨文化审美中的"指引者"角色

旅游主体(旅游者)在旅游活动中，除了物质上的需要外，还有一种精神上追求享受的需要，称为审美欲求，或旅游审美。从旅游美学的角度讲，旅游者投入一定数量的资金、精力和时间来进行旅游活动，就是为了获得多层次的审美感受，领悟丰富的审美价值，从而产生深刻的审美体验，达到获得审美享受的目的。美学家叶朗说："旅游从本质上讲，就是一种审美活动。旅游涉及审美的一切领域，又涉及审美的一切形态。旅游活动就是审美活动。"对于不同国家的游客来说，审美标准和审美情趣都不尽相同，这时的导游要以中华民族的审美标准和审美要求来向游客展现美的所在，而且还要用美学知识指导自己的仪容、仪表、仪态，因为导游员代表着国家(地区)，其本身就是旅游者的审美对象。总的来说，导游员在旅游审美活动中除作为审美对象、传递者和协调者之外，还担任了旅游审美活动引导者、启发者的角色，使旅游者实现高层次的审美活动。

3. 导游员在跨文化心理中的"协调师"角色

从社会心理学角度来看，每一种社会角色都代表着一套社会行为模式及行为标准，导游员角色是由社会对导游员的职业要求决定的，即取决于社会对导游人员的角色期望。而外语导游接待的主要是外国的游客，不仅要与不同国家、不同文化背景的旅游者打交道，还要与各旅游服务部门的工作人员(领队、团长等)打交道。导游员要有效地向游客提供心理服务，首先必须了解游客的心理。从人口统计特征来看，游客来自不同国家和地区，有着不同的文化背景，必然有着不同的民族心理特征。西方人和东方人在性格和思维上有明显的差异。西方人较开放、感情外露，喜欢直截了当地表明意愿，是直线式思维方式；东方人较含蓄、内向，往往委婉地表达意愿，是迂回式思维方式。因此，导游人员在接待游客时，就应针对不同的旅游团特征来进行旅游服务。当外国游客遇到文化冲击而感觉不适时，导游有责任充当心理协调师，帮助游客了解和解决文化冲击带来的不悦，并成为游客之间的"缓冲器"，帮助游客从自身角度找寻一些解决问题的办法。

(资料来源：丁闯. 论导游在跨文化交际中的掮客角色[J]. 吉林省教育学院学报，2008(11).)

11.3 世界遗产旅游文化

11.3.1 世界遗产旅游文化的界定

1. 世界遗产旅游文化的定义

随着人类社会经济的高速发展，代表全人类文明的文化和自然遗产越来越遭到破坏和威胁。1972年11月，联合国教科文组织通过了《保护世界文化和自然遗产公约》。该公约中的遗产包括文化遗产和自然遗产：其中文化遗产是指具有历史学、美学、考古学、科学、民族学和人类学价值的纪念地、建筑群和遗址；自然遗产是指有突出价值的自然的、生物学和地质学形态、濒危动植物物种栖息地，以及具有科学、美学和保护价值的地区。《保护世界文化和自然遗产公约》的宗旨是通过采取公约的形式，建立一个根据现代科学方法制定的永久性的有效的保护制度。世界遗产是被联合国教科文组织和世界遗产委员会确认的具有突出重要价值的、人类罕见的、目前无法替代的财富。

世界遗产是全人类共同的宝贵财富,是一个民族的"身份证"。"遗产旅游"成为人类求取与外部世界高度和谐的有效形式之一,成为高质量回归自然、回归历史的社会生活组成部分。

2. 世界遗产旅游文化的种类

按照雷兴长在《对世界遗产资源的归类研究探讨》一文中对世界遗产文化的分类,世界遗产文化可分为历史文化遗产和自然文化遗产两大类。

1) 世界历史文化遗产的种类分析

《保护世界文化和自然遗产公约》把世界历史文化遗产分为文物古迹、古建筑群、历史遗址三大类。如果从遗产的内容、特点、形式上进行划分,世界历史文化遗产可具体分为皇家宫殿、城市历史中心区、古城镇、宗教建筑、皇家陵墓、宗教石窟艺术、特殊历史遗址、古城遗址、考古遗址、祭祀与圣地遗址等。

(1) 皇家宫殿。无论是从时代特征、文化艺术,还是建筑技术、规模气势上,皇家宫殿都体现出当时文化与建筑的最高层次和最高水准,理应成为世界历史文化遗产的重要内容。目前,被选入《世界遗产名录》并具有代表性的皇家宫殿有:奥地利的申布伦宫和花园,法国的凡尔赛宫及其园林、枫丹白露宫及其花园,莫斯科的克里姆林宫,比利时的布鲁塞尔大宫殿,西班牙的阿尔罕布拉宫,丹麦的克伦堡宫,德国的维尔茨堡宫及宫廷花园和广场、印度的阿格拉古堡、中国的故宫等。沈阳故宫如图11.4所示。在《世界遗产名录》中,尽管皇家宫殿数量不多,但都是精美绝伦的文化遗产。

图 11.4 沈阳故宫

(2) 城市历史中心区。在世界历史文化遗产中,城市历史中心历史区是指在一座历史名城里的中心城区或部分城区的建筑群,能够代表不同历史时期、不同文化领域、不同建筑艺术的人类社会的文化发展水准。城市的历史中心区反映了一座城市在人类社会或民族区域发展过程的历史地位、文化底蕴和建筑风貌。具有代表性的城市历史中心区遗产有维也纳历史中心区、萨尔斯堡城历史区、圣彼得堡历史中心区、罗马历史中心区等。被选入《世界遗产名录》的城市历史中心区有两个特征：一是绝大多数是中世纪以后的城市建筑物；二是仍然是现代城市的标志性建筑物。它们大都分布在欧洲和南美洲两个区域，这与它们的建筑风格和血脉相通有关。魁北克历史中心区如图 11.5 所示。

图 11.5　魁北克历史中心区

(3) 古城镇。世界历史文化遗产中的古城镇包括古城、古城堡和古镇、古村落等历史建筑群。古城镇、古村落更多的是反映世界各地不同区域、不同民族的城市文化、建筑艺术的历史时代的风格。作为世界历史文化遗产，古城镇、古村落尽管建筑规模有可能不是很大，但具有完整性、统一性、独特性，具有较高的历史价值和建筑艺术价值。梵蒂冈城、尚博尔城堡、白川乡和五个山村落、丽江古城、非斯都城等是古城镇遗产的典型代表。

(4) 宗教建筑。在世界历史文化遗产中，大教堂、修道院、寺院、寺庙等都属于宗教建筑物。宗教建筑把宗教文化、宗教艺术、宗教生活与建筑技术、建筑艺术融为一体，使建筑物的艺术美感、技术奥秘进一步升华，体现出中世纪封建文化和建筑完美结合的时代特征。许多宗教建筑物至今仍然是人们宗教活动的主要场所，如沙特尔大教堂、科隆大教堂、亚琛大教堂、西多会修道院、巴塔拉修道院、里斯本的贝勒姆修道院和塔楼、奈良法隆寺、婆罗浮屠塔、孔庙等。在世界历史文化遗产中，宗教建筑物占有重要地位。

(5) 皇家陵墓。在世界历史文化遗产中，各国气势浩大的皇家陵墓是文物古迹的主要组成部分之一。皇家陵墓既拥有建筑艺术的独特风格，包含着较高的工艺技术含量；又拥有人类社会不同历史时期的文化底蕴，暗示着陵墓主人的历史故事；还埋藏着无数的文物宝藏，反映着当时历史背景下的生产工艺和生活水平。在世界遗产中，享有盛名的皇家陵墓大多集中在非洲和亚洲两个区域，如埃及的金字塔墓区、古城底比斯及其墓地，中国的秦始皇陵及兵马俑、明清皇家陵寝、高句丽王陵及贵族墓葬，印度的泰姬陵、胡马雍陵。明十三陵如图 11.6 所示。

图 11.6　明十三陵

(6) 宗教石窟艺术。作为封建时代的重要社会文化，许多宗教文化和宗教艺术汇聚于石窟洞穴，使宗教石窟成为世界遗产古迹中的重要组成部分。宗教石窟具有突出的建筑、雕刻和绘画等文物价值，并记录着大量的人类社会发展历程，含有较高的考古价值，是世界文化遗产不可缺少的组成部分。与宗教建筑物的不同之处在于，宗教石窟更突出宗教文化的艺术价值，而宗教建筑物更突出建筑技术和建筑艺术的科学价值。亚洲是宗教石窟艺术的聚集地，其中著名的有吴哥窟、丹布拉佛窟、阿旃陀石窟、埃洛拉石窟、比莫贝卡特石窟、敦煌莫高窟、大足石刻、龙门石窟、云冈石窟等。

(7) 特殊历史古迹。在人类社会发展过程中，遗留下许多具有特殊意义和功能的历史文物古迹，尽管它们大多已经失去了现实使用价值，但是其独特且专用的建筑构造、庞大而合理的艺术造型，给人们带来文化力量和美的享受。如长城、要塞、运河、旧铁路等特殊历史古迹，具有建筑、历史、艺术等文化综合价值，是人类社会的珍贵遗产。中国的长城、伊朗的历史水利系统、法国的皇家盐场、英国的渡槽和运河等都属于特殊历史古迹。

(8) 古城遗址。城市一直是人类社会发展具有代表性的重要标志，而由于种种原因，一些重要的城市在人类历史长河中销迹无声，但是它们在人类社会发展过程中的重要作用是不可忽视的，古城遗址就成了世界遗产中重要的组成部分。古城遗址一般具有重要的历史价值、建筑价值和文物价值，是珍贵的世界文化资源。波澜起伏的历史演绎使中东和南亚地区遗留下了众多古城遗址，如伊朗的波斯波利斯古城遗址、乔加·赞比尔城址，印度的克久拉霍古城遗址、法塔赫布尔·西格里古城遗址，约旦的佩特拉古城遗址，叙利亚的巴尔米拉古城遗址，土耳其的希拉波利斯——帕穆卡勒古城遗迹、汉瑟斯和莱顿古城遗址、特洛伊古城遗址，利比亚的莱波蒂斯古城遗址。

(9) 考古遗址。从《世界遗产名录》看，考古遗址在世界遗产中占有重要地位。通过考古遗址发现的古代或远古时期人类的遗物和遗迹，可以判断古代文化的年代、重塑古代人类的生活方式和解释历史文化发展的过程。考古遗址的历史价值和人类学价值在于不仅可以获得有关个别遗物、遗迹和遗址的用途、性质和年代等信息，而且也可以借以进一步推论和解释许多当时人类的文化行为。

(10) 祭祀与圣地遗址。在远古时期，宗教、神灵祭祀活动是当时主动的社会文化活动。在一些民族国家，朝圣活动至今还很盛行。各个不同民族的祭祀场面宏大神秘，朝圣活动神圣有序。尤其是随着人类社会发展，物质丰裕和期盼增值，祭祀朝圣的礼节越来越复杂，祭品也越来越讲究，并形成了一定的社会规范，公共祭祀活动已经成为社会文化活动，成为一个时期社会文化的核心内容。祭祀朝圣遗址作为世界遗产的价值，更多地体现在它内含的历史、文化和建筑等多种价值方面，如中国的天坛，以色列的夏琐、米吉多和基色圣地与海法和西加利利的巴海圣地，日本的严岛(宫岛)神社牌坊、日光神殿与庙宇，斯里兰卡的阿努拉达普拉圣城、康提圣城都属于祭祀与圣地遗址。

2) 世界自然文化遗产的种类分析

从已被《世界遗产名录》收入的自然文化遗产项目分析，其应该分为自然生态区、植物保护区、动物保护区、综合保护区、地质生物进化区、海岛(海湾)景观、高山峡谷、山岳风光、喀斯特地貌、江河湖区。

(1) 自然生态区。作为世界自然遗产，自然生态区的特点是地质地理和动植物的完美结合，形成长期良性运转的独特自然体系的生态系统区域。奇特的地质地理作用是自然生态区形成的物质基础，独特的动植物生态系统平衡是自然生态区的突出表现。这也使自然生态区具有了科学、保护两大价值。例如，被列入《世界遗产名录》的澳大利亚的卡卡杜国家公园和昆士兰湿热带、巴拿马的柯义巴岛国家公园、俄罗斯的乌布苏湖盆地生态保护区就是典型的自然生态区。

(2) 植物保护区。被收入《世界遗产名录》的植物保护区一般拥有两种植物：一是大面积的稀有的珍贵植物；二是已进入濒危灭绝境地的珍稀植物种类。而这两类植物能够在栖息地长期生存下来，与栖息地的独特地理条件和植物本身的适应能力有极大关系。植物的珍贵、稀有及地理环境的独特，就极大突出了这一植物栖息地的遗产价值。澳大利亚东海岸与中东部雨林区温带与亚热带雨林公园、俄罗斯的维尔京科米森林、美国的红杉树国家公园、孟加拉的孙德尔本斯红树林、马来西亚的基纳巴卢山多种植物物种公园等都属于植物保护区。

(3) 动物保护区。人类的快速膨胀，使各种动物的生存空间日益缩小，哺乳动物的种类逐渐减少，尤其是一些大型哺乳动物的数量锐减，使野生动物变得稀有珍贵。从生态平衡和物种稀有的角度看，都使大型珍贵野生动物的栖息繁衍地具有世界自然遗产的价值。目前，在自然文化遗产中，非洲区域的动物保护区最多，如喀麦隆的德加动物保护区、科特迪瓦的塔伊国家公园、塞内加尔的朱贾国家鸟类保护区、坦桑尼亚的塞卢斯禁猎区和恩戈罗自然保护区。

(4) 综合保护区。在世界遗产目录中，收入了一些具有生物多样性的综合保护区。在特殊的地理、气候环境的综合作用下，一些栖息地生长繁衍着各种珍贵生物，包括植被(各种菌、蕨类)、植物(各种森林、草本)、动物(昆虫类、鱼类、两栖爬行类、鸟类和兽类)等，体现了生物演化、生态循环、生物珍贵独特等综合保护价值。比较著名的综合保护区有巴拿马的达连国家公园、保加利亚的斯雷巴那自然保护区、俄罗斯的弗兰格尔岛自然保护区、哥伦比亚的麻玻罗岛及其生物栖息地、洪都拉斯的雷奥普拉塔诺生物圈保留地、科特迪瓦的科莫埃国家公园。

(5) 地质生物进化区。通过了解地质进化掌握地球演化过程中的不同重要阶段，通过考察生物化石标本掌握生物演化过程，这一直是自然科学追寻探讨的主要研究目标。因此，有关地球变化和生物进化的突出的地质、化石聚集地，就成了具有重要科学价值的世界自然遗产。埃及的鲸鱼谷、澳大利亚哺乳动物化石产地、德国的麦塞尔化石遗址、加拿大的艾伯塔省恐龙公园和米瓜莎泥盆纪化石公园、美国的黄石国家公园和夏威夷火山国家公园就属于这一类自然文化遗产。

(6) 海岛(海湾)景观。在世界自然遗产项目中，海岛景观占有重要地位。海岛的地质构成一般是火山岩、石灰岩和珊瑚礁，由于上千万年的海水侵蚀，形成各种奇特的海蚀崖、海蚀洞、海蚀平台等自然景观。加上海岛与周围海洋生态系统的相互影响，海岛与大陆的隔绝，在岛屿范围内形成独有的陆地植物、动物和海洋生物栖息地。因而，一些海岛具有了世界自然遗产要求的地质进化、生物进化、风景独特优美的多种遗产价值。澳大利亚的大堡礁和豪勋爵群岛、冰岛的叙尔特赛岛、洪都拉斯的麻玻罗岛及其生物栖息地、英国的贾恩茨考斯韦角及其海岸和圣基尔达岛——火山群岛、越南的下龙湾等均属于自然文化遗产中的海岛。

(7) 高山峡谷。地质能量运动制造了稀有的高山峡谷。从被录入世界自然文化遗产目录的高山峡谷项目看，它们大多聚集着雪山、冰川、悬崖、深谷等多种地质构造，汇集着湖泊、江河、急流、瀑布等不同水文地质现象，分布着植被、植物、动物等多样化生物生存空间，可谓是科学价值和保护价值并存。秘鲁的瓦斯卡兰山国家公园和马努国家公园、加拿大的落基山国家公园、美国的大雾山国家公园、尼泊尔的萨加玛塔国家公园(珠穆朗玛峰南坡)、瑞士莎多纳地质构造区、云南"三江并流"区等均是高山峡谷自然遗产。科罗拉多大峡谷如图 11.7 所示。

图 11.7　科罗拉多大峡谷

(8) 山岳风光。在山岳风光中，蕴藏着复杂的地质进化历程、稀有的动植物资源、奇特的山水景色、人类的历史文化足迹，世界自然遗产的价值十分突出，如古希腊的迈泰奥拉、中国的黄山和泰山、美国的约塞米蒂国家公园、澳大利亚的乌卢鲁卡塔丘塔国家公园。

(9) 喀斯特地貌。从审美和地质学角度看，喀斯特地貌具有突出的世界自然遗产价值。

喀斯特地貌是可溶性岩石在地表水和地下水的双重溶蚀作用下，形成各种奇特、秀丽的石芽、石沟、石林(图11.8)、峰林、落水洞、漏斗、喀斯特洼地、溶洞、地下河等自然美景。在喀斯特地貌发育地区，地面奇峰林立，地下溶洞相连，大自然的天工奇作尽收眼底，如阿格泰莱克与斯洛伐克溶洞、中国南方的喀斯特地貌等。

图11.8　石林地貌

(10) 江河湖区。江湖水景一直是《世界遗产名录》收纳的重要项目，如澳大利亚的威兰德拉湖区、俄罗斯的贝加尔湖、肯尼亚的图尔卡纳湖、南非的大圣卢西亚沼泽公园、中国的九寨沟风景名胜区和黄龙风景名胜区及武陵源风景名胜区。

知识链接11-6

贝加尔湖

贝加尔湖(如图11.9所示)就像一弯月牙，在冰天雪地的西伯利亚版图上从西南向东北方向延伸。一提起贝加尔湖，似乎就是一个冷字，其实不然，初冬时的贝加尔湖虽然冷，但绝不苦，漫漫白雾笼罩着湖面，宛若美丽的姑娘蒙上羞涩的面纱，分外妖娆。湖水清澈见底，连水下40米深处的鱼和石头都清晰可见。贝加尔湖比原本想象中的要大许多，说它是湖，不妨说展现在眼前的更像是一片海，湛蓝却望不到边。贝加尔湖周围群山环抱，溪涧纵横，到处是一片原生态的苍翠和瑰丽，随便走走都是风景。湖中岛屿多达27个。最大的要属奥利洪岛，面积730平方千米。两岸悬崖峭壁林立，在东岸，奇维尔奎湾像王冠上的宝石一样绚丽多彩，从湖的一岸驶向奇维尔奎湾，能见到许多小岛，上面树木稀疏，宛若哨兵；在西岸，佩先亚纳港湾屹立在灰暗的众多堤岸中。每年5月底，人们就可以下湖游泳了。据当地人讲，在这个时候，浸泡在湖里会给人们带来好生活。而到了冬季，乘坐马拉雪橇、狗爬犁、驾驶雪地摩托、打雪仗、冰上捕鱼等活动是体验冬季生活的好选择。

(资料来源：blog.cntv.cn/18640892-38480...html 2013-6-20.)

图 11.9 贝加尔湖

3．开发世界遗产旅游文化的意义

第一，通过世界遗产教育，提高社会公众的基本素质。第二，从现代传播学的角度，世界遗产作为媒介在现代信息传播中具有文化传播的作用。第三，世界遗产是不同民族和国家增进认同和相互理解的重要路径。

11.3.2 世界遗产经营管理

近些年，中国遗产旅游专家根据旅游服务的特殊性提出了所有权、管理权、经营权和监督权"四权分离与制衡"的管理模式，同时要处理好遗产与当地社区的关系。

知识链接 11—7

喀什用 26 亿元改造危旧房

喀什是中国版图上最西端的城市。在维吾尔语中，它是"玉石集中之地"。而根据《汉书·西域传》记载，喀什的历史至今已经有 2 100 多年。

在艾提尕尔清真寺以东，毛主席塑像以北，是存在时间加起来比前两者还要久远的喀什老城区。在最近 10 年的时间里，由于城市改造计划，这 4.25 平方千米的老城区，连同 5 万户居民、22 万人，几乎吸引了全世界关注的目光。

在喀什老城区里，最老的房子历史有 300 多年，大部分在 100 多年，而聚居于其间的 22 万人，使得这一区域的人口密度超过了上海。

最令人担忧的是，喀什位于地震多发带，老城区土木建筑的房屋构建，抗震能力不强，一旦出现较大级别的地震，将造成大量的居民伤亡。在 2006—2020 年国家中长期防震减灾规划中，喀什地区被列为重点防御区。

不过，由于老城建筑改造风格及补偿标准的争议，这项工程在近 9 年的时间里进展缓慢。同时，喀什的改造也引起了世界的关注，因为这里拥有其他中亚国家无法比拟的伊斯兰老城建筑风格。外界担忧，一旦上述改造工程启动，喀什的历史将湮灭在尘埃之中。

老城区的改造仅仅是外界关注的一部分，另一部分是喀什的历史保护如何与地方旅游和谐地共存。喀什著名的旅游景点高台民居就遇到了这样的问题。

高台民居在维语里的意思是"阔孜奇亚希贝",意思是"悬崖上的土陶"。在它出名之前,这里曾经是喀什的贫民窟。

在这里,楼房的层数被居民随意增加,最普遍的原则是每增加一代人,便在原有的基础上再往上增加一层,如果往上不行,则往下挖地下室。如果上下都不行,喀什人则考虑纵向空间的延伸,他们将二楼或者三楼的房间面积向巷道扩建,和对面的房子连接,形成闻名世界的"过街楼"。这种依照现行国家标准属于违规的建筑形态,却是最具伊斯兰特色的建筑风格。

"过街楼"的修建毫无次序,且在20世纪50年代,为防止苏联的入侵,"过街楼"下基本都有防空洞,整个地下基本被掏空,地基非常不牢靠。

尽管北京中坤投资集团承诺将在高台民居维修完成后,继续对游人开放。不过当地维吾尔族知识界却表达了担忧:他们把这里搞得太商业化了,没有原来的味道。

喀什的魂不是这些建筑,而是两千多年来生活在这片土地上的人。对于喀什而言,保护人的生命是第一位,其次才能提到文化的保护。

(资料来源:http://cache.baiducontent.com/c?m=2012.12.27.)

11.3.3 世界遗产的保护利用及可持续发展

保护世界遗产的真实性和完整性,是每一个《保护世界文化和自然遗产公约》缔约国应尽的责任。随着近年来一些世界遗产地申报成功之后知名度大增,游客蜂拥而至,取得了显著的经济效益和社会效益,一些地方和领导对遗产的认识出现了严重的错误,将遗产这种不可再生的文化资源完全等同于一般的经济资源而且是无成本的经济资源,以旅游价值完全取代了历史文化和科学价值。于是世界遗产被当做地方的"金字招牌"和开发商的"摇钱树",有的地方政府公然要求遗产地几年内要成长为当地财政的"顶梁柱",进行市场化炒作,商业化经营,更有甚者将世界遗产当做地方或私有商品捆绑上市,发行股票,导致世界遗产遭受到无法挽回的破坏。

更多的人是把世界遗产的价值视为旅游界的诺贝尔奖或者风景名胜区的奥运冠军,在经济利益的驱动下,他们功利地把重视世界遗产直接等同于开发和利用遗产所在地的旅游资源。但这些做法只会为世界遗产带来诸多令人遗憾的负面影响,使世界遗产所在地人满为患,造成其长期超负荷运转,甚至出现世界遗产的人工化、商品化和城市化。例如,索道对遗产地的严重危害主要有破坏地形、破坏植被与生态、破坏景地的自然美、加剧人流在山顶集中、误导游人贬低名山、不合旅游的基本要求、与世界自然文化遗产保护背道而驰。又如,敦煌莫高窟由于游客过多,游人呼出的二氧化碳和光线的影响造成壁画变色剥落,20年间的人为损坏超过过去几百年来的自然侵蚀。

中国世界遗产保护与利用中错位的过度开发包括以下三个方面。

(1) 无序的建设——造成遗产地内部"城市化"。一方面,景区内部门经济尤其是第三产业的商业、饮食住宿服务业及交通业过度发展,在空间布局上造成商业网点密布、楼堂馆所林立且过分集中于一些游人较多、区位较好的景区、景点,从而破坏了这些地区的原有风貌及氛围,降低了风景资源的审美内涵,影响了游客的游览情趣。另一方面,由于对

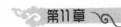

遗产地内居民点规划调控不力、外来人口管理不善等原因，造成景区内城镇建设用地、服务设施用地大量挤占风景用地，人口密度和重点地区建筑密度过高。

(2) 混乱的布局——造成遗产地整体"孤岛化"。景区外违反外围保护地带的要求，商业化、城镇化现象严重，从而造成景区外围的"孤岛化"。遗产地外围土地的过度开发或不合理使用(包括产业部门的不合理布局)、工业化、都市化的发展及环境污染等原因，而使景区周围环境恶化、生态受损，遗产资源受到严重威胁。例如，在美国黄石国家公园，灰熊同大温泉、峡谷、奔腾的溪流和无限的风光一样，都是黄石公园重要组成部分。但是，灰熊在不断地迁移，趋向公园边界外更好的生存空间，而随着外围人口的增长和生产的开发，灰熊失去了公园周围的缓冲地带。再如，位于佛罗里达州南端的大沼泽地国家公园曾是著名的水鸟世界，但是由于外围土地的开发，这些水鸟已减少了 90%。在中国，遗产地"孤岛化"现象早已存在且相当严重和普遍。例如，承德避暑山庄及外八庙，由于城市用地的急剧膨胀、工业迅速发展和种植业、牧业的不合理发展，导致风景区外围森林景观衰败，武烈河水源骤减，山庄内山泉枯竭。昔日"自有山川开北极，天然风景胜西湖"的避暑山庄，终于沦为被现代城市所包围的"孤岛"。

(3) 品位的降低——造成遗产地整体"濒危化"。在"一切向钱看"的错误观念冲击下，许多早已"超载"开发的景区、景点，为了牟利，继续被当做纯经济对象而遭到破坏性开发。有的把世界遗产地当做野外游乐场和"吃喝玩乐综合体"，大兴土木，乱建索道、宾馆饭店、寺观庙宇等。"娱乐城，鬼文化"等人造景观也纷纷进入遗产景区，破坏地形、生态，导致自然风景区人工化、商业化和城市化，以及自然度、美感度和灵感度的降低，使这批传世数千年的遗产资源品位严重下降，有些遗产因"原作"严重受损甚至接近"濒危状态"。

人们必须站在保存人类文明、对历史负责的高度上，认清遗产本质，合理规划遗产地产业布局，优化区域产业结构，并由国家成立专门的世界遗产管理机构，制定相应法律，完善管理体制，正确处理目前存在的保护和利用的矛盾，并使中国的世界遗产得以永续利用。遗产保护是第一位的，有了遗产才有遗产地的旅游。

遗产地所在国都对世界遗产的保护负有重大的责任。被列入《世界遗产名录》的世界遗产，如果因为自然灾害、重大工程、经济开发、管理混乱及人为破坏等原因而处于濒危状态，那么世界遗产委员会就会将其列入"濒危世界遗产清单"。世界遗产委员会有义务向该项目所在国提出更正计划，并对那些缺乏保护、修复资金或人才的国家提供资金援助和技术支持。例如，2009 年世界遗产委员会宣布，由于当地政府的建桥工程破坏了德国德累斯顿易北河谷的独特景观，决定将这一遗产地从《世界遗产名录》中去除。不论何种原因，一个国家不负起保护的责任，就意味着它事实上对遗产的放弃。

遗产地经济的发展具有一定的限制性，然而所在的地区经济却必须大力发展。如何能在保护遗产资源的前提下又充分利用它扩大地区知名度，带动地区经济发展，经济部门的空间布局成为关键性问题。遗产区界限外缘的城镇(或个别范围极大的自然遗产地界域以内的部分原有城镇)作为遗产地高级服务中心或基地，而提供的以第三产业为主的部门经济，它们均与旅游业相关，如商业、娱乐、餐饮、旅馆、交通等服务行业，另外也有少量第一产业、第二产业的存在。因此，它主要是遗产地的"服务基地"，旅游服务业收入应该是"门外经济的主要收入"，门外经济没有明确的外围界限，它可能本身就是遗产地的外围保护范围,也可能在保护范围之外。门外经济与门内经济共同构成遗产地域经济,即广义的遗产地经济。

知识链接 11-8

"中国丹霞"切勿过度开发

在2010年成功进入《世界遗产名录》的两处新增世界遗产中,以嵩山少林寺为中心的"天地之中"早就已经声名在外,是中国重要的旅游目的地,也是全球习武之人向往的圣地;而捆绑申遗的"中国丹霞",包括福建泰宁、湖南崀山、广东丹霞山、江西龙虎山、浙江江郎山、贵州赤水等六处,除了丹霞山、龙虎山外,其余几处并非人们熟知的旅游景区。而来自旅行社的说法也证实,湖南崀山、浙江江郎山、贵州赤水三地在广东极少有相关线路产品。

如今,广东的大型旅行社已经开始就这些新增的遗产地设计相关线路产品了,"中国丹霞"捆绑申遗地必定出现游客量大增的局面,旅游开发蕴藏着无穷的潜力和广阔的前景。不过,在荣誉突然降临的时刻,开发会不会过快?太多的案例显示地方政府与投资商追求效益的迫切心情,造成世界遗产遭受严重破坏。中国早就有六处世界遗产被黄牌警告,其中还包括故宫、天坛、丽江古城、布达拉宫等地,而厄瓜多尔的加拉帕戈斯群岛和塞内加尔的尼奥科洛科巴国家公园甚至被列入"濒危世界遗产清单"。过分追逐商业利益往往让世界遗产地"很受伤"。

旅游可以说是促进地方经济发展最直接有效,同时也是最绿色环保的方式之一,但不可避免地,旅游在某种程度上同时也是对资源进行耗损和破坏的因素之一。如何对旅游景区,尤其是有着"世界遗产"名号的、开发和管理尚不是十分完善的景区进行管理和保护则显得更加重要。而从世界遗产景区自身来说,科学的管理和建设必不可少,如基础设施的合理设计开发、建筑材料的环保低碳、经营理念的严谨科学等。任何一处世界遗产地,都是大自然留给我们的宝贵财富,多学习,多考察,在有充分的准备和论证后,再开始适度开发,既能让当地获益,也能实现可持续发展,真正将我们的"世界遗产"完好无损地留给子孙后代。

(资料来源:http://www.dili360.com 2010-08-05.)

11.3.4 世界遗产的真实性和完整性问题

根据北京大学张成渝《〈世界遗产公约〉中两个重要概念的解析与引申》一文的描述,"真实性"概念最早出现于《威尼斯宪章》,之后在欧洲社会逐渐得到广泛认可,当时它主要针对欧洲文物古迹的保护与修复。世界遗产领域内关于"真实性"比较详细的解释见于《奈良真实性文件》。想要多方位地评价文化遗产的真实性,其先决条件是认识和理解遗产产生之初及其随后形成的特征,以及这些特征的意义和信息来源。真实性包括遗产的形式与设计、材料与实质、利用与作用、传统与技术、位置与环境、精神与感受。有关"真实性"详实信息的获得和利用,需要充分地了解一项具体文化遗产独特的艺术、历史、社会和科学层面的价值。文化遗产真实性的保持还在于,不同的文化和社会都包含着特定的形式和手段,它们以有形或无形的方式构成了某项遗产。

"完整性"一词来源于拉丁词根,表示尚未被人扰动过的原初状态。它主要用于评价自然遗产,如原始森林或野生生物区等。完整性原则既保证了世界遗产的价值,同时也为遗产的保护划定了原则性范围。其中自然遗产的完整性应该包括以下七个方面。

第一,自然环境中全部或大多数相关要素。例如,一个"冰期"地区,应包括雪地、冰川、被切割的地貌、沉积物和外来物(如冰槽、冰碛物、先锋植物等);一个火山地区,应包括完整的岩浆系列、全部或大多数种类的火山岩和有代表性的喷发物。

第二,足够大的范围,并且包括必要的自然环境。对于景点所包含的生态系统和生物多样性的长期保存过程来说,这些过程中的许多关键性方面是必不可少的。例如,一个热带雨林地区应包括一定数量的海平面以上的生物变种、地形和土壤类型的变化、斑块系统和自然再生的斑块。同样,一个珊瑚礁应包括诸如海草、红树林或其他调节珊瑚礁养分和沉积物输入的邻近的生态系统。

第三,突出的美学价值,并且包括那些对于保持区域美学价值必不可少的相关地区。例如,一个风景价值依托于瀑布的自然遗产,应包括邻近的集水区和下游地区,这些区域是对保持遗产美学质量整体上的联系。

第四,那些维持生物的地区或生态系统内绝大多数动物和植物物种特征的栖息地,应被考虑包含在内。

第五,应该具有一个管理计划。当向世界遗产委员会提名一个景点时,没有辅之以管理计划的出台,则成员国有责任说明何时提出类似计划,如何准备和贯彻实施该计划。成员国也要提供其他资料(如行动计划),直至完成对此管理计划的实施工作为止。

第六,应该有足够长期的法律、规则和制度保护。

第七,根据近期召开的生物多样性保护大会的定义,生物多样性是指保证各种陆生、水生、海洋生的生物有机体的多样性,包括各种门类动植物、生物圈的多样性。越是那些具有生物多样性的景点对生物多样性的保护越有利。

本章小结

本章主要介绍了旅游跨文化交流对于异地尤其是国际间的旅游服务具有重要的意义;理解旅游文化的"原真性"对于旅游文化的开发与利用意义重大;旅游者希望在一定程度上体验文化冲击;世界遗产旅游文化的保护与利用是旅游业的一大课题。

关键术语

旅游跨文化交流、旅游文化的真实性冲突、文化冲击、世界遗产旅游文化、遗产经营管理

习题

一、填空题

旅游跨文化交流受_____、_____因素的影响。

二、简答题

1. 旅游者对异地文化会产生什么心理？
2. 旅游跨文化交流需要跨越哪些障碍？
3. 如何利用文化冲击进行旅游开发？
4. 如何促进遗产旅游文化的可持续发展？

三、名词解释

旅游跨文化交流、世界遗产旅游文化

四、案例分析

中国人留学应该学习什么？

小布什在学生时代曾到中国骑自行车到处走走看看，他所记忆的也都是些市井小事，但这个"小人物"竟当了两届美国总统，这让我们看到美国是如何培养其本阶级接班人的。西方贵族和上流社会都有一套培养接班人的方法，尽管不一定对所有人灵验，却也起到了影响并引领社会的作用。不论是英国王子的军旅生活，还是美国总统孩子的社区义工活动，都离不开培养孩子公民荣誉感的内容，勇敢、公正、仁爱、正直这些都是最基本的原则，这些原则贯穿于西方上流社会和名校的学习和生活之中，并没有任何内容与目的自相矛盾的地方。也许有人说西方教育中的自由主义和基督教教义有矛盾，其实不然，基督教的新教改革运动本身就是自由主义的先导运动，两者有必然的联系互动。

（资料来源：http://blog.sina.com.cn/s/blog_8864a80d010zlmn.html.）

问题：

如何理解和评价西方的文化教育？

第12章 旅游文化的发展趋势

教学目标

通过本章学习，学习者应掌握旅游休闲与体验文化、旅游生态文化的概念，了解旅游文化的未来趋势，掌握和运用旅游生态文化的开发原则。

教学要求

知识要点	能力要求	相关知识
旅游休闲与体验文化	能够简单设计休闲与体验类的旅游产品	旅游休闲文化、旅游体验文化
旅游生态文化	掌握和运用旅游生态文化的开发原则	旅游生态文化的概念、特点，生态文化旅游资源的保护和利用
旅游文化的未来趋势	了解旅游文化的未来趋势	旅游文化研究的特点、旅游文化的未来趋势

导入案例

水墨扬州 闹中取静

一个休养的机会让我在这个立冬时节踏上了赶往扬州的旅途。到了扬州才蓦然感到江北正是深秋。满眼的红叶与金黄的银杏让人陶醉。

扬州是一座名副其实的历史文化名城，从隋炀帝开凿京杭大运河到晚清的盐商，便捷的漕运不但使得扬州成为文人墨客聚集的地方，也让扬州富甲一方，成为了全国的经济中心。现在的扬州已没有过去的繁华，倒是显得闹中取静，优雅自在。人们总是说江南小桥流水，风景如画，但我看扬州更为细腻，随处那么一望就是一处水墨写意。古老的街道、普通的民房在老城随处可见，透过斑驳的院墙，似乎可以触摸到旧时扬州的生活。朱自清故居就坐落在如今的东关古街，和普通民房一样，简单、幽静。

扬州的古迹繁多，星罗棋布，如史可法纪念馆的衣冠冢、唐城遗址、乾隆皇帝的御码头、汉陵苑、东关古渡、普哈丁园等。扬州最富名气的当属瘦西湖和大明寺。唐代诗人徐凝的一句"天下三分明月夜，二分无赖是扬州"的诗句让古扬州名扬天下。烟雨桥、五龙亭那可是必去的。大明寺因鉴真大师从扬州东渡广传佛道和技术而闻名，如今的日本对鉴真大师的崇敬倒是胜过了国人，很值得深思。

说到扬州，盐商就不可不提。因为在晚清，他们扼住了盐的经营权，形成了官商的格局。通过运河漕运，盐商把大量的银子轻松地装进了腰包，开始大兴土木，修建家园，形成了现在独有的园林。如今要体会就得从他们的宅院中寻找当年的影子了。

踏上家乡的站台,已是银装素裹。扬州却是永远留在了记忆之中,辗转反复的梦中依稀就在扬州。

(资料来源:http://travel.dili360.com/zbx/2011/112421101.shtml.)

问题:

作为一个历史文化名城,扬州对于居民和游客的价值主要在哪里?

当前中国经济仍然处于转型期。由生存型、生产型向发展型、消费型社会转轨的矛盾和挑战不断涌现,经济的快速发展和社会的现代化转型,脑力劳动构成比例的逐步扩大,以及生产方式、生活方式的快节奏变化,使国民健康状况更加堪忧。随着经济社会的发展、休假制度的调整,休闲与体验已成为一种重要的生活方式和消费形式,人们更向往原真的、淳朴的生态文化。

12.1 休闲与体验文化

12.1.1 旅游休闲文化

目前,国内外学者从不同的视角对休闲进行了诠释。从闲暇时间的角度,将休闲定义为人们在自由时间里的行为活动;从活动方式角度,将休闲定义为没有压力的自愿行为;从心理状态角度,将休闲定义为具有无拘束的自由特征的追求心灵舒畅和精神解脱的状态。实质上,休闲是指人们为了调节和愉悦身心或自我发展的需要,利用闲暇时间在本地或异地自愿从事的各种活动,是人们在精神、心理、文化方面从事的一种高层次需求类型与活动方式。

旅游与休闲紧密相连,互为载体,旅游是休闲的形式,休闲是旅游的归宿。人们通过旅游这种休闲形式使身心得到放松,体力得到补充,从而有更多的精力投入工作之中。因而旅游成为重要的休闲方式。休闲旅游在旅游的同时,还能让心灵得到放松。它与其他旅游不同之处在于,一"动"一"静",一"行"一"居",一"累"一"闲",它是在旅游者占据了较多的闲暇时间和可自由支配的经济收入,旅游地有了一定服务设施条件下而逐渐形成的,是旅游得以丰富发展的产物。

科院课题组将休闲活动划分为消遣旅游类休闲、文化娱乐类休闲、体育健身类休闲、怡情养性类休闲、社会交往类休闲和其他休闲等六大类,以前三者为主,同时结合其他领域的休闲消费,初步估算,2009年中国居民休闲消费最核心部分约为1.7万亿元,相当于社会消费品零售总额的13.56%,相当于GDP的5.07%。随着人们出游频率的增加和出游经验的积累及信息化的普及,自驾游、自助游、房车游等各种新兴的、休闲性质的出游方式层出不穷。"这种随意、放松的旅游需求,是国民休闲意识在旅游市场的最佳体现。"在休闲趋势的引领下,近年来邮轮旅游、城市休闲综合体等新兴旅游产业模式和形态大量涌现,为旅游业注入新的活力。即使乡村旅游等传统旅游形式,也呈现出多种业态、多元发展的格局。

休闲产业是新千年全球经济发展的五大推动力之一。到2015年,发达国家将全面进入

"休闲时代"。作为发展中国家,中国的这一趋势也已显现。行将到来的休闲时代,对一些传统意义上的旅游城市的整体发展和形象定位,提出了更高的要求。正是在这一大背景之下,我们欣喜地发现视野中开始多了一道新的景观:成都先声夺人:大凡到过成都的人,都会折服于这座城市的悠闲和与众不同:茶馆、麻将、龙门阵、川剧变脸、火锅、夫妻肺片、樟茶鸭子、老街道、老房子、擦皮鞋的、掏耳朵的、卖豆花的……吃喝玩乐,如此最大化地普及到城市的每一个角落,并极其和谐地荡漾开来,不由令人感慨。成都的休闲历史由来已久。这里号称"天府之国",蜀汉文化源远流长,物产丰饶,气候宜人,历史上既无饥馑之灾又少战乱之苦。因此,生于斯长于斯的成都人养成了享受自然、享受文化、享受人生的生活习惯。"四川"(川菜、川酒、川茶、川戏),"两蜀"(蜀锦、蜀绣),名小吃,摆龙门阵,打麻将,郊野旅游……五花八门,令人应接不暇。多姿多彩的方式造就了浓郁的休闲氛围,成都市休闲场所的广泛存在,成为成都打造"休闲之都"品牌的一个重要条件。杭州快招出手:因其得天独厚的旅游资源和良渚文化、吴越文化及南宋文化等历史文化的沉淀,而成为中国著名风景旅游城市,享有"天堂"美誉的杭州市,也在不断寻找和刷新自己的城市特色。在成都发出"打造中国休闲之都"的呼声后不久,杭州市也爆出了一个令业界为之一震的新闻——申办2006年世界休闲博览会,树立杭州"世界休闲之都"的新形象。

知识链接12-1

休闲的分类

休闲分为积极性休闲和消极性休闲。积极性休闲主要有娱乐、健身、交际、学习等活动,消极性休闲有黄、赌、毒等不健康、不文明甚至犯罪的活动。通过积极性休闲有利于达到培养情趣和美感、陶冶情操、增强体质、沟通思想、彼此增进了解和友谊的目的,而消极性休闲是害人害己的自我放纵、蓄意破坏、违法犯罪的活动。

知识链接12-2

传统的休闲文化分类

传统的休闲文化分类如下。

第一类是贵族式的休闲,主要体现是宫廷卷。中国这种贵族化的休闲文化传统现在已经完全断代了。欧洲虽然也经历了大革命,经历了工业化,一直经历到现代化,但是欧洲那种贵族化的文化传统一直到现在,而且成为西方休闲文化的高端。

第二类是琴棋书画,就是世代的休闲文化。世代的休闲文化代表了社会的一种品牌,代表了一种优雅,代表了一种品味。未来如果有一个文化的复兴运动,那个时候琴棋书画又会重新起来,大家可以重新来体味传统的世代休闲文化。

第三类是市井的休闲文化,如斗蛐蛐、听评书这一套东西,这是老百姓的文化。这些老百姓的文化具有强大的生命力,因为这是本土生根生出来的东西,一直到现在还在延续,只不过表现形式有所变。

知识链接 12—3

国内的休闲农业分类

按照功能进行划分，国内的休闲农业可以分为观赏型、品尝型、购物型、参与型、娱乐型、疗养型、科普型、会展型、节庆型。按照生态环境划分，裴红罗将休闲农业划分为水域型、山地型、平原型等类型。休闲农业是随着城镇化、都市化的发展，农业与旅游业相结合，集观光采摘、科技示范、休闲度假和农业教育于一身的特殊农业形态。在目前的经济状况和人们可支配收入的情况下，休闲农业对社区和人民生活质量有着极大的影响，休闲农业既可以观光，又能够休闲和度假，反映了旅游产业结构较为合理的一种状态。

12.1.2 旅游体验文化

1. 旅游体验文化的定义

人们常常把外界事物、情境所引起的内心感受、体味或亲身的经历称为"体验"，亦即以身体之，以心验之，其实质是，当一个人的情绪、体力、智力甚至是精神到某一特定水平时，在其意识中所产生的美好感觉。谢彦君在《旅游体验——旅游世界的硬核》一文中指出：体验一定是融汇到过程当中并且与外物达到契合的内心世界的直接感受和顿悟。

国外旅游体验较早，起初是美国心理学家克森特米哈依于1990年发表了《畅：最佳体验的心理学》一书。该书从心理学休闲研究角度出发，认为旅游就是异地体验，旅游产品和服务的最终目的就是为游客创造体验的全过程。随后，众多学者从不同角度对旅游体验进行了更深入研究，如旅游体验的动态模型、旅游体验营销、旅游体验产品开发，等等。旅游本质上是一种差异化文化体验，这种差异包括地理位置、文化、风俗、物质等，这些差异化是吸引游客前去旅游的主要动机。

旅游体验文化目前已经成为旅游研究中最令人关注和兴奋的领域之一。旅游体验是旅游者对旅游的参与和体会过程。从管理学和营销学的视角看，旅游体验是指游客的满意度。旅游体验是旅游者对旅游世界中客观存在和现象的体验行为，是一项以追求旅游愉悦为目标的综合性审美实践活动。旅游体验的内容十分丰富，不但包括以获取新知识、接触新事物为目标的知识体验，以及以某些技能得到提高为目的的实践体验，还包括情感体验。其中，情感体验贯穿于整个旅游体验过程中，是旅游体验最核心的内容之一。

旅游体验的本质实际上是旅游者在旅游过程中对旅游体验对象的感受和顿悟，其结果是获得了感受和顿悟。当然，感受并不一定都是美好的，顿悟也不一定都能使人愉悦。追求快乐的体验是每位游客的终极目标，但目标毕竟不是真正的实际感受，而是一种期望。因此，不宜在"感受与顿悟"之前加上"美好"等快乐色彩的形容词。

例如，以沙漠旅游为例。沙漠之旅是艰苦的穿越。灼热的太阳烤得沙漠表面滚烫，热浪扑面。驴友戏称是在沙漠里洗桑拿。在沙漠里行走，与走平路和山路有很大的区别，远观沙漠，地势平缓，似乎一览无余；走进沙漠，才知地形复杂，沟壑遍地，坡谷相连。很多的沙梁是走一步退半步，加上驴友们都是背包负重前行，每走一步，都要把脚从沙窝中拔出来，体力和水分消耗是在平地上行走的数倍。沙漠一般被世人看作"死亡之海"，是生命的禁地。如果以为沙漠中只是一片地表荒凉、一种色彩的单调，那就错了。当人们走入这片沙漠中时，感觉这里并不是被生命遗忘的家园。这里有梭梭林、野刺棘、红柳、沙拐枣、麻黄等植物，还有黄羊、野兔、四脚蛇、狐狸、鸟类等动物，它们成为沙漠生机的点缀。尽管成片的沙丘与零落的枯草、裸露的根须，在阳光的直射下寂静无声，似乎隔绝了生与死的时空，但是，不时看到的泛着绿荫的一簇簇梭梭树、被脚步惊动的四脚蛇、偶尔从天空掠过的小鸟，把我们从空旷枯寂的时光中拉回来，让人们觉得这里充满着神秘色彩。人们可以感悟到时间如沙漏一般，一去不复返，日子也不会从头再来，生命里不该充满遗憾，明天并非该伸手就会来，也不会永远都在等待，珍惜每一个现在，无愧地拥有，我们别无选择。沙漠穿越是艰苦的人生历练，艰苦的环境更能考验一个人的意志品质、忍耐力和团结协作精神。沙漠掠影如图12.1所示。

图 12.1　沙漠掠影

旅游体验文化以旅游体验为核心。旅游体验文化是旅游参与者创造的。旅游参与者主要是指现实的旅游者，不包括潜在的旅游者。现代旅游是集"食、住、行、游、购、娱、健、闲、体"九位一体的产业，就是说在传统旅游产业六环节的基础上，增加健、闲、体的新环节和新内容。

2．旅游体验文化的结构

如果把旅游体验文化看作一个动态过程与结果，其内在结构应该包括三个部分：旅游体验的心理、行为与产品。

旅游体验心理也是旅游者旅游心理的核心，在旅游体验文化中，旅游体验心理处于灵魂地位。旅游体验心理包括旅游体验的需要、旅游体验的动机、旅游体验的期望、旅游体验的知觉、旅游体验的想象、旅游体验的理解、旅游体验的兴趣、旅游体验的态度、旅游体验的情绪、旅游体验的情感、旅游体验的意志、旅游体验的满意度等。

旅游体验行为是旅游者旅游体验心理的外化，是旅游体活动的标志。在旅游体验文化中，旅游体验行为从体验行为的对象看，包括对旅游景观的体验行为、对旅游服务的体验行为、对旅游环境的体验行为等；从体验的环节看，包括旅游交通体验行为、旅游饮食体验行为、旅游住宿体验行为、旅游游览体验行为、旅游购物体验行为、旅游娱乐体验行为等。

旅游体验产品是旅游体验心理与体验行为的结晶。旅游体验产品丰富多样，按具体形式划分，旅游体验产品可分为文学、艺术、史哲、科技、猎物、果菜、草木、贝石、水土诸类。旅游体验产品是旅游心理与行为的物化形态，其外壳固然表现为物质形式，但其内核大都是观念性的。

3．旅游体验的途径

旅游体验可以分成娱乐体验、教育体验、逃避体验、审美体验、移情体验五个方面。

娱乐体验是通过旅游者参与各类活动而获得精神和身体刺激后的愉悦体验，如穿越沙漠峡谷、攀岩滑翔、滑冰滑雪、沙漠汽车拉力赛等。

教育体验在旅游中一般表现为无意识学习，属于伴随体验。例如，不到敕勒川，难以想象"风吹草低见牛羊"的壮美景象；不站在地形比敦煌绿洲高近百米的莫高窟，难以准确领略"大漠孤烟直，长河落日圆"的恢宏、苍凉的意境。

逃避体验主要表现在时空范围上。特色旅游地点通常是远离城市的边、荒、险地区和少数民族聚居地，无论是因主动的逃避还是被动的吸引而离开城市，人们都可以真正远离快节奏的生活环境，在特殊环境中获得一份宁静的体会。

审美体验是旅游者最主要的愉悦身心的体验之一。例如，浩瀚的草原、粗犷的戈壁、变幻莫测的雅丹地貌、充满凄美与哲思的胡杨林等，都会给旅游者带来对美的认识和感受。

移情体验是在某些历史场景或影视中的画面、故事、人物等的发生地点得到印证时产生的快乐，也包括向亲朋好友或同事炫耀时的满足感。

从旅游目的地的角度看，虽然类型不同，可能呈现的体验类型不同，但是一个成功的旅游目的地应该使旅游者能够进来、停下、参与、习得。

4．旅游体验的要求

(1) 旅游体验在体验过程中，需要通过体验环境的改进来加以强化。从旅游体验的角度看，以下这些要求都分别有所表现，体验基础的主题化可以体现在主题公园、主题景区、主题城镇、主题线路、主题饭店、主题餐饮、主题购物、主题娱乐等方面；尤其是旅游目的地购物品的开发是实践体验社会化最好、最常见的方式之一；突出利用视觉、听觉触觉、味觉、嗅觉等感官元素及嗅觉等综合感知元素倡导旅游目的地体验规划，则无疑是实践了"有效的感官刺激能使人们对体验更加难以忘怀"的要求；旅游目的地和景区应该通过提供完备解说系统的途径，向旅游者有效介绍理解、体悟目的地和景区的"线索"；同时这些线索和素材要放在一个设计的场景中加以展现，使之能够有效活化，旅游者也就能够通过角色代入和体验代入来有效地体验目的地或景区。

(2) 体验旅游产品开发原则。第一，主题鲜明原则。对于任何载体的开发设计都应该有其主题。主题是体验的基础，是体验的灵魂。体验式旅游产品的设计首先要以一个旅游者的眼光、心态去筛选和确定一个明确的有特色的主题，画龙点睛，主题鲜明，从而更能吸引旅游者的注意。第二，个体差异性原则。差异性所要表达的内涵即"人无我有，人有

我优，人有我特"，在旅游业这样一个竞争激烈的行业，谁做到了"独树一帜"，谁就能够吸引旅游消费者的眼球，激起旅游消费者的消费动机，那么就等于成功了一半。体验经济背景下，差异性更是增强旅游景区竞争力的关键要素。由于旅游产品体验效用具有递减规律，所以在保持差异性同时还要不断创新旅游产品内容，在围绕大的历史文化主题不变的基础上，可以从不同侧面更新内容。第三，参与互动性原则。在旅游过程中，互动性的参与可使游客更加切身地去感受和体会自然资源与人文资源的内在奥秘，使旅游消费者获得深刻的回忆。参与性越强，旅游消费者的体验性越强，那么体验效果就越好。第四，开发与保护相结合原则。西安旅游产品体验化开发应在保护旅游资源真实性的基础上进行，不能破坏其原真性。在体验化设计的过程中，也要秉承保护性的原则，使它在开发过程中不被破坏。第五，体验整体性原则。西安体验旅游是一个完整的体验过程，包括旅游前、旅游中和旅游后，只有这样才是一个完整的旅游体验过程。旅游过程中的食、住、行、游、购、娱任何一个环节出问题，都会使游客不满意，从而影响整个旅游进程。

12.1.3 旅游体验文化的符号学研究

旅游是一种符号化的过程。旅游之所以具有强烈的吸引力和号召力，很大程度上在于旅游本身的符号感知意义。旅游体验就带有鲜明的符号意义。对于符号态度而言，在审美过程中，积极的旅游者会去联想和理解符号的文化内涵；而消极的旅游者则只对符号进行简单的对号辨认。若游客对符号的形式和意义都能理解，不存在符号盲点，则说明他的符号审美能力较强。

不同类型旅游者的符号感知存在一定差异。这与游客的知识水平、文化背景及旅游经验都息息相关。"读书好耕田好学好更好，创业难守成难知难不难"的对联充分反映了徽商强烈要求提高自己政治地位的欲望和平民思想。

例如，西递、宏村的文化内涵：丰富的楹联文化。徽州楹联多分为祠堂楹联和民居楹联，而在世界文化遗产地之一的西递、宏村，无数保护完好的楹联更是给游人留下了深刻的印象。与民居、牌坊一起被誉为徽派建筑"三绝"之一的祠堂，是封建宗族祭祀祖宗先贤的庙堂。在古徽州，聚族而居既是一种非常普遍的风俗，也是当时社会生活的需要。村子当中建有各式各样的宗祠、支祠和家祠等。祠堂的门户、享厅等处悬挂有无数的楹联，这些楹联内容主要是缅怀祖先功德，教育后生有所作为，是珍贵的旅游资源。"粉墙黛瓦马头墙，肥梁瘦柱中天井"，房屋依水而建，砖雕、木雕、石雕工艺处处体现了古代艺人的精湛技术。特别是那种"快乐每从辛苦得，便宜多自吃亏来"、"耕读持家"等如何待人处世的原则，使游客充分了解了徽商如何做人做事。

知识链接 12-4

佛祖诞生地

公元前 623 年，佛祖释迦牟尼诞生于古印度迦毗罗卫国，也就是今天尼泊尔境内的小镇蓝毗尼。从加德满都一路南行，翻越 5 个多小时的山路，爬过一座山头，山脉戛然而止，眼前一望无际的平原延展到天边，这样界限分明的景观我还是头一次见到。我们到了南部地带的特莱平原，蓝毗尼就位于这个平原上。

蓝毗尼在梵文中是"可爱"的意思，这里原为古天臂国善觉王夫人蓝毗尼的花园，因此而得名。今天的蓝毗尼是个宁静安详的热带小村庄，绿树成荫，景色秀美。

佛祖的众多遗迹集中在蓝毗尼花园中。走进花园，沿着一条林荫小径穿行片刻，便看见一座白色的方形建筑，这是摩诃摩耶夫人庙。摩诃摩耶夫人是迦毗罗卫国净饭王的妻子，相传公元前 623 年四月初八，她在回娘家的路上途经蓝毗尼花园，走到一棵菩提树下，她伸手去摘低垂的树枝，突然间王子从右腋降生下来，他就是后来的佛教始祖释迦牟尼。

记得曾在佛学书中看到，佛祖释迦牟尼弘扬佛法时不提倡偶像崇拜，我想，这里大概最接近佛祖时代的风尚。

悉达多王子自幼在王宫中过着锦衣玉食的生活，笙歌盈耳，觥筹交错，人间的忧虑烦恼、生老病死他从未见过。成年后，一次偶然的出游让他有机会一睹严酷的现实。他在途中遇到奄奄一息的老人、病入膏肓的患者、待葬的死者、贫苦的僧人，年轻的王子幡然醒悟生老病死、循环往复带来的苦难，自此开始刻苦修行，以求解脱之道。

如今，摩诃摩耶夫人庙周围遍布着许多石砌的讲坛，据说就是当年佛陀讲经布道的佛坛。

红衣僧人提着音响、拿着话筒，端坐在树下的高台上，经过一阵短暂的讲述后，开始诵经，紧接着穿着白衣的人们也随声附和起来。

一阵清风拂过，菩提树叶沙沙作响，白色的长袍时而被清风扬起一角，修行的人们闭上眼睛、双手合十开始祈祷，我好奇地想，此刻他们心里在想什么呢？是在向佛祖诉说自己苦难的人生，是诵佛经让六根清净，还是能做到"一切皆空"？

可能，一千个人就有一千种与佛祖交流的方式，佛门万千，但殊途同归。此刻，我也闭上眼睛，刚才那段清净自在的诵经声重新浮现在心中，仿佛真的回到了一千多年前那个古风的时代。

（资料来源：http://mobile.dili360.com/tpgs/2011/09131356.shtml.）

12.1.4　旅游体验视野下的经营理念

企业在景物塑造、项目设计和旅游经营中，将更多的注意力放在增强旅游景观和项目的可感知性、可理解性和可参与性之上，这是促进企业持续成长的法宝。

所谓可感知性、可理解性是对景区景点的规划设计而言的。在目前已开发的各类景观中，自然风景有大美而不言，是易感知和可理解的一类旅游景点。相比较而言，文物古迹类旅游资源的可感知性和可理解性较差，多需要有较为丰富的历史知识和专业背景，这也是这类景观客流量较少、游客参与性较差的重要原因。然而，中国历史悠久、各类文化遗迹类资源丰富，是中国旅游开发的优势资源和特色所在。普通旅游者要读懂其真实含义，了解其历史文化价值绝非易事。如何提高其可读性和可感知性，可采用声光电等现代技术，完善其全方位的解释系统，才能吸引广大青年旅游者，并取得较好的效果。

所谓参与性是对项目开发和过程设计而言的。在生活中体验生活，全身心地参与是体验产生和获取的关键。民俗旅游要注意其参与性，如西班牙的奔牛节、巴西的狂欢节、蒙古族的那达慕、傣族的泼水节参与性都很强；自然景观的许多项目，如跑马、垂钓、划船、漂流、野营、自炊、狩猎、采摘等，均是全身心参与的旅游体验项目。"眼看不如手干，只观不做非旅游"，身临其境，亲自实践，才能获得参与的真实和体验的满足。

知识链接 12-5

保护性体验旅游开发——以西安为例

西安是中国的千年古都,世界著名的历史文化名城,其旅游资源以文物古迹为主,包括古遗址、古建筑、古墓葬等。据马耀峰教授最新完成的"陕西旅游资源单体调查",西安共有各类遗址遗迹资源单体 439 个。其中,五级以上的资源单体 54 个,三级以上的资源单体 191 个。这类资源的最大特点是时过境迁,昔日的建筑地物早已消失,留下的多为残垣碎瓦,虽具有重大的历史文化价值,但作为旅游业开发利用却存在体验上的"障碍",旅游学界戏称其为:"有说头,少看头,没玩头"。作为人们观光、休闲、娱乐的生活活动,文物遗迹旅游应尽可能避免将"荒地麦田"作为遗址,"破砖碎瓦"作为文物,"口述历史"讲辉煌。由于这类旅游资源的视觉效果较差,可感知性和可参与性不强,一般较难于获得较好的旅游效果,表现为到访的游客少、重游率更低。

为了营造良好的旅游体验,增强其可感知性、可理解性和可参与性,西安的文物古迹旅游需在景点塑造和项目开发上改弦更张,通过局部复原、改建重建、模型展示、虚拟再现等手段,将旅游体验主题化、可视化和舞台化,以普通游客可感知的方式强化主题,重视对游客感官的刺激和心灵的震撼,淘汰旅游体验上的消极印象,并提供具有特殊意义的参与活动和纪念品,才能提高体验等级、增强体验效果。西安含元殿遗址的修复和环境整治,为遗迹旅游资源的开发提供了新的模式,通过周围居民搬迁和广场围合,展示了昔日含元殿的景观轮廓;基台高筑、石柱础排列及局部重建,给游客以大殿规模宏伟的空间想象;而走进地下展厅,参观唐代长安城、大明宫和含元殿复原模型及考古发现和文物展览,不仅是重大的视觉感受,更是精神和心灵的震撼。

西安大唐芙蓉园的开发,是将历史文化资源开发打造为体验旅游产品的一个成功范例。该园的策划建设深度挖掘盛唐的文化内涵,贯彻体验旅游营销理念,以历史文献提供的资料为依据,运用现代高科技手段,精心仿造再现了大唐皇家园林,划分出中轴、西翼、东翼、环湖四大景区和 12 个主题小区,以功能各异、造型精美的建筑和项目设计,全方位展示盛唐社会经济、建筑文化风貌,囊括了科举、女性、诗歌、宗教、帝王、饮食、智乐、外交、民间和歌舞等 12 个展区,被誉为"五感"(视觉、听觉、嗅觉、味觉、触觉)公园。进入各个主题小区,可以领略科举文化、女性文化、诗歌文化、宗教文化、帝王文化、饮食文化、智乐文化、外交文化、民间文化和歌舞表演,等等,让游客穿越时空"隧道"经历了体验至深的盛唐文化之旅。

12.2 旅游生态文化与可持续发展

12.2.1 旅游生态文化的概念

人与自然的和谐相处是旅游生态文化的永恒主题。旅游生态文化,基础是生态,重点在文化。人们普遍认识到生态环境是旅游业赖以生存和发展的基础。在生态旅游开发的实践中，丰富多样的生态旅游面临着一系列的问题。生态旅游的开发设计、经营管理和服务消费等都需体现对资源及环境的保护，对旅游者也应提出保护生态环境的责任。

1. 生态文化

生态文化是人与自然和谐相处、协同发展的文化，是伴随着经济社会发展的历史进程形成的新的文化形态。生态文化以人与自然的关系及其相互作用为研究对象。生态文化是人们根据生态关系的需要和可能，最优化的解决人与自然关系问题所反映出来的思想、观念、意识的总和。例如，文化唯物论的研究者哈里斯关于印度圣牛的观点，认为印度人不吃牛肉的禁忌是因为在当地牛有供应奶、犁地、负重、运输等多方面的作用。米尔顿认为生态人类学研究能够确定什么样的人类实践对环境有利，人类学有助于我们理解可持续的生活方式所需要的是什么，什么样的文化传统会支持有利于可持续发展的人类行为。生态文化内涵是人类认识环境、改造环境的一门世界观和方法论或自然哲学，是包括人在内的生物与环境之间关系的一门系统科学，是人类塑造环境、模拟自然、巧夺天工的一门工程技术，是人类怡神悦目、修身养性、品味自然、感悟天工的一门自然美学。

2. 旅游生态文化

旅游生态文化是用生态系统价值观看待旅游业发展并创建旅游生态文明，尊重自然，注重人与自然和谐发展的文化。其中心概念是文化生态系统，即在特定的文化地理环境内，一切交互作用的文化体及其环境组成的文化生态系统。旅游生态文化以可持续发展为根本原则，追求的是旅游场域中人与人、人与自然的和谐共生，在此基础上，如何对旅游业进行管理使之符合生态学的要求，如何对旅游产品进行生态性开发等都成为旅游生态文化的研究内容。例如，西藏位于中国西部，全区有一半地区属于荒漠、石山或永久性冰川，旅游景区有很多自然保护区，自然环境恶劣且脆弱，不适当的开发会给生态环境带来影响。旅游业引发的自然生态环境破坏问题日益突出，已经出现一系列破坏的问题，到处可见的垃圾和废品对脆弱的生态环境造成不可挽回的破坏和损失。从生态文化的视野看，人类与其生境相互适应，将文化播种于其生长的土壤之上精心耕耘，它才能生生不息。

知识链接 12—6

传统民居：各有各的道理

说到民居分类，无论是"中国传统民居"系列邮票的四大类二十一种，还是各种民居书籍中所做的五大系、九种、十三类、十八项，任何一种分类法都不能涵盖全部民居样式。中国传统民居的宜居和丰富，不仅反映了其蕴涵的文化理念、审美特点、技术水平、社会认同，还体现在它顺应环境、因地制宜，因此中国传统民居的特点就在于其建造各有各的道理。

1. 光长石头不长草，石头压瓦吹不跑

"石头城"是外地人给平潭县城起的别称。福建省福州市平潭县在一个海岛上，限于"光长石头不长草"、多风少树的海岛环境，而岛上花岗岩资源又特别丰富，平潭人就地取材，建起了密密麻麻的石头房、石围墙、石头路、石头井、石猪圈。为了防止台风将房瓦吹跑，他们还将屋顶的每一片瓦都用石头压住，真是靠山吃山，靠着石头用石头。

第12章 旅游文化的发展趋势

2. 眼观六路耳听八方，居高临下安全第一

明代，在广东省的新会、台山、恩平、新兴四县之间，有一块"四不管"之地，这里土匪猖獗、台风频发、洪涝严重，当地民众被迫修建碉楼以求自保。后来，这里设县取名开平，开平碉楼也由此得名。在匪风炽盛的日子里，开平的父老乡亲和华侨纷纷集资，在村中兴建起了这些中西合璧的碉楼。其高楼、厚墙、铁栅、角堡等建筑特征，则都是出于安全考虑：楼高，便于居高临下地防御；墙厚，不怕匪盗凿墙或火攻；窗小，并且都有铁栅和窗扇，让敌人难以射击；楼上四角建角堡(俗称"燕子窝")，角堡内设射击孔，可以居高临下地还击进村之敌。

3. 丹巴民居与堡寨，每层功用各不同

在四川省甘孜藏族自治州丹巴县，有一些与古代碉堡相互依存的民居。它们交融穿插，构成一处处寨子，寨子的选址既要顾及防洪避灾，还要互相呼应，做到易守难攻，所以多建在视野开阔、向阳避风的山坡上。

细看其内部建构，每一层都有自己的功用：底层圈养牲畜，二层为客堂、厨房和锅台，三层为居室，顶层设经堂。尤其值得一提的是屋顶，平时一家可以在上面活动，收获季节这里又是晒粮食的地方。在室内，藏族居民连过道都不忘装扮上格桑花，在俗世里活得美丽、满足。丹巴雕房如图12.2所示。

4. 院在地下七八米，冬暖夏凉有阳光

河南省三门峡市陕县的一户剪纸艺人家，人们聚在一起，交流剪纸心得。院子为何在地下？这就是黄土塬地区的一种特有民居——地坑院。建筑时向下挖坑、横向挖洞，构成地下窑洞式住宅。真可谓就地取材、节约能源的典范。而且房间也不昏暗。

图 12.2 丹巴雕房

(资料来源：李秋香. 传统民居：各有各的道理[J]. 中华遗产, 2010(9).)

12.2.2 旅游生态文化的特点

在全球生态环境的恶化引起人类对环境质量普遍关注的背景下，旅游的盲目开发造成的旅游环境衰退等问题正在引发人们对传统旅游方式的反思，人与自然和谐发展的要求使人们对生态文化给予更多的关注。旅游研究的深入使人们认识到生态文化旅游开放与开发问题的重要性。

1. 旅游生态文化的时代性

生态文化存在于历史文化的发展过程中。中国古代蕴藏着丰富的生态文化理念。道家主张"物我为一"的生态伦理理论，先秦儒家都把天看成本源，人是天的派生物，所以从根本上说，人也是天的一部分。但是人与一般事物不同，天生出人，给了人以特殊的秉性和特殊的使命，从而使人成为天的精华之所在和自觉的代表。由于自然环境的差异、历史文化发展的差异，不同的地域、不同的民族生态文化体现了文化的多元性。当旅游的开发使这些文化重新展示在游客面前时，这类新奇而神秘的文化成为吸引游客的旅游资源。例如，"世界屋脊"——青藏高原的地理环境和封闭的几乎完全自给自足的农牧经济，使藏族人的生活习俗与高原之外的现代人有着很大的距离，许多自然的和人文的旅游资源保留了原始的外部特征和内涵。实际距离、文化距离和感知距离的产生，使西藏的生态文化具有了观赏价值。在生态文化的旅游开放与开发的过程中，人们发现越是自然、越是古朴的生态文化，越具有吸引力，越具有旅游价值。原生态文化透视出人与自然的和谐，人与人之间的亲密无间，而这些正是都市人群向往和追求的。图12.3 所示为美国纽约州以色佳生态村。

图 12.3　美国纽约州以色佳生态村

2. 旅游生态文化的民族性

中国是一个包括 56 个民族在内的多民族国家。在历史的长河中，中国各民族都在以各自特殊的方式与自身所处的自然环境进行着对话。中国少数民族积累了在生产、生活、制度、宗教诸领域中的生态文化，形成了朴素而深邃的生态伦理观，在发展中不断发扬中国少数民族生态观中的优秀传统。例如，"我们有茂密的原始森林、非常干净的河流、一年四季都盛开的鲜花，更重要的是我们民族特殊的风土人情，这在其他地方是看不到的。"朴实的语言，反映了西藏人对生态文化的民族认同心理。民族文化的差异势必要贯穿于整个旅游的全过程，这就导致旅游生态文化的开发要注意其民族性。西藏用牛粪装修的豪华藏餐馆如图 12.4 所示。

图 12.4　西藏用牛粪装修的豪华藏餐馆

3．旅游生态文化的区域性

旅游生态文化的区域性表现的是其地域性的特点。生态文化的地域性具体表现在自然生态环境、生产方式、生活方式、方言、服饰、饮食、民居、婚嫁习俗等各个方面。在一个地域文化的生成环境中，自然条件和社会文化背景都具有地域性特质，使得当地社会群体在形成和发展过程中具有明显的地区差别。例如，西藏奇特的自然景观、优美的生态环境、独具特色的寺庙古镇、浓郁的民族风情、举世闻名的珠穆朗玛峰、世界第一大峡谷雅鲁藏布大峡谷、令人神往的神山圣湖、雄伟壮观的布达拉宫、风格独特的寺庙建筑、历史悠久的文化艺术、别具一格的民俗风情、珍贵奇异的高原动植物，构成了西藏与世界其他任何地方迥然不同的旅游生态文化。而傣族的水田稻作农耕、村寨聚落建制、勐文化的拓展等都依赖于生态环境。这一切决定了傣族文化的生态本质，也决定了在能动地适应生态环境的过程中，傣族的生态文化是绚烂多彩的。云南红河哈尼族彝族自治州梯田如图 12.5 所示。

图 12.5　哈尼梯田

文化求异是重要的旅游动机，生态文化旅游产品只有具有地域特色才会有吸引力。西藏生态文化旅游产品今后开发的方向应该是：第一，以宫殿、神山、寺庙、宗教节日、宗教活动、宗教工艺品为依托，积极开发宗教文化旅游产品；第二，以高原自然生态、历史文化和宗教文化为依托，积极开发健身保健型、娱乐观光型、探索修学型和寻根朝圣型旅游产品；第三，以藏民族民俗文化为依托，积极开发"歌舞"旅游产品、生活习俗旅游产品；第四，围绕藏民族的生产活动，积极开发藏民族的生产旅游产品，如放牧、骑马、射箭等游客能够亲身参与的农牧民的生产活动；第五，以山峰、草原、地热、温泉及矿泉旅游资源为依托，加强地文景观旅游产品的开发；第六，以西藏生态的多样性为依托，加强藏北草原、藏东原始森林、雅鲁藏布江大峡谷、藏西北羌塘生态区等各类生态旅游产品的开发。

12.2.3 生态文化旅游资源的保护和利用

要实现文化与旅游的深度融合，就要改变仅仅局限于自然景点的观念，从生态文化的深度和广度上寻找能够吸引现代旅游者的要素，寻找旅游发展的契机。特别是民族生态文化旅游资源的开发，有助于民俗文化转化为社会经济效益，有助于旅游目的地经济社会的全面发展，民俗文化的保护、传承和发展，民族生活环境质量的改变，有助于深入挖掘民族民俗文化的内涵。

旅游业的开发对生态文化而言仿佛是一把双刃剑。长期以来，西藏民俗文化的代际传承是建立在特定的少数民族地区生产方式和经济环境之上的，有利于民俗文化保持和体现族群的发展状态。在大规模的旅游业建设面前，由于文化保护措施的缺位，藏民放弃原有生产和生活方式进行搬迁，变身为"表演者"，脱离了民俗文化原有的环境，使其失去了存在和发展的土壤，传统民俗的传承出现断层，甚至消失。因此，生态文化开发的关键是处理好保护与开发的辩证关系。

1. 开发原则

生态系统是生物与环境之间进行能量转换和物质循环的基本功能单位。生态系统有其自身的演替规律，人类旅游因子投入其中后，只要干扰程度不超出其自调节、自适应阈值上限，生态系统就可以保持稳定。旅游开发应合理利用自然生态系统，创造良好的人工生态系统，平衡投入-产出水平，才能发挥系统最佳功能，为人们旅游提供优良的旅游商品和旅游环境，而又不妨碍生态系统的正常运转。例如，"十一"黄金周到来时，各大景区迎来游客接待高峰。为了缓解景区接待压力、维持游客游览秩序，四川省著名风景区九寨沟在2013年"十一"黄金周的10月2日~5日首次实行游客限量分时进沟。而寺庙生态文化由自然生态与人文生态两个部分构成。自然生态是指寺庙与其所在自然环境构成的一种生态关系，有"自然地理取向"与"宗教地理取向"两种形式，从形而下与形而上两方面将寺庙与尘世拉开距离。人文生态是指寺庙与其信众和社会构成的一种生态关系，借助仪式法会、观光朝圣等活动而在神圣与凡俗之间显现活力。寺庙生态文化的基本原则是寺庙旅游开发恪守的底线。

知识链接 12—7

蜈支洲岛生态性开发：每天人流量控制在 8 000 内

蜈支洲岛坐落于三亚市北面的海棠湾内，海域清澈透明，海水能见度 6～27 米，是世界上为数不多的唯一没有礁石或者鹅卵石混杂的海岛，享有"中国第一潜水基地"的美誉。同时，还有 2 000 多种植物，号称"地球植物老寿星"的龙血树，寄生、绞杀等热带植物景观随处可见。

海南旅游业依靠自然条件，遵循生态是非常重要的原则。蜈支洲岛得天独厚的自然环境每年都吸引了大量的游客，但该岛坚持生态性开发，每年都按照一定的指标，将每天的客流量控制在 8 000 人以内。

同时，为了保护蜈支洲岛海中覆盖率达到 73.28%的珊瑚，岛内也对旅客化学物品的使用进行了限制。"岛内酒店生活用品都只提供牙膏、牙刷，洗头洗澡等都用清水。"杨小龙说，即便有的旅客使用了一些化学生活品，但蜈支洲岛的三级污水处理系统能保障海水的清洁，从而保护海洋生物。"这里的海水是我看过的最干净的海水。"中安在线编辑李颖说。

蜈支洲岛的保护渗透到方方面面。"四五年前这里还吃野味，但是现在挪一棵树都要经过审批。"蜈支洲岛餐饮总监陈燕冬说，当早上人流少的时候，蜈支洲岛还能看到梅花鹿来海边饮水。"正是坚持原生态开发，蜈支洲岛旅游人数逐年递增15%。"陈燕冬说。

风景秀美的蜈支洲岛还有另一美誉——情人岛，是年轻情侣拍摄婚纱照的绝佳胜地。2012 年前 8 个月，就吸引了 1 000 对来自全国各地的青年情侣到这里旅游。

(资料来源：谭邦会. 蜈支洲岛生态性开发：每天人流量控制在 8 000 内[J]. 海报，2012.)

2．开发模式

1) 民俗生态文化村

民族生态文化村实行的是在民族生境中对生态文化进行保护性开发。民族生态文化村的意义在于能够保护生态文化，同时为相关产业，如旅游业的发展提供资源。文化生态在旅游的启动下被当地人作为一种资源或旅游产品加以产业化。例如，尼汝藏族村(图 12.6)位于云南省迪庆藏族自治州香格里拉县东部，地处"三江并流"腹地。这里是世界生物多样性最丰富的地区之一，保存着完好的暖温带、温带、寒温带、寒带等多种气候生物群落；这里也是地质多样性最丰富的地区之一，拥有从大地演化的蛇绿岩、枕状溶岩、古生化石至第四纪的地质岩层记录，到内造山带变质变形的冰川雪峰、溶洞河流、喀斯特地貌等种种地质形态；这里还是世界景观多样性最丰富的地区之一，可以看到大山大江并行的横断山区、壮观的雪山冰川、险峻的峡谷激流、开阔的高山草甸、明净的高山湖泊。除了沙漠和海洋景观外，这里几乎汇聚了北半球各类自然景观。拥有如此之多的多样性，尼汝藏族村的生态意义不言而喻。独特的地理环境使这片不足 500 平方千米的土地为人类保存了完美的藏族生态文化。

图 12.6　尼汝藏族村

2) 生态旅游

生态旅游是以吸收自然和文化知识为取向，尽量减少对生态环境的不利影响，确保旅游资源的可持续利用，将生态环境保护与公众教育同促进地方经济社会发展有机结合的旅游活动。旅游地居民是旅游地社会文化的主要组成部分，拥有维护自身良好发展的权利，因此，开展生态旅游必须让当地居民直接参与到管理和服务中。从经济方面，这样的参与使得他们获得丰厚的经济回报，能有效地促进旅游地经济的发展；从社会方面，旅游业在当地的发展与渗透使得当地居民开阔了眼界，提高了素质，可以更快地融入现代文明；从环境方面，当地居民对自然环境的维护与影响比旅游者更为直接。总之，生态旅游的发展使得当地居民在科学、经济、技术上对资源实施保护提供了客观的可能。

中国目前著名的生态旅游景区可以分为以下九大类：山岳生态景区，以五岳、佛教名山、道教名山等处为代表；湖泊生态景区，以长白山天池(图 12.7)、肇庆星湖、青海的青海湖等处为代表；森林生态景区，以吉林长白山、湖北神农架、云南西双版纳热带雨林等地为代表；草原生态景区，以内蒙古呼伦贝尔草原等地为代表；海洋生态景区，以广西北海及海南文昌的红树林海岸等地为代表；观鸟生态景区，以江西鄱阳湖越冬候鸟自然保护区、青海湖鸟岛等地为代表；冰雪生态旅游，以云南丽江玉龙雪山、吉林延边长白山等地为代表；漂流生态景区，以湖北神农架等地为代表；徒步探险生态景区，以西藏珠穆朗玛峰、罗布泊沙漠、雅鲁藏布江大峡谷等地为代表。新疆伊犁河谷秋色如图 12.8 所示。

随着人们生活水平的提高，生态旅游业在迅猛发展的同时也出现了许多问题：一是旅游资源的粗放式开发和盲目利用；二是风景区环境污染严重；三是风景区生态环境系统失调。生态旅游的最终目的，不仅要使旅游业本身得到发展，更重要的是通过这种特殊形式的旅游，使人类从大自然中获取知识，永久、持续地保持全球生态环境原生系统的完整性。因此，生态旅游业也面临可持续发展的问题。生态旅游资源开发利用造成的破坏包括山体破坏、水体破坏、土地破坏、大气污染。

图 12.7　长白山天池

图 12.8　新疆伊犁河谷秋色

中国在生态旅游的规划和教育方面很薄弱，旅游业主要以盈利创收为目的，不少旅游区根本不进行环境影响评价就开始营业。在旅游景点，很少设立宣传生态意识的宣传栏，导游的导游词中也很少触及生态道德教育内容。要顺利开展生态旅游，旅游经营管理者必须对开发和管理地区的生态系统特点非常了解，所有旅游参与者必须具有较高的环境意识，具有生态环境保护的专门知识和正确方法。为此，需要将环境教育和自然知识普及作为生态旅游的核心内容。

3) 文化生态保护实验区

目前全国已设立 12 个国家级文化生态保护区。建立文化生态保护实验区，加强文化生态保护，对于推动非物质文化遗产的整体性保护和传承发展，维护文化生态系统的平衡和完整具有重要意义；对于提高文化自觉，建设中华民族共有精神家园，促进当地经济社会全面协调、可持续发展，培育社会主义核心价值观具有重要意义。例如，自黑龙江省大兴安岭中段开始,沿大兴安岭和嫩江,从西南向东北,一直延伸到大兴安岭西北坡和东北段,然后折向东南,沿伊勒呼里山、小兴安岭和黑龙江,最后到黑龙江、松花江与乌苏里江三江汇合处,这一地带曾是中国唯一的,也是规模最大、最为完整的渔猎文化分布区(带)。寻求民族的民俗文化与旅游开发相结合的途径,推动民族文化自发传承,以发展旅游为保护、传承民族文化的重要手段,通过民族文化的极大差异来满足游客鉴赏文化、体验文化,寻求刺激、放松心理的需求,进而使其在了解认识北方渔猎民族文化的过程中,完成对该民族文化的传播和传承。

知识链接 12-8

藏彝走廊木楞房 森林的恩赐

在被著名社会学家、民族学家费孝通称为"藏彝走廊"的六江区域,曾经遍布着的藏族、羌族、傈僳族、普米族、彝族、纳西族等民族因地制宜的共同选择:木楞房。这种冬暖夏凉,且因其独特的结构而具有较强抗震能力的房屋,世世代代保护着生活在这里的人们。它让人亲近木头,亲近自然,它是大森林赐予人们的珍贵礼物。

受到恩赐的不仅仅是摩梭人。

在川、滇西部及藏东横断山脉的高山峡谷区域,怒江、澜沧江、金沙江、雅砻江、大渡河和岷江六条大江,自北向南奔腾而过,形成了诸多以江水为路径的天然河谷通道。这一区域植被丛生、森林茂密,有人称其为"六江流域",自古以来,众多民族在这里生存繁衍、生生不息。"藏彝走廊"已成为一条绚丽多彩的民族文化长廊。

"云南十八怪,盖房木头垒起来",指的就是木楞房。地方志载:"么些所居,多在半山之中,屋用木板覆之"、"用圆木纵横相架,层而高之,至十尺许,即加椽桁,覆之以板,石压其上"。木楞房也叫木垒墙房、木垒子或木罗子,就是用木头做墙的房子。例如,在兰坪,澜沧江两岸居住的傈僳族人的木楞房,是将直径20厘米左右的松树砍倒干透,然后用斧子修砍成一样粗一样长的六棱柱。再把每根木头的一头砍削成榫,而另一头则被刨出一道细槽,将两边的榫槽对准,分别凿出嵌口,层层上垒,垒到一半时,横架几根圆木,搭上木板就成为上下两层。下面关牲畜,上层住人及放置粮食和其他物品。垒到一定高度时,上搭人字架,顶上铺上杉板或雪山红松板,在板上压些岩石,大风吹不跑,大雨滴不漏。墙体圆木间的缝隙里,则抹上牛粪或泥浆,以避风寒。这种房子不仅就近取用木料,备好料后建造起来也快捷,搬迁时按编号拆装也很方便。

走出木楞房,远眺散布在泸沽湖边摩梭人的村子,它们依偎在格姆女神山旁,穿过绵延无尽的崇山峻岭,碧蓝的泸沽湖闪烁着波光,湖边山坳里被烟熏成棕黑色的木楞房,仿佛是远古的遗迹,和谐地与山林同在。

但是,随着旅游开发的无孔不入,木楞房已越来越少。"开发"这个词,不知给多少地方带来了"厄运"。如今,泸沽湖畔的落水村,早已被一家挨一家的装潢诡异的酒吧、风情园、烧烤店、小商铺、旅店所占满,而山上的树林却一年一年见少,直至几乎无树可砍,要想造一座木楞房,已然变成一种奢望。为了保护树木,政府不得不颁布了一个尴尬的法规,即《云南省宁蒗彝族自治县林业管理条例》,其第二章第十七条明确规定:"禁止城镇、农村居民修建木楞房。泸沽湖风景区需修建木楞房的，由泸沽湖管委会提出计划报县人民政府批准。"曾经，木楞房是森林赠予这里人们的礼物，如今，木楞房与森林，却成了对立面。

(资料来源：海王星. 藏彝走廊木楞房 森林的恩赐[J]. 中华遗产，2011，11.)

12.3 旅游文化的未来发展

12.3.1 旅游文化研究的特点

旅游文化是一个不断发展的动态概念，在不同时空条件下具有不同的内涵。西方在"旅游文化"研究中，把旅游者置于其结构框架的中心位置，以跨文化交流为媒介，研究主客体碰撞产生的各种文化现象。国内大多数学者认为，旅游文化由旅游文化主体、旅游文化客体、旅游文化介体构成。

旅游文化研究是旅游学研究的重要组成部分，也是直接影响中国旅游业能否快速健康发展的关键学术研究领域。上海社会科学院旅游研究中心的王大悟把文化高度概括为遗产性文化和消费性文化两大类。遗产性文化不仅记录了历史，描绘了人类发展的轨迹，同时也指导着当代人更好地走向未来。同时，旅游文化是一种典型的消费性文化，除了对纯自然风光类产品的消费之外，其他所有包括游、行、食、宿、购、娱及信息的一切消费，都是广义上对人类文明成果的消费，连汽车、高速列车、大桥、传统农家菜、红色圣地、古老民居、地下墓穴等，都是旅游文化消费的构成元素。

要推动中国旅游文化研究的进程，就必须探讨旅游文化作为一门潜在的或正在形成之中的学科所固有的特性。具体地说，旅游文化学具有以下的特点。

首先是综合性。旅游文化学涉及旅游的各个方面、各个领域，它是对旅游活动中文化现象综合性的、总体性的考察。美国学者麦金托什说："旅游文化事实上概括了旅游的各个方面。"

其次是理论抽象性和经验具体性的统一。这是由文化和旅游的特点共同决定的。旅游文化现象要直接为旅游者所享用，是活生生的，在很大的程度上是人们通过感官可以感知的。但是，旅游文化学对旅游文化现象的研究考察，最终的目的在于揭示旅游文化现象背后所包含的本质和规律，这个过程离不开人们的理性思维、抽象和概括。旅游文化学既具有理论抽象性，又具有经验具体性。

12.3.2 旅游文化的未来趋势

1. 旅游文化是消费性文化

作为经济产业，旅游业存在和发展的基本前提就是市场化，其核心就是交易。只有在市场上交易，有买有卖，才能形成消费，使经营者获得收益，游客获得知识、体验、休闲、交际、亲情、锻炼等旅游价值，以便实现旅游产品向旅游者的价值传递。

(1) 旅游文化必须是当代人读得懂的文化。这是一个最起码的要求，否则，令旅游者坠入云里雾中的旅游产品，纵有深奥文化，亦无买者。

(2) 旅游文化应该是适应当代购买力的文化。在已迈入大众化旅游的时代，绝大多数旅游产品必须是人们消费得起的文化。有些地方把许多茶馆升级，堂内弹弦丝竹，轻歌曼舞，茶叶顶级，茶具精致，还有美女在侧。这类官宦与文人的高雅茶文化少量尚可，若要成为普通民俗则不可能。从普遍意义上讲，绝大多数的旅游文化产品开发思路要从社会生活中去发现、去挖掘、去迎合，好高骛远、阳春白雪难成市场气候。

(3) 旅游文化已成为一种泛精神文化。旅游者文化消费的指向性减弱，而更偏重于精神放松和消遣。人们对自然的崇拜和好奇永远存在，因而有着去黄山、九寨沟、张家界、桂林山水等地观光的明确既定目标。对于人文资源而言，情况是大相径庭的。在旅游出现全民化、经常化、休闲化趋势从而成为"家常便饭"的时代，人们不会再对旅游文化做过多的事先考虑，更不会每次出门旅游都抱着专门学习历史知识、艺术知识、考古知识、民俗知识的特定强烈欲望。旅游对绝大多数人而言，主要目的是满足放松精神、陶冶心情、恢复体力、亲情交流、环境体验、欢快娱乐这样一些泛精神需求。

知识链接 12-9

主题乐园长盛不衰十大要素论

迪士尼的服务堪称世界之最，说穿了，并没什么奥秘，就是高度人性化，创造快乐，提供便利。从人工服务的软件到物质设施的硬件都完美体现了人性的关怀，又与娱乐主题融合为一体。迪士尼有三种扫把：第一种是用来耙树叶的，防止树叶飞高；第二种是用来刮纸屑的，目的是为了把纸屑刮干净；第三种是用来扫灰尘的，要求扫地时不能让灰尘飘起来。在这里，每一个简单的动作都有严格的标准。在迪士尼，除了扫地外，每个清洁工还要学会照相。所有的清洁工必须学习世界上最先进的相机使用方法，因为迪士尼的游人随时都有可能请清洁工帮忙照相。除此以外，迪士尼的员工碰到小朋友问话，统统都要蹲下来，微笑着和他们说话。蹲下后，员工的眼睛要和小孩的眼睛保持在同一高度，不能让小孩子抬着头和员工说话，因为他们是迪士尼未来的顾客，需要特别的重视。迪士尼的员工要成为迪士尼的活地图，站在迪士尼的任何一个角落都能辨别出方向。而在迪士尼内经常有小孩走失的情况，迪士尼的员工会根据信息资料，如小孩身上衣服的印花来判断出小孩的国籍，从而帮助其寻找父母。

有一次，一位母亲带着孩子在迪士尼世界里排队，等待游玩某个带有刺激性的项目，但当轮到他们时，这位粗心的母亲才发现她的孩子还不符合玩这个项目的年龄要求。这时服务员马上向他们表示道歉，在问过孩子的姓名后，这位服务员送了一份写有孩子名字的迪士尼纪念品给他，并告诉孩子当他到了年龄了来玩这个项目时，第一次玩给他免费。母子俩拿着纪念品和免费证明，对服务员的行为感到很意外，随即表示感谢，并表示下次一定会再来迪士尼玩。这则事例充分显示了迪士尼服务文化的人性化。为什么迪士尼回头客会超过70%，一个重要的原因，是从设施到服务高度体现了以客人为本。称赞迪士尼的服务员工无所不能、无微不至，并不过誉。服务设施也是如此。厕所不仅分布很密，密到在园中任何位置的视野内几乎都能找到的程度。而厕所还设置了父母带孩子的专用厕所，残疾人异性互助专用厕所，想得很周到。

从婴儿到老人都能来迪士尼旅游的情况，可以看出这也与服务设施配套齐全直接相关。

除婴儿推车和残疾人轮椅外,还有供两个小孩累了坐在里面由大人推的车,这种车承重能力较强,两个男孩站着也无妨。另一种是自助电瓶车,专供体力衰弱的老人自己驾车缓缓行驶。在所有活动场所,全部有残疾人坡道,在园外停车场,有足够的残疾人停车位。这种周全的服务设施,为迪士尼的无细分的客源提供了最可靠的服务保证。进园和出园时,见到大门边的专门咨询服务大厅里,大都是美国本土人排着长队,我挺纳闷,我一个外国人都按图索骥,顺顺当当游完了,美国本土人还哪有那么多要咨询的事。进去一看,才发现迪士尼的服务无微不至。除了借车、银行、取款机、失物招领、住宿联系等这类我们也视同正常的服务外,这里还提供婴儿更衣换尿布、宠物存放服务;园内购物游客手上提得太沉,公园3小时内会把游客购买的物品送到出口或客人下榻的酒店;如果大人和孩子要分开玩,园内提供沟通联络服务或替代照看,等等。如此细微的考虑,我实在想不出迪士尼还有什么办不到和没提供的服务了。迪士尼现象是现代旅游娱乐业的一个成功标志,但对中国来说,并不是"邯郸学步"去模仿。例如,土地和高新科技这些条件我们不具备,有些项目则有资金限制或不合中国游客的口味。因此,应采取学习、借鉴、提升、改造、创新和引进的综合途径和方法,来打造具有民族特色、市场前景看好的中国主题乐园。

(资料来源:王大悟. 主题乐园长盛不衰十大要素论析——以美国迪士尼世界为案例的实证研究[J]. 旅游学刊,2007,2.)

2. 旅游文化是生活文化

旅游文化必须是与社会生活密切相关的。旅游文化只有与人民生活息息相通,为人民所喜闻乐见,才是有持久生命力的文化。例如,办节庆属于"文化搭台,经贸唱戏",最终的归结点还是在于产生经济效益,振兴地方经济。纵观全国的旅游节,从营销角度讲,还只是处在卖方立场上的产品。这类产品因其本身特点而存在着三点不足:其一,地方色彩浓厚,外来游客多以观赏为主,参与互动的体验甚少;其二,由于局限于某一物质文化或非物质文化主题,内涵就比较狭窄;其三,这类文化或不是源自现实生活,或只反映了现实生活中极小的一个局部,难以激发起生活的长期共鸣。图12.9所示为喀什高台民居。

图12.9 喀什高台民居

3. 旅游文化是资本驱动型文化

一种旅游文化要进入生活消费领域，其背后必然隐藏着资本的力量。资本的介入，能把某种经济更加贴近人们生活地进行包装，借用某些技术手段，通过当代传媒的有效炒作，使之脱颖而出，成为流行的旅游文化，成为看点、亮点、热点、卖点和兴奋点。例如，迪士尼主题公园正是由于懂市场、善经营、敢冒险的资本运作者的投入，才创造了短短两年里利润翻两番的奇迹。市场经济的运行机制最根本的是以消费者需求为终极目的，以高效率、低投入、大产出的方式去创造一个物质生活和精神生活丰富多彩的社会。引申到旅游产业中，资本依赖的起点是旅游者，终点也是旅游者。正是通过资本驱动，才可能产生物有所值、供大众享用的旅游文化，塑造人类又一种美好的生活方式——旅游。

4. 旅游文化是创意文化

党中央和国务院已明确提出以自主创新为国家战略。旅游文化的进步取决于创意。然而，在开发过程中，"整旧如旧"、"原汁原味"、"全面真实地恢复历史面貌"一直是旅游文化创意的观念阻力和行动障碍。改变原貌被指为罪责，富有创意被贬为邪说。这个问题不只是表现在旅游文化上，自20世纪以来，中国人一直纠缠在传统与现代、东方与西方、保护与创新的纷争之中。没有意识到旅游文化必须创新的人们，之所以仍有一定的话语影响力，其根本原因在于中国漫长的农耕文化所积淀形成的传统思维定势。

旅游文化必须创新才会有生命力，才能显现市场价值，原封不动地纯粹照搬传统历史文化，即使"整旧如旧"，那不仅只是"死文化"，而且还确是"赝品"、"假古董"。张艺谋的《印象·刘三姐》(如图12.10所示)、《印象·丽江》、《印象·西湖》都是旅游文化创意的大手笔，既丰富提升了桂林、丽江、杭州三地的旅游品味，也为旅游业的效益作出了贡献。

以下几个要素是旅游文化创意必须把握住的。其一，提炼本源文化的符号与元素，并以尽可能低的生产成本来突现它们，最好能形成图腾般的视觉形象。其二，与现代时尚相结合。其三，贴近大众生活，体现生活情趣。其四，迎合当代年轻人激情、欢乐、参与的特点，创意产品应产生嬉戏、轻松、互动和亢奋的功效。其五，利用电脑技术，如三维虚拟技术和将形象物品化的超级仿真能力等，强化视觉冲击力。其六，现代材料和技术的融合，如不锈钢的冷峻、大立面玻璃的通透、光源与色彩的组合等。例如，香港回归祖国十周年的"幻彩咏香江"音乐激光焰火汇演，融焰火、灯光、歌声、音乐、舞蹈、波涛、云彩于一体，整个立体场面的动感产生了震撼效果。

图12.10 《印象·刘三姐》

本章小结

本章主要介绍了旅游休闲与体验文化是旅游者深度旅游的必然趋势；旅游生态性开发对旅游业的经营管理的重要指导意义。

关键术语

旅游休闲文化、旅游体验文化、旅游生态文化、旅游创意文化

习题

一、填空题

1. 旅游体验文化的结构包括_____、_____、_____三个部分。
2. 旅游生态文化的特点包括_____、_____、_____三个方面。

二、简答题

1. 如何理解旅游体验文化？
2. 一个成功的旅游目的地应如何从经营理念上满足游客体验的需求？
3. 旅游生态文化的开发应遵循什么原则？
4. 旅游文化未来的发展有哪些趋势？

三、名词解释

旅游休闲文化、旅游生态文化

四、案例分析

桂林为什么不申遗

1. 桂林竟然不是世界遗产

尽管有的美学家说，美是主观的，因人而异。的确，对于雪峰冰川，有人喜欢，也有人不喜欢；对于西湖和黄山，也是有人爱之若狂，有人无动于衷；但是对桂林的山水，我看到和听到的都是赞美。无论是爱旷景者，或喜幽景者；追求闲适者，酷爱体验者；隐者与显者；出世者与入世者，对桂林都是赞赏的。但是桂林竟然不是世界遗产。

2. 理解桂林山水的两个关键的概念：峰林与峰丛

要理解桂林山水的美和价值，我们要弄清楚两个概念：峰林和峰丛。

喀斯特地貌有各种类型，有地上的有地下的，有正地形有负地形。例如，地上的有峰林、峰丛、石林；有峡谷、坡立谷、盲谷；地下的有溶洞、天坑、漏斗、地下河、伏流、竖井等；溶洞中又有各种沉积物：钟乳、石笋、边石坝等。

这些地貌景观中，峰林、峰丛最值得关注。这是因为由这两种地貌是形成大地景色的主导因素，在尺度和规模上又是大数量级的，其他景观大部分发育在这两种地貌组成的景

观之中，它们就像一个城市中的建筑物；而其他喀斯特地貌就像是街道、地下管道、家具等。在卫星遥感图中你可以看到和识别出这两种地貌，可以这样说，峰林、峰丛是喀斯特地貌的一张脸、一张名片。

峰丛是指由共同基座的一些石峰构成的地貌。石峰之间常有封闭洼地，其组合地形称为峰丛洼地。

峰林是指被平坦的常有较薄的松散沉积物覆盖在基岩面上的地面隔开的一些石峰构成的地貌，峰体之间常为平原，其组合地形称为峰林平原。

无数个峰丛组合起来，指尖点点、万峰汇聚，很有气势。在广西的西部、贵州的南部分布有大片的峰丛地貌。峰丛地貌，石峰密集，规模宏大，气势有余，但由于无河缺水，因此景观壅塞干涩，疏朗含蓄的情调不足。

峰林地貌则是"流水型喀斯特"。除了降水对其进行垂直方向的溶蚀外，从非喀斯特地区流来的河流，也就是所谓的"外源水"，还对满布裂隙和节理的石峰进行侧向，即水平方向的溶蚀，这种"挖墙脚"的行为，使石峰的外缘边坡不断平行后退，最后一个个石峰越离越远。河流带来的沉积物又填塞在石峰间，一个个石峰好像伫立在平原上的巨石。外来的河流之所以能在石峰间蜿蜒流淌，是因为峰林地区地壳稳定，或相对周边地区抬升缓慢，形成一个汇水盆地，并且远离深切的河谷。由于地下水位接近地面，一场暴雨或者雨季，就会使地下水涌出地面低洼处，因此峰林地区的地面多湖泊、池塘等。

峰林地区平畴展布、山峰突起、河流缠绕、湖泊点缀，你完全可以把峰林平原想象成江南水乡，但是你要在水乡的平原上摆上一些错落有致的翠绿挺拔的山峰。因此这种景观的风格在温润婉约中添加了一些硬朗和刚劲。

峰林与峰丛这两种景观无论哪一种，单独存在都是不完美的。它们二者像太极图中的阴与阳，水墨画中的黑与白，计算机中的0与1，又像交响乐中的双主题。

峰林的疏，峰丛的密；峰林的塔，峰丛的锥；峰林的润，峰丛的燥。这二者合则美，离则伤。

桂林山水为什么美？因为它是峰林和峰丛的对手戏和双人舞。

它们不是泾渭分明地一半对一半地分布，而是疏密有致，均衡交错，你中有我，我中有你镶嵌式地展开。

一个桂林山水不仅包括了像峰林、峰丛这样最具代表性的喀斯特地貌，而且在峰林与峰丛中几乎囊括了喀斯特的各种地貌类型。

中国是世界上喀斯特地貌分布最广泛、发育最充分、类型最齐全的国家，而峰林、峰丛景观又是喀斯特地貌中最典型、最完美的类型。桂林是世界喀斯特峰林、峰丛地貌发育最典型、最精彩、最具观赏性的地区。

桂林山水岂止是应该进入世界自然遗产，它还应进入《世界遗产名录》，它是当之无愧的双遗产。因为它的每一座山峰、每一滴水都浸透了诗情画意，它已经是"人化的自然"了。

（资料来源：单之蔷. 卷首语：桂林为什么不申遗[J]. 中国国家地理，2011，10.）

问题：

桂林适合开发哪些生态旅游文化？

参 考 文 献

[1] 钟贤巍. 旅游文化学[M]. 北京：北京师范大学出版社，2004.
[2] 韦燕生. 中国旅游文化[M]. 北京：旅游教育出版社，2006.
[3] 刘敦荣，等. 旅游文化学[M]. 天津：南开大学出版社，2007.
[4] 李玉华. 旅游文化学概论[M]. 北京：对外经济贸易大学出版社，2009.
[5] 王素洁. 中外旅游文化赏析与风景对话[M]. 北京：北京大学出版社，2013.
[6] 陈水云. 中国山水文化[M]. 武汉：武汉大学出版社，2001.
[7] 沈祖祥，李萌. 旅游宗教文化[M]. 北京：旅游教育出版社，2008.
[8] 王元海. 旅游宗教文化[M]. 成都：四川大学出版社，2005.
[9] 楼西庆. 中国传统建筑文化[M]. 北京：中国旅游出版社，2008.
[10] 王毅. 中国园林文化史[M]. 上海：上海人民出版社，2004.
[11] 曹林娣. 中国园林文化[M]. 北京：中国建筑工业出版社，2005.
[12] 王其钧，谢燕. 民居建筑：中国文化之旅[M]. 北京：中国旅游出版社，2006.
[13] 曹诗图. 旅游文化与审美[M]. 3版. 武汉：武汉大学出版社，2010.
[14] 李伟. 中国旅游文化[M]. 北京：清华大学出版社，2013.
[15] 徐行言. 中西文化比较[M]. 北京：北京大学出版社，2004.
[16] 魏光奇. 中西文化观念比较[M]. 北京：经济科学出版社，2012.
[17] 周立人. 中西文化论[M]. 上海：上海社会科学院出版社，2009.
[18] 王平. 中西文化美学比较研究[M]. 杭州：浙江工商大学出版社，2010.
[19] 朱希祥. 中西旅游文化审美比较[M]. 上海：华东师范大学出版社，1998.
[20] 林壁属，郭艺勋. 饭店企业文化塑造[M]. 北京：旅游教育出版社，2007.
[21] 吕宛春，赵书虹，罗江波. 旅游企业跨文化管理[M]. 天津：南开大学出版社，2009.
[22] 许力生. 跨文化交流入门[M]. 杭州：浙江大学出版社，2004.
[23] 王培英. 跨文化交流[M]. 北京：旅游教育出版社，2007.
[24] 李学爱. 跨文化交流：中西方交往的习俗和语言[M]. 天津：天津大学出版社，2007.
[25] 程遂营. 文化视野中的旅游与休闲研究[M]. 北京：中国经济出版社，2013.
[26] [澳]A. J. 维尔. 休闲与游客研究方法[M]. 3版. 聂小荣，丁丽军，译. 北京：中国人民大学出版社，2008.
[27] 罗艳菊. 游客体验研究[M]. 北京：旅游教育出版社，2010.
[28] 张卫红. 旅游快乐体验宝典：享受旅游之美[M]. 北京：中国金融出版社，2013.
[29] 谢彦君. 旅游体验研究：一种现象学的视角[M]. 天津：南开大学出版社，2005.
[30] 叶文，薛熙明. 生态文明：民族社区生态文化与生态旅游[M]. 中国社会科学出版社，2013.

北京大学出版社本科旅游管理系列规划教材

序号	书　　名	标准书号	主编	定价	出版时间	配套情况
1	旅游学	7-301-22518-9	李　瑞	30	2013	课件
2	旅游学概论	7-301-21610-1	李玉华	42	2013	课件
3	旅游学导论	7-301-21325-4	张金霞	36	2012	课件
4	旅游心理学	7-301-23475-4	杨　娇	41	2014	课件
5	旅游政策与法律法规	7-301-23697-0	李文汇 朱　华	43	2014	课件
6	旅游策划理论与实务	7-301-22630-8	李　锋 李　萌	43	2013	课件
7	景区经营与管理	7-301-23364-1	陈玉英	48	2013	课件
8	旅游资源开发与规划	7-301-22451-9	孟爱云	32	2013	课件
9	旅游规划原理与实务	7-301-21221-9	郭　伟	35	2012	课件
10	旅游地图编制与应用	7-301-23104-3	凌善金	38	2013	课件
11	旅游地形象设计学	7-301-20946-2	凌善金	30	2012	课件
12	旅游英语	7-301-23087-9	朱　华	48	2014	课件
13	旅游英语教程	7-301-22042-9	于立新	38	2013	课件
14	英语导游实务	7-301-22986-6	唐　勇	33	2013	课件
15	导游实务	7-301-22045-0	易婷婷	29	2013	课件
16	导游实务	7-301-21638-5	朱　斌	32	2013	课件
17	旅游企业战略管理	7-301-23604-8	王　慧	38	2014	课件
18	旅游文化学概论	7-301-23738-0	闫红霞　李玉华	37	2014	课件
19	旅游文化与传播	7-301-19349-5	潘文焰	38	2012	课件
20	旅游服务礼仪	7-301-22940-8	徐兆寿	29	2013	课件
21	休闲学导论	7-301-22654-4	李经龙	30	2013	课件
22	休闲学导论	7-301-21655-2	吴文新	49	2013	课件
23	休闲活动策划与服务	7-301-22113-6	杨　梅	32	2013	课件
24	旅游财务会计	7-301-20101-5	金莉芝	40	2012	课件
25	前厅客房服务与管理	7-301-22547-9	张青云	42	2013	课件
26	现代酒店管理与服务案例	7-301-17449-4	邢夫敏	29	2012	课件
27	餐饮运行与管理	7-301-21049-9	单铭磊	39	2012	课件
28	会展业概论	7-301-23621-5	陈　楠	30	2014	课件
29	会展概论	7-301-21091-8	来逢波	33	2012	课件
30	旅行社门市管理实务	7-301-19339-6	梁雪松	39	2011	课件
31	餐饮经营管理	7-5038-5792-8	孙丽坤	30	2010	课件
32	现代旅行社管理	7-5038-5458-3	蒋长春	34	2010	课件
33	旅游学基础教程	7-5038-5363-0	王明星	43	2009	课件
34	民俗旅游学概论	7-5038-5373-9	梁福兴	34	2009	课件
35	旅游资源学	7-5038-5375-3	郑耀星	28	2009	课件
36	旅游信息系统	7-5038-5344-9	夏琛珍	18	2009	课件
37	旅游景观美学	7-5038-5345-6	祁　颖	22	2009	课件
38	前厅客房服务与管理	7-5038-5374-6	王　华	34	2009	课件
39	旅游市场营销学	7-5038-5443-9	程道品	30	2009	课件
40	中国人文旅游资源概论	7-5038-5601-3	朱桂凤	26	2009	课件
41	观光农业概论	7-5038-5661-7	潘贤丽	22	2009	课件
42	饭店管理概论	7-5038-4996-1	张利民	35	2008	课件
43	现代饭店管理	7-5038-5283-1	尹华光	36	2008	课件
44	旅游策划理论与实务	7-5038-5000-4	王衍用	20	2008	课件
45	中国旅游地理	7-5038-5006-6	周凤杰	28	2008	课件
46	旅游摄影	7-5038-5047-9	夏　峰	36	2008	
47	酒店人力资源管理	7-5038-5030-1	张玉改	28	2008	课件
48	旅游服务礼仪	7-5038-5040-0	胡碧芳	23	2008	课件
49	旅游经济学	7-5038-5036-3	王　梓	28	2008	课件
50	旅游文化学概论	7-5038-5008-0	曹诗图	23	2008	课件
51	旅游企业财务管理	7-5038-5302-9	周桂芳	32	2008	课件
52	旅游心理学	7-5038-5293-0	邹本涛	32	2008	课件
53	旅游政策与法规	7-5038-5306-7	袁正新	37	2008	课件
54	野外旅游探险考察教程	7-5038-5384-5	崔铁成	31	2008	课件

　　相关教学资源如电子课件、电子教材、习题答案等可以登录 www.pup6.com 下载或在线阅读。

　　扑六知识网(www.pup6.com)有海量的相关教学资源和电子教材供阅读及下载(包括北京大学出版社第六事业部的相关资源)，同时欢迎您将教学课件、视频、教案、素材、习题、试卷、辅导材料、课改成果、设计作品、论文等教学资源上传到 pup6.com，与全国高校师生分享您的教学成就与经验，并可自由设定价格，知识也能创造财富。具体情况请登录网站查询。

　　如您需要免费纸质样书用于教学，欢迎登陆第六事业部门户网(www.pup6.com)填表申请，并欢迎在线登记选题以到北京大学出版社来出版您的大作，也可下载相关表格填写后发到我们的邮箱，我们将及时与您取得联系并做好全方位的服务。

　　扑六知识网将打造成全国最大的教育资源共享平台，欢迎您的加入——让知识有价值，让教学无界限，让学习更轻松。

　　联系方式：010-62750667，moyu333333@163.com，lihu80@163.com，欢迎来电来信。